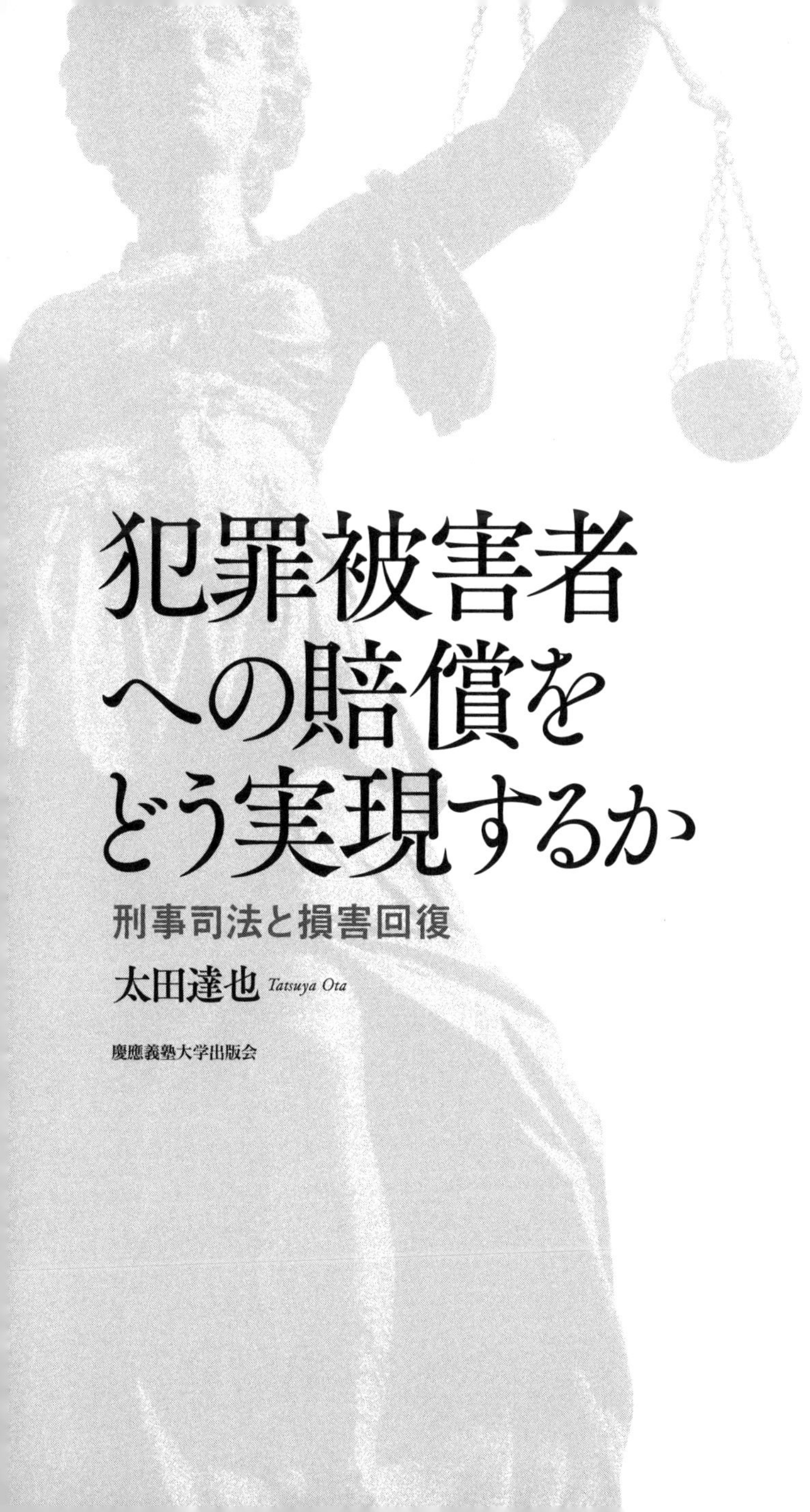

# 犯罪被害者への賠償をどう実現するか

## 刑事司法と損害回復

太田達也 *Tatsuya Ota*

慶應義塾大学出版会

# はしがき

「無理だ」、「不可能だ」、「現実的でない」、「実効性がない」、「そうは言っても」。

重大事件の犯罪者による被害者への損害賠償の実現可能性について、刑事法の研究者（おそらく民事法の研究者も）や法曹実務家に尋ねたら、100人中100人がこう答えるであろう。損害賠償を請求したところで、犯罪者には資力がなく、無い袖は振れないから無理だというのである。学界においても、この問題が真剣に議論されることはこれまで殆どなかった。被害者の窮状はわかるが、実際問題としてどうしようもないと、議論はそこで止まってしまうのが常であった。

犯罪により、被害者は生命や心身に重大な被害を被るだけでなく、大きな経済的損害を被る。家計の担い手が犯罪によって亡くなると、収入は途絶え、残された遺族は、家族を失った悲しみ、苦しみに加え、次の日からの生活にも事欠くことになる。犯罪により体や心に重篤な障害が残った場合も、仕事や日常生活を続けることができなくなり、治療やカウンセリング等のために多額の出費を強いられる。

被害者が被った損害を補塡する責任があるのは、言うまでもなく犯罪者である。犯罪者が賠償を自発的に払わなければ、被害者は民事裁判を提起することもできる。しかし、時間と労力と費用を掛けて民事裁判を起こし、損害賠償の支払いを命じる判決を得ても、犯罪者に資力がなければ、判決書は「絵に描いた餅」に過ぎない。2008年から損害賠償命令制度が導入され、被害者は訴訟の負担なく、賠償命令の決定を得ることができるようになったが、犯罪者にお金がなければ、所詮、「絵に描いた餅」であることに変わりは無い。問題の核心は裁判や賠償命令で確定した損害賠償を犯罪者にどのように支払わせるかであるにもかかわらず、その問題に突き当たると途端に思考停止に陥り、議論も制度も全く進展してこなかったのである。

1980年に国が一般予算から被害者に給付金を支給する犯罪被害給付制度が実現し、犯罪被害者の経済的窮状は少しばかり緩和されることになったが、却って犯罪者による被害者への損害賠償問題が一層等閑視されるようになった感が否めない。国から経済的支援を幾ばくか得られるようになったから、それで良しとすべきだ、というかのようである。

犯罪被害給付制度は被害者の被った損害を補填するものではなく、被害者の損害を補填する責任を負うのはやはり犯罪者である。近年、資力のない犯罪者に代わって国が損害賠償を被害者に立替払いする制度を設けるべきだとする主張が見られるが、仮にこうした制度が導入されたとしても、国は犯罪者に立替分を請求する必要があることから、犯罪者が損害賠償を払わなければならないことに変わりは無い。

損害賠償の支払いを犯罪者に強いれば、犯罪者の改善更生や社会復帰が危ぶまれるという主張も根強い。勿論、犯罪者の生活を圧迫して、再犯や生活破綻に追い込むようなことは絶対に避けなければならない。しかし、だからと言って、これまでのように、社会復帰の名の下に損害賠償の責任を果たさないことが当たり前であるかのように放置することは許されるべきではない。犯罪者の社会復帰とは、単に再犯をしないことだけではない。それは最低限の要請である。社会復帰、改善更生には、自らが犯した罪に向き合い、被害者に与えた損害をできる限り補填していくことも含まれなければならない。国は、刑事裁判で犯罪者に刑罰を科す一方、民事裁判や損害賠償命令によって犯罪者に被害者への賠償を命じているのであるから、犯罪者が賠償の履行に向け為しうる限りの努力を「国が」させることが必要である。

本書は、犯罪者による被害者への損害賠償を実現するための具体的な方策について検討するものであるが、民事法上の不法行為や強制執行について論じるものではない。犯罪者に刑事責任を問い、刑罰を執行する過程において、被害者に対する損害賠償の実現に向け、「刑事司法」において何ができるのかを追究するものである。民刑分離原則とは、刑事司法において民事の問題を扱ってはいけないというルールではない。そもそも、被害者への賠償を含む損害の回復は、犯罪者の改善更生の一場面であり、そうでなければならない。損害賠償の履行を通じて被害者や遺族に対する「損害回復責任」を犯罪者がきちんと果たすよう、刑事司法制度の枠において取り組むべき施策を検討していかなければならない。全てを民事の領域に追いやり、刑事司法が無関心を決め込むことは最早許されない。犯罪による損害回復は民事だけの問題ではない。

本書は、刑事司法の実務家や研究者だけでなく、一般の方々にも読んでいただきたいため、本編の前に序章を設け、犯罪被害者の方々がどれだけ深刻な被害に苦しんでいるかという現実と犯罪者による損害賠償が如何に等閑にされているかという不条理さを紹介し、その背景となっている犯罪者の事情と刑事司法制度上の問題について解説を加えた。

本編の第1部では、犯罪被害者を経済的に支援する現行制度を素描したうえで、損害賠償との関係について検討を加える。そして、第2部において刑罰を受け刑務所に収容されている受刑者に損害賠償の支払いを履行させるための具体的な提案を行う。さらに第3部では、受刑者が刑務所から釈放された後、保護観察において引き続き犯罪者にどのように賠償を続けさせていくかについて自説を展開する。最後に補遺として、非行少年、外国人犯罪者、精神障害犯罪者、死刑確定者といった特定の犯罪者による損害賠償について補足的に考察を行う。

しかし、著者も、被害者に対する損害賠償の問題を解決する夢のようなアイデアを有しているわけではない。数千万円から数億円に及ぶ損害賠償の履行は困難であることは確かである。それでも、犯罪被害者が被った損害を少しずつでも回復する努力を通じて、犯罪者が「真の更生」を果たすための方策を追求をしていくことが重要なのである。本書の提案が全てであるとは思わないが、犯罪被害者に対する損害賠償を実現することに少しでも貢献できれば本望である。読者が「無理だ」「不可能だ」から、「できるかもしれない」「やってみてはどうか」に変わることを願って止まない。

本書の執筆に当たって裁判資料を提供して頂いた弁護士の的場悠紀先生、民法の債権譲渡等について御教授頂いた慶應義塾大学法務研究科教授の片山直也先生にこの場を借り感謝申し上げる次第である。
また、本書の出版を快くお引き受け下さった慶應義塾大学出版会と、ともすれば執筆が遅れがちな筆者を叱咤激励（叱咤叱咤か）し、出版まで辛抱強く支えて下さった同編集部の岡田智武氏に心より御礼申し上げたい。

２０２４年３月

太田達也

目次

第3部 更生保護における損害賠償

## 補遺　特定の犯罪者による損害賠償　389

# 凡　例

本書における法令名は、次の略語により省略して用いている場合がある。

| | |
|---|---|
| 医療観察法 | 心神喪失等の状態で重大な他害行為を行った者の医療及び観察等に関する法律 |
| 刑事施設規則 | 刑事施設及び被収容者の処遇に関する規則 |
| 刑事収容施設法 | 刑事収容施設及び被収容者等の処遇に関する法律 |
| 刑訴法 | 刑事訴訟法 |
| 原賠法 | 原子力損害の賠償に関する法律 |
| 公害補償法 | 公害健康被害の補償等に関する法律 |
| 更生法 | 更生保護法 |
| 国外犯罪被害法 | 国外犯罪被害弔慰金等の支給に関する法律 |
| 国際移送法 | 国際受刑者移送法 |
| 債権管理法 | 国の債権の管理等に関する法律 |
| 自賠法 | 自動車損害賠償保障法 |
| 少年院規則 | 少年院法施行規則 |
| 捜査規範 | 犯罪捜査規範 |
| 犯給法 | 犯罪被害者等給付金支給法（旧法） |
| 犯給等法 | 犯罪被害者等給付金の支給等による犯罪被害者等の支援に関する法律 |
| 犯給等令 | 犯罪被害者等給付金の支給等による犯罪被害者等の支援に関する法律施行令 |
| 犯給等規則 | 犯罪被害者等給付金の支給等による犯罪被害者等の支援に関する法律施行規則 |
| 犯罪者処遇規則 | 犯罪をした者及び非行のある少年に対する社会内における処遇に関する規則 |
| 被害者保護法 | 犯罪被害者等の権利利益の保護を図るための刑事手続に付随する措置に関する法律 |
| 被害者基本法 | 犯罪被害者等基本法 |
| 入管法 | 出入国管理及び難民認定法 |
| 労基法 | 労働基準法 |
| 労災法 | 労働災害補償保険法 |

# 序章
# 犯罪被害と損害賠償の現実

## Ⅰ　犯罪被害の現実——経済的損害

犯罪によって被害者は、生命、身体、精神に加え、経済生活にも多大な被害を被る。家計を担う家族が亡くなり収入が断たれた場合、翌日からの生活にも困ることになる。ローンや教育費の支払いなど残された遺族の経済的負担は重く、その人生を大きく狂わす。会社や店を経営している者であれば、その経営自体が危うくなり、倒産することもある。子どもが大学進学を諦めなければならない場合もある。収入のない配偶者や子が亡くなった場合でも、遺族たる配偶者や親が、精神的ショックから就労できなくなる場合も少なくない。

被害者が身体や精神に重大な被害を被った場合も、退職を余儀なくされ、収入が途絶える場合がある。性犯罪被害者は、PTSD（心的外傷後ストレス障害）等、重篤な精神的被害を受けることが少なくなく、就労の継続が困難となる。後遺障害が残れば、被害者は長期に亘って不自由な生活を強いられ、就労にも多大な影響が出る。火傷等、傷害の内容に拠っては、何年にも亘って何度も手術を受けなければならない場合がある。

犯罪被害による収入の途絶に加え、被害者は、犯罪被害によって様々な出費も強いられる。身体被害の場合、治療費や入院費用が掛かることは勿論、障害が残った場合、自宅の改装（バリアフリー化）や福祉車両の購入等、大きな出費が必要となる。大きな精神的被害を被った場合、病院やクリニックにおいて精神科医師の下でカウンセリングを受ければ医療保険が適用されるが、我が国の場合、病院では心理治療を行う体制が十分でないため、公認心理師や臨床心理士による心理療法を受ける必要がある。しかし、心理士単独による心理療法は、医療行為ではないため、かなりの費用が掛かる。犯罪者に対する刑事裁判が行われる場合、傍聴に行くための交通費も掛かる。公判が被害者の自宅から遠方で行われる場合もあり、交通費や宿泊費も無視できない。小さな子どもを抱えている場合、託児の費用が掛かることもある。

さらに、犯罪によって被害者が被った損害を補填させるため、被害者は犯罪者に損害賠償を請求することになるが、犯罪者が自発的に損害賠償を払わないことが殆どである。そのため、別途、民事訴訟を起こさなければならないが、これにも多額の訴訟費用と弁護士費用が掛かる。

## Ⅱ　犯罪者の損害賠償責任

こうした犯罪により被害者が被った損害を賠償する責任は、犯罪者にある。民法は、「故意又は過失によって他人の権利又は法律上保護される利益を侵害した者は、これによって生じた損害を賠償する責任を負う。」（709条）と規定しており、他人に損害を与えるような犯罪はこの不法行為に該当するので、犯罪者は犯罪（不法行為）によって生じた損害を賠償する責任を負わねばならない。

民法は、未成年者で責任無能力の者には賠償責任がないとしている（712条）。責任能力はおおむね12歳程度以上の者にあるとされるが、未成年者の状況を踏まえた個別判断であり、親権者の監督責任と

＊　本書では、法律の名称や条文の規定を引用するとき以外は、被害者に遺族を含めるものとして、逐一、被害者等としない。

の関係もある。

犯罪者が責任無能力の場合、民法は監督義務者（親権者等）に賠償責任を課しているが（714条本文）、監督義務者が、監督義務を怠らなかった場合、又は監督義務違反がなくても、損害が生ずべきであった場合、監督義務者に賠償責任はないとされる（同条但書）。但し、この証明は監督義務者（犯罪者側）がしなければならない。

従って、未成年者に責任能力があれば未成年者に損害賠償を請求し、そうでなければその監督義務者に監督者責任として損害賠償を請求することになるが、未成年者に責任能力がある場合でも監督義務者に一般不法行為責任が認められる場合もあるため、未成年者による犯罪の場合、被害者は、未成年者本人と親権者に対して損害賠償を請求することが多い。

犯罪者が精神病等の精神障害により責任能力を欠いたと判断される場合、損害賠償責任は認められない（民法713条本文）。但し、犯罪者が、故意に違法薬物を摂取し、一時的に責任能力を欠いていたような場合は、この限りでない。

不法行為に対する損害賠償には、治療費、交通費、壊れた物の修理費用や買い換え代金といった犯罪によって支出が必要となったもの（積極損害）、犯罪被害によって被害者が失った収入分である逸失利益、犯罪被害によって働けなくなった期間の収入に当たる休業損害（消極損害）、犯罪被害による精神的損害に対する賠償（慰謝料）、訴訟等のため弁護士を依頼した場合の弁護士費用（の一部）が含まれる。犯罪者は、これらを全て被害者に支払う責任がある。

しかし、不法行為による損害賠償を裁判において請求するためには、被害者（原告）が犯罪者の故意や過失を証明する責任（立証責任）がある。法的知識も捜査権（特に強制処分権）も持たない一般人の被害者が犯罪者の故意や過失を立証することは容易ではない。刑事裁判により有罪判決が出ている場合は、訴訟記録を用いることもできるが、犯罪者が何らかの理由で起訴されていない場合、こうした方法に拠ることはできず、被害者にとって損害賠償を民事訴訟で追及していくことは困難である。犯罪者が検挙されていない場合は、元より損害賠償の請求すら行うことができない。

しかも、不法行為による損害賠償の請求権には時効（消滅時効）がある。被害者又はその法定代理人が損害及び加害者を知った時（主観的起算点）から3年間行使しないとき（短期）、そして、不法行為の時（客観的起算点）から20年間行使しないときは（長期）、時効によって消滅する（民法724条）。ただ、2020年から施行された改正民法により、人の生命又は身体を害する不法行為（犯罪）による損害賠償請求権の消滅時効は、損害及び加害者を知った時から5年に延長された（民法724条の2）。これは、人の生命、身体という法益（法により保護すべき利益）は、財産より重要であり、それが侵害されたとき、損害賠償を請求できる権利をより手厚く保護すべきだからである。さらに、財産的被害と異なり、生命や身体に被害を受けた場合、被害者や遺族は身体的又は精神的に大きな被害を受けることから、直ちに加害者に対して損害賠償を請求することが難しい場合があるとされたためである。

但し、民事訴訟により損害賠償の認容判決を得て確定するか、裁判上の和解のように確定判決と同一の効力を有するものによって損害賠償権が確定した場合、時効は確定から10年となる（民法169条の1）。この期間中に犯罪者が損害賠償を完納しなければ損害賠償請求権は時効によって消滅してしまうので、10年が経過する前に、改めて民事訴訟を提起して確定判決を得るか、犯罪者に損害賠償請求権を承認させて、時効を更新する必要がある。時効期間が満了する前に訴訟を提起する準備が整わない場合、犯罪者に内容証明郵便等で支払いを請求するなどすれば（催告）、そこから6か月は時効の完成が猶予され、その間に訴訟を提起することになる。

## Ⅲ　犯罪者に対する損害賠償の請求

犯罪者に損害賠償を請求する方法には、和解、調停、ADR、民事訴訟それに損害賠償命令といった方法がある。

### 1　和解

まず、（裁判外の）和解とは、一般に示談と言われるもので、被害者と犯罪者が話し合いを行い、犯罪者の賠償責任と賠償額について双方が合意に達することを言う。和解が成立し、犯罪者が自ら進んで被害者に損害賠償の支払いを行うのが最も簡単な方法であるが、実際に和解に基づいて犯罪者が任意で損害賠償を支払うのは、比較的軽微な犯罪事件が多い。

犯罪者が起訴され、公判が行われている過程で被害者と犯罪者の間で和解が成立するのは、被告人の弁護人となっている弁護士が被害者側と示談交渉をした結果である場合が少なくない。これは、被害者との間で和解が成立していることを弁護人が情状証拠として裁判所に提出し、刑を減軽してもらうことが主たる目的であり、比較的軽微な事件では、こうした和解の成立が考慮され、拘禁刑*を言い渡す場合でも、その執行を全部猶予する全部執行猶予**が言い渡されることも少なくない。

しかし、被害者は進んで和解をしたいとか、和解における損害賠償額に納得しているわけではないという場合が少なくない。犯罪被害を受けた被害者は明日の生活費にも事欠くことがあり、弁護人が提示する損害賠償額には全く納得できないにもかかわらず、やむを得ず和解に同意している場合がある。また、被害者との間で和解が成立した場合、和解書が情状証拠として裁判所に提出されることが多いが、和解をしたからといって、被害者が犯罪者を宥恕している訳では決してない。

また、和解交渉の際、被害者に対して高圧的な態度を取る弁護士がいることが、かつて問題視されていたが、現在でも完全に状況が改善された保証はない。「今だったら２００万円払えるが、今、和解しないなら、後はどうなっても知りませんよ」といったような、法律に不案内で、しかも犯罪被害で混乱している被害者に和解を押しつけるような態度を取る弁護士がいることは事実である。被害者（特に遺族）の中には、犯罪者だけでなく、その弁護士を恨んでいる人がいるという現実がそうした事実を物

---

＊　犯罪者の身柄を刑事施設（刑務所）に拘禁する自由刑としては、従来、懲役、禁錮、拘留の3種類があった。懲役と禁錮には無期（刑期を定めないで拘禁する刑）と有期があり、有期は1月以上20年以下（加重して30年以下）という点では共通であるが、懲役は刑事施設で作業を賦課するのに対し、禁錮は作業が科せられない点で異なる。しかし、禁錮は現代にそぐわない古い思想に基づくものであり、受刑者に作業を科す懲役も、処遇の多様化を通じた再犯防止の促進という観点から望ましいものでなく、２０２２年の刑法等の一部改正により懲役と禁錮が廃止され、２０２５年から拘禁刑という刑罰に一本化されることとなった。拘留は、軽犯罪法違反等の極めて軽微な犯罪に対する自由刑で、1日以上30日未満、刑事施設に拘禁するものである。

＊＊　3年以下の拘禁刑を言い渡すとき、一定の期間、その刑の執行の全部を猶予するものであり、再犯や遵守事項違反を犯すことなく猶予期間を経過すれば、刑の効力が失われるという制度である。必要に応じ、猶予期間中、保護観察官と保護司の指導や監督、補導や援護を受ける保護観察に付すことができ、一定の場合は保護観察に付さなければならない。

語っている。

## 2　刑事和解

また、被害者が不本意ながら和解に同意し、和解書が情状証拠として裁判所に提出された場合、その証拠自体が刑の量定にどれくらい影響するかは知る由もないが、その証拠も踏まえて量刑が行われることは間違いない。しかし、深刻な問題だったのは、和解をして、損害賠償を支払うことを約しておきながら、刑事裁判が終わると、それを反故にする犯罪者が沢山いたことである。自己の刑を軽くするために和解という手段を使っておきながら、刑が決まると、損害賠償の支払いをしようとしないのである。

被害者が、それを不満として、刑事弁護を担当した弁護士に連絡を取っても、自分は民事を担当したわけでなく、あくまで刑事事件の弁護人として和解交渉に関わっただけであるので、関係ないと言われることさえある。しかも、被害者が和解書を根拠に、犯罪者から損害賠償を徴収しようとしても、単なる和解書では強制執行を行うことは認められていない。そのことを後で知った被害者が愕然とするという事態が生じていたのである。もし犯罪者が和解で約した損害賠償を弁済しないときに強制執行を行うことができるようにするためには、和解書を公正証書*にしておく必要がある。弁護士であれば誰でも当然に知っていることであるのに、和解書を作るときに、なぜそのことを相手方とはいえ被害者に注意するなり、助言しないのか謎である。穿った見方もしれないが、わざとその事実を隠していたのではないかと勘ぐりたくもなる。いずれにせよ、被害者は、犯罪者の刑は軽くなるわ（わからないが）、損害賠償は支払われないわで、踏んだり蹴ったりの状態であったのである。

そこで、２０００年に、「犯罪被害者等の保護を図るための刑事手続に付随する措置に関する法律」（現在の法律の名称は、「犯罪被害者等の権利利益の保護を図るための刑事手続に付随する措置に関する法律」）が制定され、通称、刑事和解と呼ばれる制度が導入されることとなった。これは、犯罪者が起訴され、公判が行われている間（弁論の終結まで）に、被告人と被害者の間で刑事被告事件の被害についての民事上の争い（損害賠償を含む）に合意（和解）が成立した場合、第一審裁判所又は控訴裁判所に対し被告人と被害者が共同して当該合意とその合意された民事上の争いの目的である権利（損害賠償請求権を含む）を特定するに足りる事実を記載した書面を提出して公判調書に記載されれば、当該公判調書は裁判上の和解と同一の効力、従って、民事の判決と同一の効力を有するというものである。これによって、被告人たる犯罪者が被害者に支払うことを認めた和解に従わない場合、強制執行を行うことができる。

もっとも、２０００年の制度施行から２０２２年までに７６７件しか申立てがなく、年平均で33件程度、近年は年20件前後しかなく、その全てで公判調書への記載が認められているものの、全般的に制度は不調である。これは制度そのものの問題ではなく、刑事被告人と被害者との間で和解が成立することが難しいという事情を反映したものであると思われる。

## ３　民事調停

簡易裁判所（調停委員会）が間に入って被害者と犯罪者から意見を聞き、損害賠償に関する調停案を

＊　公務員である公証人が作成する文書で、原本は公証役場で保管される。損害賠償等金銭の支払いを内容とする場合、弁済しない場合は強制執行を認める旨を記載しておけば、裁判を経ずに強制執行を行うことができる。

示す調停という方法もなくはない。犯罪者と直接交渉しなければならない示談交渉と違って、裁判所が間に入るため、相手方と直接接触する必要がなく、安全で安心して手続きを進めることができ、迅速且つ低費用で問題解決を図ることができる。被害者と犯罪者の間で和解が成立し、その内容が記された調停調書が作成されれば、強制執行を行うこともできる。しかし、調停自体に強制力はないため、犯罪者が勾留や刑で身柄拘束されている場合等、犯罪者側がこれに応じない場合には、結局、調停は不調に終わることになる。そのこともあって、犯罪事件において民事調停は殆ど活用されていない。

## 4 ADR（裁判外紛争解決）

社会で起きる様々な紛争を裁判外において専門的知見を有する公正且つ中立な第三者機関が間に入り、双方の主張を聴いた上で利害を調整し、解決案を示すなどして紛争の解決を図ることをADR（Alternative Dispute Resolution）（裁判外紛争解決）という。時間と費用が掛かる裁判所での訴訟手続等に比べ、簡易・迅速・低費用且つ柔軟に紛争を解決できる可能性があるが、訴訟と比べて、強制力がないなどの制約もある。

我が国では、民間による紛争解決手続の業務について認証制度を設け、紛争当事者がその解決を図るのに相応しい手続を選択することを容易にするため、「裁判外紛争解決手続の利用の促進に関する法律」が２００４年に制定された。法務大臣によって認証を受けた弁護士会、司法書士会、行政書士会、社会保険労務士会、土地家屋調査士会を始め様々な民間団体が、それぞれの専門性を活かし、民事、外国人、労働、土地等の紛争解決のための業務を行っている。

また、全国各地の弁護士会では、仲裁センターや紛争解決センター等の名称で、紛争解決のための調停や仲裁を行っている。調停は、当事者双方の主張を聴き、和解をあっせんして紛争の解決を目指すものである。仲裁は、調停とは異なり、紛争の当事者が事前に仲裁による解決に合意することにより（仲裁合意）、仲裁人が作成した判断（仲裁判断）を示して紛争の解決を図る手続をいう。仲裁判断は、確定判決と同一の効力を有し、原則として当事者は異議を申し立てることができない（仲裁法45条1項）。但し、強制執行のためには裁判所の執行決定を得る必要がある。

犯罪者に対する損害賠償請求についてもＡＤＲや仲裁センター等を利用することは可能であり、弁護士会の仲裁センターの中には被害者と犯罪者との間の損害賠償等についての調停を積極的に行っているところもある。

## 5　民事訴訟手続

被害者は、犯罪者に対し損害賠償を求めて裁判所に訴訟を提起することができる。被害者（原告）が裁判所に対し訴えを提起すると、口頭弁論や証拠調べを経て、裁判所が原告の請求を認めれば、犯罪者（被告）が損害賠償を支払う旨の判決を出すことになる。被告は、判決内容に不服があれば、上級裁判所に控訴することができ、控訴審裁判所の判決に不服があれば、さらに上級の裁判所に上告することができる。しかし最高裁判所に上告することができる場合は、憲法の解釈の誤りがあること、その他憲法の違反があることを理由とするときのほか、法律に定められた一定の重大な訴訟手続の違反があることを理由とするときに限られる。

民事訴訟を提起した場合でも、原告、被告の双方が譲歩して解決ができる場合、裁判上の和解を行うこともでき、裁判所が作成した和解調書には判決と同一の効力がある。

裁判所が、判決を言い渡した場合、犯罪者（被告）が判決書の正本の送達を受けた日の翌日から2週間以内に控訴しなければ、判決は確定する。判決が確定すると、判決の内容を争うことができなくなり、損害賠償の場合、犯罪者は被害者に損害賠償を支払う義務が生じる。被害者は強制執行を行うこともできるが、判決主文に「この判決は仮に執行することができる。」といった記載がされている仮執行宣言付の判決であれば、確定前でも強制執行を行うことができる。このような請求権の存在や内容を記した文書で、強制執行を行う根拠となるものを債務名義*という。

民事訴訟は、損害賠償等の給付を命ずる判決であれば、債務名義を取得でき、それに基づいて強制執行も可能となる強力な問題解決手段である。しかし、その一方で、民事訴訟は、被害者（原告）側が犯罪者（被告）の損害賠償責任を立証しなければならないなど、被害者に多大な負担が掛かる。法律に明るくない一般の者が一人で訴えを提起し、この立証責任を追行することは極めて困難であるため、通常は弁護士に依頼することになるが、その場合、弁護士費用を被害者が負担しなければならない。

このように、被害者が犯罪者に損害賠償を請求するための民事訴訟を提起する場合、多額の訴訟費用と弁護士費用がかかる。訴訟費用の一部である裁判所に納付する手数料（印紙代）は損害賠償請求額（訴額）によって決まるが、重大事件の場合、損害賠償請求額も億単位になることがあることから、被害者が納付しなければならない手数料は高額なものとなる。裁判に証人を召喚した場合、その日当と交通費もかかる。

何より、被害者は非常に高額の弁護士費用を負担しなければならない。当初の相談料は除くとしても、損害賠償請求訴訟を提起する場合、着手金から日当、実費、そして勝訴（認容判決）した場合の成功報酬が必要である。しかも、これらの全てを被告たる犯罪者に負担させることはできず、しかも負担分さえ、もし犯罪者が損害賠償を支払わなかった場合、全て被害者が負担することになる。

たとえ損害賠償の支払いを命じる認容判決を得て、債務名義を取得した場合でも、犯罪者に資産があるのに、任意に支払わない場合、裁判所に強制執行の申立てをする必要があり、ここでもまた手数料や予納金が掛かる。強制執行で差押えの対象物（動産や不動産）によっては、更に費用が掛かることもある。また、民事裁判で確定した損害賠償請求権も、10年で消滅時効に掛かってしまう。時効を回避するためには、犯罪者本人に承諾させるか、改めて損害賠償請求訴訟を提起しなければならない。そのために、また訴訟費用と弁護士費用が掛かることとなる。

## 6　損害賠償命令

### (1)　海外における附帯私訴と損害賠償命令

このように、犯罪者に対する損害賠償を民事訴訟によって請求する方法は、時間・労力・費用の点で被害者に多大な負担が掛かる。海外には、犯罪による損害賠償を得ようとする被害者の負担を軽減する

＊　債務名義とは、損害賠償請求権など私法上の給付請求権の存在と内容を証明する文書を指す。債務者（支払義務を有する者）たる犯罪者が任意に支払いを行わない場合、その資産に対し強制執行を行うためには債務名義がなければならない。債務名義となるものは、確定判決のほか、判決に「この判決は、仮に執行することができる」との記載がある仮執行宣言付判決、損害賠償命令（仮執行宣言付のもの）、公証役場の公証人が作成した公正証書（強制執行の認諾文書があるもの）等がある。

ため、刑事裁判を利用して被害者への損害賠償を図る附帯私訴と損害賠償命令という異なる系統の制度がある。

附帯私訴は、フランス、ドイツ、北欧、韓国、台湾など大陸法系の法制度を採る国において導入されている制度である。犯罪者が訴追され、公判が行われる刑事裁判所に対し被害者が損害賠償の訴えを提起すると、刑事裁判の証拠や記録に基づいて損害賠償の裁判を行い、刑事判決に続いて損害賠償の判決を言い渡すものである。[3] 被害者は、損害賠償の訴え（私訴）の原告として公判において様々な権限が認められるうえ、相手の不法行為を立証する責任はなく、刑事裁判所が刑事裁判記録に基づいて損害賠償判決を言い渡してくれる。しかし、損害賠償の判決は民事の判決であるため、犯罪者が任意で損害賠償を支払わない場合、被害者が裁判所に申し立て、強制執行の手続を取る必要がある。

一方、イギリスやアメリカ、オーストラリア等、元イギリスの植民地の国々で導入されているのが損害賠償命令である。[4] これは、刑事裁判において有罪の言渡しを受けた被告人に対し損害賠償の支払いを刑罰と共に裁判所が言い渡す制度である。附帯私訴と異なり、損害賠償命令は、民事の判決でなく、刑罰の付随処分或いは刑罰の一部である。イギリスでは、１９７２年の刑事司法法によって導入され、現在は、２０２０年の量刑法が損害賠償命令を定めている。アメリカの連邦管轄*では、１９８２年の被害者証人保護法と１９８４年の量刑改革法、１９９６年の必要的賠償法により損害賠償命令が導入されているほか、18の州で被害者の賠償を受ける権利を州憲法上の権利として定め、州法で損害賠償命令の制度を設けている。

損害賠償命令は、刑罰又は刑罰の付随処分であるから、有罪となった被告人からの損害賠償の徴収は、国や州によって行われ、被害者に支払われるため、被害者自身が徴収する必要がない。しかし、被告人の賠償能力に依存する点は民事訴訟と同じである。[5] さらに、民事の損害賠償そのものを命じる附帯私訴と異なり、損害賠償命令は、刑事処分であることから、量刑の一般原則に従うほか、被告人の資力を考慮するものとされているため、被害者が被った損害の全てを補填する額が言い渡されるわけでなく、一般的に、損害賠償額よりかなり低額である。

## (2) 我が国における損害賠償命令

我が国も、フランス法を継受した治罪法において附帯私訴を導入し、旧刑事訴訟法までは制度を維持していたが、現行刑事訴訟法において廃止された。これは、当事者主義の採用、刑事裁判官への負担、民刑分離の原則などの理由があったからであるとされる。[6] しかし、2004年に成立した犯罪被害者等基本法において「損害賠償の請求についてその被害に係る刑事に関する手続との有機的な連携を図るための制度の拡充等必要な施策を講ずる」(12条) とされたことから、2007年に「犯罪被害者等の保護を図るための刑事手続に付随する措置に関する法律」が改正された「犯罪被害者等の権利利益の保護を図るための刑事手続に付随する措置に関する法律」において損害賠償命令制度が導入された。[7]

これは、故意の犯罪行為により人を死傷させた罪 (未遂罪も含む)、不同意性交罪や不同意わいせつ罪

＊ アメリカでは、州毎に憲法や刑法があり、基本的には州の刑法に基づいて州の裁判所が犯罪者に刑罰を言い渡し、拘禁刑の執行も州の刑務所で行われる。これに対し、通貨に対する罪や入国管理に対する罪、税に関する罪、銀行強盗等一定の犯罪に加え、連邦管轄で行われた犯罪や州間に亘って行われた犯罪、複数の州に被害者がいるような犯罪は連邦法上の犯罪とされており、連邦裁判所が管轄権を有している。連邦裁判所が言い渡した拘禁刑は、連邦刑務所で執行が行われる。

等の性犯罪、逮捕・監禁罪、略取・誘拐罪の被害者等が、刑事被告事件の係属する裁判所に対し、弁論の終結までに損害賠償命令の申立てをすることができるものであり、裁判所は、刑事被告事件において有罪判決の言い渡しがあった後、損害賠償について原則として4回以内で審理を行い、刑事被告事件の証拠や記録を取り調べ、損害賠償命令の申立てを認めるときは、有罪の被告人に被害者への損害賠償を命じるものである。

被害者は、刑事事件が係属している裁判所に申立てを行うだけでよく、刑事被告事件の審理・判決を行った裁判所が、刑事訴訟記録を取り調べて損害賠償命令を決定してくれるため、被告人の賠償責任を立証する必要はない。しかも、裁判所が、必要があると認めるときは、仮執行をすることができる宣言をすることができるため、決定に基づいて直ちに強制執行を行うこともできる。しかも、基本的に審理は4回以内で行われるために、極めて短期間で決定が出る。費用も、損害賠償請求額に応じた手数料が必要な民事裁判と異なり、裁判所に対する手数料は一律２０００円（＋郵便代）である。非常に、迅速且つ簡易・簡便・低費用で犯罪者に損害賠償を請求することができる。

本制度は損害賠償命令と呼ばれているが、イギリスやアメリカ等で行われている刑罰（又はその付随処分）としての損害賠償命令とは全く異なり、むしろ刑事裁判の訴訟記録を取り調べることで民事の判決を言い渡すヨーロッパや韓国、台湾の附帯私訴制度に近い。しかし、あらゆる罪種に対し私訴（損害賠償の請求）が可能な附帯私訴と異なり、特定の重大犯罪の被害者に限定されている点、刑事被告事件の判決の言渡しがあるまでは損害賠償命令の審理を行わない点、刑事裁判に対し上訴が行われた場合、損害賠償命令の申立てに対する裁判は刑事裁判の上訴とは連動しない点で附帯私訴と異なる。

損害賠償命令の決定に対し被告人が適法な異議を申し立てなければ、この損害賠償命令の決定は、確定判決と同一の効力を有する。但し、被告人は決定に対し異議を申し立てることができ、この場合、裁判所に対して損害賠償の訴えがあったものと見なされ、民事裁判に移行する。また、損害賠償責任の認定や賠償額の算定が複雑であるなど、4回以内に審理を終結させることが困難であるときは、当事者の申立て又は裁判所の職権で、損害賠償命令事件を終了することができ、その場合は、やはり民事訴訟に移行する。

制度施行後、損害賠償命令事件は、対象事件の範囲が狭いわりにはよく活用されており、損害賠償を命ずる決定（認容決定）が半数近くの申立てで出されている。1億円を超えるような決定も多く出されているほか、和解や被告人が損害賠償の請求を認める認諾も多くなっている。但し、民事訴訟に移行するケースも多い。もっとも、損害賠償命令によった場合でも実際に賠償が支払われたケースは極めて少ないというのが現実である。[8]

# Ⅳ　犯罪者による損害賠償の現実

## 1　犯罪者による被害者への損害賠償の状況

被害者が民事訴訟や損害賠償命令で損害賠償の債務名義を得ても、実際に犯罪者が被害者に損害賠償を支払うことは殆ど無い。

我が国で初めて行われた犯罪被害者に対する実態調査であり、１９９６年の警察庁による被害者対策要綱の基礎資料となった調査によると、殺人未遂、傷害、強盗傷害、業務上過失傷害（交通関係を除く）の身体犯被害者本人では30・７％が示談金（賠償金）を全額受け取ったとしているが、全く受け取っていない者も55・９％いる。[9] これに対し、殺人既遂、強盗殺人、傷害致死その他被害者が死亡した事件の遺族で犯罪被害給付制度の受給者については80・１％が全く賠償を受け取っていないとしている。示談金や賠償金を全部又は一部受け取った者でも金額に納得したとしている遺族は10・０％しかなく、納得していない者が67・５％にも及んでいる。

法務省法務総合研究所が行った調査でも、殺人や傷害致死の被害者遺族のうち、「全額支払いがあった」とする者は６・６％に過ぎず、「一部支払いがあり、残りも今後支払われる予定である」とする者が３・８％、「一部支払いがあったが、残りは支払いの見込みがない」は７・５％、「全く支払いはなく、支払いの見込みもない」が68・９％、「全く支払いがないが、今後支払われる予定である」が１・９％となっている。[10] しかも、「全額支払いがあった」という７件の賠償額も、２件が５００万円以下、１０００万円以下が１件、３０００万円以下が１件、５０００万円以下が１件、１億円以下（８０００万円超）が１件（無回答１件）である。この７件のうち、実際に賠償を払ったのは、犯罪者の家族が５件と大半を占め、残りの２件が犯罪者の加入していた保険会社、１件が犯罪者本人となっている（重複回答可）。損害賠償が全額支払われた遺族７件のうち、４件が賠償額について納得していないとし、納得しているとしたのは１件しかない。

民間の被害者支援センターが、殺人、傷害致死等の遺族に対して行った調査でも、殺人や傷害致死の遺族のうち36・8％が民事訴訟で勝訴判決を得たが、損害賠償は支払われていないとしている[11]。

強盗や窃盗といった財産犯の被害者に対する損害賠償については、法務省の調査がある。強盗については88・0％で損害賠償が全く行われておらず、窃盗でも56・9％、詐欺では60・7％で損害賠償の割合が0％である[12]。損害賠償に加え、被害者に還付された金品、保険等によって被害者が受け取った総額の被害額に対する被害回復率を見ても、強盗で50・0％、窃盗で16・2％、詐欺で51・0％において全く損害が回復されていない。この調査は、オレオレ詐欺や振り込め詐欺といった特殊詐欺がまだ発生しておらず、被害額も比較的低額なものが多かった時代に行われたものであるにもかかわらず、被害者への損害回復が殆ど行われていないことがわかる。その特殊詐欺については、法務総合研究所が2023年に公表した調査結果によると、被害の全部が回復された被害者は16・8％に過ぎず、31・9％で被害回復が一切行われなかったとしている[13]。

犯罪者が少年の場合、未就労であったりすると賠償能力がほぼゼロである。保護者に監督責任が認められ、幾ばくかの賠償が払われる場合もあるが、少年自身により賠償がなされることは少ない。少年によって子どもを殺害された遺族の会である「少年犯罪被害当事者の会」が行った調査によると、16家族のうち、損害賠償が80％以上支払われたのは1家族だけで、半数の遺族が0％から20％しか受け取っていない[14]。

2007年に損害賠償命令制度ができ、対象となる犯罪被害者の損害賠償請求の負担は軽くなったが、損害賠償命令の決定が出た場合でも、実際に損害賠償は支払われていない。内閣府が行った殺人（未遂を含む）、傷害致死、傷害、性犯罪の被害者に対する損害賠償命令と犯罪者の履行状況に関する調査でも、賠償命令の決定を受けた19人のうち2名がごく一部を支払っただけで、残りは支払いが行われていないことが示されている。[15]

日本弁護士連合会が行った弁護士に対するアンケート調査では、損害賠償請求の活動を行った事案のうち、全額を回収したのは57・0％（前回調査42・7％）、一部のみ回収は18・1％（前回調査23・8％）、回収なし24・9％（前回調査33・5％）となっている。[16] 回収率が比較的高いように見えるが、そもそも犯罪者に資力がなく損害賠償請求そのものを行わなかった事案（12・0％、前回調査8・5％）が除外されているうえ、回収率が比較的高い性犯罪や危険運転致死、強盗未遂等が多く含まれているからであり、殺人の回収率は13・3％（前回調査3・2％）、傷害致死は16・0％（前回調査は1・4％）となっている。損害賠償が回収できない理由としては、債務者（犯罪者）が任意で支払いをしない、資力がない、財産が不明、が多くなっている。

このように、民事訴訟や損害賠償命令によって債務名義を得ても、実際に損害賠償が支払われることは少ない。損害賠償判決は「画に描いた餅」に過ぎないなどと言われてきたが、損害賠償命令制度ができても、「画に描いた餅」を取り易くなったに過ぎず、「画に描いた餅」は、依然、「画に描いた餅」のままである。

## 2　損害賠償の請求や徴収に掛かる被害者の負担と二次被害

### (1)　被害者の負担

たとえ民事訴訟や損害賠償命令で債務名義を得ても、犯罪者は被害者に損害賠償を払おうとしないことから、被害者は損害賠償の徴収のため更に重い負担を強いられる。

犯罪者が刑事施設*に収容されている場合、被害者がわざわざ遠方の刑事施設にまで出掛けていかなければならない。面会は土日や祝日には認められないので、被害者は仕事を休んで面会に行かなければならず、事業者であれば実質的に休業による損害が生じる。さらに、刑事施設側が面会を認めるとは限らず[17]、また認められても受刑者本人が拒否することも十分に考えられる。そうなると、遠方の刑事施設まで行くのに掛かった時間も交通費も全て無駄になる。結局、被害者は内容証明郵便等の信書で請求せざるを得ないが、これは受刑者側が無視してしまえばそれまでである。

受刑者が仮釈放になれば、保護観察に付され、定住が義務付けられるので居場所を調べる方法もあるが、満期釈放となってしまうと、受刑者がどこに帰住したかわからなくなってしまう。満期釈放の場合、受刑者は刑事施設側に釈放後の帰住地について申告する義務がなく、わざと嘘の帰住地を申告する受刑者もいるので、所在不明となることが少なくない。元受刑者がどこかで住民登録をすれば、被害者本人が調べることもできないわけではない。しかし、時間と労力が掛かるため、弁護士に依頼することもできるが（職務上請求）、これには費用が掛かる。

たとえ、犯罪者の所在がわかり損害賠償の弁済を求めても、犯罪者に賠償するだけの資力がない場合、全ての労力とお金が無駄になる。犯罪者に幾らかの収入や資産があるにもかかわらず、犯罪者本人が損害賠償を支払おうとしない場合、強制執行の手続を取ることができるが、これにも時間と労力と費用が

＊　刑務所のことを、法律上、刑事施設という（刑事収容施設法3条）。但し、法務省設置法上、刑務所という表現も用いられており、施設の名称としては、「〜刑務所」という。刑務所、少年刑務所、拘置所、少年院、少年鑑別所を総称して矯正施設という。

掛かる。裁判所に納付する手数料のほか、預貯金等債権の執行以外は、執行官手数料や執行業者の費用といった費用の予納金が必要となる。さらに、強制執行の手続を弁護士に依頼すれば、これに加えて弁護士費用が必要になる。もし、強制執行に失敗すれば、これらは全て被害者の負担となる。

そのため、強制執行の前に、被害者は犯罪者の財産を調査する必要があるが、これにもかなりの労力が掛かる。それでも財産の実態が明らかにならない場合、裁判所に対して財産開示手続を取る必要がある。２０１９年の民事執行法の改正により、裁判所の財産開示期日に出頭しない場合の罰則の強化が図られたほか、債務者（犯罪者）以外の第三者、例えば、金融機関（預貯金等に関する情報）、登記所（不動産に関する情報）、地方自治体（債務者の勤務先に関する情報）に対し債務に関する情報を提供するよう裁判所が命じる制度も導入されている。しかし、犯罪者の財産を調査するのが容易でないことに変わりはなく、調査した結果、財産が何もないということも十分にある。

また、損害賠償請求権には（消滅）時効がある。前述の通り、不法行為（被害者がいる犯罪も該当する）による損害賠償の請求権は、被害者又はその法定代理人が損害及び加害者を知った時から3年間（生命・身体を害する不法行為のときは5年間）行使しないとき、そして、不法行為の時から20年間行使しないときは時効によって消滅するため、この期間内に民事訴訟を提起するなどして損害賠償を請求する必要がある。しかし、判決や裁判上の和解で被害者が債務名義を得ても、10年で時効となることから、時効が完成する前に、犯罪者（債務者）に対し催告して、損害賠償請求権を改めて承認させるか、民事訴訟を提起して、判決を得る必要がある。民事訴訟を提起するとなると、再び訴訟費用や弁護士費用が掛かることになる。そして、訴訟費用や弁護士費用を費やして時効を更新しても、犯罪者が損害賠償を払わなければ、最初の民事訴訟のときの訴訟費用や弁護士費用に加え、二度目の訴訟のときの費用も、結局、全て被害者が負担しなければならないことになる。

### (2) 被害者の二次被害

そもそも、損害賠償の支払いを求めるため、犯罪者と接触や交渉をしなければならないこと自体、被害者にとって大きな精神的及び物理的負担となる。相手は家族を殺害し、或いは自分を傷つけた本人であり、そうした者に会うこと自体、不安や恐怖を感じるのは当然である。[18] 通報や証言に対して報復(いわゆるヤクザ言葉で「御礼参り」と言われる)を受ける危険性もある。刑事施設から出所した元犯罪者の家に出向いても、面会を拒否され、けんもほろろに追い返される場合もある。損害賠償の支払いを求めに元犯罪者の家に行ったら、警察に110番通報され、駆けつけた警察官に遺族が危うく逮捕されそうになったという話を遺族から伺ったことがある。これでは、一体どちらが犯罪者かわかったものではない。

さらに、被害者は、損害賠償に関連して、犯罪者やその家族の者以外から二次被害を受けることもある。その加害者となるのが、近隣の住民や匿名の社会の人々である。損害賠償は被害者の当然の権利であるにもかかわらず、被害者が犯罪者を相手取って損害賠償訴訟を起こすと、「そんなに金が欲しいのか」、「子どもの命を金に換えるのか」といった辛辣な誹謗中傷がネットで拡散されたり、被害者に脅迫文が送られたりすることがある。近隣の人の中には、訴訟や賠償の事実関係を全く知らないにもかかわらず、「あなた幾らもらったの?」などと遺族に聞く人間が、この日本には現実にいるのである。

また、民事訴訟で高額の賠償判決が出たりすると、実際には損害賠償を払う犯罪者は殆どいないにもかかわらず、被害者が大もうけしたかのような誹謗中傷が繰り広げられる場合もある。こうした被害者に対する非難や中傷は、「被害者バッシング」と呼ばれ、近年、インターネット上に溢れかえっている。[19] こうしたバッシングを怖れて、被害者は、損害賠償の請求そのものを諦めてしまうこともある。重大事件の犯罪者に対する非難は、まだ素朴な正義感情の発露である場合があるのかもしれない。[20] しかし、犯罪被害に遭い、苦しんでいる被害者は、本来、支援の手を差し伸べられるべき存在であるにもかかわらず、さらにこれを傷つけようとする者が大勢いることは非道というほかない。

2004年に制定された犯罪被害者等基本法は、「国民は、犯罪被害者等の名誉又は生活の平穏を害することのないよう十分配慮するとともに、国及び地方公共団体が実施する犯罪被害者等のための施策に協力するよう努めなければならない」(6条)とし、国民に被害者支援の責務を課しているにもかかわらず、その正反対のことが横行している。仕事や生活のストレスのはけ口か、自分が不幸であるから他人も苦しめてやろうという道連れ意識か、他人の不幸に喜びを感じるシャーデンフロイデの一種か、単に自分のサイトをバズらせて利益を得ようとしているだけか、こうした被害者バッシングにより人を更に傷つける者の社会学的或いは心理学的分析が必要であるように思われる。

# V　損害賠償不履行の背景

## 1　犯罪者の資力

重大事件の犯罪者が被害者に損害賠償を払わない最大の原因は、犯罪者の資力不足にある。一般に、拘禁刑を受けるような犯罪者の多くは、無職の者が多く、経済状態は極めて悪い。刑事施設に入所した受刑者の約7割は無職者であり、受刑前に安定した収入がなかった者が大半である。[21] さらに、重大犯罪受刑者の20％強、粗暴犯受刑者の17％強が住居不定である。このような状況であるから、犯罪者は被害者に賠償するだけの収入や資産を持ち合わせてはいない。

## 2　損害賠償の意思

犯罪者には賠償する資力が無いだけでなく、賠償する意思をもたない者も少なくない。古い調査になるが、法務省が刑事施設の受刑者と少年院*の少年に対し贖罪意識について調査したところ、「釈放時までに被害の賠償をすればよい」と「被害の賠償だけでなく更生する必要がある」とする者が7割を超えている一方、「裁判所の処分に従うだけでよい」、「施設収容によってすべて終わる」と考えている受刑者が10％台から30％台いることが示されている。[22] この種の調査では受刑者が模範的な回答することが考

＊　犯罪少年等、非行少年に対し家庭裁判所が決定する保護処分の一つである。

えられる中で、それでも賠償をする必要がないと敢えて回答する受刑者が一定数見られるということから、実際にはかなりの受刑者が刑罰を受けるだけで贖罪が終わると考えていることが窺われる。

また、法務総合研究所が行った調査に拠れば、殺人の受刑者で「弁償するつもりはない」と回答した受刑者と「わからない」と回答した者と合わせると25％強に達している。[23] 一方、この回答で、「弁償した」と回答した殺人の受刑者が20数％、「弁償中である」が約5％いる。しかし、殺人の受刑者による被害者への損害賠償の状況を考えると、この調査結果の信憑性そのものがかなり疑わしく、それでも弁償するつもりのない受刑者が一定数いるということからも、受刑者がどれだけ賠償に無関心かを伺うことができる。

殺人の遺族が犯罪者側と損害賠償の交渉をしようとしたところ、犯罪者の家族から「何を言っているんだ！　懲役〇年は賠償込みだ！」と言われたという話を遺族から伺ったことがある。要するに、受刑で全てが終わると考えているということである。

犯罪者が被害者や損害賠償をどう考えているかという犯罪者の胸の内を調査することには、そもそも限界を伴う。ただ、刑事施設において受刑者は刑務作業に従事し、月に平均4500円程度、[24]最高で2万円台後半の報奨金を支給されている。これを被害者への賠償等に充当するため被害者に送金することができることは入所時の指導でも説明がなされているが、実際、被害者に送金を行う受刑者は殆どいない。[25] こうしたことも、受刑者の被害者に対する賠償意思の欠如を表しているように思われる。

### 3　長期の拘禁刑

更に、被害者への賠償額が高額になるような重大事件の受刑者には刑事裁判で長期の拘禁刑を科せられることが、被害者への損害賠償をより困難なものとしている。殺人事件であれば、20年から30年の有期刑や、時には無期刑が言い渡されることもある。拘禁刑には仮釈放[*]が認められており、法律上は、有期刑で刑期の3分の1が経過していることが要件となっているが（刑法28条）、実務では刑期の80％以上が経過してから仮釈放となることが多い。しかし、刑期が長いほど仮釈放までに刑を執行する割合（執行率という）を高くする実務が取られているため、長期刑の受刑者は刑期の90％以上を執行してから仮釈放になることが殆どである。無期刑の仮釈放は10年が経過している必要があるが、近年、無期刑の仮釈放が極めて厳しくなっており、仮釈放が許可されるのは入所してから平均で30年から40年が経過してからとなっている。[26]さらに言えば、仮釈放になる無期刑の受刑者より、仮釈放が認められないまま刑事施設で死亡する無期刑の受刑者の方が遥かに多い。[27]こうした無期刑受刑者にとって、無期刑は、結局、我が国にはない終身刑と同じことになっているわけである。

こうした長期の受刑の間、刑事施設において受刑者は刑務作業に従事し、報奨金が支給されるが、低額である。結局、重大事件の犯罪者が社会に戻って就労し、収入を得て、そこから被害者に賠償を始めるまで何十年もの歳月が掛かる。しかし、仮釈放が認められず、満期釈放となってしまうと、国は元受刑者の所在を確かめることができず、被害者自身が犯罪者を探し出さなければならない。仮釈放となれ

＊　仮釈放とは、裁判所が言い渡した刑の執行が終わる前に、仮に刑事施設から受刑者を釈放して、社会の中で保護観察を行う制度である。有期刑の場合は刑期の3分の1、刑期のない無期刑の場合は10年を経過し、共に改悛の状がなければならない（刑法28条）。仮釈放の審理及び決定を行う機関は、法務大臣の下に置かれる全国8か所の地方更生保護委員会である。

ば保護観察*が行われ、被害者への賠償に向けた指導も可能である。しかし、日本の場合、保護観察の期間は残りの刑期（残刑期間）とされているため、刑期の大半を執行してから仮釈放にすることが一般的であることもあり、保護観察の期間は数か月から6か月程度しかないことが殆どである。その間、わずかな金銭を被害者に送金する受刑者はいるが、仮釈放期間が終わると、送金を止めてしまう者もいる。

このように、犯罪者は犯した罪に対する刑事責任を果たすため刑に服しなければならないが、その結果として、犯罪者が果たさなければならないもう一つの民事責任としての損害賠償の履行が困難となっている。民事訴訟や損害賠償命令で被害者が損害賠償を認められたということは、国が犯罪者に賠償を命じているわけであり、国は一方で長期の受刑を命じ、もう一方では多額の損害賠償を払うことを命じるという、ある意味、両立困難な命令を犯罪者に科しているとも言える。

## 4　刑事施設での矯正処遇

日本では、今日まで受刑者に刑罰として作業を科す懲役という刑罰が維持されてきているため、刑事施設内での活動の大半が刑務作業で占められ（1日約8時間、週5日）、受刑者の処遇はその合間を縫うような形でしか行われてこなかった。それでも、古くから覚醒剤乱用防止教育や酒害教育、暴力団離脱指導といった受刑者の犯罪性や問題性を改善するための処遇は行われてきたし、刑務作業の一環として、受刑者に職業上の能力を付与し、国家資格を得させる職業訓練も行われ、さらにその前提となる基礎的な学力を身につけさせるための教科指導も行われてきている。

このように、我が国の刑事施設では、受刑者の問題性を改善するための処遇や社会復帰に必要な能力を身につけさせるための処遇こそ行われてきたが、受刑者が起こした事件やその被害者のことを考えさせるような教育や処遇は殆ど行われてこなかった。生命犯（殺人、傷害致死、強盗致死等）を収監している刑事施設では、月命日として仏間や礼拝室に希望の受刑者が集まって僧侶や神父・牧師と一緒に読経や礼拝をすることは昔から行われているし、過失運転致死の受刑者を集禁している刑務所（俗にいう交通刑務所）では合同慰霊祭が行われているが[28]、それ以外では、日本で開発された内観療法という、受刑者にテーマを与えて沈思黙考させるという処遇が一部の施設で行われており、そのテーマに被害者を設定することがあった程度である。

こうした刑事施設における処遇の背景には、20世紀以降の刑事政策における社会復帰思想（rehabilitation ideal）の発展がある。19世紀まで犯罪者を刑務所に収容する拘禁刑は、犯罪者に対する罰（応報）とされていたが、19世紀末頃から刑罰は犯罪者を改善更生させるためのものとして捉えられるようになり、刑務所においても犯罪者の犯罪原因や問題性を調査し、それを改善するための様々な矯正処遇が行われるようになった。

犯罪者を刑務所や少年院等の施設に収容して改善更生のための処遇を行うことを「矯正」というが、英語では **correction** という。**correction** は医学用語としても用いられ、我が国でも歯とか背骨の矯正という形で用いられるが、同時に犯罪者の施設内での処遇を指す用語として用いられている。刑務所や少

＊　社会において犯罪者を国家公務員である保護観察官と非常勤の国家公務員（無給の篤志家）である保護司が、面接等により保護観察期間中守るべきこととされた遵守事項を遵守しているか、生活や行動に関する生活行動指針に即して生活し、行動してるかを監督し、必要な指導を行うとともに、特定の犯罪的傾向を改善するための専門的処遇を行う一方（以上を指導監督という）、保護観察の対象者が自立した生活を営むことができるよう住居の確保や就職についての支援を行う（以上を補導監督という）作用をいう。

年院を所管する法務省の部署が、正に「矯正局」である。

　こうした社会復帰思想の下で刑罰には個別予防（再犯防止）の機能があるとされ、刑事施設においても受刑者の問題性を改善することで再犯を防ぎ、円滑な社会復帰を果たすための支援に労力が注がれるようになった。その方向性自体は正しいが、そうした思潮の中で、罪を犯した者が自分の罪を見つめ直し、被害者に対する贖罪を果たすための指導をするという、ある意味、当然の視点が刑事施設における処遇から完全に抜け落ちることになってしまったのである。それどころか、受刑者に被害者のことを考えさせるような処遇は「報復的な処遇」であるとして（行うべきでないと）批判されることすらあったのである。[29]

　今から20年以上前のことになるが、著者が法務省矯正局の検討会において、海外の刑務所で行われている、受刑者に被害者の現実を理解させる処遇を手掛かりに、日本の矯正処遇においても被害者の視点を取り入れた教育をすべしと報告したことがある。しかし、「我々は塀の中のことなので被害者は関係ない」というのが矯正局側の反応であり、終いには研究者から「受刑者に事件の事を思い出させるのはトラウマになるから止めた方がよい」との驚くべき発言まで飛び出し、開いた口が塞がらなかったことを覚えている。

　処遇を行う刑事施設側自体に受刑者の罪を見つめ直させるという発想がなければ、受刑者がそうしなくなるのも無理なからぬところである。受刑者の中には被害者への賠償意思を欠くような者がいるという現実も、一概に受刑者のせいだけにすることができない事情がある。

　こうした状況は「被害者の視点を取り入れた教育」が徐々に導入され始めた２０００年頃から

徐々に変わり始め、2005年と2006年の二段階で監獄法に代わる刑事収容施設法が制定された際、特別改善指導の一つとして「被害者の視点を取り入れた教育」が法令に明記されたことで（刑事収容施設法103条2項3号、刑事施設規則64条1号）、大きな転機を迎えることとなった。この経緯については、第2部第4章で解説する。

## 5　被害の「全体像」

そもそも、受刑者は自分が犯した罪の現実を知らない。こういうと驚かれるかもしれないが、犯罪者は「人を刺して、被害者が亡くなった」とか「人を殴って、大怪我をした」という犯行時の自分の行為やその直後の様子についてては知っているが、その後、被害者が手術や治療を何回受けたか、障害が残ったかどうか、幾ら費用が掛かったか、どれだけ生活が苦しくなったか、家族の関係がどうなったかといった現実面は元より、被害者や遺族が被害後どれだけ苦しんでいるかといった被害者の心情は知る由もないし、それを伝える制度すらなかった。

著者は、以前、ある調査のために少年リンチ事件の不良グループの元受刑者達にインタビュー調査を行ったことがあるが、驚いたことに、その元受刑者達のうち1人を除いて自分がリンチにした少年が重度の障害を負って社会生活が一切できなくなったことを刑務所から仮釈放されるまで知らなかった（日本では、受刑者が自分の犯した罪のことをよく知らなくても仮釈放になるのである）。これが嘘ではないことはその後の調査で確認が取れている。公判の段階では被害者が昏睡状態だったため障害が固定しておらず、元受刑者達によれば、そもそも公判は言葉が難しくて全く理解できなかったし、自分達の家族や弁護をした弁護士からも何も話を聴かされなかったとのことであった。

つまり、この犯罪者達は、自分達がやったことの「結果」すら知らず、刑務所で職業訓練や教科教育に励み、「再犯のおそれがない」ということで仮釈放になったわけである。しかし、自分がやったことの結果すら知らなければ、被害者に対してきちんと贖罪をしようという気持ちが起こるはずもない。それを更生というのであろうか。

被害者のことを知らないのは受刑者だけでなく、処遇を担当する刑事施設の職員も同様である。受刑者が刑事施設に入所すると処遇調査が行われ、受刑者の処遇計画である処遇要領が作成されるが、処遇調査は判決書の確認と受刑者からの聞き取りが中心である。そのため、判決書に被害者や賠償のことが詳細に記載されていれば刑事施設側に情報が伝わるが、そうでないと、後は受刑者からの聞き取りということになり、残念ながら、十分且つ正確な情報が得られることは余りない。

その結果、受刑者の処遇を行う刑事施設の職員は、被害者の状況については殆ど何も知らないまま、「被害者の視点を取り入れた教育」を行うことになる。実は、これまで行われてきている「被害者の視点を取り入れた教育」は、一般論としての被害者の状況を受刑者に理解させることが中心であった。受刑者による事件の被害者がどういう状況にあり、受刑者に対してどのような要求があるのか、また処遇を行う刑事施設に対してもどのような要望があるのか、真の意味での被害者の視点を取り入れた教育を行うためにはこうした情報が必要なはずであるが、刑事施設はこうした情報を持ち合わせてはいないため、「一般的に被害者はこういう情況にある」ということを受刑者に理解させるに留まってきたのである。これが２０２２年の刑法等一部改正で刑事収容施設法が改正され、刑及び保護処分の執行段階における被害者の心情聴取・伝達制度ができた理由の一つである（第2部第4章参照）。

# Ⅵ　民刑分離原則と刑事司法における損害回復

## 1　民刑分離原則に対する誤解

犯罪者による被害者への賠償を阻んできた要因として、これまで掲げたような現実面での障壁以外に、司法制度の理念が深く関わっている。

その一つが民刑分離原則に対する誤った解釈である。民刑分離原則とは、中世まで区別されていなかった犯罪に対する刑事責任と不法行為に対する民事責任（損害賠償責任）を分離し、刑事責任は刑事裁判で、民事責任は民事裁判で扱うものとするものであり、近代の司法原則の一つであるとされる。しかし、それは違法な行為に対する責任概念を刑事責任と民事責任に分けたことを意味するに止まり、それ以上でもそれ以下でもないにかかわらず、日本では、刑事手続や刑の執行過程で民事の問題を扱ってはいけない原則であると解されてきた。そのため、刑事施設において受刑者に対し被害者への贖罪や賠償について考えるように指導することは「民刑分離原則違反」であり、許されないとされてきたのである。これが、刑事施設において、受刑者に対する被害者贖罪教育を阻んできたもう一つの思想的背景である。[30]

勿論、刑事裁判は、犯罪者の刑事責任の有無を認定し、行為責任に応じた刑を量定するための手続であり、犯罪者に対する損害賠償を言い渡すものでない。しかし、刑事裁判を活用して犯罪被害者が損害賠償を得やすくするための制度は、民刑分離原則の故郷であるヨーロッパでは古くから存在している。前述したように、フランスを始めヨーロッパには、刑事裁判所に損害賠償の訴え（私訴）を提起することで、刑事裁判（有罪判決）に続いて民事判決を言い渡す附帯私訴の制度が古くからあるし、イギリスやアメリカには、刑事裁判において被告人に被害者への損害賠償を命じる損害賠償命令という制裁がある。誰もこれら世界で広く行われている制度を民刑分離原則違反であるとは言わない。日本でも、旧刑法の附則には賠償処分が規定され、治罪法により公訴に附帯して私訴（損害賠償請求の訴え）を提起するフランスから継受した附帯私訴を通じて行われていた。[31]

さらに、アメリカやイギリスの刑務所では、犯罪が被害者に与えた影響や損害について受刑者に理解させる **victim impact class** や **victim awareness program** が行われており、更にアメリカでは裁判所が受刑者に言い渡した損害賠償命令の支払いを刑務所の作業で得られる報酬から支払わせることも行われている（第2部第7章参照）。

このように、民刑分離原則とは、犯罪者の刑事責任と民事責任を機能面から分けたことを意味するだけで、刑事手続や刑の執行過程で民事の問題を扱ってはいけないという原則ではない。

## 2　誤解の氷解

我が国でも、検察官が被疑者を訴追するか否かを決める際の判断材料の一つとして被疑者が被害者に謝罪や賠償を行っているかどうかを考慮してきており、刑事裁判の量刑においても同様の事情を考慮することが実務上行われている。それでも、刑事手続の過程で被害者への損害回復を促す制度を設けることや、刑の執行過程で受刑者に対し被害者に対する贖罪について指導することは「民刑分離違反」として許されないとされてきたのである。

しかし、この状況に変化の兆しが現れたのが刑事和解の導入であった。被害者と被告人の間で民事上の争いについて和解が成立した場合、両当事者からの申立てによって公判調書に和解について記載されれば、公判調書に裁判上の和解と同一の効力を認める制度が２０００年の法律によって導入された。これなどは正に刑事手続において民事上の一定の効力を認める制度であるから、従来であれば、民刑分離原則違反であるとされかねないはずであるが、そうした批判もなく、制度が成立した。

さらに、２００４年に成立した犯罪被害者等基本法において、「損害賠償の請求についてその被害に係る刑事に関する手続との有機的な連携を図るための制度の拡充等の施策を講ずるものとする」とされたが（12条）、これなども過去の民刑分離の原則からは許されないはずであった。同法に基づいて２００５年に策定された第一次犯罪被害者等基本計画では、「法務省において、附帯私訴、損害賠償命令、没収・追徴を利用した損害回復等、損害賠償の請求に関して刑事手続の成果を利用することにより、犯罪被害者等の労力を軽減し、簡易迅速な手続とすることのできる制度について、我が国にふさわしいものを新たに導入する方向で必要な検討を行い、2年以内を目途に結論を出し、その結論に従った施策を実施する」とされ[32]、その結果、２００７年に損害賠償命令の制度が導入されたのである。これなどは、刑事裁判の訴訟記録を用いて民事上の損害賠償の決定を言い渡すものであり、これを認めたということは、その時点で刑事裁判における日本的な民刑分離原則の解釈はほぼ克服されたと言ってよい。

また、刑の執行段階においても、２０００年から、刑期8年以上の長期受刑者に限ってであるが、仮釈放（当時は仮出獄）後の1年間（仮釈放の期間が1年に満たない場合は、その期間）を重点的な処遇期間とし、保護観察官による直接的関与を強化するほか、被害者や遺族に対する賠償や慰謝の措置の具体的方法について保護観察開始当初から継続的に指導・助言していく処遇が実施されている。[33]

そして、２００５年の第一次犯罪被害者等基本計画では、「法務省において、犯罪被害者等の意向等に配慮し、謝罪及び被害弁償に向けた保護観察処遇における効果的なしょく罪指導を徹底していく。」として、被害者がいる保護観察対象者全般において、被害者への損害賠償を実現していくための処遇を徹底していくとされたほか、[34] 刑事施設においても、「受刑中の者が作業報奨金を被害者に対する損害賠償に充当することを可能とする制度が十分に運用されるように努める」こととされたのである。[35]

２００７年には、旧法の犯罪者予防更生法と執行猶予者保護観察法に代わって、仮釈放や保護観察等について規律する更生保護法が新たに制定されたが、同法には、保護観察対象者の被害者から申出があった場合、被害に関する心情、被害者の置かれている状況又は保護観察対象者の生活若しくは行動に関する意見を被害者から聴取し、保護観察対象者に伝達する被害者心情伝達制度が導入されている（第3部第9章）。損害賠償の意向をもつ被害者は、同制度を通じて保護観察中の犯罪者に伝えることができる。こうした保護観察における贖罪指導や作業報奨金の損害賠償への充当を徹底する施策は、その後の第二次基本計画（２０１１）から第四次基本計画（２０２１）まで、多少の改定はあれ、維持されている。[36]

更に、第四次基本計画では「法務省において、矯正施設の被収容者を対象に実施している『被害者の視点を取り入れた教育』について、犯罪被害者等や犯罪被害者支援団体の意向等に配慮し、犯罪被害者等の心情等への理解を深めさせ、謝罪や被害弁償等の具体的な行動を促すための指導を含めた改善指導・矯正教育等の一層の充実に努める」とするに至っている。[37]
「被害者の視点を取り入れた教育」とは、刑事施設において2002年辺りから行われるようになった、受刑者に犯罪被害者が受けた被害の現実について理解させるための処遇であり、[38]2006年と2007年の二段階の改正で、明治時代に制定された監獄法を廃止し、刑事収容施設法を制定した際、受刑者に対する特別改善指導の一つとして正式に導入されたものである。[39]また少年院においても、2000年の少年法改正以後、被害者の手記等を教材としたグループワークや個別指導のほか、被害者との関係を想定したロールレタリング（役割交換書簡法）等の被害者の視点を取り入れた教育が行われるようになっている。[40]

こうした矯正施設（刑事施設と少年院）における「被害者の視点を取り入れた教育」は、犯罪者が被害者や遺族に与えた被害の現実を一般論として理解させるものであったが、第四次基本計画は、被害者の一般的な状況に止まらず、更に謝罪や賠償と行った被害者への具体的な贖罪をするための指導を充実させることを矯正施設に求めたのである。

そして、2022年に行われた刑法等の一部改正により、刑事収容施設法が改正され、刑や保護処分の執行段階における被害者の心情聴取と伝達制度が導入されることとなった。これは刑事施設や少年院に犯罪者が収容されている段階で、被害者からの申出により、刑事施設や少年院の職員が、被害者から被害に関する心情、被害者の置かれている状況又は当該受刑者の生活や行動に関する意見について聴取し、更に被害者が希望する場合は、その心情等について受刑者や少年に間接的に伝達するというものである（第2部第4章参照）。

それまでは、被害者が犯罪で受けた被害の現実や損害賠償等に関する要求を犯罪者に伝えたくても、受刑者や少年が刑事施設や少年院から仮釈放や仮退院となって保護観察を受けるようになるまでは認められなかった。特に刑期の長い受刑者については、被害者は何十年もその思いを伝えられず、受刑者が満期釈放となってしまえば、その機会さえも失われていた。そこで、受刑者については刑の執行が始まり刑事施設に収監された時点から、少年であれば少年院に収容された時点から、被害者の心情聴取や伝達を認めることにしたものである。損害賠償の意向をもつ被害者は、保護観察における心情伝達同様、刑や保護処分の早い段階から、その意向を受刑者や少年に伝えることができる。

このように、２０００年以降に成立した制度の内容からも、刑事裁判や刑の執行段階において被害者への損害賠償の実現に資する制度や処遇が民刑分離原則に違反するものでないことが前提とされるようになったと言えよう。

# Ⅶ　刑罰論と損害賠償

## 1　伝統的な刑罰論——刑罰の正当化根拠

刑罰の正当化根拠には応報刑論と目的刑論という異なる考え方がある。応報刑論とは、刑罰は罪を犯したことに対する報いとして正義の要請から科せられるものであるとするものである。人は罪を犯したが故に罰せられる、或いは、刑罰は犯罪という法の否定に対する否定であるとする考え方もこの流れに属する。この応報刑論によれば、刑罰は犯した罪に比例して科されるべき害悪であるから、そこに目的というものはない。

これに対し目的刑論とは、刑罰には一定の目的があるとする考え方である。これには、一定の行為を犯罪と定め、これに対する刑罰を定めることで一般の人々が犯罪を犯さないように予防するという目的又は機能があるとする一般予防論と、犯罪を犯した者に対して刑罰を科すことでその者が将来再び犯罪を犯すことを防ぐという目的ないし機能があるとする個別予防論がある。後者は、特別予防論とも言われるが、個別予防論と言う方が適切である。いずれも、刑罰に一般人が犯罪を行うことを抑止したり、犯罪者が再び犯罪を行うことを防ぐという「目的」を認めることから、これを総称して目的刑論と言うのである。

かつての一般予防論は、刑罰という言わば鞭を示すことによって人々を威嚇ないし心理規制し犯罪から遠ざけるという意味で消極的一般予防論と呼ばれるものであったが、近年、ドイツなどでは、刑罰はそうした消極的なものではなく、犯罪と刑罰の存在によって人々の規範的確信を形成し、法秩序（や国家）に対する信頼や遵法精神を醸成・強化する、より積極的なものであるとする積極的一般予防論や統合予防論が支持を得ている[41]。

一方、個別予防論のうち、刑罰、特に犯罪者を刑務所に拘禁する自由刑を科すことによって、社会で再犯を犯させないようにするという考え方を消極的個別予防論という。アメリカでは、犯罪者を刑務所に拘禁して再犯を防ぐことを無害化（incapacitation）といい、消極的個別予防論の発想に近い。しかし、19世紀以降、刑罰は犯罪者を更生させ社会復帰させることが目的であるとする社会復帰思想（rehabilitation ideal）が世界的に支持されるようになってからは、[42] 個別予防といえば、犯罪者の問題性を解消するための処遇を行うとともに社会復帰のための支援を行う積極的個別予防論を指すものとされている。積極的個別予防の立場に立つ刑罰論を教育刑論ともいう。

もっとも、１９７０年代以降、特に北米では、それまでの受刑者に対する社会復帰思想に基づく犯罪者の処遇（特に刑務所内での矯正処遇）は再犯防止に関して有意な効果がないとの指摘がなされただけでなく（"nothing works"）、[43] 社会復帰を基調とした刑罰やその執行が不公正なものとなっているとの批判が展開された。それ以前の社会復帰を目指した刑罰や処遇制度は「医療モデル」（medical model）として批判され、刑罰とその執行は犯した罪に比例した公正なものでなければならないとの主張は「公正モデル」（justice model）と呼ばれた。[44] こうした思潮は、刑罰論との関係では"just desert"（罪に応じた罰を）と呼ばれ、新応報刑論又は新古典主義に位置付けられている。北米では、こうした刑罰や処遇を巡る思潮の変化のなかで、罪に応じた公正な刑を科すための量刑ガイドラインの整備が進む一方、不定期刑の廃止や仮釈放制度の廃止又は縮小が見られた。

社会復帰思想が後退したアメリカでは、その後、刑罰による犯罪の抑止を強調する功利主義的な一般抑止論（general deterrence）や一定の重大な犯罪者に重い刑を科すことで再犯を防ぐことに重きを置く選択的無害化論（selective incapacitation）が唱えられ、社会の秩序維持を強調する法と秩序政策（law and order）の流れのなかで、三振アウト法（three-strikes out legislation）（3回目の重罪に対し終身刑を科す極端な累犯加重の制度）や軽微な犯罪や秩序違反を徹底して検挙・対応するというZero Tolerance（不寛容）政策が台頭するようになった。

また、公正モデルや新応報刑論との直接の関係ははっきりしないが、アメリカでは、1990年代以降、裁判所が宣告した刑をできるだけ忠実に執行し、仮釈放や帰休（就職活動や治療、親族との面会等一定の理由のため受刑者を一時的に刑務所から釈放し、社会に戻す制度）を排除することを求める量刑忠実法（truth-in-sentencing law）が多くの州で制定されている。

我が国では、こうした海外の影響もあり、かつては社会復帰理念を否定的に捉える矯正悲観論が唱えられたこともある。また、拘禁刑において処遇を義務付けることに反対する自由刑純化論や、受刑者に対し拘禁による弊害を緩和するための援助を行うことも求める社会的援助論も主張されている。

しかし、刑罰論としては、一般に、犯した罪に応じた刑を科すという応報を基礎としながら、その中で一般予防や個別予防という予防目的を認める相対的応報刑論が概ね支持されているが、その内容は論者によって千差万別である。一方、刑罰は、立法の段階においては応報、裁判の段階では法の確認、刑の執行の段階においては教育（個別予防）というように、刑罰は司法の各段階において異なる根拠を有するとする分配説も主張されている。[45]

## 2　刑罰の正当化根拠としての損害回復と修復的司法

英米では、刑罰又は量刑*（sentencing）には、応報（retribution）、抑止（deterrence）、無害化

＊　刑（の種類と量）を定め宣告する作用又はその手続を指す。

（incapacitation）、社会復帰（rehabilitation）という目的があるという形で説明されることが多く、抑止は消極的一般予防、無害化は消極的個別予防、社会復帰は積極的個別予防に相当する。しかし、英米の刑罰論で最も特徴的なのは、刑罰の目的ないし機能に犯罪によって惹起された「損害の回復」（restoration）を含める場合があることである。[46] 即ち、刑罰は国家に対する侵害としての犯罪に対して正義の観点から科されるものであるが、その一方で、犯罪は被害者や地域社会に損害を与えるものであり、刑罰や量刑は犯罪者が被害者等に与えた損害を修復する損害回復の機能をもつものでもあるとされる。

イギリスの量刑法によれば、裁判所が18歳以上の者に対し量刑を行うに際して、①犯罪者の処罰（応報）、②犯罪の減少（抑止による減少を含む）（一般予防）、③犯罪者の改善更生と社会復帰（積極的個別予防）、④公共の保護（消極的個別予防）と並んで、⑤犯罪によって被害を受けた者に対する犯罪者による損害回復という、５つの目的を考慮しなければならないと定めている。[47] こうした刑罰の目的又は機能に被害者への損害回復を含めるのは、アメリカやイギリスに刑事裁判において有罪とされた被告人に対し刑罰又は刑罰の付随処分として被害者へ損害賠償を払うよう命ずる損害賠償命令（restitution order / compensation order）の制度があることも深く関係している。

また、損害回復を刑罰の目的や機能に位置付けるようになった背景には、１９９０年代以降、修復的司法（restorative justice）という刑事司法の新たな理念が世界的に支持されるようになり、多くの国において様々な形で制度化されたり、刑事立法に取り込まれるようになったことも関係している。修復的司法とは、犯罪を被害者や地域社会に対する害悪（harm）又は犯罪者と被害者又は地域社会との間の紛争（conflict）と捉え、刑事司法は、犯罪者によって惹起された害悪による損害を修復し（restore）、犯罪による紛争の終結（closure）を図るものと捉える理念である。害悪又は損害の修復を図ることを目指すものであるから、刑事司法の過程において被害者と犯罪者、時にはコミュニティの人々が主体的に手続に参加し、対話や対面を通じて紛争の解決と損害の修復を図り、その結果を刑事手続の処理に反映させる場合もある（特に、比較的軽微な事件等で）。

修復的司法の理念を体現した制度としては、カナダで始まり、北米から世界に広まった被害者＝犯罪者和解（victim-offender reconciliation program-VORP, Täter-Opfer Ausgleich）や刑事調停制度（victim-offender mediation program-VOMP）がある。警察や検察、裁判の段階において比較的軽微な刑事事件の被害者と犯罪者を第三者による調停手続に付し、話し合いの結果、両者で合意が成立し、それが履行された場合、刑事手続を終了するものである。*

また、家族集団協議（family group conferencing）は、ニュージーランドのマオリ族の風習を参考に同国の青少年家族法に基づいて司法手続に導入されたのが最初であり、その後、オーストラリアなど環太平洋諸国に広がっているものである。犯罪少年とその家族、被害者等が一同に会し、仲介者（facilitator）の進行の元で対話（dialogue）を行い、少年が犯した犯罪への対応について模索する。

このほかにもサークル（sentencing circle/restorative circle）や修復的警告（restorative cautioning）など制度の趣旨や内容が異なる修復的司法の制度もあるうえ、以上の制度も、その手続が行われる刑事手続の段階、仲介者、刑事手続との関係等が異なる多様な内容がある。

＊　犯罪者に対し終局処分たる刑罰や処分を科すことなく、刑事手続を途中で打ち切ることをダイバージョンという。修復的司法の制度には、犯罪者と被害者等との間で対話等が行われ、合意が成立し、それが履行されれば、刑事手続からのダイバージョンに付す制度もある。

もっとも、修復的司法を犯罪者と被害者の関係修復や赦しといった観点から説明されることがあることから、我が国では、被害者や遺族が修復的司法に対し拒絶的な態度を取ることが少なくないこともあり、かつて修復的司法の制度を実務に導入しようとする試みもあったが、失敗に終わっている。[48,49]

しかし、日本以外の世界中で修復的司法の理念に基づく手続が刑事司法制度の中に組み込まれるようになっており、こうした動向が英米において刑罰の目的や正当化根拠に被害者等への損害回復を含めて捉える一因になったことは間違いない。

## 3 刑罰論における損害回復の位置付け

しかし、我が国では損害回復を刑罰の正当化根拠の一つとすることには抵抗が強い。被害者に対する損害回復は民事の問題であって刑事の問題ではないとする民刑分離原則の思想が強かったことや、被害者のいないような罪種（例えば、薬物犯罪や汚職の罪といった社会的法益に対する罪等）に対する刑罰には被害者や損害回復は観念できないことに加え、刑罰に被害者指向的な要素を取り入れることで、被疑者・被告人の権利や利益を侵害したり、厳罰化を招いたりすることが危惧されていたことが背景にある。

著者も、犯罪被害者への損害回復を刑罰の直接の正当化根拠や機能として捉えることは難しいと考えている。[50] 英米のような被告人に被害者への賠償を命じる刑事処分（刑罰又は刑罰の付随処分）としての損害賠償命令が、犯罪者の行為責任に比例した刑を科すことを求める応報刑論の中で矛盾なく位置付けられるか疑問だからである。被害者が受けた損害は罪の大きさと関係はしているが、犯罪者の行為の軽重には比例せず、被害者の収入の多寡等、被害者側の事情に大きく左右される。従って、損害回復を刑罰の根拠とすれば、刑罰の軽重が被害者側の偶然の事情によって左右されかねない。刑罰は犯罪者の犯した罪に比例したものでなければならないという応報刑論の本質を無視することができない以上、その範囲内でしか損害回復を観念することができない。

また、損害回復を、相対的応報刑論（教育刑）における犯罪者の改善更生や社会復帰と並ぶ独立した刑罰の正当化根拠とするとなると、両者が衝突する場面が生じ得る。即ち、被害者に対する損害回復を果たすための量刑が犯罪者の社会復帰を著しく阻害するような場合、損害回復の目的は後退せざるを得なくなる。英米では損害回復を刑罰の根拠や機能として認める傾向が強いが、損害賠償の量刑においては、社会復帰といった刑罰目的の制約から被告人の資力を考慮して額を決定するため、結局、被害者が受けた損害の十分な補填には全く結び付いていない。量刑において、損害賠償命令が同時に科せられる主刑とどのような関係に立つのかも説明が難しい。

しかし、犯罪者と被害者間で生じた犯罪に対する刑罰において、被害者が被った損害の回復は全く関係ないとすることも適当でない。そこで、それを刑罰の直接の正当化根拠とするのではなく、刑罰の個別予防としての改善更生や社会復帰において考慮されるべきものと考えることが望ましい。というのも、犯罪者の改善更生とは、単に再犯を起こさなければそれでよいというものではないからである。社会復帰とは自らが惹起した犯罪や被害者のことを忘れることではなく、それによって生じた損害の回復や修復も含まれるべきものである。社会復帰とは、犯罪被害者のことを忘れることでは決してない(Rehabilitation never means forgetting [the plight of] crime victims.)[51]。改善更生とは、犯罪者が起こした罪や被害者の現実をきちんと理解したうえで、被害者に与えた損害の回復を図る努力をすることが含まれなければならない。そのように考えれば、犯罪者が被害者等に惹起した損害の回復を図ることは改善更生や社会復帰の一環であり、刑罰の正当化根拠として（積極的）個別予防において考慮され、反映されるべきこととなる。[52][53]

例えば、自分の子どもが学校で他の生徒に対し故意に怪我をさせた場合、親はどのような態度を取るであろうか。家に帰った子どもを罰として押し入れに閉じ込めたり（拘禁）、ひたすら算数や国語の勉強をさせて成績を上げたりしようとは決してしないであろう（処遇）。なぜ他の生徒を怪我させるようなことをしたのか、他の行動や選択肢は無かったのか、体や心に傷を負った生徒はどれだけ大変な思いをしたかということを振り返らせたうえで、怪我をした生徒にどう謝ればよいか、与えた被害や迷惑に対し何をすればよいのかをきちんと考えさせ、実行させるはずである。それが、国が犯罪者に刑を科すという場面になった途端、再犯さえ犯さなければ事件のことは考えなくて宜しい、刑務所を出てから真面目に暮らせばそれでよいというのは、ある意味、異常である。受刑者や元受刑者が再び罪を犯さずに社会生活を送ることができるように処遇や支援をすることは勿論であるが、被害者に与えた損害回復に向け努力すらしようとしないのでは、本当の意味での更生とは言えないし、社会が元犯罪者の受け入れに躊躇するのも無理なからぬことである。

そのような当たり前のことが、日本の刑事施設では長らく行われていなかったどころか、そのような処遇は応報的であるとか、報復的であるといった批判さえなされてきたのである。しかし、犯罪者が犯罪被害者に与えた損害の大きさや人生への影響をきちんと理解し、被害者の被った損害に対しできる限りの賠償をすることは、改善更生の出発点でなければならず、犯罪者の「真の」更生のためには不可欠である。積極的個別予防論のように、犯罪者の改善更生や社会復帰が刑罰の正当化根拠や機能として認められるのであれば、そのなかに、犯罪被害者に対する損害回復が含まれるのは当然であり、そうでなければならない。

しかし、だからといって、かつての教育刑論者のように、被害者への賠償が犯罪者の改善更生に資するかのような主張は、[54] 被害者への損害回復を犯罪者の更生の手段とする発想に繋がりかねず適切でない。被害者への損害回復は犯罪者の改善更生や社会復帰の一環なのであり、手段や道具ではない。また、被害者の支援と犯罪者の更生を相対立するものと捉えたり、被害者指向的か行為者指向的かといったように両者を二項対立的に捉え、[55] 片方を活かせば、片方が危うくなるといったように考えることは、損害回復と積極的個別予防（社会復帰論）を並列に捉える刑罰論と同様、適当でない。犯罪者が社会の中で再び罪を犯さず、社会生活を送ることは、被害者の意向にも適うものである。[56] 犯罪者が社会において就労し、収入を得ていくことが社会復帰であり、それを通じてこそ被害者への損害回復も果たされていくのである。両者を対立的に捉える思想は、恐らく、被害者への賠償のために犯罪者に無理難題を押しつけ、破綻や自暴自棄に追い込むようなことをイメージしてのことであろう。しかし、そのような刑罰や処遇は、犯罪者の社会復帰にも、被害者への損害回復にも資するものではない。

２０２２年の刑法一部改正により、懲役・禁錮に代わって拘禁刑が導入され、「拘禁刑に処せられた者には、改善更生を図るため、必要な作業を行わせ、又は必要な作業を行うことができる」（12条3項）と規定された。拘禁刑の目的が犯罪者の改善更生にあることが明文で規定された意味は大きいが、ここでいう改善更生は犯罪者の再犯防止だけを意味するのではない。

刑法と同時に改正された刑事収容施設法においても、拘禁刑の執行における処遇要領（処遇計画に当たる）の策定・変更や矯正処遇の実施に当たっては被害者の被害に関する心情、被害者等の置かれている状況及び被害者から聴取した心情等を考慮するものと規定された（84条の2第1項、2項）。同時に改正された更生保護法においても、運用の基準において更生保護法に基づく措置、即ち、仮釈放、保護観察、恩赦等に当たっては、被害者の被害に関する心情、被害者等の置かれている状況を十分に考慮するものとされ（3条）、保護観察における指導監督の方法としても、被害者等の被害の回復又は軽減に誠実に努めるよう、必要な指示その他の措置をとることとされた（57条1項5号）。

このように、刑罰たる拘禁刑の執行過程において受刑者の「改善更生を図るため」に行われる矯正処遇や保護観察においては、被害者の心情や状況を考慮し、損害の回復に努めなければならないとされたことからも、損害回復が刑罰における改善更生や社会復帰の一環であることが法律上も明らかにされたといってよい。刑罰は、個別予防の機能を通じて、被害者への損害回復を図る機能を有するのである。[57]

## 4　民刑分離原則と刑罰論における損害回復

Ⅵで民刑分離原則に対する誤解が氷解してきたことを述べたが、それでも、刑罰論において被害者への損害回復を刑罰の正当化根拠と捉えることには依然として否定的な見解が一般的である。[58] しかし、犯罪（不法行為）による損害回復は民事の問題だけではない。確かに、不法行為による損害賠償を加害者が自発的に行わない場合、被害者の損害賠償請求権を確定させ、加害者が弁済を行わない場合に強制的に徴収する方法として民事訴訟や民事執行の手続が整備されている。しかし、犯罪によって惹起された損害の回復は民事訴訟や民事執行という枠の中だけで解決しなければならないというわけではなく、それ以外の方法で解決することが禁じられているわけでもない。受刑者は、被害者が民事訴訟や損害賠償命令により債務名義を取得しているから損害回復をしなければならないのではなく、そもそも犯罪によって被害者に損害を惹起しているからこそ、その損害を回復しなければならないのであり、民事手続は「その一つの手段」に過ぎない。

既に述べてきたように、犯罪者が被害者に与えた損害を賠償することは、犯罪者の改善更生の一環として当然に行うべきことであり、刑罰の執行においても指導を行うなど対応すべきことである。被害者への損害回復は、民事の問題であると同時に、刑事の問題でもあるのである（図1）。そのように考えれば、損害賠償は民事の問題なので、刑事司法機関は与り知らぬことである、という態度を取ること自体、不適切であることがわかろう。「あなたのやったことは全て忘れていいですよ。あなたのこれからの人生（good life）だけを考えなさい。」等ということが刑事司法としてあるべき姿であるとはとても思えない。

しかし、時には数千万円から数億円に及ぶ損害賠償を完済することは容易ではない、というか不可能に近い。しかし、犯罪者による被害者への損害賠償は、するかしないかの問題ではなく、どのようにするかの問題である。損害賠償の支払いを犯罪者に強いれば犯罪者の改善更生や社会復帰が危ぶまれるという主張も根強い。勿論、犯罪者に無理な要求をして、再犯や生活破綻に追い込むようなことは絶対に避けなければならない。しかし、だからと言って、社会復帰の名の下に損害賠償の責任を果たさないことが当たり前であるかのように放置することも許されるべきではない。

図１　犯罪による損害の回復を巡る２つのルート

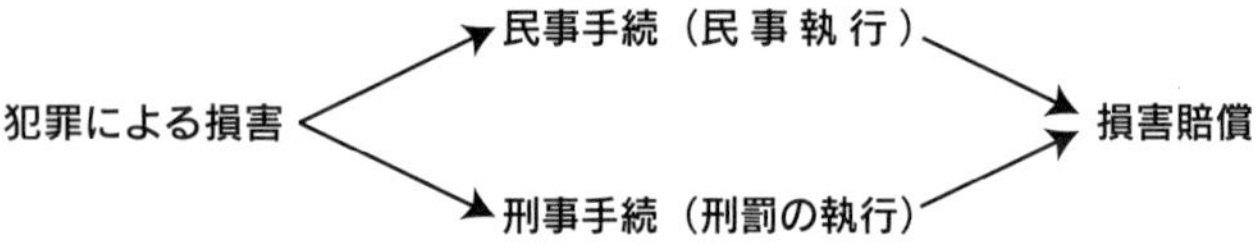


本書は、刑事司法の枠組みの中で犯罪者による被害者への損害賠償を含む損害回復の実現に向け何ができるのか、何をすべきかを検討するものである。犯罪者に対する損害賠償請求権（債務名義）を刑事手続の中で得させる損害賠償命令や附帯私訴、刑事和解のような制度を検討することが本書の目的ではない。我が国では２０００年に刑事和解制度が導入され、２００７年に損害賠償命令制度が導入されているが、これにより被害者が債務名義を得ても、損害賠償の獲得には殆ど役に立っていない。犯罪者に損害賠償をどう命じるか、或いは被害者が債務名義をどう得るかがここでの問題意識ではない。それは、被害者支援運動の高まりのなかで議論され、ある程度、制度化がされてきているが、被害者に対する損害賠償の実現には結び付いていない。最も重要な問題は実際に犯罪者に対し損害賠償をどう履行させるかである。被害者への賠償をどう実現するか、本書の目的はそこにある。問題を一挙に解決する魔法のような画期的アイデアがあるわけではないが、従来のように、犯罪者の資力を言い訳にして何もせず、犯罪被害者の苦境をこれ以上放置することは最早許されるべきではない。

# 第1部

# 犯罪被害者への経済的支援と損害賠償

# 01章
# 犯罪被害給付制度と損害賠償

# Ⅰ　犯罪被害給付制度の概要

## 1　制度の歴史的経緯

国や州が公的財源から犯罪被害者に対し一定の金銭給付を行う制度を、一般に、犯罪被害者補償制度（crime victim compensation）と呼ぶ。

１９５７年、イギリスのノンキャリア裁判官であるマジストレイトのマージェリー・フライ氏（Margery Fry）が、Observer紙に「被害者のための正義」（Justice for Victims）を投稿し、国による犯罪被害者補償制度の創設を訴えたことが契機となり[1]、１９６０年代以降、イギリスを始め、ニュージーランド、アメリカ等、欧米各国で犯罪被害者補償制度が創設されるようになった。

アジアでも、イギリス統治時代の香港が１９７３年に犯罪被害者補償制度を導入し[2]、日本でも、宮澤浩一博士や大谷實博士といった被害者学者による被害者補償制度の検討が１９６０年代から始まった[3]。その一方で、殺人遺族による制度の創設に向けた運動が行われていたが、１９７４年に東京丸の内で発生した三菱重工ビル爆破事件を契機として立法の気運が高まり、１９８０年、一定の犯罪被害者に対し国が給付金を支給する犯罪被害者等給付金支給法が制定され、１９８１年1月1日から施行されている。

同法は、２００１年と２００８年の二度に亘って実質的な改正が行われたほか、下級法令もしばしば改正され、給付対象の拡大や新たな給付金の創設に加え、給付額の見直しも行われてきている。また、二度の改正により、同法は、犯罪被害者に給付金を支給するだけでなく、警察による犯罪被害者への支援の根拠規定を設ける一方、一定の要件を満たした民間被害者支援団体を犯罪被害者等早期援助団体に指定する制度を導入した。法律名も「犯罪被害者等給付金の支給等による犯罪被害者等の支援に関する法律」に改められ、同法は、警察による被害者支援の総合立法的な性格を有するに至った。以下では、1980年に成立した最初の法律を犯給法、現在の法律を犯給等法という。犯給法又は犯給等法により犯罪被害者に給付金を支給する制度を犯罪被害給付制度又は単に犯給制度と呼び、同制度に基づいて支給される給付金を犯罪被害者等給付金と称する。

その後、1994年とその翌年に松本サリン事件と地下鉄サリン事件が相次いで発生し、甚大な人身被害が出たほか、加害者のカルト集団であるオウム真理教が敵対者と見なした者やその家族を殺傷するという事件が起きた。こうした未曾有の凶悪事件で被害を受けた者を支援すべく、2008年に「オウム真理教犯罪被害者等を救済するための給付金の支給に関する法律」が制定され[4]、5000件以上の申請に対し、総額23億円を超える給付が行われた[5]。

他方、犯給等法では国外で犯罪被害を受けた邦人は支給対象とされていなかったため、これを含めるべきとの主張がなされていたが[6]、2013年にアルジェリアで多くの邦人がテロ行為で殺害される事件が発生したことを受け、2016年に、犯給等法の改正ではなく、「国外犯罪被害弔慰金等の支給に関する法律」という単独の立法が行われた（以下、国外犯罪被害法という）。これにより、国外で犯罪被害を受けた被害者やその遺族に国が見舞金や弔慰金を支給するという異なる枠組みの制度が導入されるに至っている[7]。

## 2　制度の性格と支給額の算定方法

犯給法の立法に先立ち、国家賠償、社会保障、社会保険といった制度の法的性格の在り方を巡って様々な論議が行われたが、[8] 犯給制度は、形骸化した不法行為による損害賠償制度の実質化、社会福祉政策の拡充、刑事政策上の要請、国の司法制度に対する国民の信頼確保を目的とした損失の一部補塡の要素を含む見舞金的性格をもつ制度として創設された。[9] 同制度は、犯罪者による損害賠償の支払いが殆ど行われておらず、民法上の不法行為に基づく損害賠償制度が機能していないことから、それを補完するために、国の一般財源より犯罪被害者に給付金を支給するものであって、原因者負担に基づく制度ではなく、損害賠償ではない。[10] この制度の基本的性格は現在でも変わっていないが、２００１年と２００８年の法改正で目的規定が追加・改正された結果、給付金は犯罪被害等を早期に軽減するとともに、犯罪被害者等が再び平穏な生活を営むことができるよう支援するための給付金としての性格がより明確にされている。[11]

そのため、犯罪被害者等給付金（遺族給付金と障害給付金）は、犯罪被害者の被害当時の収入（日額）から算出した給付基礎額に、死亡や障害等級に基づく倍数を掛けるという独自の算定方法を採る（更に、幾つかの加算がある）（図1）。この方法は、当初、世界でも日本しか採用していなかった方法であり、後に韓国がこの方式に近い形の制度に改めているくらいである。これに対し、アメリカ、フランス、台湾（２０２３年までの旧制度）等、海外には犯罪被害による支出や損失を補塡する損失補塡的な被害者補償制度を採る国も多い。[12] こうした損失補塡的な被害者補償制度を採る国では、逸失利益（被害者が将来得るはずであった所得等）の補塡を認める場合を除けば、被害者の支出が戻るに過ぎず、逸失利益分の補償を行う国でも一定の制限が設けられていることが多い。我が国でも後から創設された重傷病給付金は、医療費の自己負担相当額（プラス休業加算）を補塡する損失補塡型の給付金となっている。

これに対し、我が国の場合、遺族給付金と障害給付金は、被害当時の被害者の収入と被害の程度により支給額が算定されることから、被害者の手元には使途に制限のない給付金が残るという意味で自由度の高い給付となっている。

被害者の収入の日額に掛けるところの倍数は日数を意味している。被害者の被害当時の日額の満額ではないものの、その7割（遺族給付金）か8割（遺族給付金）を、例えば、遺族給付金の倍数の上限は2450倍なので、2450日分（6年260日分）に当たる金額を支給していることになる[13]。即ち、被害当時の収入に近い額を一定期間分支給することで、遺族や被害者の経済的影響を軽減し、新たな経済生活に移行していくまでの支援を行うという意味をもっている。

但し、給付基礎額には年齢層毎に最高額が設定されているため、収入に係数（0・7か0・8）を掛けた額がこれを超える場合は、最高額が給付基礎額となる。反対に、高齢者、子ども、専業家事従事者等、被害者に被害当時、収入がない場合でも、給付基礎額には年齢層に応じた最低額も設定されているため、一定の給付が行われる。これは、遺族が被害当時、被害者の収入に依存していなかったわけであるから、相応の支給額でよいであろうと考えられたことによる。しかし、後述するように、この制度設計には改善の余地がある。

図１　犯罪被害者等給付金の算定方法

| | |
|---|---|
| **遺族給付金** | **＝ 給付基礎額（収入日額× 0.7）× 倍数 ＋ 被害者負担額※ ＋ 休業加算額** |
| **障害給付金** | **＝ 給付基礎額（収入日額× 0.8）× 倍数** |
| **重傷病給付金** | **＝ 被害者負担額※ ＋ 休業加算額** |

※ 被害者負担額：被害者が負担した保険診療による医療費の自己負担額

## 3　支給対象（受給要件）

支給対象は、国内で発生した故意の身体犯被害者かその遺族に限られている。海外では、過失運転致死傷を除く過失犯の被害者も給付の対象にしているところが多いが、我が国の場合、過失犯被害者は全て除外されている。財産犯の被害者も全て給付の対象外である。また、被害は、死亡、障害、一定の重傷病に限られる。障害の程度は、最初の立法時には1等級から3等級までという極めて重篤な障害が残る場合に限定されていたが、1997年の政令改正で4等級まで、2001年の法律と政令の改正で現在の14等級にまで拡大された。性犯罪被害者等に見られる重い精神的被害も障害として認められ、障害給付金の対象となるほか、保険診療で精神科診療を受ければ重傷病給付金の支給対象にもなる。

犯罪被害は、日本国内（又は日本国外にある日本船舶若しくは日本航空機内）で起きたものに限られる。既述の通り、海外で起きた邦人対象の重大犯罪事件を受け、国外で犯罪被害を受けた者やその遺族に見舞金や弔慰金を支給する国外犯罪被害法が制定されたが、給付が固定額で低額であるなど問題が多い。他方、日本国内で被害を受けた外国人は、日本国内に住所を有していれば給付の対象となり、いわゆる相互主義（相手国が自国に対して取る待遇と同じ待遇を相手国に対して取ること）を採らない。

以上の受給要件に合致している場合でも、犯罪被害者と加害者との間に親族関係があるときや、犯罪被害者が犯罪行為を誘発したとき、その他当該犯罪被害につき、犯罪被害者にも、その責めに帰すべき行為があったとき、その他犯罪被害者又はその遺族と加害者との関係その他の事情から判断して社会通念上適切でないと認められるときには、給付金の全部又は一部を支給しないことができるとされている。このうち犯罪被害者と加害者の間に夫婦関係（事実婚も含む）、直系血族又は三親等内の親族という関係がある場合は、原則として支給額の全部又は一部を支給しないものとされている。これは、犯給制度が「不慮」の犯罪被害者を支援することを目的として創設されたという立法経緯に鑑みた場合、相互扶助義務のある親族間の被害への給付は適当でないとされたことのほか、支給した給付金が加害者に環流する危険性があるからであるとされている[14]。

しかしながら、配偶者間の殺人の場合、その子が原則として不支給となると、経済的に著しい苦境に陥ることになる。そこで、立法当初は、給付金を支給しないことが社会通念上適切でないと認められる特段の事情があるときは、3分の1に減額して支給することができる例外規定が置かれていた。しかし、自動的に減額することの合理性もなく、被害者たる配偶者がもう一方の配偶者からDVを受けるなか結果的に重大な犯罪被害を受けることになったなど、非親族間での犯罪被害と同様の状況もあり得ることから、2006年の施行規則の改正で配偶者からの暴力の防止及び被害者の保護等に関する法律による保護命令がある場合等、特に必要がある場合は3分の2を支給することが認められた[15]。更に2009年の施行規則改正で全額の支給も可能となっている。また、2014年の規則改正で、児童虐待や高齢者虐待、障害者虐待がある場合には、例外の例外として3分の2を支給することができるようにし、さらに一定の場合には、その例外として全額の支給も可能とした。[16] ２０１８年の規則改正では、婚姻を継続し難い重大な事由が生じていた場合その他の親族関係が破綻していたと認められる事情がある場合又はこれと同視することが相当と認められる事情がある場合、親族間の不支給原則が適用されないという包括的な規定に改められた。その一方で、給付金の支給によって加害者が財産上の利益を受けるおそれがあると認められるときには不支給とする規定が追加されている。[17]

## 4　申請手続・予算

犯給制度を所管しているのは警察である。申請は各都道府県の警察（署）に対し申請を行うが、給付の裁定を行うのは、知事の所轄の下に置かれ、都道府県警察を管理する立場にある都道府県公安委員会である。海外では、我が国のように行政機関やその下に置かれた委員会が裁定機関となっているところが多いが（アメリカの多くの州、韓国、ヨーロッパ等）、裁判所が裁定機関になっている国もある（フランス、アメリカ・ワシントン州）。日本で都道府県警察そのものが裁定機関にならなかったのは、捜査権をもつ組織が裁定機関になることで捜査が給付の判断に影響することを避けるためである。

犯給制度の財源は、国（警察庁）の予算である。各都道府県公安委員会で給付の裁定を受けた被害者は国（警察庁）に給付金の支払いを請求するものとされている。従って、日本の場合、犯給制度の財源は国の一般予算である。しかし海外では、アメリカ連邦政府のように、有罪となった被告人（犯罪者）に刑事裁判所が支払いを命じた特別賦課金（special assessment）等を原資とする犯罪被害者基金を設け、それを州に配分して被害者補償金を含む被害者支援の補助金としている国もあれば[18]、韓国のように一般の罰金から一定割合（８％）を犯罪被害者基金に組み込んでいる国もある[19]。また、台湾では、刑務所の受刑者が行った刑務作業の収益の一部を犯罪被害者基金の原資の一部としている[20]。これらは、いずれも犯罪者から被害者補償の財源を得ようとするものである。これに対し、フランスのように損害保険の一部として広く国民（保険者）から費用を徴収しているところもある[21]。我が国でも、かつて内閣府が犯罪被害者支援施策の取りまとめを行っていた時代に、罰金や課徴金を犯給制度の財源とすることを検討したことがあるが、罰金を犯給制度の特定財源化することは適当でなく、有罪確定者に払わせる新たな課徴金の導入も、徴収コストのほか、負担者と犯給制度の対象犯罪者が一致しないとの理由から採用しないこととされた[22][23]。

## Ⅱ　支給対象（受給要件）の見直し

### 1　過失犯被害者への支給

犯給制度では、支給対象となる犯罪を故意犯に限定し、過失犯を除外している。その理由は、（1）過失犯の被害者に対しては責任保険の方法による経済的支援が可能であり、過失犯の大半を占める立法当時の業務上過失致死傷、現在の過失運転致死傷の被害者に対しては自賠法に基づく保険金の支給制度があること、（2）過失犯の犯罪者には賠償能力があることが多く、特に事故災害の場合、企業に賠償能力があり被害者に対する経済的支援が必ずしも必要ないこと、（3）過失犯の場合、予見可能性や結果回避義務可能性の認定が難しく、過失が認められない場合は犯罪行為を構成しないことから、過失犯被害を給付の対象から除外することが当面の施策としては望ましいこと、（4）過失犯まで含めると事故や自然災害にまで対象が際限なく拡大されてしまうこと、（5）相対的に精神的打撃の大きい故意犯の被害者の支援を優先する必要があること、とされている。[24]

しかし、過失運転致死傷以外の過失犯の被害者の中には、何ら賠償も公的給付も受けられない者がいる。事故災害の場合でも、法人が事件発生後に倒産するなどして賠償能力がないことがある。個人（自然人）が重過失により人を死亡させた場合、故意犯同様、賠償能力がないことは十分にあり得る。[25]

過失の認定についても、支給の裁定にあたっては刑事裁判のような厳密な認定は必要なく、一致する必要もない。例えば過去には、繁華街のデパートから飛び降り自殺した者に直撃されて死亡した事案においても、加害者には未必の故意があったと認定し、給付金を支給した例があるなど、[26]故意の認定には裁定機関たる公安委員会に裁量の余地がある。被害者の経済的事情が許せば、仮給付を認めたうえで、刑事手続の進行状況をみた上で最終的な判断をすることもできなくはない。

海外では、過失犯にも犯罪被害補償制度を適用する例が見られる。カナダの州では交通事故以外の過失犯被害者も補償の対象としているし、カナダやアメリカでもひき逃げや飲酒・薬物使用下での運転（DUI）による被害者に対して補償金を支給している。[27]香港では、「事故」を被害者補償制度の対象外としながらも、一部の交通事故や高層建築からの落下物による被害者に補償金を支給した例がある。[28]台湾でも、犯罪被害者保護法の制定当時、自動車強制保険の制度がなく、交通事故被害者に対する損害賠償が十分に行われていなかったことから、犯罪被害補償金の対象に過失犯被害者を含めることとした。[29]

日本の場合、過失運転致死傷は対象外であるのに、危険運転致死傷罪は、故意犯であるため、犯罪被害者等給付金の支給対象となる。過失犯と故意犯では犯罪の性質が全く違うものの、交通事件として両者は紙一重の部分もあり、被害者への支援において区別する合理的理由は見い出し難い。

犯給制度は通り魔的な事件を念頭において立法を行ったため、優先順位の高い故意犯に限定したが、立法当時も理論的に過失犯を必ず除外しなければいけないわけではないことが指摘されていることを考えると、[30]過失運転致死傷以外の過失犯被害者に給付金支給の道を開くべきであろう。[31]

## 2　国外で犯罪被害を受けた邦人に対する支給

犯給制度は国外で発生した犯罪被害の被害者には適用がない。しかし、2013年にアルジェリアで発生したテロ事件において多くの邦人が被害者となったことを受け、2016年に国外犯罪被害法が成立し、国外の犯罪行為において死亡した者の遺族に対しては国外犯罪被害弔慰金を、また障害が残った者は国外犯罪被害障害見舞金を支給することが可能となった。

しかし、支給額は固定額であり、しかも低額である。犯罪行為が国外で起こった場合でも、被害者の受けた経済的損失の大きさや経済的支援のニーズは、国内における犯罪被害と何ら変わりはない。にもかかわらず、同法は、非常に低額で固定額を被害者に支給するだけのものとなっている。

そもそも、国外で犯罪被害を受けた被害者やその遺族を犯給法の対象外としているのは、（1）国外で発生した事案の場合、故意犯による犯罪被害であるか、被害者に不支給事由がないかなど、犯給制度の支給要件を満たすかどうかを確認するための情報が集められるかどうかわからない、[32]（2）日本に生活の本拠がなく、国外に長期間在住している場合、日本国として支援をすることが適当とは言えない場合がある、（3）そもそも被害者補償制度は、国の犯罪防止制度において全ての犯罪を防止できるわけではないので、発生した犯罪により被害を被った者に対し国が損害の回復に努める責任があることから設けられるべきものであること、などが挙げられている。[33]

しかし、（1）については、捜査共助が整備された今日にあって、被害発生国から事件の情報を入手し易くなっており、もし犯給制度の要件を充足するかどうか判断するだけの情報が得られない場合は、不支給の裁定をすればよい。これを不公平だとする見解もあるようであるが、同じ状況は日本でも起こり得る。何も国外での被害を端から全て対象外にする必要は無い。ましてや国外犯罪被害法が成立し、同様の問題は同法に基づく給付金にも当てはまるはずであるから、この理由は既に根拠とはなり得ない。

（2）の理由も、国外犯罪被害法でも「日本国外に生活の本拠を有し、かつ、その地に永住すると認められる者」（2条3項）は支給対象から除外されているので、特に障害になるとは思えない。[34]

（3）は、端的に言えば、海外で発生した犯罪被害に対し日本政府は責任がないというものである。2000年に警察庁で行われた犯給制度の見直すための有識者会議である「犯罪被害者支援に関する検討会」においても同様の意見が示されている。しかし、犯給制度は、国家賠償ではなく、不法行為による損害賠償が形骸化しているために、犯罪被害を受けた者の経済的ダメージを緩和し、早期の回復に繋げるために設けられたものであるから、国外で発生した犯罪被害について日本政府は関係ないという理屈は妥当でない。さらに、国外犯罪被害法が成立した今日、この理屈も完全に克服されたはずである。

但し、後述するように、国家賠償の性質を有する被害者補償制度の創設を提案する見解が見られる。こうした制度の場合、国外で発生した犯罪被害に対する日本国としての賠償責任はどのように捉えるのであろうか疑問が残る。

国外で犯罪被害を受けた邦人被害者に対する経済的給付の内容を向上させるべきであるが、国外犯罪被害法ができた今となっては、犯給制度を改正するより、同法による弔慰金や見舞金の算定方法を犯給制度と同様の方法を用いるよう改正することが望ましいと考える。

# Ⅲ 給付額の見直し

## 1 給付額の算定根拠

犯給制度の給付金は、被害者の被害当時の収入を基に算出した給付基礎額に、遺族給付金の場合は遺族の生計維持の状況を勘案して定める倍数を、また障害給付金の場合は障害の程度を基準として定める倍数を、それぞれ乗じて算出する（犯給等法9条1項・7項）。但し、遺族給付金については、給付基礎額に倍数を乗じた額に、犯罪被害者が犯罪行為により生じた負傷又は疾病について死亡前に療養を受けた場合は当該療養についての犯罪被害者負担額を、[35] 当該療養について休業日がある場合は休業加算額を、[36]それぞれ加えた額とする（同5項、犯給等令12条）（前掲図1）。

遺族給付金の給付基礎額は、原則として、犯罪被害者がその勤労に基づいて通常得ていた収入の日額

（事業又は事務所に使用される者で賃金を支払われる者である労働者については被害以前3か月間の賃金の平均日額）に１００分の70、即ち０・７（以下、係数という）を乗じた額とする（犯給等令5条1項、労基法9条、12条）。但し、被害者の被害時の年齢層毎に給付基礎額の最高額と最低額が定められており、上記の方法で算定した額が最高額を超えるときは当該最高額が、最低額に満たないときは当該最低額を給付基礎額とする（犯給等令5条2項1号ロ）。従って、死亡した被害者の収入が非常に高くても上限があり、また収入がゼロ又は非常に低くても最低限度の給付金は支給されることになる。

遺族給付金の倍数は、犯罪行為が行われた当時、死亡した被害者の収入によって生計を維持していた生計維持関係遺族[37]の人数に応じて１５３０倍（1人）から２４５０倍（4人以上）とされている。生計維持関係遺族に8歳未満の者が含まれている場合は、その人数によって倍数が加算される（犯給等令6条1項1号）。生計維持関係遺族がいない場合、倍数は固定値の１０００倍である（同2号）。

次に、障害給付金の場合、給付基礎額は収入日額に係数の０・８を乗じた額である（犯給等令14条1項）。但し、被害者の被害時の年齢層と障害等級の多寡に応じた給付基礎額の最高額と最低額が定められており（第3級以下と第4等級以上に区分）、上記の方法で算定した額が最高額を超えるときは当該最高額が、最低額に満たないときは当該最低額を給付基礎額とする（同2項）。

障害給付金の倍数は、受けた障害の等級によって50倍（第14級）から２１６０倍（第1級）と定められている（犯給等令15条）。

一方、２００１年の法改正で導入された重傷病給付金は、原則として、犯罪行為により生じた負傷又は疾病の療養について被害時から3年を経過するまでの保険診療による医療費から健康保険法等で被害者が受けることができた給付額を控除した、いわゆる自己負担額に当該療養のための休業日がある場合は休業加算額を加算した額が給付額となる（犯給等法9条2項、3項、犯給等令7条乃至13条）。つまり、遺族給付金と障害給付金が被害者の収入から算出した給付基礎額に被害の程度（死亡又は障害等級）に基づく倍数を乗じて得られる額を支給するものであるのに対し、重傷病給付金だけは被害者の療養にかかった損失を補塡する損失補塡型の給付である。なお、保険診療が適用されない、医療機関以外での心理師による心理療法は医療に当たらず、重傷病給付金としては支給されないことから、現在は、各都道府県警察の予算で一定の財政的措置がなされている。[38]

## 2　給付額全体の引上げ

### (1)　算定方法の妥当性

制度施行以来、給付額の見直しが何度も行われてきているが[39]、受給した被害者からは、給付額が十分でなく、引上げを求める声が上がっている。しかし、ただ増額と言っても、その妥当性が判断できなければいけないことから、犯罪被害者の窮状を勘案しながら、現在の給付額の算定根拠の合理性や改正の必要性について検討する必要がある。

まず、給付（基礎）額を被害者の被害当時の収入にある程度比例させる日本の算定方法自体の合理性についてである。被害者及びその遺族は被害に逢うまで被害者の収入を含めた世帯所得に応じた生活を営んでいたわけであるが、それが犯罪被害によって途絶えたり、大幅に減少したりすることになる。その経済的影響を緩和するためには、収入の減少分を一定期間分補うことで被害者や遺族が被害後の生活の立て直しができるようにすることが必要であり、そうした意味で現在の算定方式には一定の合理性が認められる。犯給制度の算定方法を犯罪者による損害賠償相当額といったように根本的に改めるべきとの意見もあるが[40]、後述するように、犯給制度を存続させる以上、被害者の収入と被害の程度に応じて給付額を定める現在の方法は維持すべきものと考える。

### (2) 給付基礎額の妥当性

次に、算定の基礎となる給付基礎額の算出方法である。まず、被害者の被害当時の収入日額に乗じる係数（遺族給付金の0・7と障害給付金0・8）の妥当性である。この係数は、1973年に制定された公害健康被害の補償等に関する法律（以下、公害補償法という）に基づいて支給される補償給付の算出方法を参考にしたものである。しかし、そもそも、公害補償法は公害による健康被害に対する損害賠償としての性質を有するものであって、犯給法とは全く異なるうえ、同法の遺族補償費における0・7（70％）という数字は、（公害により）死亡した者本人の生活費相当を控除（これが30％に当たる）したものであるとされている[41]。確かに、公害であれ、犯罪被害であれ、遺族は亡くなった者が生存しているとすれば要したであろう費用は支出しなくて済むことは確かである。しかし、亡くなった人の分、支出が減るので、給付金もその分少なくてよいだろうという理屈は、犯罪被害者遺族の場合には適当でない。被害者が亡くなっても、遺族は、刑事・民事に係る裁判関係の費用や治療費、心理カウンセリング費用等、被害前には必要がなかった様々な出費を余儀なくされるのである。従って、支出が減るどころか、むしろ大幅に増える場合が一般的であることを想定しなければならない。特に、裁判関係の費用等は、公害遺族には必要のない出費である。[42]
一方、障害給付金の0・8（80％）という係数も公害補償法の障害補償費を参考にしたものであるが、これも公害裁判の民事裁判や労災補償、自賠責保険といった損害賠償の額を勘案して設定されたものであり、犯給法とは全く性質が異なる。
また、被害者の収入日額に0・7や0・8を乗じた額がそのまま給付基礎額となるわけではなく、最高額も設定されているため、収入日額の0・7倍や0・8倍が最高額を超える場合、当該最高額に抑えられてしまうことから、更に減額されることになる。例えば、遺族給付金の場合、生計維持関係遺族がいる場合の40歳以上45歳未満の者の最高額は1万800円であるから、被害者の実際の収入日額が1万5423円を超える場合は、二重の減額がなされることになる。さらに、被害者の賞与（3か月を超える期間毎に支払われるものに当たる）は計算に含まれないため（労基法12条4項）、その分、給付基礎額は実質的な収入より下がる。遺族は、被害前、賞与（一般に年平均2・5か月程度）を含めた全所得に基づいて生活を行っていたのに、犯給制度の算定方法においては、この賞与の分はないものとして計算されるのである。

### (3) 倍数の妥当性

次に、給付基礎額に乗じる倍数、特に遺族給付金の倍数の妥当性である。この倍数は、労災法による遺族補償年金の算出に用いる倍数を基にしている。生計維持関係遺族が4人以上いる場合における遺族補償年金の245日分という数字は、ILO業務災害給付勧告[43]における収入の「3分の2を下らない額」が根拠とされており、３６５日の3分の2で２４５日とされている（以下、給付率という）。（なぜか）これを遺族４人以上の場合（最高額）と見なしたうえに、遺族の人数が減る毎に支出が減ることから、年金水準も減らし、遺族人数が１人の場合は１５３日分としている。そのうえで、公害補償法は被害者の生活が通常回復し安定するまでの期間等として10年が限度としていることから、犯給制度の遺族給付金についても、先の1年当たりの支給割合である支給率（１５３日分から２４５日分まで）に10を乗じた１５３０倍から２４５０倍までを倍数としているのである。

このように、元になっている労災の遺族補償年金の給付率においても死亡被害者の支出減少分を控除するなどして求められているため、犯罪被害者の支出増加の実態を考えると妥当でない。そもそも３６５日を3分の2にして、更に遺族の人数に応じて減額していっている点にも合理性を感じない。なぜ1年分、即ち３６５日ではいけないのであろうか。犯給制度における遺族給付金の給付基礎額においても、被害者の死亡による支出減少分を加味して減額し（０・７の係数）、この倍数においても同様に支出減少分を考慮していることも、二重（先の給付最高額の制限を考えれば三重）の制限となっている。10年分の生活保障という数字は維持するとして、倍数の最高値は３６５×10年で３６５０となり、これを遺族４人以上の場合として生計維持家族の人数に応じた倍数を設定することでは、なぜいけないのであろうか[44]。

そもそも、係数や倍数の根拠となっているのが、公害補償法であったり、労災法であったりと、公害の原因となった企業の賦課金や事業主が負担する保険料によって賄われる、損害補填を目的とした、異なる性質の補償や保険によるものである。さらに、犯給制度を導入する際は参考にするものが何もなかったので、こうした異なる制度の算出方法をごちゃ混ぜにして採用せざるを得なかった事情も理解できるが、犯給制度も40年以上に亘って運用されてきており、被害者の状況やニーズも明らかになってきていることから、犯給制度独自の理念と算定方法に基づいて給付額を決めることも正当化されると考える。

国民の税金による公費を財源とした公的給付については横並びでなければならないとする見解もあるが[45]、目的も給付の性質も異なる制度を同じ内容とすることは、却って合理性を欠くことにもなりかねない。「同じものは同じように」であるが、「違うものは違うようにする」ことがむしろ公平であり、公正である。犯給制度の給付額の算定方法でも、遺族給付金の8歳未満の生計維持関係遺族がいる場合の加算のように、犯給制度独自の算定方法と基準が既に採用されているのである[46]。

### (4) 給付額算定の方向性

以上のことから、給付基礎額を求める際の係数や給付基礎額に乗じる倍数を見直すと共に、年齢層毎の最低額と最高額も一定範囲で引き上げるべきである。仮に、給付率を0・7や0・8から1・0とし、遺族給付金の倍数も最高３６５０倍とした場合、40歳の死亡被害者の年収が６００万円（うち賞与１００万円）で36歳の妻と6歳と3歳の子2人がいる場合[47]、現在の遺族給付金は約２９７２万円となるが、この新しい算定方式によれば、40歳以上45歳未満の給付基礎額の最高額を現在のまま（1万８００円）とした場合でも、約４９８３万円となり、給付基礎額の最高額を仮に1万３０００円とした場合、約５９９８万円となる[48]。従来の２９７２万円は年収６００万円の家族にとって約3年分の収入に当たり、この間に遺族は新しい経済生活に移行しなければならないが、新しい算定方法だと、これが9年6か月分となる。これによって、10年分の経済的支援という設定に近い給付額となる。本人の被害当時の収入の完全な10年分にならないのは、上の試算のように本人の収入日額が最高額を超える場合、給付基礎額が最高額で頭打ちにされてしまうためである。最高額を設けず、被害者の収入の日額をそのまま給付基礎額にすべきとの意見も理論的にはあり得ようが、非常に高額な収入を得ていた者もいるであろうから、一定の最高額を設けることが妥当である。しかし、給付基礎額の年齢層毎の最高額を幾らに設定するかは、後述するように最低額を引き上げる必要があることから、その上昇率を加味して決めることが望ましい。

### 3　生計維持関係遺族がいない場合の遺族給付金の引き上げ

しかし、前述のような改正だけでは十分な給付が行えない場合がある。それが生計維持関係遺族がいない場合の遺族給付金である。現行の犯給制度は、犯罪被害によって遺族又は被害者本人が受けた経済的ダメージを軽減することを主たる目的としており、被害を受けた被害者本人の収入の喪失や減少を基本として、その影響を軽減するための算定方法を採っている。そのため、遺族給付金については、亡くなった被害者に収入があり、生計維持関係遺族がいる場合は、被害者の収入に一定の範囲で比例する形で給付額も増減する。しかし、生計維持関係遺族がいない場合、例えば、収入のない子や配偶者が殺害された場合、被害者の収入は0円であるので、給付額算定の基礎となる給付基礎額は年齢層毎の最低額となり、非常に低額となってしまう。亡くなった被害者が収入のない配偶者である場合は、年齢がある程度高いので、最低額もやや高いが、収入のない子供が亡くなった場合（特に20歳未満）の最低額は320円となっており、しかも、給付基礎額に乗じるところの倍数も固定値で、最低値の1000倍となっているので（犯給等令6条2号）、320万円となってしまう。

著者が少年犯罪被害当事者の会（武るり子氏代表）に協力いただき、子が犯罪被害によって死亡した遺族に対する犯給制度の給付状況について調査したところ、犯罪被害者等給付金を受給された全員の方が「給付額は十分でなかった」と回答した。その理由として、①被害後、被害を受けた者のための医療費や葬儀費用、弁護士費用など様々な出費があったため、②被害後、遺族自身の医療費やカウンセリング等の費用が掛かったため、③被害後、遺族が仕事をすることができなくなったため、であることが明らかになった。

こうしたことから、生計維持関係遺族がいない場合の給付額は十分でなく、引上げを行うことが必要であると考えるが、そのためには犯給等令5条2項2号に基づく別表第2に定める最低額を引き上げる必要がある。但し、生計維持関係遺族がいない場合といっても、子や配偶者が殺害された場合の親や夫・子と、それ以外の、例えば、兄弟姉妹が殺害された場合の同居も交流もないその兄弟姉妹とは経済状況に与える影響が全く異なるので、給付基礎額の最低額を引き上げるのは、子（特に20歳未満）や配偶者が殺害された場合に限定するのが適当であろう。

そうした場合だけ給付基礎額に特別加算するという方法も考えられる。しかし、給付対象者の給付基礎額はかなり最低額以下の場合が多いことから[49]、特別加算も行うとしても、全年齢層の全体的な引上げを行うのが妥当であろう。現在の最低額は、年齢層によって異なるが、生計維持関係がない以上、遺族の年齢層によって最低額を異なるものにする根拠が余りないから、一律同額とすることも一案である。
また、最低額を引き上げることで、最高額と逆転してしまう場合が出てくることから、最高額も最低額の引き上げに応じて平均的に引き上げる必要がある。

生計維持関係のある場合の給付基礎額の最低額と最高額も、生計維持関係遺族がいない場合の引き上げに応じて、引き上げることが望ましい。

また、生計維持関係遺族がいない、子や配偶者が死亡した場合の倍数についても、現在の1000倍から引上げ、残された遺族の人数に応じた倍数を設定すべきであろう。例えば、18歳未満の子が死亡したため、唯一の所得者であった父親が精神的事情から就労が困難となり、無収入の母親ともう一人の子がいる場合の経済状況は、生計維持関係遺族がいる場合と同じ状況であるから、前記2(3)で提案した倍数の引き上げも考慮した水準とすべきである。

仮に、生計維持関係遺族がいない場合の最低額を7000円とし、倍数を遺族4人として1500倍とした場合、1050万円となる。

## 4 障害給付金の引上げ

障害給付金についても、係数の見直しとともに、給付基礎額の最低額と最高額（犯給等令別表第4と第5）の見直しを行うことが望ましい。

## IV　犯給制度と損害賠償

### 1　損害賠償との調整制度

犯給制度は、不法行為に基づく損害賠償が実質的に機能していない現実を踏まえ、犯罪被害者の経済的窮状を軽減し、犯罪被害からの早期回復に資するため、国が公的財源から給付金を被害者に支給するものである。従って、犯罪被害を原因として犯罪被害者又はその遺族が損害賠償を受けたときは、その分、経済的影響は緩和されているから、その価額の限度において、犯罪被害者等給付金を支給しないものとされている（犯給等法８条１項）。[50]

つまり、被害者は犯罪者より損害賠償を受け取ると、その分、犯罪被害者等給付金から減額されてしまうことになる。例えば、被害者は損害賠償命令（仮執行宣言付）により犯罪者に対する損害賠償として５０００万円の債務名義を得たところ、犯罪者が現在ある全資産を使って３００万円を被害者に払った後で、被害者が犯罪被害者等給付金を申請したとする。仮に損害賠償を受け取っていなければ２５００万円の給付が認められるとすれば、犯罪者から３００万円を受け取っているために、その分が調整されて、給付金は２２００万円しか支給されない（図２）。

もし被害者が犯罪者から損害賠償を受け取っていない場合、犯罪被害者等給付金は２５００万円支給され、その後に犯罪者から損害賠償の一部として３００万円を受け取れば、給付金２５００万円と併せて計２８００万円を受け取ることができる。[51]　重大事件の場合、犯罪者に支払義務がある損害賠償

図2　犯罪被害者等給付金と損害賠償

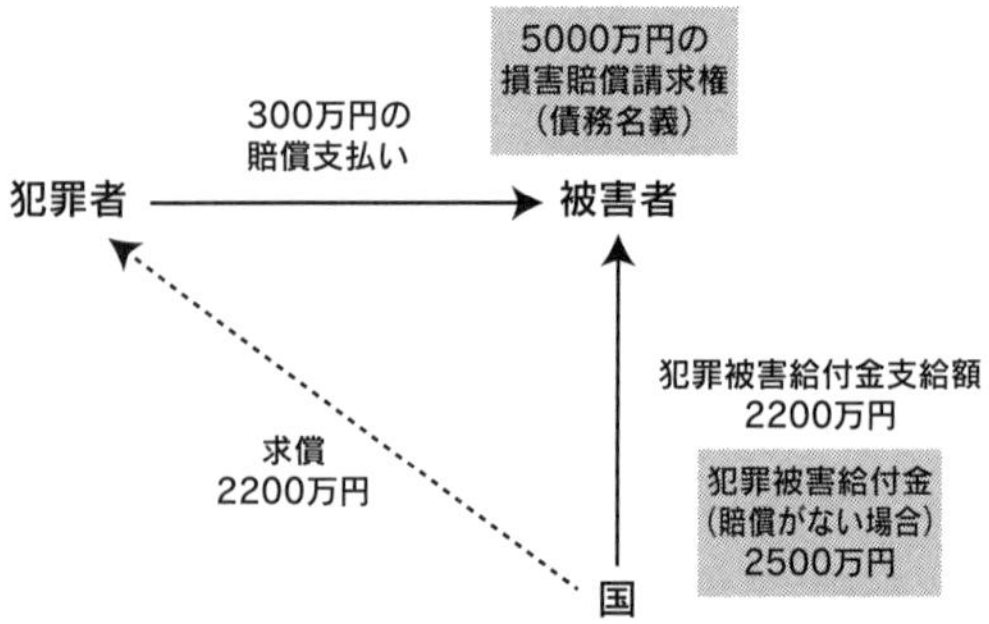


の額は犯罪被害者等給付金より遙かに高額であるため、犯罪被害者等給付金から犯罪者の損害賠償を控除する仕組みは被害者にとって酷なものとなる。また、損害賠償の一部の受領時期が犯罪被害者等給付金の支給前後で異なる結果となるのも不合理である。ただ、資産のある犯罪者から多額の損害賠償を受け取ったにもかかわらず、犯罪被害者等給付金を受給するのも不合理なので、損害賠償の調整規定を完全に廃止することも適当でない。従って、現在の8条の規定を「支給しない」から「支給しないことができる」と改正しておくのが一案である。[52]

## 2　犯罪者への求償

### (1)　犯給制度における損害賠償請求権の代位（求償）

国は、犯罪被害者等給付金を支給したときは、その額の限度において、当該犯罪被害者等給付金の支給を受けた者が有する損害賠償請求権、即ち求償権を取得する（犯給等法8条2項）。求償は、一般に、連帯債務者や保証人が他の債務者に代わって債務を支払った場合に他の債務者に対して当該債務の負担分を請求する制度であり、損害賠償についても認められている。

犯罪被害の発生に対する損害賠償責任が国にあるわけではなく、犯給制度も犯罪者の損害賠償を国が代位する制度でもない。しかし、本来、犯罪者が被害者に支払うべき損害賠償を支払うことができないことから、国が犯罪被害者の経済的被害軽減のために被害者に給付金という形で一定の給付をするものであるため、国は、給付額を限度として、給付金を受給した被害者の有する損害賠償請求権を有するものとされたのである。[53]

しかし、実務で犯罪者に求償した事案は殆ど無い。過去には、松本サリン事件や地下鉄サリン事件等、オウム真理教が起こした4つの事件の被害者や遺族22名に支給した総額6600万円の給付金について、オウム真理教の破産管財人に債権の届け出をしたケース[54]や、1988年に発生した殺人事件の被害者に対し支給した給付金220万円を加害者に請求し、実際に支払いが行われたケースがある程度である。[55] 制度の施行（1981年1月1日）から2023年2月までの約40年間でも求償したケースは12件しかない。[56]

このように求償が殆ど行われていないのは、犯罪者に資力がないことが最大の原因である。[57] しかも、犯罪被害者等給付金が支給されるのは、比較的重大事件が多いことから、犯罪者は刑事裁判によって重い拘禁刑が科せられ、長期間刑事施設に収監されることになる。刑事施設での作業に対し受刑者には報奨金が支給されるが、極めて低額であるうえ、作業報奨金に対しては、収監中であろうと、出所時であろうと、強制執行を行うことはできないので[58]、受刑中の求償は困難である（本書の提案は第5章と第7章参照）。

また、刑事施設から釈放された後の求償も困難を極める。仮釈放であれば、保護観察が行われるので、住所も明らかとなっており、求償を含めた損害賠償の支払いに向けた指導を行うことはできるが（第9章参照）、日本の場合、仮釈放後の保護観察期間が極めて短いため（無期刑を除く）、長期に亘る継続的な指導は困難であり（第10章参照）、保護観察も終われば、本人の所在もわからなくなる可能性がある。まして や、満期釈放となれば、保護観察も行われないばかりか、受刑者の帰住先さえ不明である。本人がどこかで住民登録をしない限り、所在はわからない。受刑者の中には借金（金銭消費貸借契約に基づく債務）のある者が非常に多いが、釈放後、督促を避けるため、住民登録もせずに、逃げ回るケースが少なくない。

自賠法に基づく自動車損害賠償責任保険の制度は、無保険者やひき逃げの事故には適用されないが、代わりに政府が損害を補塡する自動車損害賠償保障事業が行われており、政府は、被害者に損害を補塡した場合、その支払金額の限度において被害者が損害賠償の責任を有する者に対して有する権利を取得するものとされている（76条）。しかし、2018年度に発生した政府の債権（246件、約6億400万円）に対し、2020年までに回収（求償）できたのは、約1億4700万円と、24・4％に止まっている。[59] これは過失運転致死傷という過失犯に対する債権の回収であるから、殺人等の故意犯に比べ、犯罪者に比較的資力があり、回収も容易のはずであるが、それでも、この程度の回収率である。殺人や傷害といった刑法犯の犯罪者に対して求償したとしても、回収率はこれより遥かに低くなるものと思われる。

### (2) 海外における犯罪被害者補償と求償

海外では、国が被害者に被害者補償金を支給した場合、犯罪者に対し積極的に求償を行っている国がある。その典型が台湾（２０２３年まで）と北欧である。

台湾の犯罪被害者補償制度は日本の犯給法（当時）を参考に立法されたものであるが、日本の犯給制度とは給付の性格が異なり、台湾の補償制度は被害者の損失を補塡するものとされている[60]。そうしたこともあり、台湾の被害者補償制度にも犯罪者への求償制度があるだけでなく、財政負担の軽減と国家債権の確実な行使及び正義の実現という理由から政府（検察庁）が、裁判所による求償裁判を基に積極的に犯罪者に求償を行っていた。しかし、実際に求償により回収された金額は補償金支給額の５～６％に止まっており、現実問題として犯罪者への求償が極めて困難となっていた[61]。さらに、２０２３年、台湾政府は犯罪被害者保護法の全面改正を行い、犯罪被害者補償金を損失補塡的な性格から社会福祉的な給付金に転換し、求償制度も廃止した[62]。

台湾以外で犯罪者への求償を積極的に行っている国として北欧のスウェーデンやノルウェーがあり、これらの国では被害者補償金の求償による回収率が一定の成果を上げているとされる[63]。しかし、これらの国々の被害者補償制度は、犯罪者の損害賠償が不可能な場合に認められる補充的な制度である。また、社会保障制度が手厚く、犯罪被害者に対しても社会保障で給付できる分が多い。被害者補償はその社会保障制度の補充であるという前提に加え、被害者補償金を支給した場合の犯罪者への求償についても、損害賠償判決（附帯私訴を含む）に基づき債務者から賠償金を徴収する国税庁の下部機関（回収庁――ノルウェーや強制執行庁――スウェーデン）が存在しており、被害者補償金の求償についても同機関が担当している。また、国民総背番号が採られ、国民の納税額等も一般に公開されているほか、国民全ての資力

（賃金、国民保険の給付金等全て）を国家が把握しており、未納の税金や被害者補償の求償も対象者の所得等から天引きすることが可能である、など我が国とは制度的背景が相当異なることに注意する必要がある。

### (3) 犯給制度における求償の在り方

被害者補償金の求償は、国民の所得が広く開示されているような北欧でさえ限界があり、台湾ではついに被害者補償の求償制度を廃止した。もし日本で犯給制度の求償を積極的に行うとなれば、給付額によっては、国が長期間に渡って犯罪者に求償し続けなければならず、膨大な事務負担が国にかかるばかりか、求償を逃れようと、元犯罪者が逃げ回ったり、雲隠れしたりすることになりかねず、犯罪者の社会復帰を阻害するおそれがある。[64] 結果的に、被害者への損害賠償をより困難なものにすることにも繋がる。

著者も、犯給制度において求償を行うことは、犯罪者が犯した罪の償いの一環として損害賠償責任を果たすことで「真の」社会復帰につながると同時に、被害者の正義感情を充足することにもなるとして、[65] 求償に対する運用の在り方を検討する余地はあると考えたこともあった。[66]

仮に犯給制度が損害賠償に相当するような高額な給付をする制度であれば、一種の損害賠償代位制度としての——それが適切な制度かどうかは別として——意味もあるであろう。しかし、早期回復支援金としての法的性格と現在のような算定方法による給付の場合、損害賠償より遥かに低額の給付金しか支給されない。被害者は、給付金を受領したとしても、依然として犯罪者に損害賠償を請求しなければならないわけであり、もし国が犯罪被害者等給付金を支給したことで、犯罪者に求償すれば、犯罪者が被害者に賠償するための資力を奪うことになる。図2で掲げた例で言うならば、もし犯罪者が被害者に損害賠償の一部である300万円を支払った後、国が被害者に給付した2200万円分を犯罪者に求償しようとすると、犯罪者の資力（毎月の収入等）を減じることになってしまい、残りの損害賠償の支払いがより困難になる。

しかし、被害者による損害賠償請求を差し置いて、国が犯罪者に求償することは考えにくいから、犯罪被害者等給付金支給後も犯罪者の損害賠償債務が残っている場合、求償が行われることはないであろう。結局、求償は、犯罪者が経済的に極めて裕福で、犯給制度の求償分を支払った後も、被害者に損害賠償するだけの十分な資力がある場合か、被害の程度が軽微で犯罪被害者等給付金の支給額が犯罪者の損害賠償債務より高額である場合[67]にしか意味をもたないであろう。しかし、前者の状況であるなら、最初から犯罪者は被害者に損害賠償を払うことができるのであり、刑事裁判での情状として考慮してもらうためにも、犯罪者は被害者に対し比較的早期の段階で損害賠償を払おうとするはずである。そのため、結局、犯罪被害者等給付金は必要が無く、実際にも支給されないであろう。このように考えると、結局、国が犯罪者に犯罪被害者等給付金の分を求償する場面は殆ど想定されないことから、実際には、あまり意味のない制度である。オウム真理教によるサリン事件等において国はオウム真理教の破産管財人に対し求償債権の届出を行ったに止まり、しかも債権の順序では劣後に位置付けられているから、どの程度、支払いが行われたかは不明である。

このように考えると、求償制度は損害賠償債務のある犯罪者の逃げ得を許さないことを示すための象徴的なものに止まり、[68] 後は、犯給制度を損害賠償相当額を支給するような制度に改めた場合だけ意味をもつものであろう。求償制度に被害者の支援と犯罪者の民事責任の追及という実質的な意味をもたせるのであれば、犯給制度を国による損害賠償の制度にして、被害者に給付金（実質的な損害賠償）を支給し、後は犯罪者に求償していくものでなければならない。しかし、こうした国家賠償としての犯給制度については課題が多く、最後に、次節でその点を触れたい。

## 3　国家賠償としての被害者補償制度の問題

日本の犯給制度は、形骸化した不法行為による損害賠償制度の不備を補うことを目的の一つとして導入されたものである。即ち、犯罪者の被害者に対する損害賠償が事実上機能していないことから、それを補完することで、被害者の経済的損害を軽減しようということであって、国が被害者に損害賠償をするものではない。[69] 海外の犯罪被害者補償制度には、アメリカなど被害者が犯罪被害の結果として被った支出や一部の逸失賃金を補塡するものが見られるが、被害者補償制度が損失補塡的な算出方法を採っているからといって、補償金が国による賠償という性質をもっているわけではない。しかも、損失補塡の性質を有する被害者補償制度でも、全ての損害を補塡する制度ではなく、一定の制限が設けられていることが多い。[70]

かつて、日本でも、国家賠償的な被害者補償制度の創設が唱えられたことがある。[71] 具体的な制度として目指すところは必ずしも同じではないかもしれないが、国に犯罪被害の発生について法的責任を認め、被害者に対する国家賠償として被害者に補償金（この場合は、給付の法的性質上、給付金とは呼べない）を支給することを認めるべきだという点で共通する。但し、近年、主張されている国による犯罪者の損害賠償の買取制度又は立替制度とは区別する必要がある。

しかし、犯給制度の立法段階でも、国家があらゆる犯罪行為から市民を守る法的な義務を負い、それを怠り、犯罪被害が発生した場合、その損害を補填する責任を国家は有するとする考え方は余りに現実離れした議論であるとして否定的な見解が大勢を占めていた[72]。更に、この考え方を徹底すると、財政上の負担に耐えられないほどの賠償責任を国家に負わせることになるという指摘もある[73]。

現実問題として、殆どの犯罪の発生について国に過失があるわけではないから、国に対し犯罪被害の発生について損害賠償責任を負わせるということは、国に無過失責任を課すことになる[74]。確かに、国は一般的に犯罪を防止し、安全な社会を創る責務は有している。しかし、だからといって、ありとあらゆる犯罪を防ぐということは不可能なのであって、この不可能な義務の違反に対し無過失で賠償責任を認めることは、やはりできない[75]。

もし、犯罪被害に対する国の損害賠償責任を認めるとなれば、犯給制度の給付対象となっているような重大な身体犯被害に限らず、軽度の身体犯被害や、詐欺や窃盗といった重大な財産犯の被害についても賠償しなければならないことになる。こうした財産犯は、身体犯被害に比べ軽微であるから、被害者を支援する必要は無いという反論も考えられる。しかし、財産犯の被害を制度論として軽く見ることは、不適切であるばかりか、許されない。特殊詐欺の被害により長年貯えた老後の資金を全て奪われ路頭に迷う被害者もいれば、事業の資金を盗まれて会社が倒産し、他の多くの債権者にも迷惑をかけ、果ては自殺してしまった被害者もいる。被害者や遺族の心情という面で身体犯と財産犯は大きく異なるが、犯給制度が緩和を目的としているのは犯罪による経済的なダメージであり、その点では重大な財産犯被害も同様に深刻なのである。

国に犯罪防止の法的責任と犯罪被害に対する無過失責任があるというのであれば、これらの犯罪被害も全て国が賠償しなければならないことになる。国家に犯罪防止義務違反による賠償責任を認めながら、こうした財産犯の被害者に対する補償は認めないとすることは、事実上、「国に責任はあろうが、そうした財産犯の被害など取るに足りないから放置しておけばよい」と言っているに等しい。犯給制度が社会連帯共助及び刑事政策的観点から給付の対象を一定の被害者に限定しているのとは全く意味が違う。

更に、犯罪被害について国が賠償するとなると、犯罪者の賠償責任を軽んずることになりかねない。犯罪者からしてみれば、人を殺そうが、強盗しようが、性犯罪を犯そうが、お金を騙し取ろうが、全て国が尻拭いをしてくれる、とても都合の良い制度に堕するおそれが高い。犯罪者は、被害者への賠償は済んだとして、被害者のことなど、今以上に考えなくなろう。そうした意味で、国家賠償的な被害者補償制度は、犯罪者の真の更生をも阻むおそれが高い。

これを防ぐためには国が賠償した分を犯罪者に求償する必要があるが、国家賠償の場合、国にも(無)過失責任があるのであるから、国は犯罪者に幾ら求償することができるのか不明である。国に犯罪発生について責任があるとすれば、国と犯罪者は犯罪被害の発生について一種の不真正連帯債務になるのかもしれないが、国と犯罪者の過失割合はどうなるのか、国の賠償分は幾らなのか謎である。

また、実際問題として、国が既に被害者に賠償したとなれば、たとえ国が犯罪者に求償したとしても、犯罪者は自己の賠償分を払う関心が失われている可能性が高い。これは、国による被害者の損害賠償請求権の買取りや立替えについても起こりうる問題であり、この点については、第3章で触れる。

## 4　犯罪被害者等給付金の損害賠償額並の引上げ

国に損害賠償責任を認めることなく、犯罪被害給付制度の給付額を損害賠償「並」に引き上げる制度というものも考えられる。こうした改革も、犯罪被害者が受けた経済的ダメージを軽減し、早期回復のために経済的支援を行うという犯罪被害給付制度の枠組みを超えるものであるので、これを犯給等法の改正で行うことが可能かどうかという根本的な問題はある。

それは一旦さておくとしても、なぜ国が犯罪者の損害賠償「並」の公的補償を被害者に行うのかという制度の根拠や理由の説明が付かなければならない。先の損害賠償としての被害者補償であれば、国には犯罪防止義務違反があり、それに対する賠償責任があるという説明が（不合理ではあるが）一応付くのと異なり、国に賠償責任を認めないにもかかわらず、国が被害者に損害賠償「相当額」を支払うための制度的根拠が必要となる。犯罪被害者が経済的に困っているというだけでは、損害賠償相当の補償を行う説明にはならない。

そうした本質的問題に加え、損害賠償相当の補償を行う場合、損害賠償額をどのように算定するのかという法技術的な問題がある。現行の犯給制度であれば、その趣旨に見合った算定方法があるが、損害賠償相当額とする以上、被害者や遺族に対する犯罪者の損害賠償額を算定しなければならないことになる。しかし、犯罪者の関与や異議申立ても認めず、被害者補償を行う裁定機関が賠償額を勝手に算定してよいわけではないので[76]、補償を申請する被害者が民事裁判や損害賠償命令等で債務名義を取得しておくことが必要となろう。

しかし、損害賠償命令制度を利用できる場合はよいが、そうでないと、被害者は多額の費用と長い期間を掛け民事訴訟を提起する必要が出てきてしまい、被害者補償の給付までに相当の歳月を要することになってしまう。損害賠償命令にしても刑事裁判の後に行われるので、その時点まで待つ必要がある。さらに、被告人側が異議申立てをすれば、民事訴訟に移行してしまう。犯罪者が死亡していたり、責任無能力で監督義務者がいない場合等は、債務名義を得ることができない。そうなると、補償の給付そのものができないことになる。

このほか、国が損害賠償としての被害者補償を行う制度と共通した問題もあるため、損害賠償「並」の補償を行う制度であれば、理論的・実務的問題も無く実現できるというわけではない。

## 02章

# 犯罪被害者支援条例と損害賠償

## Ⅰ　地方公共団体による犯罪被害者支援の意義

２０００年前後から犯罪被害者の支援を目的とした条例を制定するなどして被害者の支援に乗り出す地方公共団体が相次いでいる。１９８０年の犯罪被害者等給付金支給法（当時の法律名）の制定後、しばらくの空白期間を経て、１９９６年からは被害者支援のための様々な法律や制度が導入されるようになっているが、これらは何れも国の施策によるものである。しかも、犯給被害給付制度を除くと、支援の多くは刑事手続における被害者の保護や手続参加に関するものであり、被害者に対する相談や直接的支援は、専ら、民間の被害者支援団体に委ねられてきた。

勿論、犯罪被害に巻き込まれたが故に関わらざるを得ない刑事手続において、被害者が二次的な被害を受けることがないよう保護したり、被害者が求める刑事手続や刑の執行に関する情報を提供したり、更には訴追や公判、刑の執行過程に一定の形で関与したりすることができるようにすることは、被害者の人権と尊厳を守る上で重要な支援である。しかし、刑事手続において被害者に対する配慮が適正に行われたからといって、被害者の損害が回復されるわけでも、被害者が平穏な生活が送れるようになるわけでもない。誤解を恐れずに言うならば、これらの施策は、言わば犯罪被害に巻き込まれた被害者に対する最低限の支援という意味で「**消極的支援**」に過ぎない。しかし、被害者が、被害から回復し、地域社会の中で生活していくためには、福祉や雇用、住居、保健、介護、教育といった分野での「**積極的支援**」が不可欠である。そして、これらの業務を直接担っているのが、他でもない、地方公共団体である。地方公共団体は、福祉や保健など市民生活にとって欠くことのできない行政サービスを担う機関であり、被害者の立ち直りや回復に必要な業務を所管している。近年の犯罪被害者支援条例制定の動きも、そうした被害者支援における地方公共団体の役割の重要性が認識されたからに他ならない。

海外では、国連総会が１９８５年に採択した「犯罪及び権力濫用の被害者のための司法の基本原則に関する宣言」（国連被害者人権宣言）では、被害者が政府の、無償で、地域に根ざした、地域固有の手段を通じて、必要な物質的、医療的、精神的及び社会的支援を受けられるようにすべきであり、被害者は、保健、社会サービス及びその他関連の支援が利用可能であることについて通知され、そうした支援へのアクセスが容易になされるべきことが謳われている。[1] 日本では、犯罪被害給付制度以外、犯罪被害者に対する支援制度が何もなかった時代に、保健や福祉、住宅、雇用といった様々な支援を地域固有の手段を通じて提供すべきことに加え、その利用を促すためのアクセシビリティを向上させるべきことが謳われているのである。

また、「ＶＳ」や「白い環」などヨーロッパ各国の民間被害者支援団体がヨーロッパにおける被害者支援の発展を目的として１９９０年（初会合は１９８７年）に設立した被害者サービスのためのヨーロッパ・フォーラム[2]は、被害者支援の重要性を国際社会に訴えるアドボカシー活動の一環として、「刑事司法の手続における被害者の権利に関する声明」（１９９７）に続き、１９９８年に「犯罪被害者の社会権に関する声明」を公表した。その中で、犯罪被害者が保健、住居（安全）、雇用、教育に関する権利を有することを宣言している。[3] これらは、いずれも地方公共団体が担う業務であり、被害者はこれらの分野において地方公共団体による支援を受ける権利があることを明らかにしていることは注目に値する。

日本でも、２００４年に犯罪被害者等基本法が制定され、その中で、国のみならず、地方公共団体に被害者支援の責務を課し（5条）、地方公共団体が行うべき基本的施策を掲げるに至っている（2章）。それ以後、多くの地方公共団体が被害者支援に特化した条例を制定し、或いは被害者支援の基本計画を策定するなどして、犯罪被害者の支援に従事するようになっている。

しかし、未だ被害者支援条例も被害者支援計画も制定せず、犯罪被害者に対する支援を行っていない地方公共団体も多い。支援内容についても、様々な経済的支援や生活支援を行っているところもあれば、見舞金を支給するだけのところもあり、地域によって大きな格差が生じている。

経済的支援を始め、地方公共団体による住居や雇用といった生活支援は、犯罪被害者が受けた経済的影響を緩和する意味合いがあるほか、犯罪者に対する損害賠償請求を支援する制度を設けている地方公共団体もある。なかには犯罪者に対する損害賠償債権を被害者から譲り受け、同額の立替支援金を払う制度を導入しているところもある。そこで、本章では、地方公共団体における被害者支援の展開と内容について概観したうえで、被害者が犯罪者から損害賠償を得るうえでの地方公共団体の役割について考察することにする。多くの地方公共団体が制定している犯罪被害者の支援に特化した条例は犯罪被害者等支援条例という名称であるが、検討に当たっては、そうした条例を総称するときは犯罪被害者支援条例とし、逐一、「等」を付けない。

なお、我が国の警察は、第二次世界大戦後、地方警察制度となったことから、警察による被害者支援は、地方公共団体による被害者支援の側面を有している。また、DVや児童虐待についても、配偶者暴力相談支援センターや児童相談所が被害者の支援を担っている。しかし、本章では、犯罪被害者全般に対する地方公共団体、即ち都道府県庁や市役所等による被害者支援について扱うことにする。

## Ⅱ　犯罪被害者支援条例の展開

2000年代以降、地方公共団体は、条例を定めるなどして犯罪被害者に対する支援策を講じるようになっている。当初は、災害見舞金を被害者にも支給する条例や犯罪被害者に特化した見舞金を支給する条例であったが、安心安全まちづくり条例に被害者支援の規定を入れる地方公共団体も現れ、さらに近年は犯罪被害者に対する総合的な支援を定めた条例を制定するようになっている。[4]

### 1　災害見舞金条例

1970年代前後、まだ国レベルでも犯罪被害者の支援制度が皆無であった頃、災害見舞金支給条例による見舞金を犯罪被害者にも支給する地方公共団体が見られた。災害見舞金条例は、本来、自然災害や事故（交通事故を含む）の被害を受けた者に対して見舞金を支給することを目的として制定されたものであるが、この災害の中に犯罪被害を含めるというものである。例えば、埼玉県の蕨市は、1968年に制定した同市の災害見舞金及び弔慰金の贈呈に関する条例（昭和43年条例第16号）に「第三者によって加えられた人為的行為により死亡し、又は重傷を負ったとき」を対象に含めている。[5] このほか、犯罪被害者に災害見舞金を支給する条例を定めた例として、大阪府摂津市、[6] 大阪府高槻市、[7] 神奈川県秦野市等[8]がある。地下鉄サリン事件を契機として要綱の改正を行った秦野市を除き、条例改正の背景は明らかではないが、犯罪被害者に対する支援の流れとは異なるものであろう。

## 2　犯罪被害者見舞金支給条例

２０００年代に入る頃から犯罪被害者に特化した見舞金を支給する条例が制定されるようになる。最初にそうした条例を制定したのは埼玉県嵐山町であった。同町では、場外舟券売り場進出計画を巡って女性町議と主婦が反対派の暴力団に襲撃されるという事件が発生したことを契機として、１９９９年に犯罪被害者等支援条例（平成11年9月8日条例第51号）を制定している。その内容は、犯罪被害者に対して見舞金を支給することを内容とするだけのものであったが、地方公共団体が犯罪被害者の支援に特化した条例を制定したという意味は大きい。

翌２０００年には、滋賀県の竜王町（平成12年3月30日条例第4号）や彦根市（平成12年9月29日条例第55号）、千葉県佐原市（平成12年12月28日条例第45号）でも犯罪被害者支援条例が制定されている。滋賀県では、その後、相次いで自治体が類似の犯罪被害者支援条例を制定しているが、聞き取り調査によれば、これは１９９７年の神戸児童殺傷事件や１９９８年の和歌山毒入りカレー事件の発生が条例制定の契機となったとのことであった。[9] ２００１年には、埼玉県下の三芳町（犯罪被害者支援条例平成13年3月19日条例第6号）や熊本県長洲町（犯罪被害見舞金の支給に関する条例平成13年3月19日条例第7号）でも犯罪被害者支援条例が制定されているが、熊本の条例は、同町の公共施設で２００１年2月に発生した薬物混入事件が直接の契機となったものである。

当時の被害者支援条例は、被害者に対し見舞金を支給する内容のものが殆どである。[10] ある地方公共団体が犯罪被害者支援条例を作ると、県内の他の自治体でそれを参考にほぼ同じ内容の条例を制定するところが相次ぐといった現象も見られ、この時期に制定された犯罪被害者支援条例は犯罪被害者に見舞金を支給するだけのものが多かった。

## 3　安心安全まちづくり条例

一方、２０００年頃から、犯罪被害者の支援に特化した条例は定めず、安心安全まちづくりや防犯に関する条例において被害者の支援に関する一般規定を一か条だけ設ける地方公共団体も見られるようになる。[11] 当初は、規定を設けただけで、都道府県警察における被害者支援以外、特別な制度を設けない地方公共団体も見られたが、滋賀県長浜市のように、[12] 安心安全まちづくり関係の条例の規定を根拠に、別途、要綱や規則を設け、犯罪被害者に対する具体的な支援策を導入するところも見られた。[13] また、当初は安心安全まちづくり条例に被害者支援の一般規定を設けるに留めていた地方公共団体でも、愛知県のように、[14] 後に犯罪被害者支援の特化条例を改めて制定するところも出てきており、安心安全まちづくり条例による被害者支援は、どちらかと言えば、過渡期的な形態であったというべきであろう。

## 4　総合的犯罪被害者支援条例

東京都の日野市が２００３年に制定した被害者、遺族等支援条例（平成15年6月27日条例第17号）は、犯罪や災害の被害者を支援するための施策を推進する責務を市や市教育委員会に課し、市民や事業者に対しても被害者を支援する努力義務を課すと共に、総合窓口の設置や関係機関との連携等を行うものとしている。被害者支援の具体的な制度を創設するものではないが、被害者支援の体制を整備することを求めたという点で、見舞金を支給するだけの従前の被害者支援条例とは一線を画する。

また、宮城県が２００３年に制定した犯罪被害者支援条例（平成15年12月17日条例第76号）は、被害者支援員の登録制度、代理被害の防止、二次被害からの保護、民間団体の活動支援等を県の被害者支援施策としたほか、犯罪被害者支援推進計画の策定義務を公安委員会に課し、犯罪被害者支援審議会や犯罪被害者支援連絡協議会といった被害者支援策推進のための体制整備を行うなど、当時まだ地方公共団体では見られなかった総合的な被害者支援体制を樹立するものとして注目に値する。[15]

２００４年に犯罪被害者等基本法が制定され、被害者支援が地方公共団体の責務とされるとともに、２００５年に第一次犯罪被害者等基本計画が策定されると、各地の地方公共団体において総合的な被害者支援を行うための特化条例や基本計画が徐々に策定されるようになっていった。東京都杉並区では、基本法制定前から被害者支援条例制定のための有識者会議が設置され、その報告書[16]に基づいて２００５年に制定された犯罪被害者等支援条例は、家事支援制度や資金貸付制度など地域固有の被害者支援制度を導入した初の条例であった。

## Ⅲ　被害者支援の地域格差

その後、現在に至るまで多くの地方公共団体が犯罪被害者を支援するための条例や計画を制定している。被害者の支援制度を設けるうえで条例が絶対に必要というわけではないが、条例を制定することで、地方公共団体内の各部署や外部の関係機関に対して協力を求めやすくなったりするほか、導入された被害者支援制度が継続的・安定的に行われることが担保され、予算的な措置も取りやすくなるという利点がある。

しかし、被害者支援制度の整備状況は、地域によってかなりの格差がある。[17] 警察庁が調査した地方公共団体における被害者支援条例の制定状況を見ると、県内全てか殆どの市町村が被害者支援の条例を制定している北海道や秋田県、岐阜県、滋賀県、京都府、兵庫県、奈良県、岡山県、佐賀県、長崎県、大分県のようなところもあれば、東北や四国など条例の制定状況が0％の地域もある（図1）。ただ、愛媛や島根のように、市町村の条例制定率は0％であるにもかかわらず、犯罪被害者支援計画の策定が進んでいるところもある。反対に、北海道や秋田のように市町村での被害者支援条例の制定が進んでいても、被害者支援計画の策定状況が芳しくないところもある。これは、被害者支援条例といっても、北海道のように安心安全まちづくり条例に被害者支援の規定を入れてあるだけの自治体もあるからである。滋賀県も、全ての市町村が被害者支援条例を制定しているが、その多くは被害者に見舞金を支給するだけの見舞金条例となっている。[18] 地方公共団体における被害者支援の状況を正確に把握するためには、被害者支援条例の内容や計画の具体的中身についてきちんと検証する必要がある。

地方公共団体における被害者支援制度の整備状況の格差にはいくつかの原因が考えられる。[19] 内閣府が地方公共団体に対し行った調査によると、都道府県や政令市のうち「被害者支援が必要であると考えていない」ところが40％以上に及んでおり、「わからない・考えたことがない」と合わせると55％近くに達する。[20] また市町村でも、「必要であると考えていない」又は「わからない・考えたことがない」ところが60％近くに及んでいる。そして、被害者支援が必要であると考えてない市町村が挙げた理由として

図１　市町村における被害者支援条例の制定率（2023 年４月１日現在）

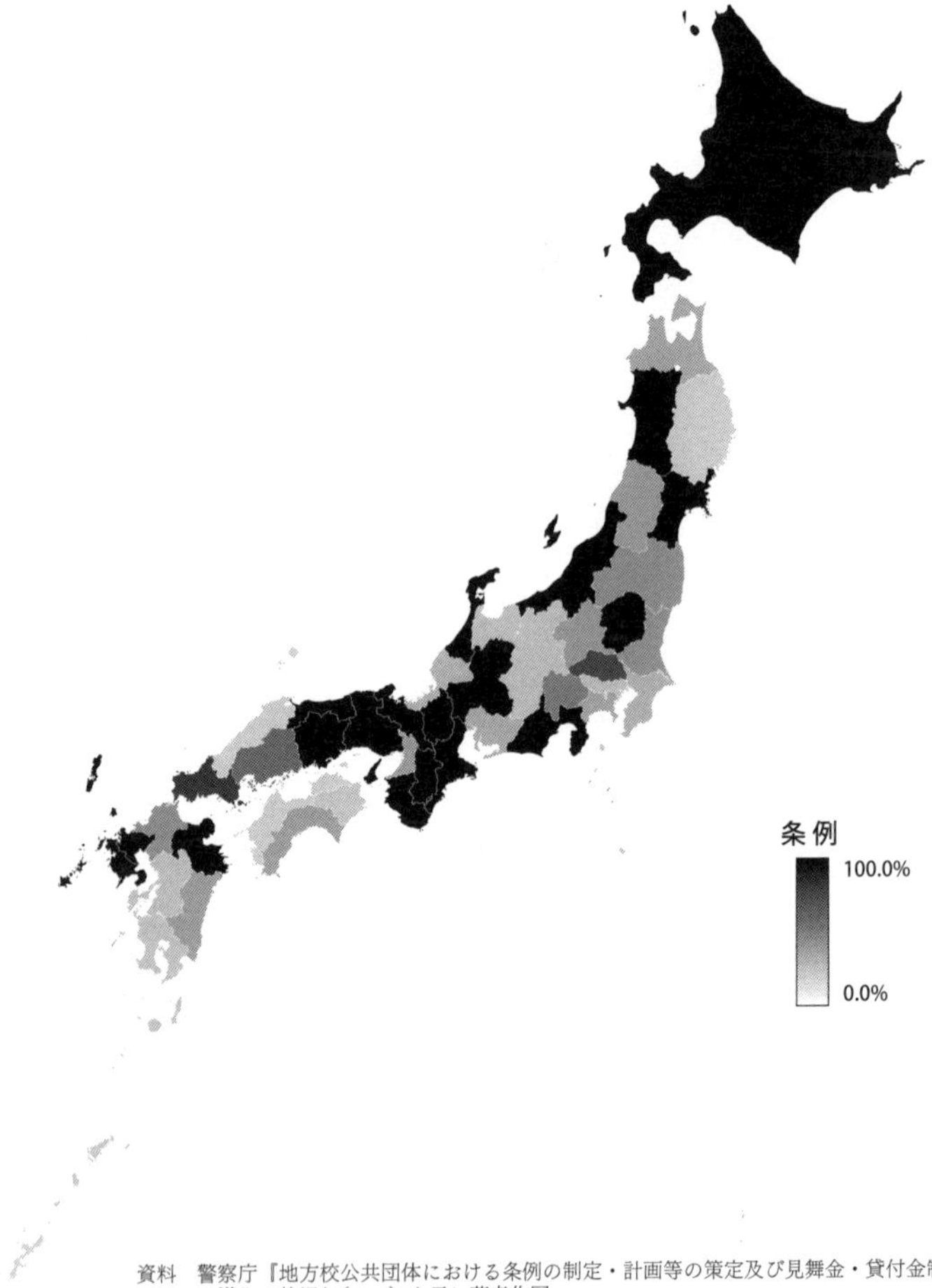


資料　警察庁『地方校公共団体における条例の制定・計画等の策定及び見舞金・貸付金制度の導入の状況』（2023）を元に著者作図。

最も多く見られるのが、「対象となる被害者等が少ない」というものである（図2）。即ち、自分の地域では重大犯罪が少なく、犯罪被害者が少ないので被害者支援条例や被害者支援計画は必要ないというのである。これは2009年の調査であり、犯罪被害者等基本法や基本計画の制定からさほど期間も経っていないときのものであるから、現在の状況はこれより相当改善されているであろう。しかし、依然として被害者支援の条例や計画を制定していない自治体や、見舞金支給だけの古いタイプの被害者支援条例を制定して以後、全く被害者支援の施策を進めていない自治体もあることから、条例や計画の制定が進まない背景には、現在でも同様の認識や発想があるものと思われる。

しかし、被害者支援は、たとえが悪いかもしれないが、ある意味で地震対策と同様であり、危機管理の問題である。大地震は数百年に一度しか起こらないかもしれないが、だからといって地震対策が必要ないと考える者はいないであろう。被害者支援も同様である。犯罪被害は起きないに越したことはない。実際に重大犯罪が起きるのも稀であろう。しかし、いざ犯罪被害が起きたときに、きちんと被害者を支援できる体制を整えておくことが重要なのである。

それから被害者支援条例や計画を制定しない理由として、「既存の取り組みで充分施策を推進できる」と回答している自治体も多数に上っている。しかし既存の福祉制度や社会制度では要件を満たさないため犯罪被害者が支援を受けられない場合もあるし、他の多くの利用者と同様の手続をしなければいけないため、支援を受けるまでに多くの時間や労力を費やさなければならないこともある。やはり、犯罪被害者に特化した制度が必要である。

地方公共団体における被害者支援制度を拡充して行くためには、こうした自治体関係者の意識や認識

図２　地方公共団体が犯罪被害者支援が必要ないと考えている理由

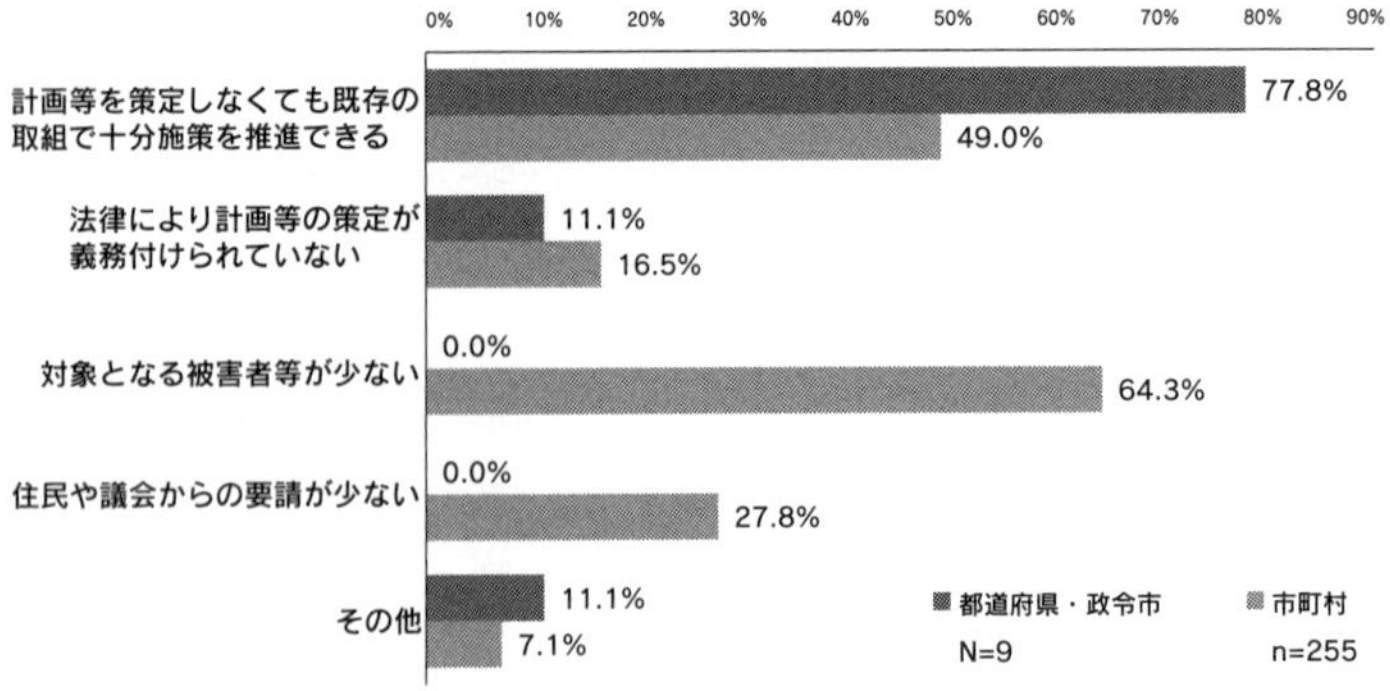


資料　内閣府『平成 21 年度地方公共団体における犯罪被害者等施策に関する調査報告書』(2010)。

不足を変えていく必要がある。

　また、被害者支援の施策に関する情報不足という問題もあるだろう。これまで国が犯罪被害者施策の手引を作成したりしてきているが[21]、いざ自分の自治体で被害者支援の制度を作るとなった場合、どの部署が担当すべきか、どのような支援制度を設けるべきか、職員やボランティアの養成をどうするか、予算をどの枠で確保するかなどといった具体的な情報が必要となる。また国や広域自治体（都道府県）が被害者支援の制度をどのように拡充していくのかという方向性について見当がつかず、基礎自治体の市区町村がどのような施策を設けるべきか迷うということが実際にある。同じ広域自治体下の他の市区町村が行っている条例を参考にするという方法もあるが、それは他の市区町村がどのような被害者支援の制度を導入しているかにもよる。人口規模の大きい、予算が比較的潤沢な自治体とそうでない自治体とでは事情も異なる。やはり、広域自治体が域内の基礎自治体とで行っている協議会を充実させ、恒常的に情報交換や相互協力を行っていくことが必要である。

## Ⅳ　地方公共団体による被害者支援の内容

### 1　犯罪・被害者の範囲

地方公共団体による被害者支援のうち、相談や情報提供といった一般的な支援については被害者の範囲を限定していない。しかし、経済的支援や生活支援、カウンセリングや法律相談といった支援については、条例や基本計画等で対象となる犯罪の内容や被害者の範囲について一定の制限を加えている自治体が多い。しかし、支援の要件を厳格にして支援対象とする犯罪被害の内容や被害者の範囲を限定し過ぎないようにすることが重要である。

まず、支援の対象となる犯罪の範囲は、犯罪被害者等基本法と同じように、犯罪のみならず、これに準ずる心身に有害な影響を及ぼす行為まで含める例が多い。特に、犯罪被害者の支援に特化した犯罪被害者支援条例や犯罪被害者支援計画における支援対象としての犯罪は、そうした広義の定義を採用している。しかしながら、見舞金や支援金の支給に特化した条例や、総合的な被害者支援条例でも、見舞金、資金貸付け、各種助成金の支給といった経済的支援や日常生活支援など財政的裏付けの必要な支援については、犯給等法や国外犯罪被害法と同じ「犯罪行為」の定義を採用したり準用したりするところがある。そのため、過失犯や国外での犯罪を除くとしている例が極めて多い。

しかし、地方公共団体による経済的支援や生活支援の対象から過失犯の被害者を除外しなければならない理由があるわけではない。過失運転致死傷以外の過失犯の被害者も、加害者からの賠償が得られないなど、経済的支援を必要としている場合がある。犯給等法の対象自体を故意犯に限る必要がないばかりか[22]、地方公共団体における支援まで同様の要件を設定する必要は全くない。もし犯罪被害給付制度ではカバーできない犯罪被害者がいるとすれば、東京都の杉並区や中野区を始め幾つかの自治体のように、見舞金やその他の助成金は過失犯の被害者にも支給するとしてもよいものと思われる[23]。

また、犯罪発生地を、犯給等法同様、日本国内又は国外にある航空機等に限定している自治体が非常に多い。国外での犯罪被害については、アルジェリアで起きたテロ事件等を契機として２０１６年に国外犯罪被害法が成立しているが、支給額は犯給等法に比べ著しく低額である。しかし、海外で犯罪被害を受けた被害者やその遺族に対する経済的支援のニーズは国内被害と何ら異なるところはない。国際化が進展する中、海外で犯罪被害に巻き込まれる邦人が多くなっており、こうした被害者や被害者遺族に対し、自治体が独自の制度を設けて手厚い支援をするニーズは高いと思われる。

これに対し、最近制定された条例や基本計画の中には、敢えて国外における犯罪被害を支援の対象外とする規定を置かず、支援の対象とするところが出てきている。茨城県の潮来市は、２０１３年にグアムで起きた無差別殺傷事件の被害者が同市の出身であったことから、２０１４年に制定した犯罪被害者等支援条例では海外で発生した犯罪被害の被害者に対しても見舞金の支給対象とすることを明文で規定している[24]。このように、財政的裏付けが必要な地方公共団体の支援も国外で発生した犯罪の被害者に道を開くことが望ましい。

次に、地方公共団体の場合、支援の対象となる被害者については、住民に限るのかどうかという、国民や国内に在住する外国人に広く適用のある国の制度では生じない問題がある。被害者支援でも相談や情報提供といった一般的な支援については特に自治体内の住民に限定しないのが一般的であるが、経済的支援やカウンセリングといった財政的措置を伴うものについては、札幌市や秋田市のように、犯罪（被害）発生時に被害者本人か遺族が住民であったことを要件とする自治体が多い[25]。こうした自治体では、支援を受ける者が支援時に住民であることを明記していないことが多いことから[26]、規定上は、転居により支援時に他の自治体の住民となっていた場合でも、元の自治体に対し支援を請求することはできることになろう。

こうした制度は、転居先の自治体に犯罪被害者に対する支援制度がないときには都合がよい[27]。しかし、支援時に住民であることを要件としている自治体から、犯罪被害発生時に住民であったことを要件としている自治体に転居した場合、何れの自治体にも支援を求めることができなくなってしまう。

これに対し、東京都や東京都の杉並区、神奈川県横浜市では、犯罪被害発生時に被害者が住民であったかどうかを問わず、支援を受ける者が支援時に住民であることを必要としている[28]。現に住民である者に対して支援を行うこの要件の方が現実的ではあるが、この場合も転居による支援の空白ができることになる[29]。

また、被害を受けた自治体の住民ではないが、当該自治体に職場や学校があり、そこで被害を受けた場合、生活の実体が当該自治体にあるにもかかわらず、支援を受けられないことになる。住所のある自治体に犯罪被害者支援の制度がないと、何らの支援を受けることもできない。

神奈川県横浜市の条例では、犯罪被害者等の定義として「犯罪等により害を被った者で市内に住所を有するもの及びその家族又は遺族その他これらの者に準ずると市長が認める者をいう。」として、例外的に住民以外のものへの適用可能性を認めている。[30] さらに、同条例では、「市は、市内に住所を有しない者が市内で発生した犯罪等により害を被った場合には、その者が住所を有する地方公共団体と連携し、及び協力して、第8条（相談、情報の提供等……著者注）に規定する支援を行うものとする」（10条）として、住民以外の者に対しては、その者が住所を有する地方公共団体と連携協力して支援を行うともしている。[31]

長崎県長崎市では、住民の概念に、正式に住民登録していなくても、DV、ストーカー、児童虐待、高齢者虐待、障害者虐待等で各関連法規の定義に該当する者については、市の区域内に所在している者も住民として扱うこととし、[32] 見舞金等各種給付金の給付の対象としている。東京都の多摩市では、住民のほか、「居住する者、勤務する者及び在学する者」を支援対象としているが、支援資金の貸付については対象を支援（申請）時の住民に限定している。[33] 京都市は、観光都市としての特性を考慮し、観光旅行者その他の滞在者（外国人も含む）も支援対象とし、相談や通訳派遣等を行っている。[34]

最も望ましい形は、支援時の住民とそれに準ずる者（通勤・通学者、所在者等）を支援対象としつつ、被害時の住民で、支援時には住民でなくなっている者も例外的に支援の対象としたうえで、給付については、他の自治体の支援との調整規定を設けることであろう。こうした地方公共団体による支援対象の問題は、全国全ての自治体で同等の被害者支援の条例や計画が整備されれば解決されるが、当面、地方公共団体における支援の上では考慮しなければならない問題である。

## 2 総合支援窓口

被害者からの相談に対し、被害者の状況や心情・要望を的確に把握したうえで、必要な情報提供を行い、支援を行う際には関係部署や機関に繋ぐ被害者支援専用の総合支援窓口を作ることが地方公共団体に課せられた責務の一つである。第1に、その窓口は、被害者にとってアクセスが容易で利便性に長け、名誉及び私生活の保持、安全の確保が可能な環境でなければならない。第2に、総合支援窓口は、単なる情報提供や他部署・他機関を紹介する窓口であってはならず、被害者のニーズに合わせて、その後の支援をコーディネートする機能を有していなければならない[35]。第3に、被害者専用の総合支援窓口には一定の研修を経た専門の職員を配置して、被害者からの相談に応じ、適切な情報提供と助言を行い、必要に応じて、地方公共団体が行う支援やサービスが受けられるよう支援し、又は関係機関や団体へ繋ぐことができる体制が必要である。

問題となるのは、総合支援窓口で被害者への対応に当たる職員の専門性である。犯罪被害者の支援だけを担当する専任の職員を配置できる地方公共団体は極めて限られており、多くの地方公共団体では、他の役職を兼務する職員が総合支援窓口を担当することになっている。また、公務員である以上、人事異動は避けることができない。しかし、犯罪被害者の支援に直接関わる以上、地方公共団体側のそうした事情は相談者には関係がない。兼任であろうとなかろうと、犯罪被害者の心情や犯罪被害者支援の一般的な制度のほか、自身の地方公共団体において犯罪被害者の支援に関係する業務の内容や手続について熟知しておく必要がある。

しかし、地方公共団体自身が被害者支援担当職員の研修を自ら行うことは困難である。そこで、都道府県の被害者支援担当職員については、国が集合研修を行い、市町村の職員については、国か都道府県が域内の担当者を集めた集合研修を行う仕組みを設けるべきである。

神奈川県や杉並区のように、地方公共団体によっては、被害者支援に独自のボランティアを養成、配置しているところがある。全国に設置されている被害者支援センターも、広域に亘る地域の被害者の支援を全て賄うことは容易ではないので、こうした地方公共団体独自のボランティア制度も有効である。総合支援窓口の担当者同様、ボランティア養成のための研修が重要である。

## 3 経済的支援

日本で最初の犯罪被害者支援条例を制定した埼玉県嵐山町を始め、多くの自治体が被害者に見舞金や支援金[36]を給付する条例や規定を設けているが、殆どの自治体で死亡の場合には50万円や30万円、傷害の場合には10万円や5万円といった固定額を給付するものとなっている。こうした条例による見舞金は、犯給等法による給付との調整がなく（併給可）、しかも迅速な給付が可能であるため、被害者の一助になることは確かである。[37]傷害見舞金は、犯給等法では給付の対象にならない被害者にも支給することができる。

しかし、こうした地方公共団体による見舞金の制度が地域固有の制度として相応しいものか、また被害者の最善の利益に適うものか疑問がないわけではない。特に、多くの地方公共団体の見舞金が犯罪被害給付制度と同じ要件を設定しているとすれば、尚更である。もし、こうした地方公共団体の給付する見舞金が被害者に役に立っているとするなら、それは本来、犯罪被害給付制度を拡充して全国一律に給付額を引き上げるべきものと考えるからである。

迅速な給付という点も、緊急で支援が必要なときは犯罪被害給付制度の仮給付を活用する方法もあるはずである。これまで犯罪被害給付制度の仮給付は十分に活用されていなかったが、警察庁では、2023年7月に通達を発出して、犯罪被害給付制度の仮給付の更なる推進、迅速化に努めており[38]、犯罪被害給付制度でも迅速な経済的支援という被害者のニーズに応えることができるようにすべきであろう。

また、地方公共団体の中には、犯罪被害者に対する見舞金制度を導入した後、それ以上の被害者支援策を展開していないところが少なからず見られることを考えると、見舞金制度を作ることで地方公共団体が満足してしまい、その後の被害者支援施策が進んでいないという現実もある。かつて、我が国で犯罪被害給付制度ができたとき、これで被害者支援の制度が整ったとばかり、10年以上何も施策が進展しなかったときの状況と同じである。

地方公共団体の見舞金制度に意味があるとすれば、それは見舞金の支給要件、即ち支給対象を犯罪被害給付制度より広いものとすることであろう[39]。現在のような犯給制度と同じような支給要件では、犯給制度の対象にならない被害者は、条例に基づく見舞金の支給対象にもならないことになってしまうからである[40]。犯給等法と同じような要件の下で見舞金を支給するものであれば、それは犯給等法を増額することでも実現できるわけである。だとすれば、地方公共団体による犯罪被害者への経済的支援は犯罪被害給付制度とは異なる要件や支給対象とすることが望ましい。犯罪被害者支援条例が「ミニ犯給等法」

である必要は全くない。国連被害者人権宣言が謳っているように、国が行っていない、或いは国が行い得ない地域固有の制度を設けることが地方公共団体における被害者支援の役割であり、意義であると考える。被害者にとって最善の利益とは何かを見極める必要がある。

さらに言えば、見舞金に限らず、被害者のニーズに即した地方公共団体独自の助成費用のような制度を設けるべきである。例えば、北海道の札幌市では、家事・介護のサービス費用、配食サービス費用、一時保育費用、転居費用、ハウスクリーニング費用、精神医療費用、カウンセリング費用、犯罪行為に関する情報の提供を公衆に求めることや、犯罪被害に係る裁判を傍聴することとその他これらに準ずる犯罪被害により精神的に受けた影響からの回復に寄与すると市長が認めた犯罪被害者等の行為に要した費用の助成など種々の費用の補助を行っている。[41] 家事・介護費用の助成やホームヘルプサービス（ヘルパーの派遣）は、札幌市のほか、神奈川県横浜市・川崎市、愛知県名古屋市、三重県四日市市、京都府京都市、大阪府大阪市・摂津市、兵庫県神戸市・明石市、高知県等で導入されている。[42] 札幌市のように事件の真相を究明するための費用を助成する自治体、[43] 報道機関への対応を含む弁護士費用を助成する自治体、[44] 公判の傍聴費用や関係機関への出頭費用を助成する自治体、[45] 被害者参加弁護士の費用を助成する自治体、[46] 損害賠償請求の再提訴費用を支給する自治体[47]もある。

世帯の主たる家計担当者が犯罪により死亡し、収入が途絶えると、遺族たる子どもの教育に大きな影響が出る場合があるため、子どもが教育を受けられるようにすることも重要である。既存の奨学金は要件が厳しい場合もあり、奨学金があっても貸与である場合、将来に亘って大きな負債を抱えることになる。そこで、既存の奨学金とは別に、被害者や被害者遺族に対する奨学金や教育費の助成制度を地方公共団体が設けるべきである。実際、富山県富山市では、被害者本人又は被害者の家族が富山県内の大学等に進学する場合に奨学資金を支給する制度を設けている。[48]

他方、給付とは異なり、東京都杉並区のほか、神奈川県や和歌山県等では貸付制度を導入している。[49]これは被害後直ちに資金が必要となる被害者がいるため、短期間のうちに貸付ができる制度が被害者にとって有用であることから設けられた制度である。返済が被害者にとって負担とならないよう、一定の場合には返済を免除することもできるようになっており、実際に返済を通じて被害者の自立を促すという効果もあるということが被害者遺族からも指摘されている。[50]これらの貸付制度は国の制度として重なることはない自治体固有の制度ということができるであろう。

犯罪者が被害者に支払うべき損害賠償に関連した経済的支援の制度を導入している自治体もあるが、これについては、Ⅴで取り上げる。

## 4　生活支援

犯罪被害者は犯罪による身体的被害や精神的被害から家事や育児が困難になることが少なくない。また参考人や証人として刑事司法機関への協力を求められたりするほか、公判を傍聴したり被害者参加人として公判に関与したりする場合もあるため、家事や育児ができない場合もある。かといって、家事代行やベビーシッターはとても費用が高い。家事や育児支援は地方公共団体の福祉や子育て事業として行われていることが多いが、要件から犯罪被害者が利用できなかったり、利用しづらいものとなったりしていることがある。そこで、犯罪被害者の利用に特化した家事支援や育児支援等の生活支援の制度を導入することが望ましい。

既に、東京都の杉並区や兵庫県明石市、大阪府摂津等では、犯罪被害者にホームヘルパーを派遣したり、家事支援の費用を補助したりするなどして家事支援を行う制度を設けている。[51] こうした制度は国の制度として導入することは難しいことから、地方公共団体が独自に設ける制度として意味があるであろう。但し、この制度を早くに導入した東京都杉並区では、制度導入から2021年までの15年の間にヘルパー派遣の実績は4件しかない。[52] 区内で起きた重大事件の被害者からの相談件数に比して極端に少ないというわけではないが、必ずしも利用件数が多いというわけでもない。被害者に家事支援のニーズが少ないのか、それとも需要が顕在化していないだけかなど相談者から事情を聴くなどして実情を調べる必要がある。

また、犯罪被害者の中には自宅が事件現場となったり、無理解・無神経な近隣住民との関係が煩わしくなったりして、居住し続けることができなくなることがある。また、加害者やその家族が地域に住み続けているため、自らが転居を余儀なくされる場合がある。加害者からの再被害や報復の虞から一時的に安全な場所に退避しなければならい場合もある。そこで、地方公共団体の支援として、犯罪被害者用の短期及び中長期的な住居支援の制度を整備する必要がある。緊急的な短期の住居支援であればホテルや旅館等の費用を補助する制度でもいいし、中長期の住居であれば、地方公共団体が福祉政策や住宅政策の一環として運営している施設や借り上げの集合住宅を利用することも考えられる。また、近年は、幾つかの地方公共団体で導入されているような転居や家賃補助の制度も有用である。[53]

## 5　カウンセリング・法律相談

このほか、地方公共団体によっては、独自のカウンセリング制度を導入していたり、無料の法律相談を行っていたりするところもある。[54]

被害者自身が児童である場合は勿論、被害者遺族である子に対する支援も重要である。見過ごされがちなのが、遺族としての兄弟姉妹、即ち、子が犯罪被害により死亡した場合、その子の兄弟姉妹に対する支援である。子が亡くなった場合、その親だけでなく、亡くなった子の兄弟姉妹も極めて重篤な精神的被害を受けている場合が少なくない。親も、捜査協力や公判傍聴、民事裁判等に追われ、残された子を十分に構ってあげるだけのゆとりがない場合が多い。事件後も学校に通っているとして見過ごされがちであるが、子本人も苦しい思いをしながら、自分の状態を客観的に捉えることができず、余裕がない親には迷惑をかけたくないと気を遣って何も話さないことが多い。

学校は学校で、日本の場合、いじめにも気が付かず、それに起因する自殺や不登校にも適切に対処できないようなところであるから、重大な犯罪被害を受けた生徒に対して適切な支援を行うだけの知見や体制はない。小中学校であれば市町村、高等学校であれば県という地方公共団体が所管していることから、被害者や遺族としての生徒に対する支援体制を構築する責務は地方公共団体にある。犯罪被害者や遺族としての生徒に対する相談やカウンセリング、直接的支援の仕組みを学校内外に整備する必要がある。

## 6　基礎自治体と広域自治体の役割分担と連携

地方公共団体は、国が全国に亘って統一的に行う被害者支援とは別に、本来の所管事項を前提として、地域の事情も考慮しつつ、地域固有の被害者支援制度を展開すべき立場にある。但し、地方公共団体にも都道府県の広域自治体と市区町村の基礎自治体があるため、被害者支援制度の整備にあたって両者がそれぞれどのような役割を担うべきかを考える必要がある。[55]

被害者支援の条例や計画を策定する際考慮しなければならないのが、この広域自治体と基礎自治体の関係である。広域自治体と基礎自治体は決して上下関係にあるわけではなく、施策の策定や実施のうえでの協働体制にもないため、それぞれが犯罪被害者支援の施策を設けるうえで困惑することもある。著者にも経験があるが、例えば、ある県が既に総合的な被害者支援条例や計画を策定し、様々な被害者支援制度を有している場合、県下の市区町村（特に県庁所在地の市）はどのような内容の被害者支援条例や計画を策定すればよいか思案しなければならず、反対に、県が被害者支援の領域で全くの無策であった頃、市町村で条例を制定する際には今後の県の出方を読む必要があるからである。

しかし、地方自治法は、地域における事務及びその他の事務で法律又はこれに基づく政令により処理するとされるもののうち、都道府県は、「広域にわたるもの、市町村に関する連絡調整に関するもの及びその規模又は性質において一般の市町村が処理することが適当でないと認められるものを処理するものとする」として補完性の原則を定める（2条5項）。このことから、基本的には、教育（小中学校、幼稚園）、福祉（生活保護）、老人福祉、母子福祉（健診、保育園等）、児童福祉（児童館等）、医療・保健（予防接種、保健センター、国民健康保険事業等）といった基礎自治体が所管する事務に関わる相談や支援は基礎自治体が行うことになり、教育（高校、障害者学校等）、児童福祉（児童相談所等）、女性支援（ＤＶ相談等）、老人福祉、医療・保健（専門病院、保健所等）、警察といった都道府県が担う所掌事務に関連した相談や支援は広域自治体が担うことになる。

居住支援など、都道府県と市区町村がそれぞれ制度をもっているようなものについては、被害者にとって選択肢が多いほどよいから、基礎自治体、広域自治体がそれぞれ支援制度を整備すべきであろう。付添い支援は、広域自治体が広い地域に在住する被害者をカバーすることは難しいことから、基本的には基礎自治体が中心となって整備を行うべきであろうが、市町村では人材や対応地域に限界がある場合もあるので、基礎自治体に限る必要はなく、広域自治体が独自の制度を設けることにも意味がある。また、被害者への情報提供や相談のほか、専門家による法律相談やカウンセリングについては、何も提供機関を一つに限る必要はなく、提供の機会は多ければ多いほどよいことから、基礎自治体と広域自治体いずれも制度を整備することが望ましい。

問題となるのは、見舞金や生活資金貸付け、家事支援といった従来の自治体の所管事務にはない被害者支援固有の制度をどうするかである。東京都は見舞金、転居費用等の制度を設けており、東京都の中野区も弔慰金や転居助成の制度があるが、両方とも他の地方公共団体から同様の給付を受けた場合は支給対象外としているので[56]、結局、片方しか制度を利用することができない。併給が禁止されていない場合、給付額が高い方や被害者のニーズに合った方を選択すればよいと考えることもできるが、被害者は双方の条件を比べなければならないなど、決して利便性が高いとは言えない。被害者にとっては住所地に近いところで申請できる方がアクセシビリティがよいので、基礎自治体が経済的支援や生活支援の制度を設けたうえで、国か予算上の余力が大きい都道府県が基礎自治体に対して補助する制度が有効であろう。[57]

他方、被害者支援担当職員の研修は、市町村毎に行うのは負担が重く、十分な知見も無いので、国又は国の研修を受けた広域自治体が担うことが望ましい。市町村における被害者支援の整備に向けた情報提供や協力も広域自治体固有の役割であろう。

しかし、被害者支援の制度が広域自治体と基礎自治体双方に置かれていると、被害者は都道府県庁と市役所・役場の間を何度も往復することにもなりかねない。被害者がどちらの窓口を訪れたとしても、互いの制度について的確な情報が提供され、最小限の労力で支援を受けられるようワンストップの仕組みとなっていることが重要である。

## V　犯罪者に対する損害賠償請求と地方公共団体の役割

### 1　地方公共団体による損害賠償請求の支援

地方公共団体の中には、犯罪被害者に対する経済的支援の一環として、犯罪者への損害賠償請求を支援するための施策を導入しているところがある。特に、近年は、犯罪被害者支援条例に「市は、犯罪被害者等に対する加害者からの賠償が迅速かつ適正に行われるようにするため、犯罪被害者等の行う損害賠償請求に関して必要な支援を行う。」との規定を置いたうえで[58]、弁護士の紹介を行っている自治体や[59]、損害賠償債権の消滅時効が成立するのを防ぐための再提訴費用を助成する制度を導入する自治体が出てきている[60]。

損害賠償請求と関連した経済的支援の制度としては、愛知県名古屋市が、遺族（事実婚等を含む配偶者又は被害者の二親等以内の血族等）が損害賠償請求権に基づく債務名義を取得したにもかかわらず、約定通りに賠償を受けられない場合、150万円を限度に見舞金を支払う制度を設けている[61]。これは犯罪者から損害賠償が受けられない被害者遺族に対する経済的支援として見舞金を支給するものであり、給付自体は損害賠償でも損害賠償の立替払いでもない。

対象は死亡事件に限られており、約定通りに賠償が受けられない場合とは、債務名義を取得した日から3か月以上賠償が行われない場合、又は債務名義に基づき別に履行期限等を定めた場合は、当該履行期日から3か月以上賠償が行われない場合を指す。実際、死亡事件の犯罪者がこれだけの期間内に150万円以上の賠償をすることは限られていることから、死亡事件の場合に支給する見舞金に限りなく近い[62]。名称も見舞金とされている。

## 2　損害賠償の立替払い

これに対し、兵庫県の明石市では、被害者の損害賠償を犯罪者に代わって市が一部立替える制度を導入している。同市では、2011年に犯罪被害者の支援に特化した条例を制定したが、2013年に同条例を一部改正して立替支援金制度を導入した[63]。これは、加害者に対する損害賠償請求権に係る債務名義を取得した犯罪被害者に明石市が３００万円[64]を限度として立替支援金を支給した場合、市が、その額の限度において被害者の犯罪者に対する損害賠償請求権の譲渡を受けるものである。対象は、犯罪等により死亡した被害者の遺族、犯罪等により1か月以上の期間を要する負傷をし、又は疾病にかかった場合の被害者本人、性犯罪により被害を受けた被害者本人に限られる[65]。

条例上は、被害者が明石市に対し損害賠償の立替払いを請求し、立替支援金を支給した場合に、市が被害者の犯罪者に対する損害賠償請求権の譲渡を受けるような規定振りとなっている（14条）。しかし、立替支援金の支給や債権譲渡を定めた規則には、まず被害者が損害賠償請求権に係る確定判決その他債務名義の正本等を明石市に提出して、市の事前審査を受けなければならないとされており、審査の結果、立替支援金の申請が認められた場合に、被害者（申請者）は市に損害賠償請求権を譲渡するものとされている。そして、被害者が損害賠償請求権を市に譲渡した後で立替支援金の申請を明石市に行う[66]。

つまり、被害者はまず損害賠償請求権を明石市に譲渡して初めて立替支援金を請求することができるのである。この損害賠償請求権の譲渡や立替支援金の法的性質を巡っては次章で詳しく検討することにするが、損害賠償請求権の譲渡が立替支援金支給の条件となっていると言うことができる。

## ３　損害賠償請求における地方公共団体の役割

被害者が犯罪者に対し損害賠償を請求し、その支払いを受けるには多大な労力と費用を要するにもかかわらず、実効性は極めて乏しい。こうした犯罪者へ損害賠償を請求する被害者の負担や費用を軽減するために、一部の地方公共団体のように弁護士費用や損害賠償の再提訴費用を助成する制度を設けることには意味がある。

これに対し、明石市のように、損害賠償債権の譲渡を条件として一定の給付を行う制度は被害者が損害賠償（の一部）を受け取ることができるという利点がある。しかし、上限が300万円に抑えられていることや、犯罪者が死亡した場合や精神障害があり損害賠償を請求できない場合には認められないこと[67]、明石市が犯罪者に損害賠償をどのように請求（求償）していくのか、求償のための費用や負担を明石市がどのように負担するのか、様々な問題がある。実際問題として、明石市では、これまでに立替支援金の支給は1件しか行われていない[68]。その1件についてさえ、市が犯罪者から損害賠償を徴収することができたのかは明らかにされていない。同制度の制定時でも市議会議員から、犯罪者から回収することが難しいということがわかっていながら、市が立替支給するのは不当支出にならないかという疑問が呈されている[69]。

近年、被害者の当事者の会[70]や弁護士会[71]等から犯罪者の損害賠償請求権を国が買取るか、国が損害賠償を犯罪者に代わって立替払いする制度を設けるべきであるとの主張がなされており、制度の一例としてこの明石市の立替支援金制度に言及されることも多い。そこで、次章では、犯罪者の損害賠償請求権の買取り又は立替払いの制度について検討を加えることにしたい。

03章

# 国による損害賠償の買取り・立替払い

## Ⅰ　買取り・立替払制度の主張と背景

近時、被害者の犯罪者に対する損害賠償請求権を国が買い取り、或いは国が立替払いとして被害者に一括で損害賠償（相当）額を支払い、しかる後に国が犯罪者に損害賠償を請求する制度を導入すべきとの主張が見られる。「全国犯罪被害者の会」、通称、「新あすの会」は、前身である「あすの会」を再結成する形で２０２２年に設立された犯罪被害者遺族の会であるが、結成時の決議において、「犯罪被害者等の加害者に対する損害賠償債権を国が買い取り、国が回収を行う制度の創設を求める。」（第１決議）[1]として、被害者の損害賠償債権の国による買取制度の導入を求めている。一方、日本弁護士連合会は、「その損害賠償金を加害者から回収できなければ、債務名義の実効性を確保するため、債務名義の範囲内で、総額や損害項目の上限を定めるなど一定の基準を設け、国が被害者等に対して損害賠償金を立替払いして加害者へ求償する制度を創設して、被害者等の負担軽減を図るべきである。」[2]として、犯罪者に代わって国が一定の範囲内で損害賠償を立替払いする制度を設けるべきだと主張している。[3]

こうした制度が求められる理由は、犯罪者には損害賠償を支払うだけの資力がなく、被害者に損害賠償を完済することが殆どできないことにある。また、被害者は損害賠償の請求や徴収のために、会いたくもない犯罪者と接触しなければならず、それだけでも大きな負担が被害者にかかる。被害者が犯罪者に賠償を求める過程で、犯罪者や地域社会の人々から二次被害を受けることもある。さらに、民事裁判や損害賠償命令で給付判決や賠償命令を得ても、犯罪者が債務を履行しないと10年で消滅時効にかかるため、10年毎に被害者は再提訴するなどして時効の完成を阻止しなければならない。そこで、国が損害賠償請求権を買取るなり、立替払いをしてくれれば、被害者は徴収の負担や二次被害もなく、一括で損害賠償相当額を受け取ることができる、という訳である。

こうした買取制度又は立替払制度が導入されれば、ごく一部の被害者には限られるが、損害賠償の問題は解決されることになり、被害者の経済的困窮も解消される。しかし、これまでは損害賠償債権の買取り又は立替払いという制度の外枠しか示されておらず、その法的性質や問題点については全く検討されていない。そこで、本章では、犯罪（不法行為）に基づく損害賠償債権の買取り又は立替払いの制度について考察し、制度の実現可能性について検証することにしたい。

## Ⅱ　公的保険制度と求償

本来、故意又は過失によって他者（被害者）の権利や法律上保護される利益を侵害して損害を惹起した場合、被害者に損害賠償する責任があるのは加害者自身である。しかし、加害者に代わって第三者が被害者に損害賠償的な給付を行った場合、被害者がもつ損害賠償請求権を当該第三者が取得し、加害者に対して損害賠償の支払いを求める制度がある。これが求償である。

我が国には、国（政府）が加害者に代わって給付を行い、その給付額に相当する額を加害者に求償する公的保険制度が幾つか存在している。

まず、自動者損害賠償保障法である。この法律に基づき車輌の運転者には自賠責保険の加入が義務付けられ、運転者から徴収した保険料により、交通事故が発生した場合に、その被害者に対して保険金が

図1　政府の自動車損害賠償保障事業

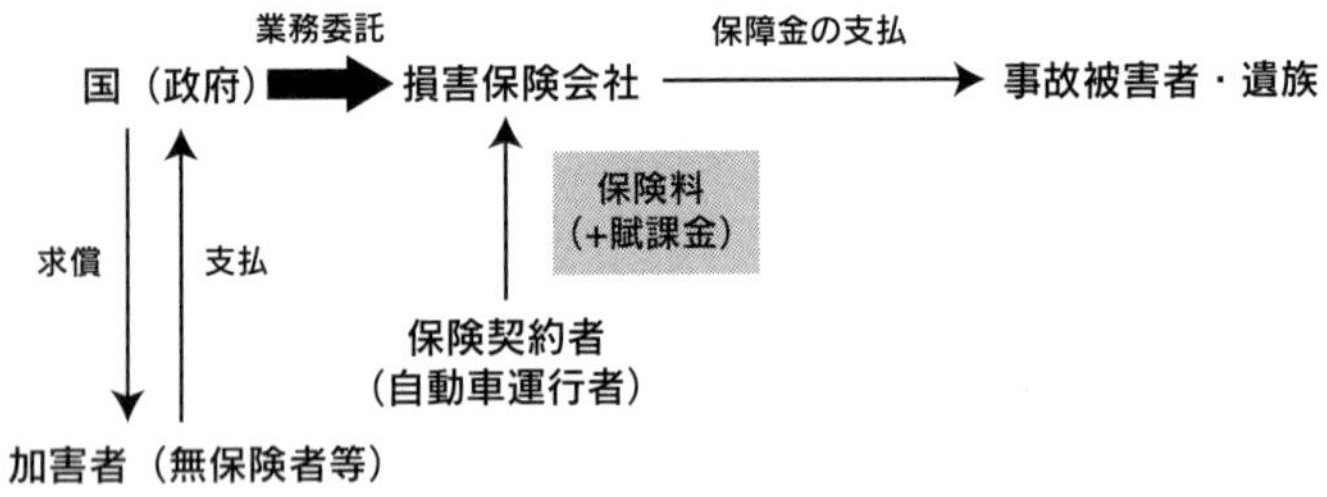


支払われる。しかし、自賠責保険に加入していない無保険車輌やひき逃げで加害者が不明の場合には保険の請求ができないことから、国が被害者に損害を填補する自動車損害賠償保障事業が行われている。そして、国が被害者に保障金を支払った場合、国は加害者に対し支払金額の限度において被害者が有する加害者への損害賠償請求権を取得するものとされており、加害者に対し求償がなされる（自賠法76条1項）（図1）。[4]

次に、労働者の業務災害や通勤災害等に対し、労働者を雇用する事業者が負担する保険料によって被害者やその遺族に対しその損害を補塡する労働者災害補償保険制度においても、労災保険の給付の原因である事故が第三者による行為災害の場合、政府は、労災保険給付を受けた者が第三者に対して有する損害賠償の請求権を取得し、当該第三者に求償する仕組みがある（労災法12条の4第1項）（図2）。[5]

また、健康保険においても、原因者たる第三者行為による傷病において保険給付が行われた場合、保険者（保険組合）等は被保険者が有する損害賠償請求権を取得し、第三者に請求する制度がある（健康保険法57条1項、国民健康保険法64条1項）。

これらは、いずれも保険制度に基づくものであり、潜在的原因者

図２　労働者災害補償保険制度

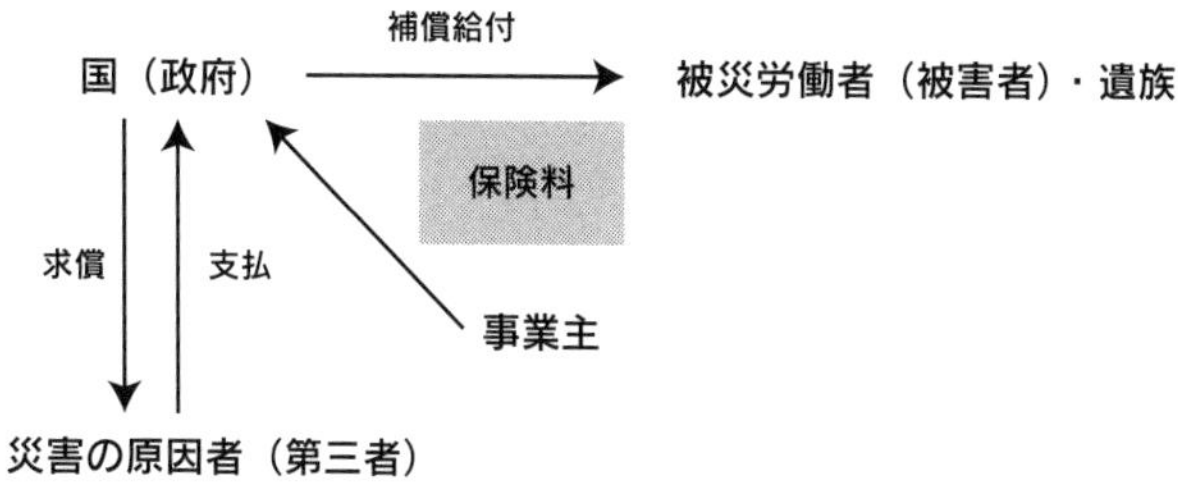


（運転者、事業者）又は利用者の保険料を原資とし、[6] 保険給付をした場合に、損害を発生させた第三者に損害賠償を請求するものである。

一方、犯罪被害給付制度は、社会連帯共助の精神から犯罪被害者の経済的影響を緩和するために支給される給付金であり、犯罪（不法行為）に関しては機能していない損害賠償制度を一部補完する制度として導入されたものである。給付金は損害賠償ではないものの、国が被害者に給付金を支給した場合、国は加害者である犯罪者に給付額の限度において被害者（受給者）が有する損害賠償請求権を取得し、犯罪者に求償することができる（犯給等法８条２項）。これは、被害者が給付金を受給した場合、その額を限度として被害者が賠償を受ける必要は無く、[7] また個人責任の原則を完全に否定すべきではないとされているからである。[8]

また、自動車損害賠償保障事業や労働者災害補償制度は、原因者となり得る者の保険料を原資とした損害や災害に対する損害保険や補償保険制度である。犯給制度は、こうした損害保険でも補償保険制度でもないが、形骸化した不法行為による損害賠償制度を一部補完する目的で導入されたものであるため、被害者に給付金を支給した場合に、国が損害賠償請求権を取得するものとされている。

これに対し、昨今主張されている被害者の犯罪者に対する損害賠償債権の買取りや立替払いという制度は、従来のような損害保険や補償保険制度とも犯罪被害給付制度とも異なり、どのような性質の制度が想定されているのか定かでない。これでは国の法体系や行政機構との適合性、親和性も判断できないことから、実現は覚束ないというべきである。そこで、既存の法律構成を頼りに、被害者の犯罪者に対する損害賠償の買取りや立替払いと言われている制度の法的性質と課題について考えてみることにする。

## Ⅲ　買取り・立替払制度の法的性質

### 1　法的根拠

国による損害賠償の買取りや立替払いを如何なる法律構成にするにしても、まず考えなければならないことは、そうした買取りや立替払いを国に求める（義務付ける）法的根拠は何かということである。

重大な犯罪被害を被り、経済的な窮状にある被害者の損害を回復する必要があるということは当然の前提である。その上で、買取りや立替払いの制度を主張する論者は、犯罪被害者が被った損害を犯罪被害者個人に負わせるべきでなく、社会全体で公平に分担する必要があるとする。[9] しかし、犯罪被害者の損害（被害）を社会全体で公平に分担するとしても、それが損害賠償の買取・立替制度に直結するわけではない。例えば、社会連帯共助の精神から税金による公的財源を用いて被害者や遺族に給付金を支給する犯給制度も、給付額の多寡はさておき、社会全体で公平に分担する方法の一つである。[10] このように、他の（充実した）経済的支援制度の創設という選択肢もないわけではないから、被害者の損害賠償債権を国が買い取る、又は立て替えるという形を取らなければならないということには必ずしもならず、根拠としては不十分である[二]。

また、国は刑罰として長期の刑を犯罪者に科し、或いは死刑を科すことで、犯罪者が被害者に損害賠償を払う機会を奪っているのであるから、国が被害者の賠償分を立て替えるべきだという主張もある。しかし、刑罰によって犯罪者が損害賠償責任を履行することが困難になっているという現実があるからといって、その事実から、国が損害賠償の立替払いをしなければならないという法的責任が生じるわけではない。国が犯罪者に重い刑を言い渡したとしても、そのことによって直ちに犯罪者から被害者に損害賠償をする機会を１００％奪うわけではないからである。

序章Ⅶで述べたように、国が犯罪者に拘禁刑等の刑罰を科すことで損害賠償の弁済が困難になっていることは事実であるが、それでも、その執行過程において、刑罰の機能たる犯罪者の改善更生という面から国が犯罪者に被害者への賠償を行うよう指導すべきであると考える。従って、刑罰の執行故に国には賠償の買取り又は立替責任があるということにはならない。

そのように考えると、国家賠償責任そのものではないとしても、国に買取り又は立替払いを求める法的根拠としては、国に犯罪被害の発生についての責任を認めるほかないように思われる。即ち、国は犯罪防止義務があるにもかかわらず、それを怠ったことによって犯罪被害が発生したのであるから、国にはその損害に対する賠償を買い取るか、又は立替払いする責任があるとするのである。

しかし、国に犯罪防止義務違反があるすれば、認めるべきは国による損害賠償責任（国家賠償）であって、買取りや立替払い（責任）ではないはずである。国に賠償責任があるなら、ダイレクトに国が被害者に損害賠償すべきだからである。犯罪者に賠償責任があることは当然であるから、犯罪者と国の双方に賠償責任があることになり、後述する犯罪者と国の不真正連帯債務ということにせざるを得なくなる。

しかし、かつて犯罪被害給付制度の立法に際して議論されたように[12]、国に一般的な犯罪防止義務があるとしても、実際に犯罪が発生した場合、国に損害賠償責任が生じるような過失（予見可能性又はそれを前提とした結果回避義務違反）があるとすることは困難である。国がありとあらゆる犯罪を予見し、その発生を未然に防止する義務があるとすることはフィクション以外の何物でもないからである。国が犯罪を防止できなかったことに過失がある場合に限定するとなると、殆どの場合、過失がないことになるから、結局、国に無過失責任を認めるほかないが、それが果たして適当であろうか。

現代社会では被害者が加害者の不法行為の過失を証明することが困難な性質のものである場合は、加害者に無過失責任を認める制度が設けられている。公害補償法や原子力損害の賠償に関する法律（原賠法）では、公害や原子炉運転から生じた被害に対しては事業者に無過失責任が課せられている。

しかし、国の被用者でもない国民による故意の犯罪に対し、国に無過失責任があるとするのは困難なように思われる。しかも、公害補償法や原賠法の場合、原因者たる事業者が賦課金（及び特別税）や保険料で費用を負担しているが、個人が将来、故意に犯罪を犯す場合の損害賠償のため事前に賦課金や保険料を徴収するような仕組みは、公序良俗に反し、絶対に認められない。このことは犯罪被害給付制度の立法段階の議論においても確認されていることであり[13]、現在でもその理屈が妥当する。

## 2 損害賠償の買取り――売買に基づく債権譲渡

新あすの会が主張している損害賠償債権の買取りは、文字通り受け取るならば、犯罪者に対する損害賠償債権を国が被害者から買い取る債権譲渡ということになるものと思われる（図3）。売買である以上、被害者（債権者・譲渡人）と国（譲受人）の合意に基づいて売買契約を締結することになるはずであるが、逐一、被害者と国が売買契約を結ぶということは考えにくい。だからといって、法律が定める要件を満たす場合は、被害者からの申出をもって、こうした売買契約が国との間で締結されることにするのは、近代司法原則の一つである契約自由の原則に抵触するということにならないのか不安が頭を過る。

仮に売買による債権譲渡であるとした場合、殆ど回収できないことが予想される、極めて価値の低い債権を国が公的資金を使って購入することが適当なのかという問題もある。売買契約では、売主にとっては全く価値のないような物を高額の費用で買いたいという買い主との間で売買契約を結んでも、契約は有効である。実際の社会では、回収できないことが確実な債権を買う者などいないことから、従来の理屈が妥当するのかわからないが、回収の見込みがほぼないことを承知で国が債権を購入することが暴利行為として公序良俗違反にならないか、民法学者の意見を請いたいところである。

しかも、その費用は税金から負担するのである。２０１３年に兵庫県明石市が犯罪被害者の損害賠償債権の譲渡を受けることを条件に被害者に立替支援金を支給する制度を導入したが、その条例改正案の審議では、犯罪者から回収することが難しいということがわかっていながら市が立替支給するのは不当支出にならないかという疑問が呈されている。[14]

図３　売買による債権譲渡

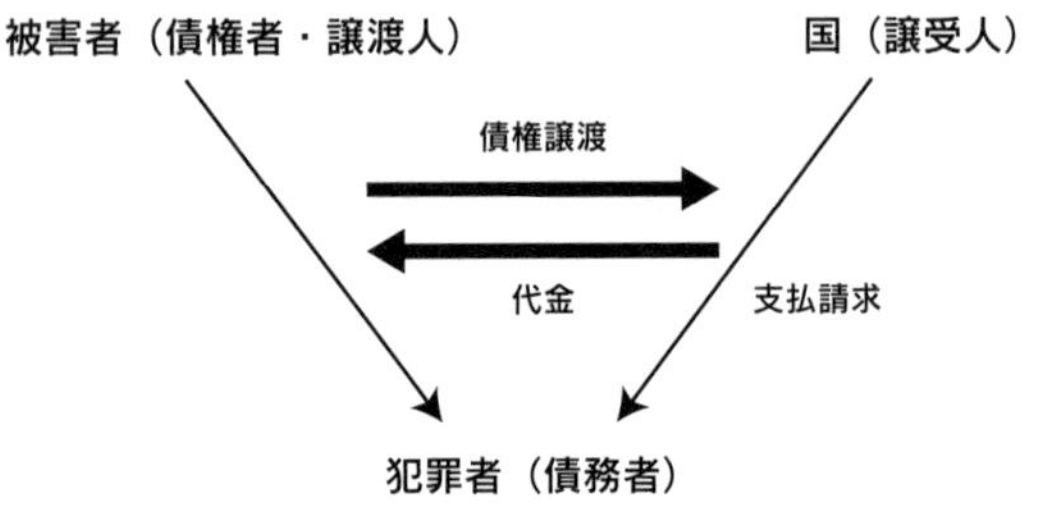


また、暴力団の抗争で殺害された組員の妻の損害賠償債権（債務名義あり）のように、国が損害賠償債権の買取りを行うべきでないような場合もあろう。[15] 或いは、犯罪者が死亡し（死刑が執行された場合も含まれる）、相続人もいない場合（又は相続人が相続放棄をした場合）、国は犯罪者に損害賠償を全く請求できないわけであるが、それでも買取りを義務付けられるのであろうか。新あすの会は、犯罪者が死亡した場合などでも損害賠償を国が買い取る制度を設けるべきだとするので（第2決議）、こうした問題が生じよう。[16]

そうなると、やはり国が損害賠償の買取り（売買）を行うかどうか、個別に判断せざるを得ないように思われる。先の明石市の立替支援金制度においても、明石市は債権譲渡を受ける前の事前審査手続なるものを設けている。この手続で何を審査するのか、債権譲渡が適当でないとして、立替支援金を支給しない場合があるのか、またそれはどのような場合なのか、という疑問が湧くが、国の買取制度においても、要件の充足を判断する仕組みが必要となろう。国が債権譲渡の要件を充足し、買取りが適当だと判断した場合にのみ、買取りを行うものである。これであれば契約自由の原則は守られるのかもしれない。

## 3　第三者弁済

日弁連は一定の範囲で犯罪被害者の損害賠償を立替払いする制度を設けるべきだとするが、[17] これがどのような法的性質のものであるかは明らかにしていない。立替払いという表現を用いてはいても、実質的には前述した売買による債権譲渡を意味しているのかもしれないが、もう一つ考えられるのが、国が犯罪者に代わり第三者として被害者に債務の弁済をするという法律構成である（図4）。

しかし、第三者弁済の場合、弁済者（国）は弁済について正当な利益を有する者でなければならない（民法474条2項）。しかし、犯罪に基づく損害賠償債権の場合、国が正当な利益を有すると言えるかどうかである。国には犯罪被害者を支援する責務はあるが（被害者基本法4条、12条）、これは責務であって、国が弁済について利益を有しているのとは異なる。

国が被害者に損害賠償の第三者弁済を行う正当な利益がないとすると、債務者たる犯罪者の意思に反して弁済をすることはできないことになる（民法474条2項）。この場合、国による損害賠償の弁済を犯罪者はどう考えるかである。犯罪者は、国が代わって損害賠償を弁済してくれるのであるから、第三者弁済に喜んで同意するとも考えられる。しかし、犯罪者は債務から逃れられるわけではなく、弁済した第三者たる国が犯罪者に求償権を行使するので、支払義務はあるわけである。

一般に、第三者弁済で債務者の意思に反して弁済することはできないとされている理由の一つは、債務者に対し第三者が苛酷な求償権行使をしてくるのを防ぐためとされている。被害者と国のどちらが損害賠償を請求してくることを犯罪者が望まないか、一概には言えないが、国は犯罪者が完済するまで請

図４　第三者弁済

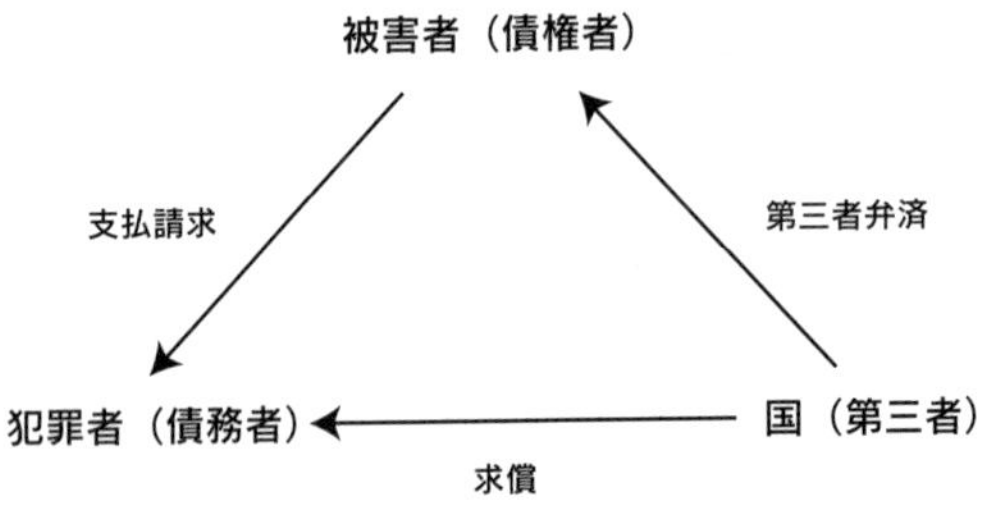


求しなければならないはずであるから、第三者弁済を明示的に拒否する可能性はあろう。その場合でも、債権者たる被害者が犯罪者の意思に反することを知らなかったということであれば、弁済は有効にはなる。

犯罪者の損害賠償債務を国が第三者弁済する制度を法律で規定するとした場合、こうした債務者（犯罪者）が拒否して、それを債権者（被害者）が知っていても、第三者弁済が有効とするような仕組みを設けることが必要なのか、またそれが許されるのか検討を要する。

## ４　連帯債務

国は、犯罪者の犯行を防止する義務を怠った過失又は無過失責任により、犯罪者とともに被害者が被った損害を賠償する（不真正）連帯責務があるという構成を採るとすれば、国が犯罪者（債務者）の連帯債務者として被害者に全額を弁済し、しかる後に犯罪者の損害賠償分を犯罪者に求償することになる（図５）。国にも賠償責任があるのであるから、その分は国による損害賠償そのものということになるが、国が被害者に犯罪者の損害賠償分まで支払い、犯罪者にその分を求償するものである。

図5　連帯債務

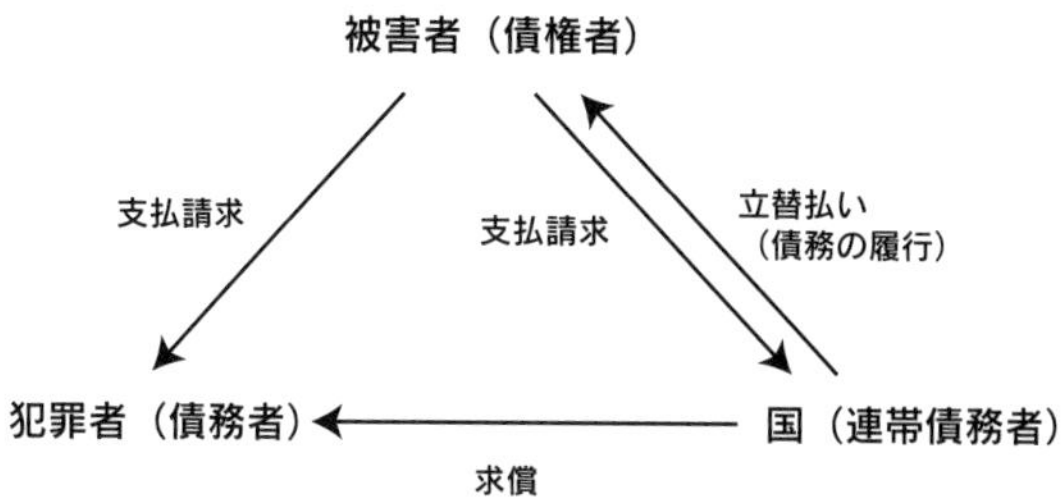


　しかし、国が連帯債務者になる場合、国が幾ら負担すべきか、その算定の元になる国の過失割合（というべきか？）を観念することは困難である。人が犯罪の実行を明言し、その危険性を認識していながら、国が対応を怠った結果、犯罪被害が発生したというのならば別であるが、それ以外の場合は、国の過失は限りなく無いに等しい。そうであるとすると、国が損害賠償の大半を立替払いし、犯罪者に求償しなければならないことになる。連帯債務の場合、一部の債務者が過失割合や違法性の程度を超えて損害賠償を払い、残りの債務者に求償もできるが、過失割合の程度が限りなくゼロに近い国が賠償の殆どを立替払いするということは適当なのか疑問である。

## 5　負担付贈与

　被害者の損害賠償債権を国に贈与するという構成にすることは可能であろうか。しかし、受贈者たる国は、損害賠償額に相当する金銭を贈与者の被害者に支払う必要があることから、一種の負担付贈与ということになろう。

　しかし、もし負担付贈与ということになると、負担は損害賠償債権と同額の金銭の支給であることから、対価性を帯びることになる。犯

図６　負担付譲渡（負担付贈与）

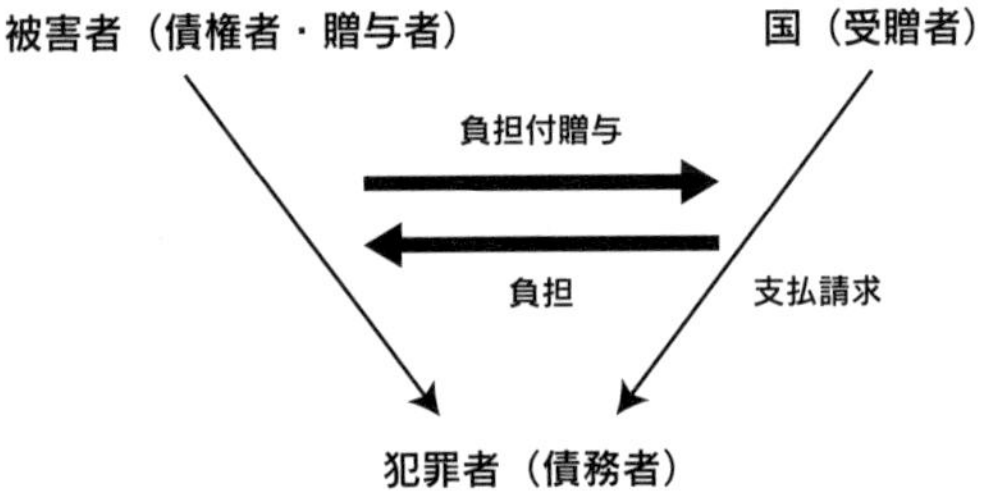


罪者から損害賠償を得ても非課税であるが、こうした国に対し負担付で贈与した場合に所得税が発生しないのであろうか。犯罪被害者による国への負担付贈与を、法律や条例によって所得税が発生しないようにすることが果たしてできるのかも含め、租税法の専門家の見解を待つことにしたい。

## 6　条件付寄付

寄付も贈与の一種であるが、公共目的のためになされるのが特に寄付と呼ばれている。兵庫県明石市の立替支援金の制度は、被害者がまず犯罪者に対する損害賠償請求権を譲渡し、しかる後に市に申請して立替支援金が支給されることになっていることから[18]、前述したように、これを負担付贈与と見ることもできるように思われるが、明石市は、この制度が地方自治法に基づく寄付行為だと説明している[19]。

地方自治法上、普通地方公共団体は、その公益上必要がある場合においては寄付又は補助をすることができるとしており（地方自治法２３２条の２）、明石市が被害者に支給する立替支援金はこの寄付に当たるというのである。条例の制定過程において、当初、明石市は、この立替支援金は損害賠償の立替金であるとしていたが、最終的に、寄

図７　寄付（負担付寄付）

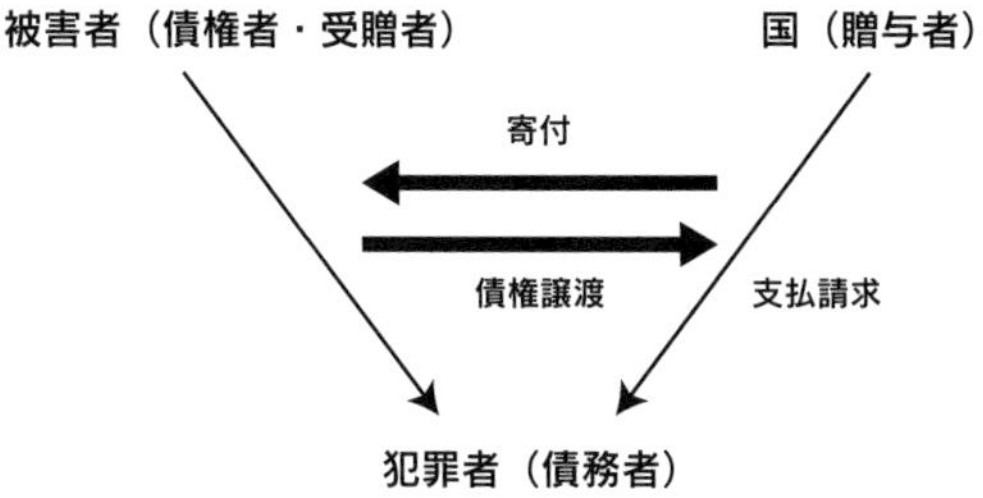


付としての立替「支援」金としている。

地方公共団体が寄付するには公益上の必要性があることが要件であるが、犯罪被害によって経済的な損害を受けた被害者を支援することは公益上必要がある場合に当たるという。[20] この点について疑義はないが、一般に、寄付は受贈者に反対給付を課してはいけないとされていることから、寄付たる立替支援金を受け取った被害者は明石市に対し立替支援金（寄付額）を限度として損害賠償債権を譲渡するという給付（負担）を負わせることはできないはずである。[21] しかし、明石市のように条例で定めてしまえば、また国が法律で定めてしまえば、地方公共団体や国から個人へのこうした負担付の寄付は可能なのか疑問が残る。

## 7　被害者保険制度

民法上の債権譲渡や贈与等の構成を採らずに取り得る残された方法が保険による方法であろう。自賠責保険や労災保険と異なり、故意による犯罪の損害を補填するための保険制度というのは公序良俗違反になるので不可能である。しかし、犯罪被害に遭ったときの保険としての被害者保険制度であれば、犯給制度創設に向け、１９７０年代に議論されたように[22]、理論上は可能である。即ち、国民誰しもが犯罪被害に遭う虞があるため、国民全員から保険料を徴収しておき、犯罪被害が発生した場合に保険金を払うという制度である。

しかし、犯給制度の立法時には、こうした犯罪被害者保険は、重大犯罪の発生率が低い日本の場合に国民から理解が得られるかどうかわからないうえ、徴収事務その他の経費を考えると現実的ではないという理由から、国民から徴収している税収に基づく一般財源から支給する方が望ましいとされ、犯給制度が実現するに至っている[23]。被害者保険制度に理論的な問題は無いが、国の方針として制限する方向にある特別会計を敢えて設けることになるし、一般財源を使う現在の犯給制度を拡充する方法と比べた場合、保険料の徴収や管理に膨大な手間と費用が掛かる。

また、保険の場合、保険給付の対象となる犯罪被害の範囲をどこまでにするかも問題である。国民からすれば、被害に遭う確率の高い財産犯や比較的軽微な身体犯の被害も保険の対象にならないのであれば意味がないということにもなりかねない。死亡や重障害といった極めて限られた被害のためだけに、国民全員が保険料を負担するというのでは、国民にとっての保険にならないからである。だからといって、窃盗や詐欺、傷害等全て保険の対象にすると、莫大な保険金の支出が予想され、保険料も高額になりかねない[24]。

さらに、犯罪者からしてみれば、人を殺しても、傷つけても、また物を盗んでも、全て損害は保険でカバーされ、誰も損をしないからとして（国民全体が損をしているが）、モラルハザードが起きる危険性も高い。

## 8　評価

犯罪者に対する損害賠償請求権の国による買取制度や立替払制度の法的性質を、民法など既存の法律構成を演繹して可能性を模索したが、従来、この種の議論が全く行われてきていないため、果たして既述のような理屈が妥当するのか、著者の能力不足もあって、正直、甚だ心許ない。

もしかすると、以上のような面倒な理屈はどうでもよいのかもしれない。明石市のように、国は被害者が取得した債務名義による損害賠償（相当）額を支払うものとし、その場合、国は被害者に支払った額を限度として犯罪者への損害賠償債権を取得する、と法律で規定してしまえばそれでよいという意見もあろう。しかし、本来、犯罪者が弁済すべき損害賠償を国が代わりに支払い、犯罪者に請求するとなれば、その法的根拠だけでなく、制度の性質や要件を無視するわけにはいかない。しかし、考えつく限りの法律構成の何れにも問題があるように思われ、すっきりしない点が残る。

そこで、法的根拠や法律構成は一旦さておき、損害賠償の買取りや立替払いの制度設計や運用上の課題について考察することにする。

## Ⅳ　買取り・立替払制度の制度設計

### 1　被害者の範囲

犯罪被害給付制度の場合は、犯罪被害者の経済的影響を緩和し、その回復を支援するため社会連帯共助の精神から給付金を支給する制度であるから、これを一定の重大な犯罪被害に限定する理屈は立つ。しかし、買取制度であろうと立替払制度であろうと、国に犯罪防止義務違反を認め無過失責任として損害賠償の買取り又は立替払いを義務付けるということになれば、被害者の範囲を一定の重大な身体犯被害に限る合理性は弱くなる。損害の補塡が損害賠償の目的であるから、国が被害者を選別することはできないはずである。従って、軽微な身体犯被害を受けた場合は勿論、重大な財産犯の被害にあった者も、精神的被害に差はあっても、損害の重大性という点で同じ場合には、これも認めざるを得ないように思われる。身体犯の被害に遭って重障害が残った者の２０００万円の損害賠償債権は国が買い取るが、詐欺の被害にあって２０００万円の被害に遭った人の損害賠償は買い取る必要がない、と言い切れるのであろうか。精神的被害は慰謝料として損害賠償額に反映されることはあっても、精神的被害が小さいから損害賠償の買取りは認めないということはできない。犯罪被害者の経済的被害を軽減し、早期回復するための国による支援制度であるからこそ、一定の重大な犯罪被害者に対象を限定し得る犯給制度とは、性質が異なるからである。

ただ、売買による債権譲渡の性質をもった買取制度とする場合は、契約自由の原則を楯にとって、国は一定の重大な犯罪被害者の損害賠償に限って債権を買い取るのだ、とすることはできなくもなさそうである。しかし、反対に、そうした重大な犯罪被害の場合には売買を義務付けられるとすることが契約自由の原則に反しないのかというジレンマが生じる。

## 2 損害賠償額

買取りにせよ、立替払いにせよ、国が被害者に支払う額を損害賠償の総額にするのか、その一部とするのかという問題がある。[25] しかし、買取り又は立替払制度を導入する根拠は、犯罪者から損害賠償を徴収することが困難であることに加え、被害者が犯罪者に請求する負担が大きいということである。そこで、買取り又は立替払いを損害賠償の一部に限ってしまうと、残りの賠償分は被害者自身が犯罪者に請求しなければならなくなってしまうことから、制度の趣旨にそぐわないことになろう。

さらに、国が損害賠償の一部を買い取り、又は立替払いをするとなると、国も被害者に支払った額を限度として損害賠償請求権を得ることになり、犯罪者に求償することになるし、被害者も残りの損害賠償額を犯罪者に請求するから、被害者と国が損害賠償請求の上で競合関係に立つことになる。

勿論、国が被害者を差し置いて犯罪者の財産を差し押さえてしまうようなことはしないであろうが、[26] そうなると被害者が犯罪者から損害賠償（国が買い取った分又は立替払いした分を除く）の弁済を全て受けるまで、事実上、国は犯罪者に求償できないことになる。現実には被害者が犯罪者から損害賠償の全額弁済を受けることは殆どないから、国は永久に犯罪者に損害賠償を請求することができず、実質的に徴収不能となる。

そうした意味で、損害賠償の一部の買取りや立替払いは、被害者にとっても、国にとっても最悪の制度となる。残念ながら、３００万円を債権譲渡の限度額としている明石市の制度は、損害賠償総額が３００万円を超えない場合にのみ意味を有し、これを超える場合には不都合な制度ということになる。また、明石市では、２０２３年の条例改正に際して、被害者が死亡した場合の立替支援金の限度額を３００万円から１０００万円に引き上げる改正案を市議会に上程したが、総務常任委員会や定例会で反対意見が相次ぎ、改正案は否決され、最終的に限度額を元のままとする修正案が上程、可決されている。限度額引き上げの理由は、被害者が死亡した場合の遺族が3年程度安心して暮らすことができる金額とするということであった。しかし、限度額を引き上げた場合に犯罪者から債権を回収できなくなる可能性が高い、犯罪者が少しずつでも被害者に賠償を払うことが被害者の心の傷を癒やすと同時に、犯罪者の更生に繋がるが、市が被害者に立替支援金を払うことでその機会を奪うことになる、損害賠償の立替えは犯罪者のための支援とも受け取れる、といった反対意見が示され否決に至っている。[27]

## 3　債務名義

損害賠償の買取りにせよ立替払いにせよ、実際に国が被害者に支給する額は損害賠償として適正なものでなければならない。

まず、被害者自身が賠償額を決めることは適当でなかろう。そこで、買取り等を行う国の機関自体が賠償額を決めるということが考えられる。しかし、損害賠償額の算定であるので、被害者だけでなく、将来国から求償される犯罪者も関与することができなければならないし、不服申立制度も必要である。

行政機関が果たしてこうした手続を行うことができるのか疑問がないわけではないし、裁判所が、裁判と異なるこうした行政上の制度に関与する形で審査を行うという仕組みも馴染みがない[28]。

裁判所が関わるのであれば、被害者が民事訴訟で確定判決を得るか、刑事裁判の後に損害賠償命令の決定を受けるといったように、現行の裁判制度と債務名義の制度を活用することが公正であろうし、効率的である。しかし、そうなると、犯罪者が不明であったり、未検挙であったりする場合、或いは犯罪者が死亡している場合には、民事訴訟を提起することができないので、債務名義を得ることができなくなる。損害賠償命令も、犯罪者が死亡し、又は責任無能力である場合には訴追提起されないので利用することができない。

従って、国による損害賠償債権の買取りや立替払いの制度ができても、犯罪者が不明であったり死亡したりしているなど場合は制度の適用外となろう。そこで、日弁連の提案では、こうした場合には、別途、国による補償制度を設けるべきだとしている。現在の犯給制度をその補償制度とするのか、別途、新しい補償制度を作るのかは明らかでないが、もし損害賠償並の新しい補償制度を作るとなると、どのような根拠と基準で算定するのか、そして現在の犯給制度は廃止するのかが問題となろう。

## 4 徴収機関

国が被害者から損害賠償を買い取った場合や立替払いをした場合、その額を限度として国が被害者のもつ損害賠償請求権を取得し、国が犯罪者に損害賠償を請求していくことになる。そこで、まず浮かぶ問題は、国のどの機関が犯罪者から損害賠償の徴収を行うかである。

国による損害賠償の立替払制度の導入を主張する齋藤実教授は、立替払いを担当する機関は中立性と高度な専門性を有する必要があることから、スウェーデンのような独立した犯罪被害者庁を設置し、これに担当させるべきだとする。[29] 日本弁護士連合会も、2019年に成立した民事執行法及び国際的な子の奪取の民事上の側面に関する条約の実施に関する法律の一部を改正する法律の附帯決議が「公的機関による養育費や犯罪被害者の損害賠償に係る請求権の履行の確保に関する諸外国における法制度や運用状況に関する調査研究を実施し、我が国におけるそれらの制度の導入の是非について検討を行うよう努めること。」としていることを根拠に、犯罪被害者の損害賠償を犯罪者から徴収しているスウェーデンの強制執行庁の制度が参考になるとしている。[30]

この手の「新しい機関」を作ればよいという類の主張については、実現可能性や実効性を検討することが肝要である。強制執行庁や回収庁の提案についても、行政機構上の位置付け、所管事項や権限の範囲、予算、人員等々、現実的な制度設計を伴った考察が行われないと、実現には程遠いことになる。また、新しい機関を作る場合、従来の仕組みではできなかったことが、どのような法的根拠と権限で可能となるのか、新しい機関を設けることで何がどう変わるのかを具体的に検討しておく必要がある。

特に、比較法や比較制度論の場合、法制度、行政機構、文化等、当該国の様々な制度及び文化的な背景を考慮しないと、意味のある比較とならないことは言うまでもない。スウェーデンの場合、強制執行庁は、税金や社会保険料、罰金等を一元的に徴収する機関であり、犯罪被害者の損害賠償や被害者補償の求償金の徴収だけを行っているわけではない。また、スウェーデンでは、個人番号が様々な分野の情報と紐付けられ、税収の元となる個人や法人の課税所得等も一般に公開されており、元犯罪者を含め個人の所得を容易に把握することができる。また、同国は、全般的に刑が軽く、釈放後も福祉や社会保障が非常に恵まれている。そうした制度的背景をもったスウェーデンでさえ犯罪者からの損害賠償の徴収は容易でないことから、[31] 事情の異なる日本において、強制執行庁のような独立の国家機関を作ったとしても、徴収が困難を極めることは明白である。

さらに、租税や保険料の徴収も行う強制執行庁のような機関と異なり、日本において、犯罪者から損害賠償を徴収することだけを業務とする新たな機関を一から作るとなると、莫大な国家予算と大量の人員が必要となる。それだけの国の資源を使っても、回収率は極めて低いであろうから、非常に効率の悪い制度となる。むしろ、そうした機関の創設や運営に係る莫大な予算を犯給制度なり他の被害者支援に振り向けた方が良いのではという意見が出ることも予想される。

他方で、既存の行政機構の中から犯罪者から損害賠償を徴収する機関を決めるということも考えてみる必要がある。現在、我が国では、国のもつ債権の回収については、債権管理法に基づいて、各省各庁が債権の管理（納入の告知、保全、徴収、強制執行の請求等）を行うものとされている。結局は所管する官庁毎に行うということであるので、犯罪者の損害賠償を徴収する機関を既存の官庁から決めることになろう。

犯罪被害者の支援は警察庁の所管事項であり、2023年の犯罪被害者施策推進会議の決定により、警察庁が被害者支援の司令塔的役割を果たすこととされたので、[32] 警察庁（及び全国の都道府県警察）が犯罪者から徴収することになるのであろうか。或いは、国のもつ債権の強制執行は法務省に請求して行うことになっているので、それを前提として、法務省が当初から徴収を行うということも考えられなくはない。また、法務省は刑事施設や保護観察において犯罪者の処遇に関わっていることから、犯罪者から徴収しやすいということはあろう。しかし、いずれにしても、これらの機関が犯罪者から損害賠償を徴収するとしたとしても、新たな部署を設置しなければならないうえ、莫大な人員と予算を要することに変わりはない。

スウェーデンのように税金（国税）の徴収を行う国税庁が担当するということも、一応は考えられる。しかし、国税とは全く異なる債権の回収を国税庁の所管とすることは、果たして国税庁の所掌事務を定めた財務省設置法（20条）を改正するだけで可能となるのか、行政機構や権限に関するより綿密な検討が必要に思われる。

## 5 徴収の方法

犯罪被害給付制度の対象にならないような、比較的軽微な身体犯被害や財産犯被害を制度の対象としないとした場合、損害賠償額は高額なものとなることが予想される。そこで、損害賠償債権の回収には相当の期間を要することになる。例えば、殺人の犯罪者に対する損害賠償は数千万円から2億円台であるので、たとえ犯罪者が毎月10万円ずつ弁済したとしても、完済には20年から２００年以上掛かることになる。損害賠償額が億を超えるような事案も多数あることから、そうした場合、犯罪者の生涯に亘って弁済を行っても完済できない。だからこそ、被害者の会や日弁連は国による損害賠償債権の買取制度の導入を求めているわけであるが、これは国が徴収する場合も同じである。[33]

さらに、損害賠償が高額となるような事件の犯罪者は長期の刑に服する場合が多いことから、刑事施設に収容されている受刑者から賠償を徴収しなければならない。しかし、第2部で論ずるように、刑事施設にいる受刑者が得る収入は刑務作業による報奨金しかなく、それも月数千円から2万円台後半くらいであるので、毎月数千から1万円台くらいしか弁済することができない。しかも、その報奨金ですら、収容中に支給を受けるには受刑者本人の申出（同意）が必要であるから、受刑者本人が弁済を拒否してしまえば、それ以上為す術はない。受刑者の作業報奨金に対しては、収容中も釈放時にも強制執行をすることができない[34]。

刑事施設から仮釈放されても、我が国の場合、残刑期間主義*を採っている関係上、仮釈放の期間は極めて短く、保護観察はあっという間に終わってしまう。仮釈放期間中は保護観察において対象者（犯罪者）に損害賠償を弁済するよう指導することができるが、釈放後、就職活動を経て職を得、ようやく収入が得られるようになった頃には保護観察が終わってしまう。ましてや満期釈放となると、釈放後、指導も監督もできず、元受刑者はどこに行ったかもわからなくなる。

そもそも、殺人といった重大事件の場合、刑期が長いため、刑事施設から釈放される頃には60代、70代以上となっていて、就労できない場合も少なくない。刑事施設から養護老人ホーム等の福祉施設へ直行という者もいる。そうなると、釈放されてからでは損害賠償の弁済を行うことは困難ということになり、実質的に長期の刑を受けた犯罪者から損害賠償を国が徴収するのは元より不可能ということになる。

さらに、損害賠償債権には消滅時効があることから、国が被害者から損害賠償債権を得ても、消滅時

＊ 刑事施設で刑の執行を受けた期間を刑期から差し引いた残りの期間、仮釈放になった受刑者を社会の中で保護観察に付す仕組みをいう（第3部第10章参照）。

効の成立を防ぐ必要がある。債権管理法上、歳入徴収官等は、その所掌に属する債権が時効によって消滅することとなるおそれがあるときは、時効を更新するため必要な措置をとらなければならないとされている（18条5項）。[35] そこで、損害賠償債権についても、10年毎に、国が刑事施設にいる受刑者に対し民事訴訟を提起しなければならず、この方法に拠る限り、膨大な手間と費用がかかる。刑期が30年なら、2回は訴訟を提起しなければならない。そこで、受刑者に債務の一部を弁済させるとか、国が債権を有することについて受刑者に承認させることができれば、時効が更新されるので（民法152条1項）、こちらの方の手続を取ることになろう。

## 6 強制執行と徴収停止

国がもつ債権について、国が債務者に履行の請求や督促をしても弁済がなされず、それでも債務者に資力や財産がある場合、強制執行の手続を取らなければならない。強制執行を行う場合は、法務大臣に請求して、法務省が強制執行の申請等の手続を行うことになる（債権管理法15条2号）。[36] 国による被害者の損害賠償債権の買取又は立替払制度において、どの国家機関が徴収担当になるにせよ、徴収担当の国家機関とともに、法務省が裁判所に強制執行の申立てを行うことになろう。その場合にかかる手数料や予納費用は全て徴収担当の国家機関が負担することになる。

但し、強制執行ができるのは、犯罪者に資産や収入がある場合に限られる。しかし、既述の通り、一般に犯罪者には資力がなく、重大事件の犯罪者は長期の受刑があるため、強制執行を行うことできないであろう（但し、第2部第7章の提案参照）。

そもそも、人の生涯賃金（60歳まで）は、高卒で2億1000万円とされている。[37] 60歳まで1円も使わずに貯蓄しても2億1000万円しか貯めることはできないうえ、生活費でその半分以上が消費される。さらに、犯罪者は元々就労状況が不安定な者が多いうえ、受刑により社会での就労から長期間離脱することになる。釈放されても、就労条件は更に厳しいものとなり、収入も低くなる。長期の受刑がある場合、釈放時には中高年以上となっていて、稼働期間は限られる。釈放後（前からも）に生活保護を受給している者も非常に多い。

犯罪者が任意で弁済を行わず、強制執行もできないということになった場合でも、債権管理法は、徴収停止を行うことができる場合を、「債務者の所在が不明であり、かつ、差し押えることができる財産の価額が強制執行の費用をこえないと認められる場合」や、債務者が死亡した場合等、一定の場合に該当し、且つ債権を履行させることが著しく困難又は不適当であると認められるときに限っていることから（債権管理法21条1項2号、同施行令20条）、そう簡単に徴収停止とするわけにはいかない。しかし、そうは言っても、現実問題として、犯罪者が刑事施設から釈放後に生活保護の受給や養護老人ホームへの入所（措置）といった福祉的支援を受けるようになるか、年金受給者となったような時点で、実質的には損害賠償を徴収できないことは確実となろう。[38]

こうした徴収停止（事実上の徴収不能というべきか）となることがかなりの確率で予想されるのに、国は、損害賠償債権の買取りや立替払いを行っておいて、その予想通りに徴収不能となることが法制度として適当か問題は残る。第2章で紹介したように、被害者の損害賠償債権の譲渡を条件として立替支援金を支給する制度を導入している兵庫県明石市では、犯罪者から回収することが難しいということがわかっていながら市が立替支援金を支給するのは不当支出にならないかという疑義が市議会議員から呈されている。[39]

# V　犯罪者の更生と国民の理解

## 1　元犯罪者の更生と損害賠償への影響

買取り又は立替払いをした国が犯罪者に損害賠償を請求していく場合、犯罪者が刑罰により刑事施設に収容されている間から弁済を求めていくとしても、賠償額が高額の場合、満期釈放又は仮釈放となった後も求償は続くことになる。仮釈放になった場合は、定住が求められ、所在も明らかになっていることから、就労して所得があれば、そこから分割で国に損害賠償を弁済することができるが、仮釈放期間終了後や満期釈放後は、居住移転の自由があることから、元犯罪者は他の場所へ転居してしまう可能性も高い。きちんと転出届や転入届を出していれば、所在地を確認することはできるが、全員がそうするとは限らず、むしろ住民登録をしない者が多い。特に、借金（消費貸借契約など一般の債務）のある元受刑者の場合、弁護士会照会等により住所が明らかにされ、督促されることを避けるため、敢えて住民登録しない者も多いと聞く。国が損害賠償の支払いを求めていく場合も、元犯罪者は、その追及を逃れるため、同様の対応を取ることも十分にあり得る。

そうなると、元犯罪者は、様々な社会サービスも受けられず、安定した社会生活を送ることができなくなる。もし、そのようなことになれば、たとえ所在が明らかになったとしても、十分な資力が無いままとなり、賠償は更に遠のくことになる。これは被害者自身が犯罪者に損害賠償を請求する場合でも同じ事であるので、国による求償自体の問題ではない。しかし、国が簡単に徴収停止とせず、元犯罪者に請求を行い続けるとなれば、犯罪者は請求を恐れて雲隠れするか、逃げ回ることになりかねない。結果として、弁済も等閑にされたままとなる。

## 2　犯罪被害給付制度の扱い

国による損害賠償の買取りや立替払いの制度を導入する場合、現在の犯罪被害給付制度は廃止ということになろう。犯罪被害給付制度の対象となるような比較的重大な事件の被害者はほぼ賠償の買取りや立替払いの対象になるであろうから、犯罪被害給付制度の給付金は損害賠償と調整されて不支給となるため、制度の存在意義が失われるからである。

買取りや立替払いの制度を設ける場合においても犯給制度を存続させる意味があるとすれば、債務名義が得られないような、犯罪者が死亡するか、精神障害で責任無能力である場合、犯罪者不明の場合であろう。しかし、買取制度や立替払制度との関係で、現在の犯給制度とは異なり、賠償相当額を支給するような算定基準を取るようにするならば、それは最早、犯給制度ではなく、全く性質の異なる制度にする必要がある。

## 3　国民の理解と犯罪者の真の更生

以上、これまで制度の詳細が全く議論されてきていない、国による犯罪者の損害賠償の買取りや立替払いについて検討を加えた。その結果、制度の法的根拠や法的性質、徴収等において困難な問題があることが明らかとなった。現在の法制度にはない制度であるため、従来の理論が援用できるのかどうか甚だ心許ないが、だからといって、全てを無視して制度を作ればよいというのも乱暴であろう。

さらに無視できない政策的な課題もある。それは、損害賠償の買取り又は立替払いを国民の税金で行うことの是非である。国が支払った分は、国が犯罪者に求償することになるが、高額の損害賠償の殆どは回収できないことが確実であるため、実質的に、国民が犯罪者の損害賠償を支払うことになる。国民は、誰でも犯罪被害に遭うおそれがあるとして、税金又は保険料を負担し、犯罪被害者に給付金なり保険金を支給するということであれば理論的に問題はないし、国民の理解は十分に得られると思われる。しかし、国民が税金から殺人や性犯罪といった犯罪者の損害賠償を負担するということに対しては、国民の理解を得られるか疑問がある。

一方、犯罪者にとっても、人を殺そうが、傷つけようが、全て国（国民）が損害賠償を払ってくれる都合のいい制度になりかねない。自分が犯した罪の被害者にさえ損害賠償を支払わない者が、被害を受けたわけでもなく、しかも顔の見えない国に対し損害賠償を支払おうとするであろうか[40]。国が損害賠償を買い取るか立替払いをして、結局、犯罪者も国に払わないとなると、犯罪者の民事責任を軽んじる結果に繋がりかねないし、刑事司法制度上も犯罪者の「真の改善更生」に繋がるのか疑問がある。どんな罪を犯そうが、放っておけば、国が被害者に、全部、賠償してくれる、そうした発想が社会に広まることは何としても避ける必要がある。やはり、犯罪者には、きちんと刑事責任と民事責任の両方を果たす、そうした制度や運用でなければならない。

しかし、それでは、これまでのように被害者は犯罪者から損害賠償を得られずじまいとなる。そうした事態を放置することは、最早これ以上許されないというべきである。制度を批判するだけで、自ら何も提案しないことは無責任の謗りを免れない。そこで、以下では、刑罰、特に拘禁刑（これまでの懲役・禁錮）を受け刑事施設に収容されるような重大な犯罪を犯した犯罪者から損害賠償を徴収する具体的な制度について検討を加えることにする。犯罪者の生涯賃金を考えた場合、被害者に対する損害賠償の全額を支払うことは元より不可能であるが、犯罪者が、刑事責任としての刑罰を受ける一方、被害者に対する損害賠償の支払いに向けなし得る限りの努力を続けさせるための方策は検討すべきであるし、可能である。

# 第2部

# 刑務所における損害賠償

04章

# 被害者の心情聴取と受刑者への伝達

## Ⅰ　被害者心情聴取・伝達制度成立の経緯

今から20年以上前、著者は、更生保護における被害者支援制度の一環として、仮釈放審理における被害者感情調査（後の被害者等調査）に代わる被害者の意見陳述制度を提案した。[1] 幸い、この制度については、２００７年の更生保護法により仮釈放等における被害者意見聴取制度という形で実現した（以下、仮釈放意見聴取制度という）。[2] しかし、著者の提案した制度は、仮釈放手続とは切り離し、自由刑確定後の早い段階で被害者に刑の執行や仮釈放手続について説明したうえで、希望する被害者から受刑者の釈放に対する不安や仮釈放後の遵守事項に関する意見、受刑者に対する謝罪や賠償の要望を聴取することを目的とするものであったのに対し、導入された制度は、仮釈放審理に当たって行われるものとされ、しかも著者が反対していた[3]仮釈放の許否自体に関する意見の聴取をも認めるものであった。

この仮釈放意見聴取制度も、被害者の不安や意見を仮釈放の遵守事項や保護観察の参考にすることで被害者の心情充足や安全確保を図るとともに、保護観察対象者の更生にも資する点で意義のあるものであるが、仮釈放審理の一環として行われることからくる制約や限界がある。著者のかつての提案は、自由刑の執行段階において被害者の意見陳述を認め、その意見を、仮釈放審理や保護観察だけでなく、刑事施設における処遇にも活かすことを内容とするものではあったが、当時の被害者感情調査の弊害や問題点を意識するあまり、結果的に更生保護における被害者支援を念頭に置いていた感は否めない。

また、著者は、被害者の意見陳述制度と並んで、保護観察の過程において被害者と保護観察対象者が対話を行う被害者＝犯罪者仲介制度を提案したが、[4] これとは異なる、被害者の心情や状況、保護観察対象者の生活又は行動に関する意見を間接的に保護観察対象者に伝える被害者心情伝達制度が２００７年の更生保護法により導入されている。[5]これは、犯罪によって受けた被害者の苦しみや損害、犯罪者に対する要求などを犯罪者に伝えることで、被害者の心情を部分的にせよ充足させる一方、犯罪者に自らが引き起こした被害の現実を理解させることで（真の）更生の契機とすることを企図したものである。しかし、この制度はあくまで保護観察を前提としていることから、犯罪者に対する刑が全部執行猶予であればともかく、重大な事件の場合、実刑となった受刑者が仮釈放されなければ被害者が利用することはできない。

そこで、少年法の適用年齢及び犯罪者処遇制度の見直しのため２０１７年から始まった法制審議会少年法・刑事法（少年年齢・犯罪者処遇関係）部会（以下、法制審部会という）において、刑及び保護処分の執行段階において被害者の心情等を聴取して処遇や教育に活かすとともに、被害者が希望する場合には心情等を受刑者や少年に伝達する制度の提案を行ったところ、[6]広く賛同が得られたことから、２０２０年10月、法務大臣に提出された答申に制度の創設が盛り込まれることとなった。[7]

答申に基づいて編纂された刑法等の一部を改正する法律が２０２２年６月17日に成立し、これにより刑事収容施設及び被収容者等の処遇に関する法律と少年院法が改正され（以下、それぞれ改正刑事収容施設法、改正少年院法という）、矯正処遇と矯正教育における被害者の心情等の考慮に関する規定が追加されるとともに、矯正施設（刑事施設や少年院）が被害者からの申出を受けて心情等を聴取し、被害者が希望する場合には当該心情等を受刑者や少年に伝達する制度が導入された。これが本章で検討する刑及び保護処分の執行段階における被害者心情聴取・伝達制度である。

法務省では、2022年6月から12月にかけ、有識者を交えて具体的な運用方法や課題についての検討を行ったほか[8]、制度の実施に向けた体制作りや職員の研修を行った後、2023年12月1日から制度を施行した。

この制度により、被害者は被害の現実や自己の心情を矯正施設の職員に伝え、矯正処遇や矯正教育の上で考慮してもらうことができるだけでなく、受刑者や少年に対する要求を当人に伝達してもらうことも可能となった。被害者は、民事訴訟や損害賠償命令等で損害賠償の債務名義を得ているか、損害賠償の請求をしようとしている場合、心情伝達を通じて受刑者や少年に損害賠償の支払いを要求することもできるし、矯正施設側に損賠賠償に向けた指導を希望する旨を伝えることもできる。その意味で、被害者心情聴取・伝達制度は、被害者の損害賠償の実現にも寄与し得る。

そこで、本章では、成立した法律の規定について概観したうえで、刑及び保護処分の執行段階における被害者の心情聴取・伝達制度の実施における具体的課題について考察を加えることにしたい。さらに、同制度の将来的な展望として、修復的司法の理念に沿った運用や環境の整備についても提案することにする。

## II 矯正処遇・矯正教育における被害者の心情等の考慮

### 1 刑事施設における矯正処遇

改正刑事収容施設法は、「刑事施設の長は、処遇要領を定めるに当たっては、法務省令で定めるところにより、被害者等（略）の被害に関する心情、被害者等の置かれている状況及び第3項の規定により聴取した心情等を考慮するものとする。処遇要領を変更しようとするときも、同様とする」（84条の2第1項）として、処遇要領の策定・変更に際しては被害者の心情等を考慮するものとしている。処遇要領は受刑者毎に矯正処遇の目標並びにその基本的な内容及び方法を定めるものであり、矯正処遇はこの処遇要領に基づいて行うものとされていることから（84条2項）、矯正処遇の実施に当たっては被害者の心情、状況及び意見を考慮して行うことになり、改正刑事収容施設法もその旨を明らかにした規定を新たに設けている（84条の2第2項）。

かつて、刑事施設における受刑者の処遇において被害者の心情等を考慮することは殆ど行われていなかったばかりか[9]、被害者の心情等を考慮することは「報復的な処遇」であるとして、批判されることも少なくなかった[10]。しかし、2001年から被害者支援従事者や被害者遺族等による講話（ゲストスピーカー制度）やVTR視聴等が行われるようになり[11]、2002年辺りからは処遇類型別指導として「被害者の視点を取り入れた教育」が各地の施設で行われるようになった[12]。さらに、2005年に策定された犯罪被害者等基本計画（第一次）において矯正施設における「被害者の視点を取り入れた教育」の充実が提言され[13]、2006年と2007年に二段階で刑事収容施設法が制定されると、「被害者の視点を取り入れた処遇」（R4）が特別改善指導の一環として導入され、一般改善指導としても被害者感情理解指導が多くの施設で実施されている[14]。

今般の刑法等の一部改正により懲役・禁錮の種別が廃止され、拘禁刑に一本化されるとともに、拘禁刑の執行においては受刑者の改善更生を図るため、必要な作業を行わせ、又は必要な指導を行うことができるとされた（改正刑法12条3項）。さらに、拘禁刑の執行段階での矯正処遇に当たっては被害者の心情等を考慮するものと改められ（改正刑事収容施設法84条の2第2項）、さらに矯正処遇の一つである改善指導を行うに当たっては被害者等の被害に関する心情、被害者等の置かれている状況及び被害者から聴取した心情等を考慮するものとされたことを考えると（同103条3項）、こうした刑罰や被害者を巡る一連の改正は、単なる処遇上の配慮というレベルに止まるものではなく、拘禁刑という刑罰の本質や目的そのものの変革であると考えるべきである[15]。

しかし、矯正処遇において被害者の心情等を考慮するとしても、被害者の心情は被害者毎に異なり、処遇を行う刑事施設の職員は、犯罪類型毎の被害者の一般的な心情は理解できるとしても、個々の被害者の心情等を把握しているわけではない。それでは、個々の受刑者に対する被害者の心情等を踏まえたうえで処遇要領を策定し、矯正処遇を実施することはできない。刑事裁判において被害者による意見陳述が行われてはいるが、判決書に記される被害者の心情等は極めて簡潔なものであり、矯正処遇に当たっての十分な情報とはなり得ない。2007年に成立した仮釈放意見聴取制度は、専ら仮釈放や生活環境調整、その後の保護観察に関する被害者の意見を地方更生保護委員会が聴取するものであって、刑事施設には情報が全く伝わらないし、そもそも仮釈放の審理は刑の大部分が執行されてから行われるため、矯正処遇の実施には間に合うはずもない[16]。保護観察における心情伝達制度も同年から施行されているが、これも拘禁刑の実刑においては仮釈放後の保護観察段階にしか適用がない[17]。そこで、改正刑事収容施設法において、拘禁刑が確定して刑事施設に収容された受刑者の被害者、即ち受刑者が刑を言い渡される理由となった犯罪により害を被った者からの申出により、被害に関する心情、被害者等の置かれている状況又は当該受刑者の生活及び行動に関する意見を聴取する制度が導入されることになったわけである（84条の2第3項）。

その目的は、まず第1に、被害者の心情等を矯正処遇に活かすことにある。前述の通り、刑事施設が受刑者の矯正処遇の内容や方法に関する処遇要領を定めるに当たっては被害者の心情等を考慮するものとされ、さらに矯正処遇や特に改善指導を行うに当たっても被害者の心情等を考慮するものとされることになったことから、被害者から心情や状況、受刑者の生活及び行動に関する意見を聴取し、それを踏まえることで、より効果的な矯正処遇を行うことができる。

意外に思われるかもしれないが、受刑者は、事件前や直後の事は知っていても、後日被害者に生じた様々な被害の影響の事は往々にして知らない[18]。公判が終わり、刑が確定した後の被害者の状況を受刑者は知る由もないし、そうした情報を伝える手段すらこれまではなかった。公判には被害者意見陳述制度や被害者参加制度（被害者による証人尋問や被告人質問、意見陳述、論告・求刑を行う制度）が導入されているが、被告人が真摯に聞いている保証はなく、実際、公判の事をよく覚えていなかったり、理解できなかったとする被告人がいる。

自分が行った犯罪の現実すら理解しないまま、受刑者が真の意味で更生することが可能であるとは思えない。というより、自分の罪の内容を理解しないまま、社会に出ることを「更生」と言えるのか疑問である。自分が犯した罪の「全体像」をきちんと理解することが更生の出発点であるはずであり、そうでなければならない。刑事施設側が個々の受刑者の処遇に当たって、その受刑者の被害者の状況を正確に把握していなければ効果的な被害者の視点を取り入れた教育はできないと言えよう。特に、第四次犯罪被害者等基本計画では、「矯正施設の被収容者を対象に実施している『被害者の視点を取り入れた教育』について、犯罪被害者等や犯罪被害者支援団体の意向等に配慮し、犯罪被害者等の心情等への理解を深めさせ、謝罪や被害弁償等の具体的な行動を促すための指導を含めた改善指導・矯正教育等の一層の充実に努める」[19]とされていることから、被害者に対する損害賠償等に向けて受刑者に具体的な行動を促すためにも、被害者の具体的事情を詳しく把握することが不可欠である。刑や保護処分の執行段階における被害者心情聴取・伝達制度は、矯正施設側が被害者の心情や状況を正しく把握することに資する。

しかし、被害者の心情聴取・伝達制度は、受刑者の処遇だけを目的とするものではなく、被害者に対する支援や損害回復をも目的とするものである。刑事施設と受刑者に被害者の心情等を伝え、それに基づいて刑事施設側が受刑者の処遇を行い、被害者の意にも沿う受刑者の再犯防止を確実なものとするとともに、被害者への損害回復に向けた具体的な行動を取るようにさせることで、被害者の支援につながることを目指すからである。もし被害者の心情聴取・伝達制度が受刑者の改善更生を図るためだけのものとするならば、被害者は何故犯罪者の更生に被害者が協力しなければならないのかと反発することになろう。被害者の心情聴取・伝達制度は、犯罪者の処遇と被害者の支援という密接に結び付いた2つの目的に寄与するものであり、どちらが優先ということもない。そうした意味で、被害者の心情等の考慮や心情聴取・伝達の規定が処遇要領や改善指導の規定に置かれていることは、やや不満の残るところではある。反対に、これらの規定が矯正処遇の条文に置かれているからといって、心情聴取及び伝達が受刑者の処遇だけを目的とするのも偏狭な考え方である。矯正処遇の目的である「改善更生の意欲の喚起及び社会生活に適応する能力の育成」（改正刑事収容施設法30条）とは、単に再犯を犯さないということだけではなく、自らが犯した罪の精算をきちんと行うこと、即ち被害者に対し損害回復や損害賠償に努めていくことも含まれるからである。社会復帰には被害者への損害回復は含まれないなどという考え方には賛同できない。社会復帰とは、自分の犯した被害や被害者のことを忘れることでは絶対にない[20]。

今般の改正で、受刑者の円滑な社会復帰を図るため、釈放後に自立した生活を営む上での困難を有する受刑者に対しては、その意向を尊重しつつ社会復帰の支援を行うものとするという規定が追加されたが（改正刑事収容施設法106条1項）、受刑者が被害者のいる社会に戻り、社会復帰を果たす上では、前述したように被害者への配慮が欠かせない。そこで、刑事施設内外で行う社会復帰支援においても、被害者から聴取した心情等その他の被害者等に関する事情を考慮するものとされたが（同3項）、このことも社会復帰の意味を物語っている。

## 2　少年院における矯正教育

被害者の心情等の考慮と心情聴取・伝達制度は、少年院でも導入されることとなった。

まず、少年院の長は、矯正教育を行うに当たっては、被害者等からの被害に関する心情、被害者等の置かれている状況及び被害者等から聴取した心情等を考慮するものという原則が定められた（改正少年院法23条の2第1項）。少年院の長は、少年が入院した場合、できるだけ速やかに在院者が履修する矯正教育課程を指定し（同33条1項）、在院者に対する個人別矯正教育計画を策定するものとされており（同34条1項）、当該個人別矯正教育計画を策定するに当たっては、被害者等の被害に関する心情、被害者等の置かれている状況及び被害者等から聴取した心情等を考慮するものとされた（同34条4項）。少年院が在院者に対して生活指導を行うに当たっても、少年院の長は、同様に、被害者等の心情等を考慮するものとしている（同24条4項）。

更に、刑事施設と同様、少年院の長は、在院者について、被害者等から、被害に関する心情、被害者等の置かれている状況又は当該在院者の生活及び行動に関する意見を述べたい旨の申出があったときは、当該心情等を聴取するものとし（同23条の2第2項）、被害者等から、聴取した心情等を在院者に伝達することを希望する旨の申出があったときは、生活指導を行うに当たり、当該心情等を在院者に伝達するものとすることとなった（同24条5項）。これが、保護処分の執行段階（少年院）における被害者心情聴取・伝達制度である。

また、少年が少年院から出院すれば、被害者が生活する社会に戻るわけであるし、損害賠償責任のある少年は賠償の履行を求められる。そこで、現行少年院法制定の際に設けられた少年の社会復帰支援に関する条文にも、少年に対し社会復帰の支援を行うに当たっては、矯正教育の実施状況や在院者が社会復帰をするに際し支援を必要とする事情に加え、被害者から聴取した心情等その他の被害者等に関する事情を考慮するものとすると規定が加えられている（同44条3項）。

刑（拘禁刑）又は保護処分（少年院送致）の執行段階における被害者の心情聴取・伝達制度は、仮釈放意見聴取や保護観察における心情伝達同様、被害者からの申出による（改正刑事収容施設法84条の2第3項、改正少年院法23条の2第2項）。[21]

# Ⅲ 被害者の心情聴取・伝達制度の課題

## 1 対象者（被害者）の範囲

法律の規定上、心情聴取・伝達の対象者である被害者の範囲については特に制限がない。基本的に、受刑者又は在院者が刑又は保護処分を言い渡される理由となった犯罪により害を被った者であればよい。しかし、当該被害に係る事件の性質、当該被害者等と当該受刑者又は在院者との関係その他の被害者等に関する事情を考慮して相当でないと認める場合は聴取の対象とされないことはあり得る[22]（改正刑事収容施設法84条の2第3項但書、改正少年院法23条の2第2項但書）。伝達にしても当該受刑者又は在院者の改善更生を妨げるおそれがあるときその他当該被害に係る事件の性質、矯正処遇又は矯正教育の実施状況その他の処遇に関する事情を考慮して相当でないと認める場合には伝達を行わないとされている[23]（改正刑事収容施設法１０３条４項但書、改正少年院法24条5項但書）。しかし、一定の罪種の被害者が類型的に制度の対象外とされることはない。薬物犯罪のように犯罪の性質上被害者がいないような犯罪類型は自ずから対象とならないことは当然である。

非常に多くの被害者が申出をすることにより現場が対応できなくなることを心配するあまり、当初、実務家からは受刑者の多い窃盗罪や詐欺罪といった財産犯の被害者を対象から除外するという意見も示されたが、特定罪種の被害者を制度の対象から除外することは妥当でない。財産犯であっても、被害額が大きい場合は勿論、そうでない場合も、被害者が受刑者の処遇において考慮を希望する内容があったり、受刑者に伝達したいことがあったりするからである。以前、警察で導入が図られた少年対話会の全国試験実施事業においても、自転車の侵入窃盗未遂及び器物損壊事件の被害者が、物理的損害としては軽微なものであったにもかかわらず、加害者の少年に対し、それによって家族がどれだけ精神的に参っているかをどうしても伝えたいということで対話会に参加した事例が見られた[24]。被害者の心情は被害者だけのものであり、それを他者が勝手に忖度することは適当でない。

これまでの保護観察における心情伝達制度でも、身体犯よりも、むしろ詐欺や業務上横領といった財産犯の被害者からの申出が多い[25]。申出件数も毎年一定程度であり、それはそれで問題がないわけではないが、非常に多くの被害者から申出が殺到して現場が混乱しているという状況にはない。

更に、仮釈放における被害者の意見聴取制度や保護観察における心情伝達制度においては、対象たる被害者の範囲には制限がない。にもかかわらず、刑や保護処分の執行段階における被害者心情聴取・伝達制度だけ制限を設けるというのも、政策的な一貫性を欠く。受刑者が刑事施設に収容されたにもかからず、一部の者は心情聴取や伝達が認められるのに、それ以外の被害者は、仮釈放の申出が行われるまで、或いは受刑者が仮釈放になるまで待ちなさいということになってしまう。また、特定罪種の被害者を制度の対象から除外することは、司法から軽視されているという印象を当該罪種の被害者に与えかねない。

## 2　制度の告知方法

折角良い制度ができても、それが広く周知されなければ宝の持ち腐れになりかねない。刑又は保護処分の執行段階における心情聴取・伝達制度についても、平素から広く広報に努めるとともに、犯罪被害者に対しても、適宜、制度について告知する必要がある。

現在の仮釈放意見聴取や保護観察の心情伝達制度は、検察庁の被害者等通知制度を利用した被害者に制度の告知をしているとされているが[26]、必ずしも利用者は多くない[27]。その原因は必ずしも明らかではないが[28]、被害者への制度告知の仕方が十分かどうかということは検証されてしかるべきである。

更に、全国の被害者支援センターや地方公共団体の被害者支援担当部署、法テラス等でも制度の告知や説明を行う体制を整備する必要がある。刑や保護処分の執行段階における心情聴取を利用する際、被害者は支援者の付添いを希望することがあり得ることから、そのうえでも被害者支援団体による情報提供や支援は重要であろう。

なお、判決が全部執行猶予の場合にも配慮が必要である。全部執行猶予の受刑者が再犯等により全部執行猶予を取り消され刑事施設で刑の執行を受ける際にも被害者には被害者等通知制度によりその旨の通知が行われることから[29]、その場合にも被害者に対し心情聴取・伝達制度の告知をする必要がある。全部執行猶予の受刑者も取消しによって刑事施設に収監され、被害者の心情聴取及び伝達の対象となり得るからである。

## 3　申出・聴取場所

被害者心情聴取や伝達を利用するうえで、被害者はまず申出を行う必要がある。しかし、刑事施設や少年院は被害者の住所や所在地から遠方にあることが一般的であろうし、事件の受刑者や在院者が収容されている刑事施設や少年院に被害者が赴くことには不安や精神的負担を感じる場合もあろう。そこで、制度の施行に当たって発出された下級法令によれば、聴取は受刑者を収容している刑事施設、その近隣の刑事施設、少年院、少年鑑別所でするものとされているが、被害者の住所や居所の近隣の上記施設においてネットワーク回線を使ったテレビ遠隔通信システムやインターネットのウェブ会議サービスを通じて行うこともできる。また、被害者の心身の状況その他の事情により施設に来庁できないときは、受刑者を収容している刑事施設と被害者の自宅等の端末をインターネットにより接続して聴取したり、被害者担当官が被害者の自宅その他の適当な場所に赴いて聴取したりすることもできる。少年が少年院に収容されている場合は、収容少年院か、その近隣の少年院又は刑事施設において聴取するものとされているが、上記の受刑者の場合のような方法も認められている。[30]

## 4　聴取と伝達担当者

法律上、心情聴取の主体は刑事施設や少年院の長となっている（改正刑事収容施設法84条の2第3項本文、改正少年院法23条の2第2項本文）。実際の聴取に当たるのは、刑事施設における分類担当か処遇担当の刑務官、少年院では教育担当の教官ということになろう。但し、受刑者や少年の処遇に直接携わっている者が被害者とのやりとりに直接関わるのは役割葛藤という点で必ずしも適当でない。著者が保護観察における被害者支援制度を提案した際も、更生保護の実務家から、そのようなことをしたら保護観察官が更生保護と被害者支援の板挟みになり処遇が困難になると批判されたことがある。[31] そこで、保護観察官から被害者支援を担当する者を指名し、伝達や被害者支援の業務に当たる間は保護観察を担当せず、被害者支援の業務に専念することを提案し[32]、そうした制度となったわけである。

刑又は保護処分の執行段階における心情聴取・伝達制度においても、刑事施設や少年院において被害者支援を担当する被害者担当官を指名し、被害者の心情聴取や伝達等を担当することとされた。[33] 施設ごとに2名以上の被害者担当官を指名し、男女それぞれ1名以上を含めなければならない。この被害者担当官が心情聴取や伝達を担当するが、心情聴取の目的の一つが被害者の心情等を的確に把握して処遇に活かすことにあるとすれば、処遇担当者が被害者の心情等を正確に把握しておくことも重要であろう。また、被害者の心情を受刑者なり在院者に伝達する際に、心情録取書や心情記述書を読み上げるだけでは効果的な心情伝達ができるか問題がないわけではない。知的障害のある受刑者等が被害者の心情を十分に理解できず、説明を求めた場合、対象者に正確、且つわかりやすく被害者の心情を説明する必要もある。そこで、矯正処遇を担う担当者もできる限り同席させるものとされている。現在の保護観察における心情伝達のように、被害者担当官と処遇担当者が聴取から伝達にかけて密接に連携をとる体制を構築することが必要であろう。

なお、法制審議会の答申では、刑事施設の長等は、聴取又は伝達について、地方更生保護委員会及び保護観察所の長と連携を図るように努めなければならないものとされていた。[34] しかし、実際の改正法には、この種の規定は置かれず、下級法令に関係書類を地方更生保護委員会と保護観察所に送付することが定められたに止まる。その理由は定かではないが、被害者から聴取した心情等は、矯正処遇や矯正教育に活用するとともに、後の仮釈放や仮退院の申出と審理、更には保護観察においても配慮する必要があるから、実施に当たっては更生保護機関との連携協力は不可欠であり、仮釈放審理や仮釈放が近い場合等、必要性に応じて保護観察官（地方更生保護委員会所属の保護観察官か保護観察所の被害者担当官）が心情等の聴取や伝達に立ち会うことも認められてしかるべきであろう。大規模な刑事施設には施設駐在官の保護観察官が配置されている。常駐しているわけではないし、その者が被害者支援のノウハウがあるとも限らないが、こうした施設駐在官が関わるということも一案である。尤も、施設駐在の制度ができて以来、保護観察官が配置されている刑事施設の数は増えておらず、現在でも10施設程度であろう。

## 5　事前準備・聴取方法

被害者からの心情聴取に当たっては、判決謄本や保護処分の決定書等を精査し、事前に事件の概要や被害者の状況についてできる限り把握しておくことが求められる。聴取担当者が、被害者と接する際、事件について十分に把握していないと、円滑なやりとりができず、時には事件に関心を持っていないかのように被害者に誤解されかねないからである。

心情聴取に際しては、被害者が聴取施設に赴いて被害者担当官等とやり取りをしながら被害者の心情や状況、受刑者又は在院者の生活及び処遇に関する意見等を話し、それを担当官が録取することになる。被害者の心情はきちんと整理されていない場合の方が多く、担当官の前で事件や被害者の思いを秩序だって話すことができないであろうが、担当官はきちんと被害者の言葉に耳を傾けることが重要である。そうした語りと聞き取りのプロセスそのものが被害者にとっても心情の整理や安定に資することが指摘されている。[35]

その際、担当官は、刑や保護処分の執行段階における心情聴取が受刑者や在院者への心情伝達のためだけに行われるものではないことを心に留めておく必要がある。被害の内容や影響、被害者の心情、受刑者や在院者の生活や行動に関する意見、矯正施設側に対する要望等、被害者が語る様々な内容をきちんと記録し、処遇要領の策定・変更に活かすほか、被害者の視点を取り入れた教育といった改善指導や生活指導の実施に当たって考慮することが求められるからである。

なお、心情聴取の際、被害者は動揺したり、不安を覚えたりすることがあるから、家族や支援関係者の同席が認められている。全国被害者支援ネットワークに加盟する全国の被害者支援センターには直接的支援として付添い支援があることから、矯正がこうした被害者支援団体と連携を図ることが望ましい。

## 6 聴取・伝達の範囲

聴取の対象となるのは、被害に関する心情、被害者等の置かれている状況又は当該受刑者若しくは在院者の生活及び行動に関する意見である（改正刑事収容施設法84条の2第3項、改正少年院法23条の2第2項）。被害者が犯罪によって受けた様々な損害や影響、事件や加害者に対する思いのほか、処遇に関する意見や要望、加害者本人に対する要求等を述べることができる。保護観察における心情伝達では、保護観察対象者が刑や保護処分を言い渡されることになった罪以外のことについての聴取や伝達は認めないという方針が取られているが、被害者支援の観点からは適当でない。被害者が受刑者から受けた犯罪被害が全て訴追の対象となり、有罪になっているわけではない。捜査や立証の関係で起訴できなかった事実もあり得る。多量に飲酒し正常な運転が困難な状態で車を走行させて人を死に至らしめたことから危険運転致死罪が適用されるべきところでも、検察官が収集した飲酒量や血中アルコール濃度に関する証拠の制約から過失運転致死罪と飲酒運転で起訴せざるを得ないといったように、刑事裁判が真実を全て明らかにしているわけではない。被害者が刑事裁判に納得がいっていない場合もある。聴取や心情伝達の内容を、刑事裁判の事実認定に限定することは、被害者の思いを蔑ろにするだけでなく、時には真実を覆い隠すことにもなりかねない。

心情聴取や伝達に関する改正法の規定も、「受刑者が刑を言い渡される理由となった犯罪により害を被った者」（改正刑事収容施設法84条の2第1項）或いは「在院者が刑若しくは保護処分を言い渡される理由となった犯罪若しくは刑罰法令に触れる行為により害を被った者」（改正少年法23条の2第1項）としているだけで、被害者の限定はかかっているが、聴取や伝達の対象である「被害」に制限はない。公判の被害者参加制度における意見陳述は「訴因として特定された事実の範囲内」（刑事訴訟法３１６条の38第1項）でなければならないが、これは事実認定や量刑の段階の話である。訴因決定権のない被害者参加人が訴因外のことについて意見を述べることは訴訟進行上適当でないとされたからであって、刑や保護処分の執行段階における心情聴取や伝達にその理屈は当てはまらない。

従って、裁判や審判で認定されなかったような事実や法的評価（法律の適用）であっても、被害者にとっては「事件」の一部であり、「被害」であるのであり、そうした事実や評価を関連性及び相当性がないとして、その部分は聴取しないとか、伝達しないとすることは、被害の全体像を覆い隠し、被害者に却って二次被害を与えることにもなりかねない。勿論、そうした事実や評価を仮釈放審理や保護観察の遵守事項の設定等に反映することは許されるべきではない。しかし、そうした被害者の「思い」を施設側がきちんと受けとめたうえで、適切な形で処遇に活かしていくべきである。また、心情伝達においても、被害者が刑事裁判や審判での事実や法律の適用について悔しい思いをもっているということを伝えることは、決して不当なことであるとは思えない（勿論、受刑者や在院者がそれを認めるかどうかは別の問題である）。[36] もし、信憑性が著しく乏しいような内容であれば、改正刑事収容施設法１０３条４項但書又は改正少年院法24条5項の規定に基づき、相当でないとして当該部分の伝達をしなければよい。

## 7　受刑者による心情伝達の拒否

被害者が心情伝達を申し出た場合、受刑者や少年は心情の伝達を拒否することができるであろうか。事件のことを忘れたい、被害者のことなどどうでもいい、等といった理由から、受刑者や少年が心情伝達を受けたくないという場合もあり得るからである。

我が国には、被害者の視点を取り入れた教育を報復的な処遇として批判する見解があったほか、そもそも刑事施設における処遇は全て任意でなければならないとする自由刑純化論の主張がある。こうした論者からすれば、処遇の義務付けは許されないことから、被害者の心情伝達は、受刑者が同意した場合に限るということになろう。

しかし、制度上、被害者から申出があった場合、「当該心情等を受刑者に伝達するものとする」としていて（改正刑事収容施設法103条4項）、受刑者の同意は必要なく、受刑者に心情伝達を受けるか否かの選択を認めることは想定されていない。

そもそも、受刑者は作業、改善指導、教科指導の矯正処遇を行うことが法律上義務付けられており、正当なく作業や指導を拒むことは許されない（同74条2項9号）。正当な理由なく、作業や指導を拒めば懲罰の対象となる（同150条）。被害者の心情伝達も、改善指導の一環として行われるものであるから（同103条）、同様である。少年院に収容されている少年も、矯正教育が義務付けられている（少年院法84条2項9号、103条）。従って、被害者から心情伝達の申出がある場合、受刑者や少年は、原則として、心情伝達を受けなければならない。犯罪者の改善更生や社会復帰とは、被害者のことを忘れることではなく、犯した罪の現実をきちんと受け止めることから始まるとする著者の立場からしても、これは当然のことである。受刑者や少年が自由に拒否できるなどということにしてしまえば、制度の実効性は地に落ちるし、本人の更生にも繋がらない。

しかし、だからといって、受刑者や少年の考えや状態を無視して、無理矢理、心情伝達すればよいということでは決してない。心情伝達は、被害者支援の一環でもあるが、処遇や教育の一環でもあるから、改善更生にも資するものでなければならないし、そうでなければ被害者の意向にも沿わないことになるからである。伝達をすることが当該受刑者の改善更生を妨げるおそれがあるときなど相当でない場合は伝達しないと法律が規定しているのもそのためである。従って、受刑者や少年が心情伝達に消極的な態度を示す場合、その理由を聞き、本人の状態をよく見極めるなどして、伝達の相当性や時期を判断する必要があることは言うまでもない。

## 8　事後通知とケア

受刑者又は在院者に対し心情の伝達を行った場合、その旨及び伝達した日を被害者に通知する（刑事施設規則64条の2第2項）。被害者が希望する場合は、（1）心情等の伝達を受けた受刑者又は在院者が当該心情等について述べたこと、（2）心情等の伝達を受けた受刑者又は在院者が被害弁償又は慰謝の措置について述べたこと、（3）心情等の伝達を受けた受刑者又は在院者が特に被害者等に対し伝えることを希望して述べたこと、を通知することとしている。[37] 保護観察における心情伝達においても、伝達時の対象者の様子や発言について被害者に通知しているのと同様である。[38]

ただ、受刑者や在院者の中には被害者の心情伝達に対し反発したり、態度を硬化させたりする場合もあるから、[39] 被害者に受刑者や在院者の反応を伝えることで、被害者が大きな精神的被害を被ることもあり得る。しかし、だからといって勝手に施設側が受刑者や在院者の態度や発言をなかったことにしたり、内容を変えて被害者に通知したりすることは適当でない。[40] どのような内容であれ、被害者が受刑者や在院者の反応を知りたいという場合もあるし、損害賠償の請求等において後に被害者が受刑者や在院者と間接的ながら接触する場合があるので、心情伝達後の経緯はきちんと伝えておかないと、後でトラブルの元になる。また、仮釈放や仮退院の被害者意見聴取において被害者が意見を述べるうえでも、こうした受刑者や在院者の反応は判断材料になり得る。しかし、被害者に不要な精神的ショックを与える事も得策でないから、心情伝達の申出に際しては、こうしたリスクがあることは被害者にきちんと説明し、そのうえで、伝達時の受刑者の言動についての通知を希望するかどうかを確認しておくことが必要であろう。[41]

被害者が心情等の伝達を申し出ても伝達を行わないことがあるが、その場合、伝達しないことを被害者に通知する必要がある（刑事施設規則64条の2第2項、少年院規則16条の4第2項）。この場合、通知しないこととした理由まで被害者に説明（通知）することが望ましいが、心情伝達結果通知書の様式には「伝達しませんでした」とあるだけである。様式には参考事項を記載することになっていて、そこに理由が記載されるのであればよいが、その辺りの実務がはっきりしない。

また、心情伝達の結果だけでなく、被害者は、自身の心情や意見を踏まえてどのような処遇が行われたのかということに関心を有していることから、[42]心情聴取や伝達後の処遇の経過についても被害者に通知することが望ましい。[43]現在の被害者等通知制度では、受刑者の場合、処遇との関連では作業名や改善指導名、制限区分、優遇区分、懲罰の状況といった形式的な内容しか通知していない。[44]しかし、被害者が知りたいのは、受刑者や在院者が事件をどう受けとめているのか、本当に罪を認め、反省しているのか、被害者から聴取した心情や意見がどのように処遇に活かされているのか、処遇により受刑者や在院者がどのように変化したのかであって、単なる改善指導の名称ではない。そこでこのような内容を、心情聴取や伝達を行った被害者のうち希望者に対して通知ないし説明する機会を設けることが望まれる。

しかし、現実問題として、処遇の状況を客観的に文章化するのは極めて困難な作業である。そこで、通知書を送るという形ではなく、処遇担当者や被害者担当官から被害者に口頭で説明することが考えられる。処遇担当者の主観を完全に排除することはできないが、その必要もないように思われる。そうしたことから、被害者への処遇状況等についての説明は、被害者等通知制度として行うのではなく、被害者心情聴取・伝達制度の一環として被害者に行うことが望ましい。そうすれば、被害者等通知制度の制約を受けることもない。

他方、被害者は、心情聴取や伝達をするに当たって、被害の現実と改めて正面から向き合わなければならなくなり、大きな心理的・物理的負担を負う。また、心情伝達に対し、受刑者が反発したり、贖罪を拒否したりした場合、被害者は更にショックを受けることになる。また、心情伝達によって、受刑者から逆恨みされているのではないかとの不安にかられ、将来の釈放に怯えることもあり得る。こうした被害者の抱える不安や負担が最小限になるよう、刑事施設の被害者担当官は被害者に適切な情報提供や助言を行うよう配慮する必要がある。しかし、それだけでは十分ではないから、刑事施設や少年院が被害者支援センター等の民間団体と連携を図り、その相談員や直接支援員が、聴取や伝達時から被害者に付き添い、その後のメンタルケアを行うような体制を構築する必要がある。また、聴取や伝達に当たって、損害賠償についての法律相談を希望する被害者もいるであろうから、立法が予定されている被害者支援弁護士制度が刑や保護処分における被害者の法的支援にも当たることができる仕組みを考えなければならない。

## 9　再度の聴取・伝達

被害者が2度目、3度目といった複数回の心情聴取や伝達を希望する場合もあろう。心情伝達の結果に関する通知を受け、改めて受刑者や在院者に伝えたい事や、処遇に当たって考慮してほしい事ができたりする場合もあるからである。刑期が長い受刑者の場合、被害者等通知制度により提供された受刑者の情報や、被害者側の事情の変化によっては、改めて施設側に伝えたい事や受刑者に伝えたい事項が生じる場合もある。保護観察における心情伝達においても複数回に亘って心情伝達を行う例が見られ、時には毎月のように聴取と伝達を繰り返したケースも報告されている。[45] 刑や保護処分の執行段階における心情伝達も、同様に複数回の利用を認めるべきである。[46]

しかし、聴取をした結果、内容が前回のものと全く同じ内容であったりした場合には、たとえ被害者が受刑者や在院者に伝達を希望した場合でも、不相当とされることはあり得よう。但し、前回の心情伝達で刑事施設収容中から被害者に賠償金を定期的に払うよう受刑者に伝えたにもかかわらず、受刑者がこれに全く応じていないような場合、改めて同様の内容を受刑者に伝達を希望することは十分にあり得ることであるから、内容の同一性だけでなく、その心情等の趣旨について個別に判断する必要がある。

## 10　矯正処遇・矯正教育における聴取・伝達内容の考慮

刑事収容施設法施行後、刑事施設においては被害者の視点を取り入れた教育（R4）が特別改善指導として行われ、少年院でも被害者の視点を取り入れた教育が特定生活指導として行われている。改善指導の標準プログラムを定めた通達には、「自らの犯罪と向き合うことで犯した罪の大きさや被害者及びその遺族等の心情等を認識させ、被害者及びその遺族等に誠意を持って対応していくとともに、再び罪を犯さない決意を固めさせること」が被害者の視点を取り入れた教育の指導目標とされている。[47] しかし、これまでの被害者の視点を取り入れた教育は受刑者や在院者に被害者の心情を一般論として理解させることに主眼を置いてきた。

しかしながら、犯罪被害の影響や被害者の抱える事情は事件によって様々である。受刑者が自らの犯罪行為により被害者に与えた本当の影響や被害者の状況を正しく理解してこそ真の更生が始まるとすれば、受刑者は自身の事件の被害者の状況を正しく理解することが求められるし、施設側も、被害者の心情や事情を正しく理解してこそ、より効果的な処遇を行うことが可能となる。刑や保護処分の執行段階における被害者心情聴取・伝達制度は、施設側が被害者の状況や心情を正確に把握したうえで、受刑者が被害者の受けた被害の現実を正しく理解できるようにすることを目的としている。

しかし、課題もある。刑や保護処分における心情聴取・伝達制度は、刑や保護処分が確定し、受刑者や少年が刑事施設や少年院に収容された時点から適用があり、被害者が直ちに申出を行うことも制度上可能である。しかし、施設に収容されたばかりでは、受刑者や在院者が、施設での生活や将来に対する不安から精神的に不安定な状況にあったり、自らの犯罪行為を見つめ直す余裕がなかったりする場合もあろう。被害者から心情を聴取し、それを施設側の参考にすることは、入所時当初であろうと問題はないが、被害者が心情伝達を希望する場合、何らの処遇や教育も行われていない段階で被害者の心情を伝えても、受刑者や在院者がそれを受け止めるだけの心の準備ができていなかったり、心の動揺を招いたりすることがあり得るため、時期尚早ということはあり得る。[48]規定上、心情を伝達することが当該受刑者や在院者の改善更生を妨げるおそれがあるときその他当該被害に係る事件の性質、矯正処遇の実施状況その他の処遇に関する事情を考慮して相当でないと認めるときは伝達しないことも認められているから（改正刑事収容施設法１０３条４項、改正少年院法24条５項但書）、伝達を先延ばしにすることが適当な場合もあろう。その場合、伝達を希望した被害者には、受刑者や在院者の状況等、伝達できない理由を詳しく説明して理解を求める努力は必要である。

しかし、いつまでも被害者の心情を伝達しないことは、受刑者や在院者が精神疾患に罹患しているなど特別な場合を除いては、適当でなかろう。受刑者や在院者は、いずれ被害者のいる社会に戻るのであり、時には損害賠償請求訴訟で被害者と関わることもある。受刑者や在院者を被害者の心情から遠ざけてばかりでは、却って問題を大きくすることもあろう。

一方、被害者の視点を取り入れた教育の実施時期も再検討する必要がある。順序からすれば、受刑者や在院者が被害者の視点を取り入れた教育を受け、一般的な被害者の状況を理解したうえで、被害者本人からの心情伝達を受けることが望ましいであろう[49]。しかし、受刑者に対する被害者の視点を取り入れた教育は、これまで刑期の中盤以降で行われる場合が多く、長期や無期の受刑者になると、収容から20年や30年が経過してから行われることもあった[50]。入所したばかりの時点では自分の非を認めず、犯行を被害者や他人のせいにしているような受刑者が、時間の経過や処遇の進展に伴って、自分の行いを見つめ直すようになることはある。しかし、流石に事件や入所から何十年も経ってから被害者の心情を理解させようとするのは、余りに時宜を逸していると言わざるを得ない[51]。被害者心情聴取・伝達制度導入後は、心情伝達の可能性も考え、教育の実施時期を早期化するなど工夫していく必要があろう[52]。

しかし、余りにも入所から早い時点で被害の現実に直面させても、それを受け入れるだけの余裕がないか、却って反発することもあろう。従来、受刑者に対する被害者の視点を取り入れた教育は本番に続いてフォローアップ又はメンテナンスという順序で処遇が行われている。しかし、入所から余り時間を置かないで被害者の視点を取り入れた教育を行う場合、被害者の心情理解や贖罪の考察といったところまで深入りせずに、一般的な被害者の状況や心情について受刑者に示すに止める方がよいかもしれない。或いは、すぐに被害者の話題に入らずに、受刑者自身の人生を振り返らせ、人生で良かったこと、悪かったこと、楽しかったこと、悲しかったこと、人を喜ばせたことや悲しませたことといった自分史に取り組むような処遇から始めることも一案である。

そして、一定の時間を置いた後に、2度目として、グループワークやワークブックといった現在のような被害者の視点を取り入れた教育を行い、被害者の心情聴取や伝達が実施された場合は、当該被害者の心情の理解や被害者の望む対応について考えさせるといったように段階的に指導していくのである。こうした複数回の教育を以前から実施している刑事施設もあるが[53]、今後は、被害者の心情聴取や伝達を間に挟み込む形で実施していく方法を検討する必要がある。[54]

さらに、タイミングの問題として、受刑者の処遇要領や在院者の個人別矯正教育計画の策定との関係も考えなければならない。今回の法改正により、受刑者の処遇要領等を定めるに当たっては、被害者等の被害に関する心情、被害者等の置かれている状況及び被害者より聴取した心情等を考慮するものとするとされている（改正刑事収容施設法84条の2第1項、改正少年院法34条4項）。しかし、処遇要領は受刑開始後の受刑者の調査に基づいて策定され、特に改正刑事収容施設法（但し、公布から3年後の政令で定める日で施行される分）で処遇要領は「できるだけ速やかに定めるもの」とされたことから（改正刑事収容施設法84条3項）、この時点ではまだ被害者の心情聴取が行われていないのが一般的であろう。少年院の個人別矯正教育計画も、在院者が入院し、矯正教育課程を指定したときに策定するものとされていることから（改正少年院法34条1項）、同様である。受刑者の場合、刑執行開始時調査において判決書等から被害者の意向等がある程度判明していればよいが[55]、そうでない場合は、具体的な被害者の心情や状況等を考慮したものとすることは難しく、一般論としての被害者の心情を前提としたものにならざるを得ない。従って、被害者の心情聴取が実施された場合には、そこで示された被害者の心情等を踏まえて処遇要領や個人別矯正教育計画を変更することが必要となる（改正刑事収容施設法84条の2第1項後段、改正少年院法34条8項）。

## 11　仮釈放の申出や保護観察との連携

仮釈放の申出は、「悔悟の情及び改善更生の意欲があり、再び犯罪をするおそれがなく、かつ、保護観察に付することが改善更生のために相当であると認めるとき」にしなければならず（犯罪者処遇規則12条1項。ただし、社会の感情がこれを是認すると認められないときは、この限りでない）、同様の基準を満たすときに仮釈放を認めるものとされている（同28条）。このうち悔悟の情の判断においては、「申出に係る刑を言い渡される理由となった犯罪の被害の実情についての認識」を考慮し、改善更生の意欲の判断においても、「被害者等に対する慰謝の措置の有無及び内容並びに当該措置の計画及び準備の有無及び内容」や「刑事施設における矯正処遇又は少年院における矯正教育への取組の状況」を考慮するものとされている。また、消極的許可基準たる社会の感情の判断には、被害者等の感情が含まれる[56]。地方更生保護委員会による仮釈放の審理においても、同様の判断基準が採用されている[57]。少年院からの仮退院の申出や許可においても、被害者の実情についての認識や被害者等に対する慰謝の措置の有無及び内容並びに当該措置の計画及び準備の有無及び内容について考慮するものとされている[58]。

このように、これまでも、仮釈放や仮退院の申出・審理において被害者の心情や状況については考慮されている。しかし、今後は、被害者の心情聴取や伝達が行われ、被害者の具体的な心情や状況、損害賠償等の要求がより具体的な形で示されることになるため、これら被害者の心情や要求等を仮釈放等の申出や審理においてどのように判断すればよいのか、難しい問題が生じる。しかし、仮釈放や仮退院の目的は、社会内処遇の機会を設けることで対象者の改善更生や再犯防止を図ることにあるから、被害者の心情や要求そのものをストレートに評価することよって仮釈放や仮退院が消極化するようなことがあってはならない。満期釈放になってしまえば、社会内処遇を行い得ず、再犯の可能性が高まるばかりか、保護観察において被害者の損害回復に向けた指導を行うこともできなくなる。受刑者や在院者の再犯によって新たな被害者を生むことは、元の被害者の意向にも反する。他方、刑や保護処分の執行段階における被害者の心情聴取・伝達を踏まえたうえで矯正処遇や矯正教育を行い、被害者に対する贖罪や賠償に向けた努力を施設収容中から行わせ、それらを踏まえて仮釈放・仮退院の判断を行うことは、受刑者や在院者の更生に向けた努力の程度が評価されるという点では、むしろ当たり前のことである。これまでの仮釈放意見聴取制度のように、仮釈放審理が始まってから、被害者の仮釈放に対する賛否を聴取するよりははるかに建設的である。従って、被害者から聴取し、或いは受刑者や在院者に伝達した心情等については、地方更生保護委員会や保護観察所と情報を共有しておく必要がある。

## 12　少年院在院者の場合

刑事施設における心情聴取・伝達の課題の多くは、少年院在院者についても妥当する。しかし、在院者の場合、その特性や保護処分の性質から受刑者とは異なった配慮が必要となる。特に在院者は、精神的に脆弱で、事件の影響や少年院への入所から不安定な心理状態にある場合が少なくない。従って、被害者から心情等の聴取を行い、在院者の矯正教育の参考にするのはよいが、被害者が在院者への心情伝達を申し出た場合、在院者に被害者の心情等を伝達するか否か、或いはいつ伝達を行うかの判断は慎重に行う必要がある。

親から虐待されたり、学校や職場等でいじめやハラスメントに遭っていたりするなど、在院者には小児逆境体験（ACE）をもつ者も少なくない。そうした在院者の被害者性に対するケアが行われないまま、加害者性ばかりに目を向け、被害者の心情伝達を行っても十分な効果は得られないであろう。だからといって、自らの行為が招いた現実から目を背けさせてばかりでもいけない。在院者は、好むと好まざるとに関わらず、いずれ被害者のいる社会に戻ることになるのであり、時には民事訴訟等で被害者と関わり、損害賠償の責任を果たしていかなければならない。被害者の視点を取り入れた教育を含めた矯正教育が行われ、在院者が自分の事件に向き合うだけの姿勢ができた時点を見計らって、心情伝達を実施することが望ましいであろう。

その教育の目標をどこに設定するかも悩ましい問題である。被害者の視点を取り入れた教育（特定生活指導）や被害者心情理解指導（生活指導）の目標の一つが「自己の犯罪・非行が与えた被害を直視し、その重大性や被害者の置かれている状況を認識する」[59]ことにあり、これだけでも十分ハードルが高い目標であるが、さらに被害者への贖罪や損害賠償に向けた意思形成まで図らなければならないとすると、そのハードルは更に高くなる。改正少年院法施行前の通知では、先の目標に加え、「被害者及びその家族（中略）に対する謝罪の意思を高め、誠意をもって対応していくための方策（中略）について考えること」[60]が特定生活指導の目標とされている。やや曖昧な形で規定されてはいるが、この被害者等に対し「誠意をもって対応していく」ことに損害賠償が含まれるとすれば、少年院での被害者の視点を取り入れた教育において、在院者に被害者への損害賠償の現実と計画を考えさせなければならないことになる。[61]しかし、年少の在院者に対し、非常に高額の損害賠償の支払義務を示すことが、果たして更生に向けた道筋の順序として正しいのか疑問がないわけではない。かといって、被害者に重大な損害を与えていながら、その責任から逃れることが当然であるかのような扱いも適当でなかろう。特に、特定少年の場合、民事的には完全に成年であり、保護者にも損害賠償責任がないわけであるから、その責任から目を背けさせるわけにもいかない。その兼ね合いが非常に難しく、今後、新しい少年院法の下で、どのような指導を在院者に行っていくべきかが模索されなければならない。

また、現在の少年院における処遇期間内に被害者の心情理解や謝罪等の決意という処遇目標に到達することができるのかも課題である。一般の長期処遇の場合、1年足らずしか期間がないことから、この短い期間に、在院者の心情の安定を図り、非行の背景となった要因や逆境的な体験に対しても対応しつつ、被害者の視点を取り入れた教育を行い、そのうえで心情伝達を行って、被害者の現実と向き合わせ、被害者に対する責任を果たしていく決意を持たせるのは、スケジュール的にかなり厳しいものがあろう。特に、特定少年の場合、犯情の軽重を考慮して収容期間が定められていることから（少年法64条3項）、ある程度、被害の重大性は加味されているとはいえ、在院者の要保護性によっては、生活指導に時間がかかることもあり、被害者の心情理解を含めた処遇目標にまで到達できるかが課題である。しかし、自らが行った行為の結果や影響を十分に受けとめられないまま、決められたゴールに向け時間に追い立てられるように進級や仮退院の手続が進んでいくのも本末転倒のような気がするのは著者だけであろうか。

他方、在院者の場合、保護者への対応も課題となる。在院者の非行の背景には保護者の養育環境や態度が密接に関わっている場合が少なくなく、在院者が社会復帰する際にも保護者の引受けや環境改善が不可欠である（保護者に監護能力があるなど、それが適切な場合に限られるが）。２０１４年の少年院法制定時に保護者に対する協力要請や指導・助言等の規定が入ったのもそのためである（同17条）。そうした観点から、在院者に被害者の心情等を伝達する場合、在院者の保護という観点からも、また保護者に対する責任の自覚という観点からも、同席を求めることが望ましい場合があろう。[62] 現在の保護観察における心情伝達においても、在院者の場合、保護者の同席を求める場合がある。

被害者自身が、心情伝達に際し、保護者の同席を求める場合もあるであろう。特に、在院者が未成年者（18歳未満）である場合、被害者が保護者に対する損害賠償請求の意向をもっている場合があることから、在院者だけでなく保護者にも同席を求めることが必要となる。但し、法律上はあくまで心情伝達の対象者は在院者となっており、保護者に同席を強制することはできない。反対に、保護者が在院者を虐待していたような場合や、保護者が在院者の引受けを拒否している場合など、在院者と保護者の関係などから同席が望ましくない場合もあろう。心情伝達の際に保護者を同席させるかどうかは、被害者の意向や在院者と保護者の関係から判断すべきである。但し、同席が難しい場合でも、被害者の心情の内容によっては、在院者とは別に、被害者の心情等を保護者に伝えることは行い得るであろう。

## 13 心情聴取・伝達と損害賠償

被害者は民事訴訟や損害賠償命令等で損害賠償の債務名義を得ても、請求権は10年で消滅時効に掛かることから、時効を更新する必要がある。しかし、重大事件の犯罪者（加害者）は10年以上の拘禁刑を受けることが多いことから、刑事施設に拘禁されている間に損害賠償請求権が時効を迎えることになる。そのため、被害者は刑事施設に収容されている犯罪者に対し改めて損害賠償訴訟を再提起するケースが見られる。

しかし、それには、被害者に再び訴訟費用や弁護士費用が掛かることになり、もし犯罪者が最終的に損害賠償を完済しなければ、これらの費用は全て被害者の負担となる。弁護士費用は、ごく一部しか犯罪者側に請求できないため、殆どが被害者の持ち出しとなる。

更に、犯罪者の刑期が20年以上や無期の場合、時効の更新ため、何度も損害賠償請求訴訟を提起しなければならないことになる。その度に被害者は、多額の費用を負担しなければならないだけでなく、訴訟手続に疲弊し切ることになる。こうした不合理な状況があるため、犯罪者の刑期が長い場合、当初から損害賠償請求訴訟を諦めてしまう被害者もいる。

しかし、時効は、確定判決（又はそれと同一の効力を有するもの）だけでなく、犯罪者が損害賠償の一部でも支払いをするか、犯罪者が被害者に損害賠償請求権があることを承認すれば更新される（民法152条）。自動車損害賠償保障法に基づく無保険車やひき逃げの場合における政府の自動車損害賠償保障事業では、政府が被害者に保障金を支払った後、加害者に求償を行っているが、弁済を終えていない加害者が刑事施設にいる場合、時効完成前に国土交通省の担当職員が刑務所に赴いて債務承諾書を取り付けて時効の更新を行っている。[63]

そこで、殺人等で服役している受刑者が損害賠償を弁済していない場合、時効完成を防ぐために、心情聴取・伝達制度を利用して、債務を承諾する旨の回答をするよう、債務承諾書とともに心情伝達を行うことを考えてはどうであろうか。心情聴取は口頭で行うことが原則であり、書面で行うことができるのは心情伝達をしないとき（又は被害者等の心身の状況その他の事情を考慮し相当と認めるとき）という、やや不合理な制度設計になっている（犯罪者処遇規則43条の4但書）。しかし、心情伝達を前提として口頭で行う場合に書類を添付してはいけないという規定もないので、こうした心情聴取・伝達に際して、債務承諾書を付け、伝達の際の被害者への通知として、受刑者の「被害弁償又は慰謝の措置について述べたこと」として債務承諾書を送付することが行われてよいはずである。これがダメだというのは、明らかに法律や犯罪被害者等基本計画の趣旨に反している。もし、心情聴取・伝達で債務承諾書の添付が認められないというのであれば、承諾書だけ、別途、受刑者に向け内容証明郵便で送ることも考えられる。

こうした運用を行うことができれば、被害者が、わざわざ訴訟を再提起せずとも、損害賠償請求権の時効を更新することはできよう。

## Ⅳ　修復的矯正・修復的保護観察への発展可能性

かつて修復的矯正（restorative correction）なる理念を提唱したことがある。[64] まず、修復的矯正は、犯罪者の更生や社会復帰は、自己の犯罪が被害者やコミュニティに与えた損害や影響を忘れることでなく、それを正しく認識した上で、被害者やコミュニティの人々をも交えながら、犯罪者に損害回復の責任を果たす努力を促すとともに、それに必要な指導や援護を行っていくことによってこそ実現するものであるとの立場を前提とする。そのうえで、矯正の作用を、犯罪者が被害者に与えた損害を修復する努力をさせるとともに（被害者への損害修復）[65]、犯罪者が自らの家族との関係を修復し（家族との関係修復）、さらに地域社会の中で再び犯罪を犯すことなく、社会の一構成員として雇用主や地域住民との関係をも修復（再構築）していくプロセス（地域社会との関係修復）として位置付けるものである。従って、この場合の矯正とは、単に刑事施設や少年院といった施設内だけの処遇や教育を意味するものではなく、社会のなかにおける処遇（community correction）を含む概念である。前者を、狭義の修復的矯正と呼ぶのであれば、後者は**修復的保護観察**（restorative community correction）と呼んでも構わない。いずにしても、犯罪者が改善更生し、社会復帰する過程を、家族との関係修復、地域社会との関係修復、被害者への損害修復といった「修復」という概念から再構成するものである。

このうち被害者への損害修復は、損害賠償を受刑者に要求することだけを意味するものではなく、反対に、受刑者に対し贖罪教育を行うだけで良しとするものでもない。まず、被害者に対し被害の状況や損害回復等の犯罪者に対する要求を確認しておいたうえで、受刑者側が把握している被害や被害者の状況を確認する（第1段階）。次に、受刑者が被害者の抱える苦しみや苦悩を正しく理解できるよう被害者の視点を取り入れた教育を行い、そうした処遇の状況について被害者にも情報提供を行う（第2段階）。そして、被害者が希望し、且つ処遇側が適切と判断する場合には、被害者が心情や要求を間接的な形で受刑者に伝達し、それに対する受刑者の反応や思いを被害者に伝える（第3段階）。さらに、被害者、受刑者双方が希望し、且つ、それが適切な場合は、両者が直接に対話・対面する段階に進む（第4段階）。こうした一連の対応全てが、被害者への損害修復に向けた取り組みを成す（図1）。[66]

この提案を行った当時は、まだゲストスピーカー制度が始まって間もない頃であったため、制度の実現は時期尚早に思われたが、その後、被害者等通知制度が改正され、受刑者の収容や処遇についての情報提供が可能になり、被害者の視点を取り入れた教育も整備されるようになっている。そして、2023年から刑の執行段階における被害者心情聴取と心情伝達制度が導入されたことから、刑の執行の早い段階において被害者の心情や意見の確認・把握が可能となり、被害者が希望すれば、被害者の心情等を受刑者に伝達することができるようなったことから、運用次第によっては、修復的矯正の第3段階に当たる間接的対話が実現することとなる。

一方、保護観察所も、従前、生活環境調整において、受刑者家族など帰住先の環境調整に加え、被害者等調査や仮釈放意見聴取において被害者の心情や意見把握を行ってきているほか、受刑者が仮釈放になれば、保護観察対象者に対する心情伝達制度を通じて、被害者と対象者との間の間接的対話も可能となっている。

このように、矯正から更生保護の過程を通じて、受刑者の家族との関係を修復し、地域社会に定着することができるよう雇用主や地域住民との関係を構築（修復）するように努めると同時に、被害者の心情を理解した上で、被害者が望む贖罪の道を歩ませることで、受刑者の「真の」更生と社会復帰を果たさせることができる。刑の執行段階における意見聴取・心情伝達制度は、こうした修復的矯正や修復的

図1　修復的矯正・修復的保護観察の体系

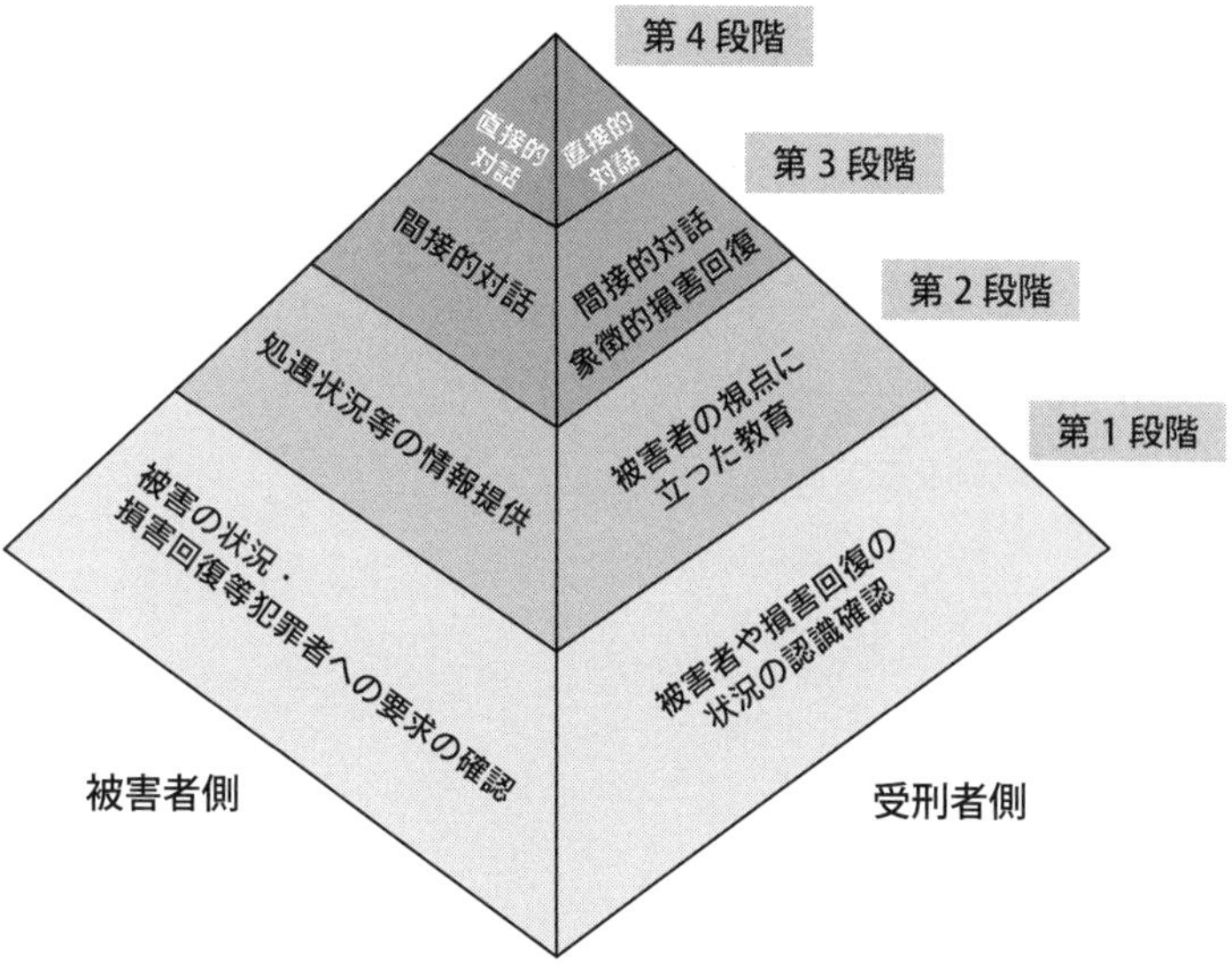
第4段階
直接的対話
直接的対話
第3段階
間接的対話
間接的対話
象徴的損害回復
第2段階
処遇状況等の情報提供
被害者の視点に立った教育
第1段階
被害の状況・損害回復等犯罪者への要求の確認
被害者や損害回復の状況の認識確認
被害者側
受刑者側

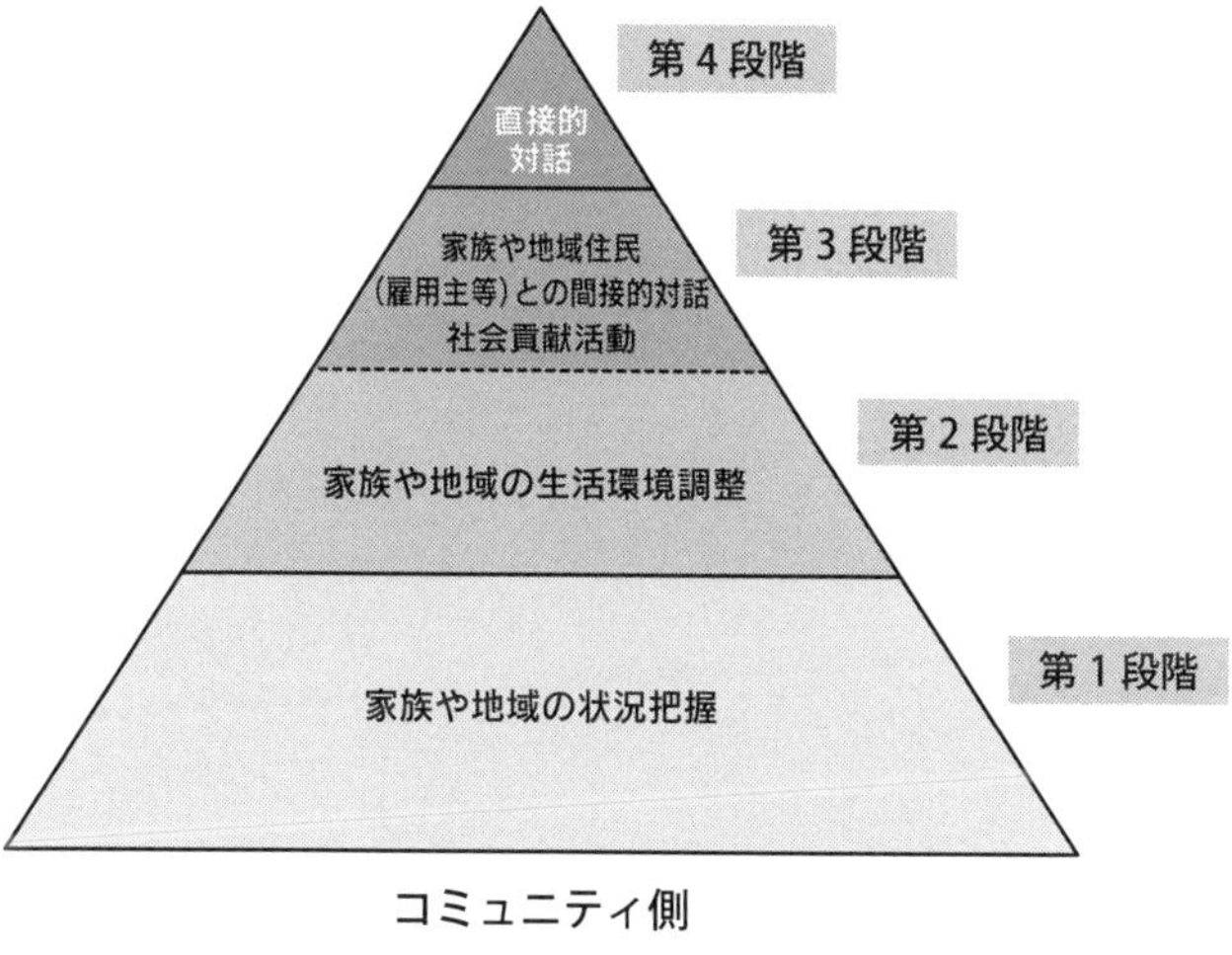
第4段階
直接的対話
第3段階
家族や地域住民
(雇用主等)との間接的対話
社会貢献活動
第2段階
家族や地域の生活環境調整
第1段階
家族や地域の状況把握
コミュニティ側

保護観察の実現のうえでも重要な役割を果たすことが期待できるし、そうでなければならない。

05章

# 刑務作業報奨金と損害賠償

# Ⅰ　最高裁判所の判断

## 1　刑務作業と報奨金

大半の受刑者は、刑事施設において作業に従事する。現在、懲役刑の受刑者には作業が義務付けられており（刑法12条2項）、２０２５年から導入される拘禁刑においても、「改善更生を図るため、必要な作業を行わせ、又は必要な指導を行うことができる」（刑法12条3項）ので、作業が改善更生に必要な場合、作業が義務付けられる。

いずれにおいても、作業を行った受刑者に対しては、釈放の際に報奨金が支給される（刑事収容施設法98条1項）。その額は、作業の種類及び内容、作業に対する知識及び技能の程度等を考慮した基準に基づいて定められている（同3項）。実際に報奨金が支給されるのは釈放の際であるが、毎月、前月に行った作業に対応する金額が報奨金計算額として、会計上、加算されている。釈放前でも、受刑者からの申出により、刑事施設内での自弁物品等の購入、親族の生計の援助、被害者に対する損害賠償への充当等相当な使用目的であると認められるときは、その時点での報奨金計算額に相当する金額の範囲内で支給を受け、使うことができる（同4項）。

報奨金以外では、受刑者が刑事施設に収容される際に所持していた現金や物品のほか、収容中に親族等から受け取った現金や物品は施設側で領置しており（47条2項）、一定の場合、収容中に使用することができる（同49条）。しかし、ごく一部の受刑者を除き、多額の領置金を有している者はいない。従って、作業による報奨金が、刑事施設における受刑者の唯一の収入であり、資産であると言ってよい。第7章で検討する自己契約作業の報酬はあるが、現在は、ごく一部の受刑者しかこの作業には従事していない。受刑者は、報奨金を被害者への損害賠償に充てることができることは、入所時教育や「被害者の視点を取り入れた教育」等で指導されている。また、前章で紹介した刑の執行段階における被害者心情聴取・伝達制度に基づいて、被害者は、損害賠償の弁済要求について、施設側に聴取してもらうことができるし、受刑者に伝達することもできる。

しかし、報奨金の釈放前支給や被害者への送金は、あくまで受刑者の申出に基づかなければならないため、受刑者の承諾が前提となる。従って、被害者が民事訴訟や損害賠償命令において損害賠償の債務名義を得ていても、支払いを行うかどうかは受刑者の自由である。

そこで考えられるのは、強制執行により受刑者の作業報奨金（計算額）を差し押さえることができないか、である。しかし、従前、作業報奨金に対する強制執行はできないというのが学説上の通説であり、監獄法の時代にはその旨を判示した下級審の裁判例も見られた。そうしたところ、2022年、犯罪被害者が受刑者の報奨金の差押えを求めた事案において、最高裁判所は報奨金に対する強制執行を認めないという初の判断を下した（以下、最高裁令和4年決定という）。そこで、本章では、当該最高裁決定を分析・評価したうえで、強制執行が認められない場合の新たな対策（制度）について提案することにする。

## 2　事実の概要

加害者の詐欺行為によって損害を被った被害者たる本件抗告人が、詐欺の被害額に当たる

２３００万円余の実質的な損害賠償（実際には貸金債権）の債務名義を確定判決により取得したが[2]、加害者が詐欺罪によって懲役が確定し刑事施設に収容されたため、損害賠償の支払いを受けられないでいた。本件抗告人は、受刑者となった加害者は刑務作業により第三債務者たる国に対して報奨金請求権を有するとして、当該報奨金請求権を差押債権として差押えの申立てを行ったが、地裁は、釈放前の受刑者は作業報奨金請求権を有せず、差押えは報奨金制度の趣旨や目的にもそぐわないから不適法であるとして却下した。そこで、本件抗告人により、高等裁判所に対し、原決定を取消し、債権を差し押さえることを求める執行抗告[*]が行われたが、執行抗告審も、原決定の理由に加え、釈放前の報奨金の支給上限は注意規定に止まるので、その限度であれば差押えても報奨金制度の趣旨を没却することにならないという抗告人の主張は採用できず、また、釈放前の支給制度も受刑者の自発的申出を前提に被害者への賠償を正当な使用目的の一つとして列挙しているにすぎないとして、報奨金は差押えの対象とならず、本件申立ては不適法なものであるとして執行抗告を棄却した。抗告人は、作業報奨金請求権は受刑中から権利として発生しており、報奨金が受刑者の改善更生目的であるとしても、刑事収容施設法98条4項は申出以外の差押えを排除するものではないから、原決定は同規定（及び1項）の解釈に関する重要な事項に誤りがあり、過去に最高裁や高裁の判例もないとして高等裁判所に対し抗告許可の申立てを行い、最高裁判所に対する抗告が許可された。

## ３　決定要旨

抗告棄却。

「1　刑事収容施設及び被収容者等の処遇に関する法律98条は、作業を行った受刑者に対する作業報奨金の支給について定めている。同条は、作業を奨励して受刑者の勤労意欲を高めるとともに受刑者の釈放後の当座の生活費等に充てる資金を確保すること等を通じて、受刑者の改善更生及び円滑な社会復帰に資することを目的とするものであると解されるところ、作業を行った受刑者以外の者が作業報奨金を受領したのでは、上記の目的を達することができないことは明らかである。そうすると、同条の定める作業報奨金の支給を受ける権利は、その性質上、他に譲渡することが許されず、強制執行の対象にもならないと解するのが相当である。したがって、上記権利に対して強制執行をすることはできないというべきである。このことは、受刑者の犯した罪の被害者が強制執行を申し立てた場合であっても異なるものではない。

2　以上によれば、上記権利に対する強制執行としてその差押えを求める抗告人の申立てを却下すべきものとした原審の判断は、結論において是認することができる。論旨は採用することができない。」

＊　民事訴訟法上、抗告とは、判決以外の裁判である決定や命令に対する上訴を指す。執行抗告とは、民事執行手続における執行裁判所の裁判に対して取消し等を求める不服申立てをいう。また、抗告許可の申立てとは、高等裁判所の決定及び命令に対して最高裁判所に抗告をすることの許可を求めるものである。最高裁判所の判例と相反する判断がある場合その他の法令の解釈に関する重要な事項を含むと認められる場合に限って最高裁判所への抗告が認められる。抗告の許可があった場合には、最高裁判所への抗告があったものとみなされる。

## Ⅱ　作業報奨金に対する強制執行の可否

### 1　最高裁決定の意義

これまでも刑務作業の報奨金（旧監獄法の作業賞与金）は差押えの対象にならないというのが通説的見解とされており[3]、監獄法下では同様の判断を下した下級審の裁判例がある[4]。本件では、詐欺事件の被害者が受刑者の国に対する作業報奨金請求権を差押債権とする差押えの申立てを行ったところ、最高裁は、作業報奨金は受刑者の改善更生及び円滑な社会復帰に資することを目的としたものであり、受刑者以外の第三者が受領すればその目的を達することができないとして、刑務作業の支給を受ける権利は強制執行の対象にならないとしたものである。

本決定は、刑事収容施設法施行後に報奨金の法的性質と強制執行の可否について判示した初の事案であり、最高裁はこれを認めなかった。しかしながら本決定は、被害者が、犯罪（不法行為）によって重大な損害を受け、損害賠償の債務名義まで得たとしても加害者から賠償を得られず、受刑者は刑事施設内で刑務作業に従事し、作業報奨金を得ているにもかかわらず、被害者に対し損害賠償をする者が殆どいないという不合理な現実を改めて白日の下に晒し、今後の被害者支援の在り方に一石を投じる事例として意味を有するものである。

### 2　作業報奨金の権利性

刑事収容施設法98条1項は、「作業を行った受刑者に対しては、釈放の際（中略）に、その時における報奨金計算額に相当する金額の作業報奨金を支給するものとする」と規定する一方、同4項で「刑事施設の長は、受刑者がその釈放前に作業報奨金の支給を受けたい旨の申出をした場合において、その使用の目的が、自弁物品等の購入、親族の生計の援助、被害者に対する損害賠償への充当等相当なものであると認めるときは、第1項の規定にかかわらず、法務省令で定めるところにより、その支給の時における報奨金計算額に相当する金額の範囲内で、申出の額の全部又は一部の金額を支給することができる」と定めていることから、釈放前及び釈放の時点で受刑者が差押えの対象となるような報奨金請求権という債権を有しているかどうかが問題となる。

本件抗告人（犯罪被害者）は、原々審より一貫して、この刑事収容施設法98条4項が釈放前に報奨金の支給を認めていることを根拠として、報奨金は毎月の算出の度に権利として発生していると主張する。また、仮に報奨金請求権が将来発生する債権だとしても差押えは可能であり、刑事収容施設法１０２条１項が同１００条による死亡又は障害手当金の差押えを禁止する旨の規定を置いているのに、報奨金に関する98条にはそうした規定がないことを理由に差押えが可能であるとする。

最高裁は、「同条の定める作業報奨金の支給を受ける権利は、その性質上、他に譲渡することが許されず、強制執行の対象にもならないと解するのが相当である。」として、作業報奨金の支給を受ける権利があることは前提としつつも、その内容（・時期）や具体的な理由は示さないまま、原審の判断を是認している。[5] 原決定は、「98条4項の新設がされても、受刑者は、収容の開始から釈放までの各時点において報奨金計算額という観念的数額（計算上の金額）を持つにとどまり、法98条4項の定めも、使用目的が相当なものと認めるときに、刑事施設の長の裁量によって、報奨金計算額に相当する作業報奨金が支給されるというものであって、同規定によって、報奨金計算額に権利性を付与したものと解することはできず、同規定が新設されたことを根拠に、受刑者の有する報奨金計算額に権利性があると解することはできない」としている。

さらに原審は、抗告理由に対する判断のほかは、原々決定の理由を引用するとしている。原々審は、法98条1項の規定から報奨金請求権は釈放された時点で発生し、同5項の場合には報奨金計算額がゼロになることや、同4項による釈放前の支給も使用目的の相当性要件が課され、支給金額も刑事施設長の裁量に委ねられていることに照らすと、釈放前の受刑者が有するのは報奨金計算額に見合った金額の支給を受けることができるという期待権に過ぎないとしている。また、抗告人が仮に報奨金請求権が釈放の際に発生する権利だとしても、将来債権として差し押さえることは妨げられないと主張している点については、差押えが認められるための将来債権であるためには、債権の発生確実性が求められるが、法98条5項により逃走等の場合に作業報奨金計算額がゼロとなることや、同4項による釈放前の支給も使用目的の相当性判断を経る必要があり、支給の可否を予測することはできないなど、発生の確実性を欠くとして、差押えが可能な将来債権と同列に論じることはできないとしている。また、刑事収容施設法100条の手当金の差押えを禁じた同102条1項と異なり、作業報奨金に差押えの規定がないのは、報奨金請求権が発生する時期と支給の時期が一致しているため、差押えを観念する余地がないからであるとして、報奨金の差押禁止規定がないことをもって、差押えが可能であるとすることはできないと判断している。[6]

そうすると、最高裁のいう「作業報奨金の支給を受ける権利」とは、原々審の山口地裁が判示した「将来報奨金計算額に見合った作業報奨金の支給を受けることができるという期待権」を指し、発生が確実な具体的権利ではないから差押えの対象にならないということなのか、それとも、「釈放の際」に受刑者に認められる作業報奨金請求権を指し、釈放時に具体化した報奨金請求権についても、法98条の刑事政策的目的から差押えが禁止されるということまで意味するかは必ずしも明確でない。しかし、両者は矛盾するものではないし、後述するように作業報奨金の刑事政策目的を差押禁止の理由に挙げていることから、作業報奨金請求権が発生した時点でもこれを差し押さえることはできず、ましてや受刑中（釈放前）の計算額である時点では単なる期待権に止まり、差押えの対象となるような権利ではないとしたものと思われる。[7]

かつての監獄法は、刑務作業に従事した者には作業賞与金を支給することが**でき**ると規定し（27条2項）、作業賞与金は作業の成績以外にも行状を斟酌して額を定めるものとして（同3項）、たとえ作業をしたとしても行状不良の場合には作業賞与金の計算をしないことも認めていた（監獄法施行規則70条）。実務においても、「刑務作業は、懲役受刑者にとっては、刑の執行そのものであるから（刑法12条2項）、受刑者には、本来、これに対する何らかの給与を請求する権利はないというべく、作業賞与金は、作業奨励という刑事政策上の考慮に基づき、その作業収益、生産性とは無関係に作業従事者に対し、一定の基準に従って過不足なく、恩恵的に与えられる国家財産の公法的な配分」であるとの判断が下級審によって示されていた。[8][9]

しかし、2005年と2006年の二段階の立法により制定された刑事収容施設法は作業報奨金を作業に対応する金額とし（98条2項）、その基準は、作業の種類及び内容、作業に要する知識及び技能の程度等を考慮して定め（同3項）、受刑者の作業以外の行状は考慮せず、作業関係の事項のみを基準として額を決定するなど、作業に対する報酬的な性格を強めるに至った。さらに、作業を行った受刑者に対しては、釈放の際に、その時における報奨金計算額に相当する金額の作業報奨金を支給するものとすると定めたことから（98条1項）、釈放の際には支給することができる、として支給の可否には裁量の余地があった監獄法の作業賞与金の制度を改めて、釈放の時点で受刑者には作業報奨金支払請求権が発生するものとし、国は支払いの債務を負うことになった。[10]

本件抗告人は、監獄法と異なり、刑事収容施設法98条4項が釈放前の報奨金の支給を認めたことを根拠として、報奨金は毎月の算出の度に権利として発生していると主張したわけである。しかし、監獄法下においても、在監中の受刑者に作業賞与金計算額の一定額を支給することは施行規則において認めていたのであり（76条）、改正によりこの規定が法律の中に組み込まれた点は異なるものの、釈放前の支給は法令により監獄法時代から認められ、実務としても日常的に支給が行われていたことから、この点をもって権利性の有無を判断することは適当でない。

刑事収容施設法が作業に対する金銭給付の報酬的性質を強めたことで釈放前の給付をより認め易くなったことはあるとしても、釈放前に報奨金（や賞与金）の支給を認めるのは、作業の奨励、経済生活の訓練、親族の生計の援助、被害者への損害賠償の充当という、受刑者自身の改善更生及び社会復帰という矯正処遇の政策的意図からであって、作業に対する給付の権利性とは直接関係がない。もし、作業報奨金の算出毎に報奨金（請求）の権利が発生しているのであれば、刑事施設の長が釈放前の支給において使用目的の相当性を判断する余地はないはずであるが、法はそうした内容とはなっていない。

現行法において報奨金の権利性が認められたのは、刑事収容施設法98条1項が釈放時に支給可否の裁量を刑事施設長に認めず、釈放の際に報奨金計算額に相当する金額を支給するものとしたからであり（限りなく「支給しなければならない」に等しい）、釈放時にさえ賞与金支給の可否が施設側の裁量に委ねられていた監獄法の制度が改められたからである。[11] 従って、釈放前の報奨金の支給が認められていることをもって報奨金請求権を認めることは妥当でなく、あくまで報奨金（相当額）請求権が発生するのは釈放時である。本決定は、そのことを前提として釈放時における作業報奨金の権利性を認めたのであろう。しかし、そうなると、収容中の受刑者にも釈放時に作業報奨金相当額の金額を支給されるという将来債権があることになり、それに対する強制執行の可否が問題となるわけであるが、最高裁は、そこには言及せず、次に述べるように報奨金の刑事政策的意義からこれを否定したものである。

なお、２０２２年の刑法等一部改正により、２０２５年から拘禁刑が施行される。拘禁刑において、作業は改善更生及び円滑な社会復帰を図るために必要と認められる場合に行わせることになるが（刑法12条3項、刑事収容施設法93条）、刑罰及び処遇として科せられることに変わりはない。従って、作業によって支給される報奨金の性質や報奨金請求権が釈放の際に発生することも従来と変わりはない。

## 3　作業報奨金の刑事政策目的

最高裁は、作業報奨金が「作業を奨励して受刑者の勤労意欲を高めるとともに受刑者の釈放後の当座の生活費等に充てる資金を確保すること等を通じて、受刑者の改善更生及び円滑な社会復帰に資することを目的とする」ことから、報奨金請求権は強制執行の対象にならないと判示している。つまり、作業に対して支給される報奨金の差押えは犯罪者の改善更生と円滑な社会復帰という刑事政策目的から禁止されており、それは被害者の損害賠償請求権を請求債権とする強制執行でも変わるところはないとする。

これは、受刑者の釈放後の当座の生活資金を確保し、所持金がないために再犯に及ぶ事態を防止するという作業報奨金の趣旨や目的からすると、受刑者の釈放時に作業報奨金の差押えを認めることは、受刑者の当座の生活資金を奪うことになり、受刑者が再犯に及ぶ事態を招きかねず、前記の趣旨や目的に反することとなるとする原々決定と同じ趣旨である。

最高裁は、その権利性は前提としたうえで、作業報奨金制度の刑事政策目的から差押えが禁止されると判示していることから、収容中の作業報奨金の計算額や釈放前に支給されたものに止まらず、「釈放の際」に作業報奨金請求権が具体的な形で発生した場合でも、差し押さえることはできないことになる。原々審も「釈放時に作業報奨金の差押えを認めることは、受刑者の当座の生活資金を奪うことになり、受刑者が再犯に及ぶ事態を招きかねない」（傍点著者）ないから認められず、また「法98条4項は、受刑者が刑事施設内における自己の日常生活に用いる物品の購入に作業報奨金を充てることが経済生活の訓練として有意義であることや、自己の作業によって得る作業報奨金を親族の生計の援助、被害者に対する損害賠償等に充てることが改善更生、社会復帰の促進という観点からも望ましいことから、釈放前の作業報奨金の支給を認めているところ、釈放前に支給される作業報奨金の差押えを認めることは、やはり同項が釈放前の作業報奨金の支給を認めた趣旨や目的にそぐわない。」（傍点著者）として、釈放前（受刑中）に支給された作業報奨金であると、釈放時に支給された作業報奨金相当金額であるとを問わず、何れも差押えの対象にならないことを明確にしている。

なお、抗告人は、原々決定に対する執行抗告の申立てにおいて、実際の報奨金は低額であることから生活資金の確保による再犯防止という趣旨は貫徹されておらず説得力がなく[12]、また、刑事施設規則60条により釈放前の報奨金の支給には上限額が設定されていることから、その上限額を超えない範囲で差押えを認めても釈放後の生活資金の確保という要請には応えられるとする。

これに対し、原決定は、「釈放前の時点で、場合によっては報酬計算額の2分の1を超えて支給することも想定していることからすると、釈放後の当座の生活資金の確保の観点から、釈放時までに無制限に支給することができない旨を注意的に定めたものと解され、報酬金計算額の2分の1について、明示的に受刑者の釈放後の生活資金の確保のために留保することを定めたものと読み込むこともできない」から報奨金の差押えを認める根拠にはならないとする。

原審の判示するとおり、刑事施設規則60条が釈放前の報奨金に支給限度額を設けているのは、釈放後の生活資金の確保による社会復帰の促進という趣旨からであるとされている[13]。しかし、報奨金は、単に釈放後の生活資金としての目的のためだけに支給されているわけでない。規則60条の限度額の設定は、単に釈放後の生活資金の確保だけでなく、特定の使用目的だけのために、その他の相当な使途（例えば、信書の発受や電話の費用、外出・外泊の費用、自弁物品等の購入、親族の生計の援助、被害者に対する損害賠償）に支障を来すことを避けることが望ましい場合があるからであると見るべきである。しかし、いずれにせよ、これらの使途の何れも受刑者の改善更生や社会復帰に資するものであるから、これを第三者が限度額の範囲内であるとしても差押えてしまうことで、受刑者の改善更生や社会復帰のための報奨金や釈放前の支給制限という趣旨を没却することになる。

また、原々審が、「受刑者が自ら被害者に対する損害賠償に作業報奨金を充てることが改善更生や社会復帰の促進につながるという同項（98条4項…著者注）の趣旨や目的に照らすと、受刑者の自発的な申出によることなく、差押えにより被害者に対する損害賠償に充てることはその趣旨や目的にそぐわない」とした点に対し、抗告人は、執行抗告の申立てにおいて、98条4項に被害者に対する損害賠償が正当な使用目的として明示的に列挙されているから、被害者への賠償は受刑者の改善更生に資するのであり、それは受刑者の自発的な意思によらなければならないものではなく、差押えを司法が妨げるべきではないと主張する。

原決定は、この点について、原々審の判示部分を示しながら、「法98条4項は、受刑者の改善更生の観点から、受刑者の自発的申出を条件として、『被害者に対する損害賠償への充当』を正当な使用目的の一つとして列挙しているにすぎず、むしろ、作業報奨金の差押えを認めることになれば、作業報奨金制度の趣旨目的を没却することになる」と判示している。

確かに、98条4項は、受刑者が作業報奨金を釈放前に支給することを希望する場合に、支給の可否を判断するうえで、使用目的の相当性を要件とし、その一例として被害者に対する損害賠償への充当を挙げているのであって、その逆ではない。即ち、被害者に対する損害賠償という目的であれば、強制執行を含め作業報奨金に対しどのような扱いをしてもよいことを認めたわけではない。現行法を前提とする以上、こうした立論となるのは当然である。

## Ⅲ　作業報奨金控除制度の可能性

### 1　被害者に対する損害賠償未払いという現実

被害者は、犯罪によって重大な経済的損害を被り、民事訴訟や損害賠償命令等によって損害賠償の債務名義を得ても、犯罪者には資力がないという理由で損害賠償が実際に支払われることは殆どない[14]。特に、被害者が多大な経済的損害を被るような重大事件の犯罪者は刑事裁判によって重い拘禁刑（或いは死刑）を受け、長期間、刑事施設に収容されることになるため収入の道が閉ざされることになる。

実際に受刑者が就労により収入を得ることができるようになるのは刑事施設から釈放された後である。しかし、仮釈放になって保護観察に付されても、残刑期間主義を採る我が国の仮釈放制度の下では数か月からせいぜい6か月程度で保護観察が終わってしまい[15]、その間に安定した収入を得て、被害者へ送金を始めることは容易ではない。仮釈放後から被害者に僅かばかりの送金を始める者もいるが、短い保護観察が終わると、送金を止めてしまう者も見られる。一方、受刑者が満期釈放となってしまえば国は一切関与することができないため、被害者は自ら犯罪者の所在を特定し、強制執行を始めとした損害賠償を徴収するための対応を全て自力で行わなければならず、膨大な労力が掛かる割に実効性は殆ど上がらない。

しかし、何れの形で釈放されるにしても、重大事件の受刑者は刑期が長いことから、被害者は釈放まで数十年、時には40年も50年も待たなければならない。被害者の中には、事件直後から極めて厳しい経済状態に置かれ、人生設計の大幅な変更を余儀なくされる者もおり、そのような長い歳月を経た後、たとえ損害賠償の支払いが（分割で）始まったとしても、被害者に対する経済的窮状の緩和という面では殆ど意味をなさない。下手をすると、被害者は、損害も補填されないまま、犯罪者より先に他界してしまうことにもなりかねない。

## ２　刑務作業に対する作業報奨金の増額

これまで、こうした事態は止むを得ないこととして、何らの対策も採られず、放置されてきた。しかし、犯罪被害者の被った損害に対し犯罪者がなし得る限りの賠償をすることは、犯罪被害者に対する損害回復や心情充足という面だけでなく、犯罪者の「真の更生という意味でも不可欠である。社会復帰とは、自分の起こした被害や被害者のことを忘れることでは絶対にない[16]。改善更生とは、単に再犯をしないようにすればそれでよいというわけでもない。自分が被害者に与えた損害を補填するための最大限の努力をすることが改善更生の出発点であり、社会復帰もあるはずである。受刑者や元受刑者が社会生活を送っていくうえで損害賠償が容易でないことはわかるが、被害者に与えた損害回復に向け努力すらしようとしないのでは、社会が元犯罪者の受け入れに躊躇するのも当然と言えば当然と言えよう。

最高裁令和４年決定の判断は結論としては妥当というほかないが、だからといって、被害者の損害回復や矯正処遇が現状のままでよいとは全く思わない。２０２１年から実施されている第四次犯罪被害者等基本計画においては、矯正施設（従って、少年院も）において謝罪や被害弁償等の具体的な行動を促すための指導を含めた改善指導・矯正教育等の一層の充実に努めるものとされているし[17]、２０２２年に改正された刑事収容施設法では、刑事施設での矯正処遇に当たっては被害者の心情等を考慮するものとされ（改正刑事収容施設法84条の2第2項）、刑の執行段階における心情聴取・伝達制度も導入された。[18] また、改正された更生保護法でも、同法の措置（保護観察、仮釈放・仮退院、生活環境調整、恩赦等全て）においては、被害者等に対する心情、被害者等の置かれている状況を十分に考慮して行うものとするという社会内処遇の原則に被害者への配慮を規定するに至った（3条）。

拘禁刑や仮釈放の現状を考えると、受刑者が刑事施設から釈放された後から賠償を始めるのでは遅きに失し、また実効性もない。そこで、受刑者が刑罰により刑事施設に収容されている時点から損害賠償に向けた支払いを僅かずつでも行うような仕組みを検討する必要性が高く、またそれが唯一の方法のように思われる。

改革の選択肢の一つとしては、教育刑論や自由刑純化論の立場から主張されてきている賃金制導入も考えられないわけではない。詳細は次章で詳しく論じることとするが、結論としては刑務作業に対する賃金制の導入はやはり困難と言わざるを得ない。そこで、考えられるもう一つの選択肢は、現在の作業報奨金を大幅に増額することである。

刑事収容施設法となり、作業に対しては、受刑者の一般行状は考慮せず報奨金を支給するものとし、その額も作業成績や作業態度等作業に関する基準に基づくこととして報酬的性質を高めたとはいっても、現在の報奨金の水準は極めて低額である。報奨金制度の趣旨が、作業奨励だけでなく、最高裁が判示するように釈放後の当座の生活資金の確保による改善更生や再犯防止にあるとすれば、支給水準の大幅な増額が必要である。[19]

現在の作業報奨金の支給基準は、「作業の種類及び内容、作業に要する知識及び技能の程度等」（刑事収容施設法98条3項）を考慮して定めるものとされている。具体的には、作業の種類及び内容、作業期間、作業の知識及び技能の程度、作業成績並びに就業態度に基づいて昇等又は降等させる作業等工（1等工から10等工）毎に設定されている基準額に就業時間を乗じ、作業の種類（工場での作業や外部通勤作業等）、時間外作業、作業成績、就業態度、創意工夫による加算又は減算したものとなる。[20] しかし、この基準は算出の根拠であって、各等工を幾らにするかは、結局のところ、政策的な判断である。

ちなみに、作業報奨金の支給基準は作業収入とは関係がない。作業報奨金の支給総額は作業収入総額の範囲内でなければならないという考え方もあろうが、これは観念的なものであって、国の会計上、作業報奨金と作業収入とは何ら連動しておらず、作業報奨金の予算は、政策的に定められた基準に基づき、受刑者数や作業総量をも考慮して設定され、作業収入との収支関係で決められているのではない。[21] そもそも、受刑者の収容にかかる費用が作業収入によって（事実上）補塡されているわけでは全くなく、作業費ですら作業収入を上回っている。[22] 作業収入はどうでもよいというわけではないが、その総額の範囲で作業報奨金の基準を決めることは非現実的であるし、政策的に妥当でない。

やはり、作業報奨金の基準は、受刑者の作業能力を中心に、処遇の奨励、更生資金、最低賃金（上限の基準として）等を総合的に考慮して、政策的に決めることが妥当であろう。しかし、受刑者の多くは、社会であれば日常生活を送ることができるだけの報酬が得られるような作業に従事しているのであるから、現在よりも高い報奨金は支給されてしかるべきである。但し、受刑者の収容費（特に、食費）や国家予算の制約も全く無視してよいというわけでもない。また、受刑者の作業効率は社会における一般の労働水準よりかなり低いこと、[23] 受刑者の生活費は全て公的財源、即ち税金で賄われていること、受刑者は税金や社会保険料等の負担がないこと、社会一般の所得水準の報酬を得ることに対して現在の国民感情からは理解が得られにくいこと、国家の財政的な制約もあること等に鑑みると、一般社会における最低賃金の水準よりは低いものとせざるを得ない。

被害者への賠償は、本書の主張と相容れないように思われるかもしれないが、報奨金の基準とはしない。[24] 報奨金は国が刑事政策的判断から作業に対して支給するものであるし、損害賠償に資するため（だけ）に基準を設定して支給するとなれば、事実上、国が賠償していることにもなりかねないからである。また、被害者のいない罪を犯している者も大勢おり、被害者がいる受刑者にだけ差を設けるわけにはいかない。しかし、作業に対する報酬としての性質と本人の更生を念頭において現在よりも高い水準の報奨金とすれば、結果的に、被害者への賠償にも資することになる。[25] ここで具体的な数値やその試算の根拠を確定的に示すことは困難であるが、平均で現在の3〜5倍程度の額になることが妥当でないだろうか。[26] 労働に対する対価としての賃金水準には及ばないものの、この程度の額であれば、僅かずつながら、被害者への賠償に努めていくことはできよう。

しかし、現在より高額の作業報奨金を支給しても、収容中に受刑者の改善更生や社会復帰に繋がらない形で消費されてしまっては意味がない。実際、受刑者は、刑事施設内で支給される生活品があるにもかかわらず、それより高額な市販の物品を自弁で購入することも多い。雑誌や書籍の購入は、教養や心情の安定、社会情報の獲得といった点で重要であるが、わいせつ性の高いアダルト雑誌の購入も極めて日常的に行われている。[27] それを「浪費」とまでは言わないが、被害者への損害賠償の債務を負いながら、その履行もしようともせず、必ずしも必要のない物を購入することは、改善更生への姿勢としては不適切と言わざるを得ない。受刑者は、倹約も節約もしなくてよいという理屈が果たして通用するであろうか。特に現在より高額の報奨金を支給するとした場合に、このような状況が続くとなれば尚更である。

### 3　被害者への損害賠償を目的とした作業報奨金の控除制度

受刑者が、被害者への賠償に充てるため自ら申し出る場合は、作業報奨金の計算額から減算し、その相当額を被害者に送金することができる。しかし、憂慮すべきことは、現在より高額の報奨金を支給するようにしたとしても、本人が被害者への賠償を行わないという事態が生じることである。しかし、最高裁令和４年決定で判示されたように、刑事施設収容中に作業報奨金計算額を差し押さえることはできず、また釈放時に受刑者の作業報奨金請求権が具体化し、実際に作業報奨金が支給された時点でも同様である。仮に受刑者に「賃金」を支給する制度を導入すれば、支給された賃金は受刑者の財産であるから強制執行の対象となり、賃金請求権も毎月具体的な形で発生していることから、これを支給前に差押えることも可能である。この点が作業報奨金と異なるところであるが、結論的に賃金制の採用は難しい。

現在でも、刑執行開始時の指導において被害者への損害賠償に充当するためであれば作業報奨金を釈放前に支給してもらうことができる旨の説明はなされているし[28]、被害者の視点を取り入れた教育（R4においても被害者への慰謝、慰霊、賠償等について自覚をもたせる指導は行われている。しかし、それでも、実際に収容中から被害者に損害賠償を送金する受刑者は殆どいない[29]。そうした現実を踏まえると、報奨金水準が引き上げられても、実際に受刑者が被害者に送金する可能性は低いと判断せざるを得ない。

作業報奨金の平均額が４５００円台とはいえ、[30]受刑者の中には月に1万円や2万円の作業報奨金計算額を加算されている者がいるにもかかわらず、毎月５０００円や1万円ずつでも被害者に送金する者はいないのである。そうした現実を踏まえると、たとえ現在より高額の報奨金を支給することにしても、被害者への損害賠償の実現には結び付かない可能性が高い。そこで、予め法律で、被害者が受刑者に対する損害賠償の債務名義を取得している場合、作業報奨金の計算額から、受刑者の意思にかかわらず、損害賠償の分割払いに相当する額を控除し、被害者に送金する制度が検討されてしかるべきである。[31]

作業報奨金は、監獄法時代の作業賞与金に比べ報酬的な性質と権利性を強めたとはいえ、収容中の段階で受刑者に請求権があるわけではなく、釈放の際に作業報奨金計算額に相当する金額の作業報奨金が支給されるであろうという期待権があるに過ぎない。[32]期待権とはいっても、雇用契約に基づく賃金期待権や停止条件付売買契約といった契約に基づくものとは異なる。

刑事収容施設法下での報奨金計算額の基準は、「作業の種類及び内容、作業に要する知識及び技能の程度等を考慮して定める」(刑事収容施設法98条3項)ものとされており、監獄法の作業賞与金とは異なり(監獄法27条3項、監獄法施行規則70条)、行状をも斟酌して行状不良のときは作業報奨金の計算をしないことができるわけではない。しかし、これは作業報奨金の算定基準を定めたものであって、作業に基づいて算定された額が必ず支給されるというものでもない。受刑者が逃走したときや外部通勤、外出・外泊等において指定した日時までに施設に帰着せず、6月を経過する日までに刑事施設に収容されなかったときは自動的にそれまでの作業報奨金計算額はゼロとなるし(刑事収容施設法98条5項)、受刑者が遵守事項や特別遵守事項を遵守しなかったり、生活や行動についての職員の指示に従わなかったりした場合は、懲罰として、報奨金計算額を削減することができる（同150条、151条1項5号）。[33]

また、報奨金の支給（実際には計算額の加算）においては「作業の種類及び内容、作業に要する知識及び技能の程度等」を考慮するとし、就業態度にしても、考慮に入れてよいのは受刑者が指定された作業を行う際の態度だけであって、居室における生活態度等は含まれないとされている。[34] しかし、受刑者が職員の指示に従わなかったりした場合（抗命）、懲罰として報奨金を削減できるのであるから、結局、行状が報奨金に影響するという点では同じである（但し、裁量度と手続が異なる）。実務でも、懲罰により報奨金計算額を削減される者は極めて多いが、そのうち最も多い遵守事項違反の内容は怠役である。[35] これは、就業態度と言えば就業態度であろうが、そもそも作業を拒否しているわけであるから、受刑態度であり、生活態度そのものである。就業態度についても、自発性、勤勉性、協調性に基づいて評価基準点が加算されるが、[36] 就業態度が悪ければ作業成績に影響するであろうから、作業成績についてはマイナスの作業成績評価基準点がつき、報奨金が減額されることになる。

そうした報奨金制度において、被害者が強制的に債務を徴収することができる損害賠償の債務名義を有している場合、犯罪被害者への賠償に充当するため一定の範囲で報奨金を控除することができる規定を設けることが不当であるとは思えない。債務名義があれば、賃金その他個人の財産でさえ強制執行として差し押さえ、強制的に徴収することができるのに（受刑者の領置金も強制執行が可能である）、幾ら報酬性が高められたとはいっても、本質的には奨励的・政策的に支給している報奨金から控除することができないというのも何か均衡を欠いているように思われる。そこで、予め、法律において、報奨金から債務名義に基づく損害賠償に充当するための控除を行うことができることを定めておき、毎月の加算額を算定する際に控除を行うようにすべきである。その時点では、報奨金（相当額）請求権が発生しているわけでもないし、報酬請求の期待権に対する侵害にも当たらないであろう。[37]

なお、作業報奨金は、作業収入から支出されているのではなく、政策的観点に基づいて定められた金額を国家予算から支出しているものである。そのため、被害者への賠償を念頭において、作業報奨金から控除するとすれば、事実上、国が代わりに被害者に賠償していると見られかねない。確かに、会計的にはそう見えるかも知れないが、受刑者が行った作業による収益は国の歳入となり、その一方で、国は歳出として受刑者に報奨金を支給しているのであるから、間接的に、受刑者自身の作業によるものと見なすことができる。

## 4　海外の刑事施設における作業報酬控除制度

海外にも、刑務作業の報酬から一定の費用を控除する仕組みがある。アメリカの刑務所では、大別して、自営作業、生産作業、構外作業（公共関連事業）、提供作業（民間企業による作業）、作業帰休（外部通勤作業）、農作業の6つのうち何れかの作業に、義務的又は半義務的に受刑者を従事させている。一部の州の一部の作業を除き、これらの作業に対しては賃金（wage）が支給されているが、そこから一定の費用を控除する仕組みが取られている。[38] 控除の内容は、収容費（room and board, cost of confinement 等）、罰金・損害賠償命令、税金、家族の扶養費等である。特に、刑事裁判で犯罪被害者に対する損害賠償命令を言い渡された受刑者の作業賃金から、損害賠償の分を分割で控除したり、犯罪被害者基金に納付するための賦課金分を控除したりしていることが注目される。[39]

連邦刑務所では、連邦議会によって設立された公営企業UNICORが提供する作業と、それ以外の作業があり、前者の賃金が高くなっている、特別賦課金（special assessment）[40]、損害賠償命令（restitution order）、罰金、訴訟費用、養育費・扶養費、税金、拘禁費用等、裁判所が受刑者に対して支払いを命じた金銭債務がある場合、受刑者に支払計画を立てさせ、刑務作業によって支給された賃金から控除する受刑者金銭支払責任プログラムが実施されている[41]。プログラムへの参加は受刑者の意思に基づくが、裁判所命令に基づく金銭債務があるにもかかわらずプログラムに参加しない者に対しては施設内での優遇措置の対象にならないなどの不利益な扱いがある。控除に基づく支払計画は受刑者が立てるが、1か月の賃金の50％以上を支払いに回すことが奨励されている。

また、アメリカでは、1979年以降、連邦や州、地域の刑務所が民間企業と提携して作業を行う刑務所産業強化認証プログラム（PIECP）が連邦司法省司法援助局と全米矯正産業協会によって行われている[42]。一定の要件を満たす刑務所が認証を受けて初めてこのプログラムに参加し、民間企業との共同事業として作業を実施することができる。プログラムに基づく作業に参加するかどうかは受刑者の同意に基づき、作業に対しては当該地域の同種の一般労働に対して支払われるものと同じかそれ以上の水準の賃金を支払わなければならないとされているので[43]、他の刑務作業より高額の賃金が支給されるが、この賃金からは定期的に一定の控除が行われる。控除の名目は、収容費、税金、家族の扶養費と犯罪被害者補償及び支援に限定されているが、法律上、控除は額面賃金の80％まで可能であり、控除の上限が非常に高くなっている[44]。

このプログラムは、元々、受刑者の製造に係る製品の州間通商や他州での販売を禁止する規制の例外とし、刑務所が受刑者を一般労働市場で労働させることを認め、民間企業との共同事業として刑務作業を運営し、生産品を民間企業に提供できるようにするものである。しかし、それにとどまらず、そうした民間との共同事業を通じて、受刑者に就労経験と職業技術を与えることで釈放後の就労を促進し社会復帰に寄与すると共に、社会貢献、収容費の補塡、被害者への補償及び家族の扶養に繋げることをも目的としている。[45] そのため、刑務所が本プログラムの認証を受けるには、刑務所が犯罪被害者補償及び支援（基金）に充てるために賃金の5％以上20％以下を徴収することが要件となっている。[46] ２０２２年の統計によると、ＰＩＥＣＰプログラムに基づく総賃金のうち被害者補償プログラム及び損害賠償命令控除が11・5％、収容費控除が29・9％、扶養費控除が1・9％、税控除10・2％となっており、受刑者の賃金手取りが46・6％となっている。[47] 約半分が受刑者の手に残り、10％強が被害者補償プログラム及び損害賠償命令のための控除となっている計算である。しかし、この被害者のための控除は、受刑者の個々の被害者に対する賠償のためのものではなく、連邦の犯罪被害者基金（Crime Victim Fund）を始めとする各種の被害者補償基金に組み入れられるものである。損害賠償命令とあるのも、刑事裁判で被告人に科せられる損害賠償命令ではなく、州の被害者基金に組み入れられて、そこから被害者に支給されるものが中心であるという。[48]

ドイツでも、刑務作業に対して支給される報酬が各州の基準に基づいて支給されるが、そこから連邦や各州の刑事執行法に基づき収容分担金が徴収されている。[49] 但し、連邦刑事執行法によれば、同法による作業報酬や職業訓練等補助金を得ている場合のほか、自身の責めに帰さない理由で作業を行えない場合や作業義務がないために作業を行わない場合には収容分担金の支払いを免除される。但し、作業を行っていない場合でもその他の収入（年金や不動産収入）がある場合には、収容分担金の支払義務がある。刑事執行法に基づき作業報酬を得ているにもかかわらず、収容分担金の支払いが免除されるのは、受刑者に対して正当な報酬を与えなければならないという連邦憲法裁判所の要請があることに加え、作業報酬が低額であり、収容分担金を免除することが報酬の一部であると見なされているからであるという。[50]従って、実際に収容分担金が徴収されるのは、刑事執行法に基づく作業ではなく、雇用契約に基づく労働に従事している受刑者である。

しかし、刑事執行法に基づく刑務作業に対する報酬は社会一般の労働者（年金保険被保険者）の平均労働報酬の9％に過ぎず、更に作業の内容や成果によって当該平均労働報酬の60％から138％までの加減が認められていることから、[51]「報酬」とはいえ、極めてその支給額は低額である。結局、刑事執行法に基づいて作業に従事している者からは収容分担金を徴収しないと言っても、現実には、一般の労働報酬との差額が、事実上、収容分担金として徴収されていることにほかならない。

収容分担金は、受刑者の食費や宿泊費等の生活費の分であるとされ、連邦司法省が公表している2020年の1人1か月当たりの収容分担金（食費と宿泊費の分のみ）は約317ユーロから約458ユーロにも達する。[52]受刑者から徴収した収容分担金が被害者への損害賠償に充てられることはないが、被害者に損害賠償を支払う場合には収容分担金を徴収しないとしている州があるようである。[53]

また、イタリアでは、エンリコ・フェリーが起草に携わった1921年の刑法草案（いわゆるフェリー草案）が、犯罪者に対し被害者への賠償を科し、完納しない場合は刑務所での労働によって得た賃金から賠償を行う義務を課していたことはよく知られている。[54]この案は、1931年のイタリア刑法に引き継がれ[55]、現行のイタリア刑法でも維持されており、刑務所において受刑者が行った作業に対しては報酬が支払われるが、被害者への損害賠償はその報酬から控除される[56]。

韓国にも我が国のような懲役刑の制度があり（刑法41条2号）、懲役は、矯正施設に収容して執行し、定められた労役に服させるとして（同67条）、作業を義務付けている。作業収入は国庫に入る国庫帰属主義を採るが（刑の執行及び受刑者の処遇に関する法律73条1項）、作業を行った受刑者（禁錮及び拘留の受刑者も申請により作業を行うことができる）に対しては、その勤労意欲を鼓舞し、健全な社会復帰を支援するため、作業の種類、作業成績その他の事項を考慮して受刑者に作業奨励金を支給している（同2項）。これは、我が国の作業報奨金同様、作業の対価ではなく、刑事政策観点から支給される公法的な国家配分である。奨励金は、釈放のときに支給されるが、本人の家族生活の補助、教化又は健全な社会復帰のため特に必要な場合は、釈放の前に、その全部又は一部を支給することができるとして（同3項）、釈放前支給を認めている点も我が国と同様である。

しかし、韓国の場合、犯罪被害者保護法に基づいて国が犯罪被害者に救助金（我が国の犯罪被害給付金に相当）を支給した場合[57]、支給額の範囲内で被害者の加害者に対する損害賠償請求権を国が取得（代位）するが（犯罪被害者保護法21条2項）、加害者が受刑者又は保護監護処分対象者[58]として刑事施設又は保護監護施設に収容されている場合、作業に対して支給された作業奨励金又は勤労報奨金からこの分を控除することができる（同3項）[59]。この規定は、犯罪被害者保護法制定前の旧法たる犯罪被害者救助法の制定当時（1987年）から置かれている。しかし、これは、犯罪被害者への損害賠償に充当するための控除ではなく、犯罪被害者救助金の財源となっている犯罪被害者保護基金法に基づく犯罪被害者保護基金に組み入れるための控除である。また、強制的な控除ではなく、受刑者又は保護監護対象者の同意が必要である（犯罪被害者保護法施行令19条3項）。韓国の作業奨励金も法令により1日1400ウォン（約140円）から1万5000ウォン（約1500円）とされ[60]、実際の支給額も2021年で1日4652ウォン（約465円）なので[61]、犯罪被害者救助金制度へ組み入れるための控除を行うことができるような額ではない。しかし、受刑者が作業により得た奨励金から犯罪被害者救助金制度の財源に組み入れるための控除制度が被害者支援の法律に規定されているのは興味深い。

国連においても、1960年の犯罪防止・犯罪者処遇会議において、賃金制の導入を推奨する一方、報酬から、生活費、家族の扶養費、釈放後の更生資金、納付義務のある税金とともに、被害者への賠償を控除することができることを提案している[62]。

## 5　作業報奨金控除制度の正当化根拠――作業及び報奨金の目的との整合性

それでは、作業報奨金から被害者への損害賠償を目的とした控除を行う正当化根拠はどこに求められるであろうか。

まず、その前提として債務名義の存在が挙げられる。被害者は民事訴訟を提起し、犯罪者は損害賠償を支払う旨の確定判決を得るか、損害賠償命令の申立てを行い、賠償命令の決定を受けるなどして、債務名義を取得しているわけであるから、ある意味、国が犯罪者に対して被害者に賠償を命じているのである[63]。もし、犯罪者が賠償を払わず、資産や所得がある場合は、強制執行により犯罪者の資産や所得を差し押さえることも認められている。

しかし、犯罪者は、拘禁刑が科せられると刑事施設に収容されるため、社会において所得を得て損害賠償を被害者に支払うことはできなくなる。受刑者として刑事施設内で作業に従事すれば作業報奨金が支給されるが、最高裁令和4年決定のように、この作業報奨金の計算額だけでなく、釈放時に支給された作業報奨金に対しても強制執行を行うことができない。国は、犯罪者に賠償を命じる一方、拘禁刑を科すことで、それを困難にする状態を作り出していることになる。

もし受刑者が受刑中に損害賠償に向け何もできないとなれば、国による賠償命令が形骸化することになるし、実際にそうなっている。この国が生じさせた一種の背反状態を是正し、被害者の財産的損害を補塡するための制度を国は整備する責務があるとも言える。その一つの方法として、国による賠償命令（債務名義）を前提として、作業報奨金から賠償のための控除を行うことが考えられるのである。これは、犯罪者への科刑により損害賠償が困難になっているとして国による損害賠償の買取りや立替払いを設けるべきだとの主張とは全く次元が異なる。

勿論、予め法律において作業報奨金から被害者への賠償に充当することを目的として控除することを規定しておく必要がある。そのうえで、受刑者が刑事施設に収容された際の刑執行開始時指導において、作業報奨金と控除制度の趣旨を受刑者に説明し、受刑中の被害者の視点を取り入れた教育においても被害者への賠償の必要性について指導することで、受刑者の動機付けを図っていくことも重要である。

しかし、その一方で、こうした控除制度が作業や報奨金制度の意義や目的と相容れるかどうか、更には積極的に正当化されるかが問題となる。

一般に、刑事施設における作業は、勤労習慣の醸成や就労能力の育成を通じた受刑者の改善更生及び円滑な社会復帰を目的としている。特に、拘禁刑を導入した改正刑法は、拘禁刑において行われる作業や指導は改善更生に必要な場合に行うとし（12条3項）、同時に改正された刑事収容施設法も、受刑者に対し、その改善更生及び円滑な社会復帰を図るため必要と認められる場合には、作業を行わせるものと規定するに至っている（93条）。従って、作業報奨金も、一般的には、受刑者の改善更生及び円滑な社会復帰を図ることを目的としていることになるが、具体的には、作業に応じた報奨金を支給することで、勤労の喜びと充実感を体験させ、勤労習慣を醸成するとともに、報奨金の獲得と支出（自弁物品の購入等）を通じた経済観念の養成を図り、釈放後は、当座の生活資金の確保による社会生活の安定を図ることを目的としていると言えよう。

ただ、相当な使用目的がある場合には、釈放前に報奨金計算額に相当する範囲内で支給することを認めている（刑事収容施設法98条4項）。これは、それが受刑者の改善更生に資するからである。その相当な目的として、法が自弁物品の購入、親族の生計の援助と並んで、被害者に対する損害賠償の充当を例示していることから、作業報奨金も、被害者への損害賠償への充当を目的の一つとしていると考えられるし、そうであるべきである（包括説）。作業報奨金が目的としているのは釈放後の生活資金の確保だけであり、そこには親族の生計の援助や被害者への賠償の充当は含まれず、例外的にそれらを目的とする場合には釈放前に支給することを認めているのだという解釈は（限定説）、余りに技巧的で、且つ、改善更生を目的とする矯正処遇の趣旨にもそぐわない[64]。ましてや、２０２２年の刑事収容施設法の改正で、処遇要領の策定・変更に際しては被害者の心情等を考慮するものとし（84条の2第1項）、矯正処遇の実施に当たっては被害者の心情及び状況並びに被害者から聴取した心情等を考慮するものとしていることから（同2項）、[65] 矯正処遇の一つたる作業と作業報奨金が被害者やその状況と関係がないとすることは到底できない。

繰り返すが、改善更生とは単に再犯をしないようにすればそれでよいというわけではなく、社会復帰も受刑者が招いた被害や被害者のことを忘れることでは絶対にない。改善更生とは、自分が被害者に与えた被害の現実を正しく受けとめることを出発点として、その損害を補填するために為し得る限りの努力をすることも含まれる。[66][67] 矯正処遇も、そうした被害者への贖罪も含めた改善更生に向け適切な指導を行う必要がある。そうした意味で、最高裁令和4年決定にいう受刑者の改善更生及び円滑な社会復帰とは、受刑者が再犯に至らず社会生活を送ることだけを改善更生と捉える、非常に狭い発想であると言わざるを得ない。犯罪者が被害者に重大な損害を与えている現実がある以上、受刑者が作業により加算された作業報奨金計算額から被害者に対して賠償を支払うことも、また受刑者の改善更生の一環なのである。

作業報奨金から沢山賠償すると、釈放時の更生資金が少なくなり、犯罪者の更生が危ぶまれるから、被害者への賠償も改善更生の一環であるとする新派の立場と矛盾するという見解があるが、[68] ここでいう改善更生も、ただ受刑者が釈放後再犯を犯さないことだけを念頭に置いたものであり、適切でない。確かに、釈放後、受刑者や元受刑者が就労できずに、生活に困窮することで、更生に支障が生ずることはあり得る。しかし、そうならないために、我が国では、明治時代から刑余者保護、司法保護、更生保護会、更生保護事業といった釈放後の社会的支援の取り組みが脈々と続いてきているのであり、戦後は、いったんＧＨＱの指示で廃止されたものの、再び更生緊急保護法により更生緊急保護の制度が設けられ、更生保護法に統合された後も、釈放者の社会生活を支える役割を果たしている。更に、近年は、就労支援や司法と福祉の連携を通じた社会復帰支援の諸策も展開されている。受刑者の社会生活の維持という意味での改善更生は、仮釈放後の保護観察（補導援護や応急の救護）や満期釈放後の更生緊急保護、更には社会的援助を通じて実現していくべきものであって、ただ作業報奨金を沢山残すようにすればよいというわけではない。受刑者が大金をもって社会に出れば、それで更生が上手くいくとでも言うのであろうか。本章では、報奨金の増額も提案するが、それだけで受刑者の社会生活が順風満帆になるなどとは到底考えていない。就労支援等を通じて受刑者が社会の中で就労し、職場に定着して自立できるようにしつつ、その一方で、被害者に対する賠償責任をきちんと履行していくこと、この両者が実現してこそ、改善更生というべきである。そして、刑事施設に収容されている間は、生活に困ることはないのであるから、その時点から被害者への賠償を始めるべきだと考えるのである。勿論、釈放時に無一文では困るから、釈放時に支給される報奨金で社会生活が安定するまでの当座の資金になるようにはすべきである。

また、矯正処遇は任意でなければならないという主張があることを考えると[69]、犯罪者が被害者に賠償することが改善更生の一部であるとしても、それはあくまで受刑者本人の自発的な行動によるものでなければならないとする立場もあり得よう。著者も、受刑者が自ら罪を悔い、被害者に自発的に賠償することが改善更生の理想であることは否定しない。最高裁令和4年決定の原決定や原々審の決定が、受刑者の自発的な申出によることなく、差押えにより被害者に対する損害賠償に充てることは刑事収容施設法98条4項（報奨金の釈放前支給）の趣旨や目的にそぐわないとしているが、これは、報奨金計算額からの釈放前の支給についての趣旨を述べたものであって、それはその通りである。しかし、だからと言って、これを根拠に、一般論として処遇や賠償が全て任意である必要があるということにはならない。

改善更生に向けた指導は、全て本人の自発的な意思に基づくものでなければならないという考え方には賛同できない。犯罪者の性行や行動、生活等に問題があるからこそ、犯罪という結果に至ったのであり、そうした問題に気付かせ、犯罪者を正しい方向に導くためには、義務的に指導や処遇を行わなければならない場合が実際には多い。全て本人の自由に任せておけば良い方に向かうという保証もない。だからこそ、刑事収容施設法において矯正処遇は義務付けられるに至ったのであり、２０２２年の改正刑法も、改善更生を図るために必要なときは作業のみならず指導（処遇）も義務付けるという制度となっているのである。保護観察においても、更生保護法において、専門的処遇プログラムや宿泊を伴う指導、社会貢献活動も特別遵守事項として義務付けられるようになっている。

全てを受刑者本人に委ね、本人が自発的に被害者への賠償に向けて努力するようになっていれば、実は改善更生はかなり進んでいる状態と言ってもよい。しかし、全ての受刑者がそうした状態になっているわけでは到底ない。刑事施設では特別改善指導として様々な処遇が行われているが、本人が望まず、参加を義務付けられた処遇においても、いろいろな「気付き」を通じて改善更生に踏み出すことは現実に沢山あるのである。受刑者がただ自分は問題ありませんから処遇を受けません、賠償したくありませんから払いません、という自由や権利に名を借りた放任主義、無責任主義は回避されなければならない。勿論、受刑者が進んで処遇を受けるように動機付けを図る努力や工夫は行わなければならない。被害者の視点を取り入れた教育（R4）も、被害者の心情や置かれた状況を正しく理解することに繋がっており、今後は、さらに慰謝や賠償に向けた姿勢をもたせるよう指導する必要がある。

作業や作業報奨金の意義についても、刑執行開始時の指導や被害者の視点を取り入れた教育においてきちんと説明し、被害者から賠償を求められている場合は、作業報奨金の釈放前支給を受けて被害者に送金する必要があること、それは刑事施設を出てからも行わなければならないこと、そうであるとすれば、施設収容中から賠償に向けた支払いを始めることが、被害者のためは勿論、自身の更生にも繋がることを、きちんと理解させる必要がある。そうした上で受刑者が自ら希望する場合は、報奨金の一部を釈放前に支給してから定期的に送金するようにすればよい。しかし、そうでない場合は、報奨金から賠償分が控除されるようにすべきである。

## 6 被害者への通知

2007年以降、被害者等通知制度に基づいて、矯正施設にいる加害者の処遇状況を希望する被害者に通知している[70]。刑事施設に収容されている受刑者についても、刑の執行終了時期（一部執行猶予の場合は実刑部分の終了時期）、収容されている刑事施設の名称と所在地、作業名、改善指導名、制限区分、優遇区分、褒賞及び懲罰の状況、仮釈放又は刑の執行終了による釈放に関する事項、刑の一部執行猶予の言渡しの取消しに関する事項、仮釈放審理の開始と結果に関する事項について通知することとされている。

これに対し、刑務作業による報奨金の計算額（加算額）については通知事項とはされていない。しかし、被害者への賠償を実効化ならしめるためには、加害者たる受刑者が作業によって報奨金を幾ら支給されているかを被害者に通知しておくことには意味がある。2022年に改正された刑事収容施設法では、処遇要領の策定・変更に当たっては被害者の被害に関する心情、置かれている状況及び被害者より聴取した心情等を考慮するものとされている（84条の2第1項）。また、矯正処遇の実施に当たっても被害者の心情等を考慮するものとしていることを前提とすれば、被害者が心情聴取において受刑者に対する賠償の意思を刑事施設に伝え、或いは被害者が受刑者への心情伝達において損害賠償を要求している場合、被害者が受刑者の報奨金の状況について把握する必要がある。

改善更生を図るために行われている作業とそれに対して支給される報奨金の状況は、正に改善更生を示す事実であるから、これを被害者に通知することには問題がないものと思われる。これまでも、懲罰状況といった受刑者の不利益情報すら被害者に情報提供しているくらいである。受刑者が刑務作業で得た毎月の報奨金の加算額とともに、受刑者が被害者の賠償に充当するために報奨金の釈放前支給を申し出た場合はその事実と額を、また報奨金から賠償額を定期的に控除する場合はその額を被害者に通知するようにすべきである。勿論、被害者が通知を希望することが前提である。

## 7　損害賠償以外の債務の場合

被害者に対する損害賠償の支払いに充てるため作業報奨金からの控除を認める場合、受刑者がもっている他の債務にも同様の扱いを認めるべきかが問題となる。受刑者の中には金銭消費貸借契約に基づく債務（いわゆる借金）を負っている者が多くおり、本来は、これも受刑者が返済しなければならないものである。それでは、損害賠償債務と同様、報奨金からの控除を認めるべきであろうか。

犯罪による損害賠償債務と金銭消費貸借契約に基づく債務も、同じ債務という点では優劣はなく、弁済順位は同じである。従って、作業報奨金からの控除を損害賠償債務に限って認めることは適当でないという意見も予想される。しかし、結論からすれば、損害賠償以外の債務への充当を目的とした控除は、認めるべきではないとまでは言えないが、認める必要はないと考える。この問題は債務の性質に依るべきでなく、改善更生という受刑者の作業及び作業報奨金の目的に沿って考えるべきである。

既述の通り、改善更生とは、自らの罪を正しく認識することが出発点であり、被害者への損害回復に向けて努力をすることが正にその一過程である。そうであるとすれば、被害者への損害賠償のため、作業報奨金から控除を行うことは、作業や報奨金の目的に合致している。借金も、それを放置したままでは、釈放後の受刑者の社会復帰に悪い影響があることは確かである。しかし、受刑者の金銭消費貸借契約に基づく債務は、犯罪とは直接的な関係はなく、あったとしても、せいぜい犯罪の背景となっている場合である。受刑者の犯罪行為によって直接的に被った被害者の損害とは異なる。２０２２年に改正された刑事収容施設法や更生保護法上、矯正処遇や保護観察において考慮すべき事項とされているのは、犯罪被害者の心情や置かれている状況であって、その他の債権者の状況ではない。従って、作業報奨金の控除は、被害者への損害賠償を目的とする場合に限ることには合理的な理由があると言うべきである。

## 8　刑務作業の改革

報奨金の増額は、当然ながら予算の大幅な増額に繋がり、法務省にとって負担となることは間違いない。国の財源が無尽蔵にあるわけではないから、予算の確保は簡単ではなかろう。しかし、受刑者の処遇や社会復帰に対しては莫大な予算と多大な労力をかけているのである。しかも、釈放後、元受刑者が再犯に至れば、新たな被害には取り返しがつかないものもあるし、その後の法執行機関にかかる負担と予算は報奨金の予算どころの話ではない。犯罪者の再犯を予算増額の脅しに使うわけではないが、受刑者の釈放後の社会復帰に資する程度の報奨金が確保されるべきであるし、損害賠償責任のある受刑者には、その一環として被害者への賠償に向けた努力をさせる必要がある。

報奨金の予算は刑務作業の収入とは全く無関係とはいえ、刑務作業の運営も現在のままでいいわけではない。作業単価が低下する中、単価の高い作業を確保できるよう、民間企業との協働や協力を進めていく必要がある。過剰収容と刑務官不足が解消され、ＰＦＩに対する矯正の関心は薄れつつあるが、新たな職種の刑務作業を確保するため民間の力を活用する道もあるのではないだろうか。更生保護では協力雇用主の確保と組織化が進んでいるが、こうした協力雇用主の企業に対し刑務作業や自己契約作業への協力を求めることも考えられてよい。有用作業が減るなかで、今後、生産作業中心でいいかどうかも再検討を要する。[71] 高度経済成長の時代、ものづくりに名を馳せた日本の企業が次第に事業転換を迫られる中、刑務作業の在り方も再考を要する。２０２１年からは刑事施設の職業訓練にコールセンター科が設置されているが、海外の刑務所のように、刑務作業にコールセンターのようなサービス業を導入することも荒唐無稽とは言えない。

また、刑事施設内での就業態度が良好で、被害者に対する賠償への充当を目的として報奨金の釈放前支給を進んで受けている受刑者については、早い段階から外部通勤作業を積極的に認めていくことが望まれる。外部通勤作業に対する報奨金は、現在でも基本月額の１００分の１００の範囲内での加算が認められていることから、高い報奨金を支給することができるだけでなく、社会内で勤労を体験することができるという利点もある。私見では、いきなり受刑者を仮釈放にするのではなく、受刑者の改善更生の状況を見極めながら、刑事施設収容中から開放的処遇を拡大していき、さらに外出や外泊、外部通勤作業を認め、その状況も踏まえて仮釈放とする。保護観察においても、処遇密度を段階的に緩和していく(時には強化する)という段階的処遇及び段階的保護観察の運用が望ましいと考えていることから、[72]外部通勤作業の拡大はその理念にも適う。

特定少年や拘禁刑の新設等を提言した法制審議会の答申においても、外部通勤作業や外出・外泊の活用が提言されている。[73]外部通勤作業は、適格者が少ない、適切な外部事業者が施設の近隣に少ない、逃走等の事態に対する対処法を整備しておく必要がある、地元の警察署等関係機関からの協力を得なければならない、地元住民の理解が必要である、また何より刑事施設長の英断が必要であるといった難しい課題があることは事実である。しかし、仮釈放許可決定をされた者を中心に外部通勤作業を認めるという現在の運用を見直し、より早期の段階から外部通勤作業を実施していくようにすべきである。

## 9 作業報酬全体から支出する制度

やや蛇足となるが、個々の受刑者の作業報奨金から控除するのではなく、受刑者の作業による作業収益から被害者の賠償に充てる制度についても、一応、検討しておく。海外には台湾のように作業収益の一部を犯罪被害者支援のための基金の財源としているところがある。台湾では、監獄行刑法等を改正し、労作金(作業報奨金に相当)の一部を基金に繰り入れ、犯罪被害者に対する補償金等の財源の一部としている。台湾は、日本とは刑務作業の会計方式が異なり、作業収入から作業支出を控除し、残額の60%を労作金の予算とし、10％を犯罪被害者補償制度の予算（基金）に組み込んでいる。[74]

しかし、これは個々の被害者の損害賠償に充てるものではなく、犯罪被害者補償金の財源とするものである。さらに、台湾の場合、労作金は作業収入を財源としているため、こうした方法を採ることができるが、我が国の場合、作業報奨金は、国庫に入る作業収入とは全く関係なく、国の歳出から政策的に定めた基準に基づいて支給しているため、台湾のような会計方式を採ることができない。実質的に作業報奨金（労作金）から（2023年までは賠償的な性質を有していた）犯罪被害者補償金の一部の費用を賄うことからここで紹介したが、日本では制度的に採用しづらい。

## Ⅳ　労働に対する報酬制の是非

作業報奨金が作業に対する報酬的な性質をもっているとはいえ、労働の対価ではなく、受刑者の資産でもないことから、国から支給される給付を基に被害者への賠償を履行させることに何の違和感も覚えないわけではない。賠償を希望する被害者の心情としても、可能な限り犯罪者の収入や財産から賠償の支払いを行うことを希望することも考えられる。そこで、以下では、受刑者が刑事施設において労働を行い、その対価を得て、被害者に賠償を行う可能性について検討を加えることにしたい。一つは刑務作業に対し報酬として賃金を払う賃金制の是非であり（第6章）、もう一つは、受刑者に刑務作業以外の労働に従事させ、報酬を払う自己契約作業の拡大である（第7章）。

【謝辞】

本章の執筆に当たって、最高裁令和4年決定の抗告人代理人として被害者の弁護・支援に当たられた的場悠紀弁護士から裁判資料を提供して頂いた。紙面を借り、感謝の意を表する次第である。

06章

# 刑務作業と賃金制

## I　受刑者による損害賠償を実効化させる必要性

被害者が被った損害を補填する責任があるのは、言うまでもなく加害者たる犯罪者である。しかしながら、犯罪者は資力に乏しく賠償能力に欠ける場合が殆どである。[1]賠償能力だけでなく、被害者に賠償しようとする意思そのものが欠ける者や被害者が賠償を受け取らないであろうと勝手に考えている犯罪者も多い。[2]また、損害賠償が高額になるような重大な犯罪を行った者は長期の拘禁刑を科され、刑事施設での長い受刑生活があるため、社会の中で就労して、収入から被害者に賠償を始めることができるのは数十年先となる。刑事施設においても刑務作業を行うことで報奨金の支給を受けることができるが、その平均額は月5000円にも満たず、[3]炊事工場といった負担の重い作業を行う者でも月2万円台後半がせいぜいである。これでは、分割にしても、被害者への損害賠償など程遠い。

そうしたことから、これまで拘禁刑の受刑者による被害者への損害賠償は実現困難として放置されてきた。さらに日本では、長らく民刑分離とは刑事手続において被害者への損害賠償という民事の問題を扱ってはいけない原則であるかのような間違った見方が取られてきたことから、刑事施設において被害者への損害賠償等の指導をすることは民刑分離の原則に反するとの主張もなされてきた。[4]刑事施設の処遇において被害者への贖罪を考えさせたり、指導したりすることは応報的・報復的な処遇と言われることもあった。

しかし、犯罪者が惹起した犯罪とその被害を見つめ直し、被害者に生じた損害を補填することは犯罪者の改善更生の一環であって、刑事政策の重要な課題である。[5]日本においても被害者支援の高まりの中で、民刑分離を巡る誤見は概ね解消されるに至り、２００１年以降、刑事施設や少年院においてゲストスピーカー制度など被害者の現実を理解させる処遇が徐々に行われるようになっていった。刑事収容施設法が制定され、法令上の根拠ができると、特別改善指導として被害者の視点を取り入れた教育が行われるようになった。これは長らく真の改善更生とは何かという処遇の本質論を突き詰めることなく、処遇における被害者への配慮を欠いてきた矯正にあって大きな前進であったが、被害者の視点を取り入れた教育は受刑者に被害者の心情を理解させることに主眼が置かれており、被害者への損害賠償など損害回復に向けた具体的な指導を行うまでには至っていない。

　現状のままでは、刑期の長い受刑者による被害者への損害賠償はおよそ不可能となってしまう。犯罪と刑罰が刑事司法制度の土台をなし、罪を犯した者に対して刑事責任を追及し、適正な刑罰を科すとともに二度と罪を犯さないための処遇を行うことは、国の安全を守るために必要不可欠なことである。犯罪者に対して適正な刑罰が科されることは被害者も望むところであろう。しかし、その刑罰のために被害者への損害賠償が不可能になっていることは大いなるジレンマであり、被害者にとってもやり切れないものがあろう。刑罰は、犯罪者が被害者に与えた損害の代償ではない。著者が大学で講演をお願いした殺人の被害者御遺族は、加害者の親から「懲役〇年は賠償込みの期間である」と言われたという。[6]勿論、刑罰に損害賠償の分が加味されている訳ではないし、受刑によって損害賠償責任が消えて無くなるわけでもない。刑罰の執行によって被害者が損害の補填を受けることができないことを従来のようにやむを得ないこととして片付けることは適当でない。

　受刑者が釈放されれば、就労し収入を得ることで被害者への賠償を少しずつ行っていくことはできる。

しかし、満期釈放となってしまえば、受刑者がどこに帰住するかわからず、釈放後、帰住先で住民登録しなければ、その所在を把握することができなくなってしまう。実際、借金（債務）を背負っている受刑者は、釈放後、返済を免れるために住民登録をしないことも少なくない。仮釈放になれば、保護観察が行われるから、その間、僅かながらの金銭を被害者に送金する者もいるが、保護観察期間が終わってしまうと送金を止めてしまう者もいると聞く。その保護観察期間も、残刑期間主義を採る日本の場合、長期受刑者であろうと、非常に短い期間しかないことが多く[7]、その短い保護観察期間でさえ、職場への定着と社会生活の安定に向けた指導で終わってしまうことが多い。保護観察期間が終われば、後は被害者が自助努力で加害者の所在確認と損害賠償の支払請求を続けるしかない。しかし、重大事件の場合、刑期が長いことから、仮釈放になるまで相当長期間、被害者は損害の回復もされず、待ち続けなければならないことに変わりはない。待ったところで、仮釈放になる保証もない。加害者が外国人である場合、仮釈放となっても、直ちに入国管理庁の収容センターに収容され、そのまま退去強制となってしまうので、損害賠償の請求や強制執行は事実上不可能となる。

そこで、どうしても、刑事施設での受刑中から被害者に向けた損害賠償の支払いを行っていく方策を考えざるを得ない。極めて低額な作業報奨金しか支給されない刑事施設にあって、長らく、これは不可能なこととして放置されてきているが、被害者の置かれている苦境や苦悩を考えると、やはりどうしても実効性のある具体的方法を模索しなければならない。

２０２１年に日本の京都で開催された国連犯罪防止・刑事司法会議（京都コングレス）で採択された「犯罪防止、刑事司法及び法の支配の促進に関する京都宣言—持続可能な開発のための２０３０アジェンダの達成に向けて」においても、「年齢、性的特性その他のニーズ、障害並びにトラウマを含む犯罪によって生じた損害にしかるべき注意を払いながら刑事司法のあらゆる段階で犯罪被害者の権利と利益を擁護し、支援するために努力し、補償と賠償を得る可能性を含め、被害者の回復を支援し得る手段を提供するように努める」（傍点著者）としている。[8]

２０２１年から施行されている第四次犯罪被害者等基本計画においても、「法務省において、矯正施設の被収容者を対象に実施している『被害者の視点を取り入れた教育』について、犯罪被害者等や犯罪被害者支援団体の意向等に配慮し、犯罪被害者等の心情等への理解を深めさせ、謝罪や被害弁償等の具体的な行動を促すための指導を含めた改善指導・矯正教育等の一層の充実に努める」ものとしている。[9]

さらに、２０２２年の刑法等の一部改正により懲役・禁錮の種別が廃止され、拘禁刑に一本化されるとともに、拘禁刑の執行においては受刑者の改善更生を図るため、必要な作業を行わせ、又は必要な指導を行うことができるとされた（改正刑法12条3項）。その拘禁刑の執行段階における矯正処遇においては被害者の心情等を考慮するものと改められている（改正刑事収容施設法84条の2第2項）。さらに、矯正処遇の一つである改善指導を行うに当たっては、被害者等の被害に関する心情、被害者等の置かれている状況及び新たに導入された被害者から聴取した心情等を考慮するものとされたことを考えると（同１０３条3項）、犯罪者の改善更生という観点からも刑事施設の受刑者による損害賠償の実現が課題となる。

ところで、近時、被害者団体等から犯罪による損害賠償の国による買取り又は立替払制度を導入すべきであるとの主張が見られる。[10] しかし、国が被害者の損害賠償を立て替えたとしても、犯罪者は長い間刑事施設で受刑することになることから、犯罪者への求償が釈放されてからとなれば、相当長期間、求償ができないことになり、刑期によっては、釈放された時点で就労が困難な年齢となっていることも少なくない。無期刑などは、仮釈放されるとしても35年以上経過してからであるし、近年は仮釈放される者より仮釈放されずに刑事施設内で死亡する者の方が遙かに多い[11]。そうなると、端から求償は不可能となって、事実上、犯罪者に代わって国が損害賠償を被害者に支払うことになる。犯罪被害を防ぐことができなかった国が犯罪者と共に被害者に対する損害賠償責任があるとするには理論的に無理があるし[12]、この場合は、立替払いではなく、国による賠償そのものとなる。犯罪者にとっても、どんなに悪いことをしても全部国が尻拭いしてくれる、誠に都合の良い制度となってしまう[13]。そもそも、犯罪者には資力がなく、賠償の可能性がないからというのが買取り・立替払制度導入の根拠であるにもかかわらず、国が犯罪者から回収すべきだとするのは矛盾である。こうした制度の実現は困難であるが、たとえ導入する場合でも、受刑中から受刑者に求償していく方法は考えなければならない。

以上の現実を踏まえ、本章では、刑事施設に収容中から受刑者が被害者に損害賠償の（分割）支払いを可能にしていく前提となる作業報酬の在り方について具体的な検討を試みることにする。第5章においては、刑務作業に対する報奨金を増額し、被害者への損害賠償に充てるための控除制度について検討を行った。しかし、著者が提案するような報奨金の増額が行われ、そこから自動的に賠償分を控除する制度が実現したとしても、被害者への高額な賠償を行っていくには十分ではない。そこで、受刑者の作業に対し、現在のような報奨金ではなく、労働に対する対価としての「賃金」を支給する制度について検討を加える。

日本では、明治時代から、受刑者に対し「賃金」を支給すべきとする主張がある。賃金であれば、刑事政策的観点から決定されている報奨金の額より高額の報酬を支給することができ、受刑者の更生に役立つという発想からである。さらに、そもそも受刑者から労働に対する権利を奪うことはできないとの見解もあり、そうであれば、当然に作業に対しては対価としての賃金を支給すべきことになる。いずれにせよ、賃金が支給されれば、更生や家族の扶養に加え、被害者に対する損害賠償の弁済にも資することになる。そこで、本章では刑務作業に対し賃金を支給すべきとする賃金制の導入可能性について考察を加えることにする。

なお、本章において、懲役や拘禁刑における刑罰及び矯正処遇としての作業（改正刑法12条3項、改正刑事収容施設法84条1項、93条）は「刑務作業」又は「作業」といい、刑罰として科せられるのではない就労は「自由労働」又は「労働」と言うことにする。自己契約作業は、その意味で、「労働」ではあるが、刑事収容施設法で「自己契約作業」という用語が用いられていることから（39条）、当該用語のまま用いる。また、「報奨金」又は「作業報奨金」は、現在の懲役や今後の拘禁刑に基づく刑務作業によって政策的に支給される金銭であるのに対し（刑事収容施設法98条）、自由労働で得る報酬を「賃金」又は「給与」（時間給を意識する場合は時給）と称し、自己契約作業の請負契約に基づいて行う労働の対価として得る金銭は特に「報酬」と呼んで区別することにする。

# Ⅱ　賃金制の理論的系譜

## 1　思想の萌芽

刑事法の領域における被害者への賠償制度は、19世紀の後半、イタリアの犯罪学者チェザーレ・ロンブローゾ門下の実証学派であるR・ガロファロやE・フェリー等によって主張されている。特にガロファロは、個別予防上の効果及び刑務所費用や税負担の軽減といった観点から短期自由刑の代替としての損害賠償命令（罰金）、損害賠償の支払いを条件とする条件付刑（宣告猶予）、損害賠償の支払いを基準とした条件付釈放（仮出獄）を提唱している。[14] 更に、被害者への賠償を条件として刑務所から釈放し、賠償を完納したときに刑の執行を終了させるが、逆に賠償を行わないときは刑務所に再収監するというベルギーのA・プリンスの見解にも賛同している。[15]

また、犯罪被害者への賠償については、19世紀後半に開かれた幾つかの刑事法の国際会議において議題として取り上げられている。特に１８９８年のパリで開催された万国監獄会議では、犯罪被害者への賠償について決議を採択し、その一つとして、受刑者が作業によって得た収益の一部を被害者に支払う方法について慎重な研究を要することを宣言している。[16]

この問題を日本で初めて取り上げた牧野英一博士は、刑事責任と民事責任を厳格に区別する必要があるとしながらも、[17] 民事責任と刑事責任の区別を不当に誇大させることは適当でなく、「犯罪ニ對スル社會上ノ恢復《カイフク》ハ兩個ノ責任カ適當ニ解決セラルルニ因テ初メテ全キヲ得ルモノナル謂ハサル可カラス」として「民事責任ト刑事責任トノ調和」を図る必要があるとしている。[18]
このように、受刑者の作業による収益を用いた被害者への賠償については、既に実証学派や新派刑法学の論者から問題提起がされているが、作業や収益の性質を含め受刑者に賠償を行わせる具体的な方法についての検討には至らなかった。

## 2 教育刑論からの主張

日本では大正時代に受刑者を労働に従事させて賃金を支給すべきとの主張が教育刑論者によって行われており、その目的の一つとして被害者への賠償が挙げられていた。[19] その代表的な論者である正木亮博士は、作業の目的は受刑者に「労働の尊厳、自力独行又は他人に対する責任を教えること」であるとして賃金制を主張している。[20] 正木博士は、作業による自給自足主義の立場を採り、それは単に受刑者の収容費を負担させるという経済的理由に止まらず、倫理的意義をもつとしている。

即ち、犯人はその犯行によって生ずるところの被害に対して賠償を為し、或は贖罪を為すべき道徳的義務を負担するものであるが、而《しか》も反って被害者及び其の他の良民より納付せらるるところの租税に基いて養はるるということは彼等をして背徳、無責任の誹《そし》りを一層深からしめるのである。故に、監獄為政者は監獄作業に付て先ず此の点に着眼し、囚人の叙上の人間的負担を清算せしめる必要があるのである。[21]

さらに、正木博士は、刑務作業に対し賃金を支給し、これから被害者の賠償や家族の扶養費、監獄での生活費を支出させることが受刑者に「自立自営の意識を昂揚《こうよう》せしめると同時に犯罪に対する贖罪的道徳観念を全うし得ることとなる」[22]とし、或いは「犯罪人には自己のなした被害に対して進んで責を負わせる必要がある。そうさせることが犯人を改過遷善《かいかせんぜん》させる奥義であり、かつ教育刑思想を全うする所以である」[23]として、受刑者の改善更生という教育刑論の立場から賃金制の導入による被害者への賠償を主張した。博士は、まず、作業収益から収容費を控除し、剰余金を以て被害賠償や受刑者の家族支援、釈放者保護の資金に活用すべきとする。更に、将来的には、受刑者の希望を増大させるために賃金を認める必要があると共に、賃金の中から被害の賠償や家族の保護の費用、施設内での生活費用を支弁させるべきと主張したのである。[24]

同じく教育刑論に立つ木村亀二博士も、憲法31条が保障する罪刑法定主義から自由刑の本質は自由の剝奪に限られるのであって、自由以外の権利の剝奪は許されないとして、自由刑純化論的な立場に立ちながらも、刑務作業については、憲法13条の個人尊重原則と25条の最低生活権の保障から行刑の目的は受刑者の教育、即社会復帰であり、その実現は刑務作業をもって行うべきであるから、作業に対しては賃金請求権を認めるべきであるとする。[25]

このように、賃金制は、当初、新派の教育刑論や個別予防論の立場から主張されたことから、その理論的支柱はやはり犯罪者の個別予防や社会復帰であった。被害者に対する支援という発想は必ずしも十分でなかったことは否定できないが、被害者支援の影も形もない時代には、これもやむを得ないことであったであろう。[26]

正木博士は、死刑廃止論との関係でも、受刑者の賃金制を説いている。即ち、死刑によって、被害者やその遺族は感情的には救済されるが、犯罪者の家族だけでなく、被害者やその遺族も賠償が得られないことによって生活が困窮し、それが犯罪原因となりかねないから、死刑を無期刑に代えて受刑者に作業をさせ賃金を得させて被害者の遺族を救済させるべきだとする。[27] その際、刑務作業の賃金を3分割し、3分の1を被害者に、3分の1を国庫に、残りの3分の1を受刑者の用途又は貯蓄とし、必要な場合、家族に与えるとする1921年のイタリア刑法準備草案を紹介している。しかし、後には、個々の受刑者による被害者への直接的な賠償ではなく、現在で言うところの犯罪被害者基金の主張に発展させている。即ち、死刑確定者の刑一等を減じて無期懲役とし、最高日当の労働に従事させ、その日当から被害者や本人の家族の生活保障基金となるべき費用を控除して、被害者や本人の家族への補償を行うべきだとするのである。[28]

被害者学を日本にもたらし、犯罪被害者の支援を訴え続けた宮澤浩一博士も、この正木博士の論に賛同しつつ、死刑確定者に限らず、殺人その他の受刑者にも拡大し、作業からの収益に税金や寄付金を加えた被害者等救援基金を創設して被害者への支払いに充てるべきだとした。[29] これは、個々の受刑者が刑務作業の賞与金から被害者に賠償を支払うことを提案するものではなく、作業収益等を被害者基金の原資とすることを主張するものであり、賃金制に対しては、理念はともかく、現実の問題としては実現が困難であるとの見解を示している。[30]

矯正実務家の仲里達雄氏も、教育刑又は社会復帰理念の観点から賃金制を主張する。即ち、自由刑の目的は改善であり、従って行刑の目的も受刑者の改善更生にほかならず、従って、刑務作業の目的も受刑者の労働生産性の向上により社会適応力を育成することにあるから、勤労条件は社会生活におけるものとできる限り同一にすべきであるとして、賃金制を主張する。[31] しかし、その一方で、仲里氏は、自由刑純化論の立場からも賃金制を主張する。自由刑は人の行動の自由のみを奪う刑罰であって、生命や身体、名誉、財産を侵害することは許されず、国は受刑者の全労働力の支配権を有さず、受刑者はなお労働の権利を有するのであって、賃金請求権を有するとする。そして、この賃金制は、受刑者の労働意欲の旺盛、民業圧迫の制限、家族扶助と並んで、被害者に対する損害賠償を目的とすると主張する。[32] 受刑者は、被害者も含む納税者が収めた税金で刑務所に収容され、生活上の待遇を受けているにもかかわらず、被害者及びその家族は、損害賠償も受けられず、人権の問題が等閑に付されているから、国家は受刑者の作業を保証し、それから得た賃金で損害賠償をすべきとするのである。[33]

矯正局作業課長であった柳下武治氏（及び矯正局員）も、「刑務作業の報酬問題は、つまるところ、受刑者の法律的地位、とくに刑罰内容としての強制労働に対する思想によって、その法律的性質が決定されるのであるが、報酬制度の可否は、それが受刑者の改善目的に合致するか否かによって決すべきことである」として、賃金制の採用を主張している。[34] なお、柳下氏は、賃金制を採用した場合の、衣食費の徴収には否定的であるが、犯罪の被害者に対する賠償額の控除制度は必要であるとしている。

平野龍一博士は、刑務作業を自由労働とするのは適当でなく、処遇過程の一環として考えるべきであるとしても、作業が自由労働と同じような種類のものであるとき、賃金とほぼ等しい額を支給することの妨げにはならないとする。[35] 同様に、森本益之博士も、将来の展望として自由労働としての刑務作業と賃金制に理解を示しつつも、現実的な制度としては、受刑者に対し責任を自覚させ、受刑者の真の更生・社会復帰に結びつけるという個別予防の観点から、刑罰による作業において外界の賃金水準に見合った額を支給すべきことを主張され、これも広い意味での賃金制と言いうるとする。[36] そのうえで、森本博士は、一定の機関（裁判所、被害者補償機関、行刑機関等）が受刑者に賠償を義務付けさせるとするが、受刑者が直接被害者に賠償を支払うのではなく、賠償積立金を国庫に帰属させて被害者補償の財源とすることが妥当であるとする。

## 3 自由刑純化論からの主張

一方、行刑や刑務作業の「社会化」という観点から自由労働としての刑務作業と賃金制を主張したのが市川秀雄博士である。市川博士は、刑務所内における受刑者の生活を通常人の生活にできるだけ近づける社会化が必要であるから、刑務作業を一般の自由労働と区別すべき理由がなく、憲法27条が定める勤労の権利と憲法25条の生存権に基づき労働によって生存権を維持することが国民の権利であり、受刑者といえど、この権利は奪われることはないとして、労働に対しては賃金が支払われるべきであるとする。[37] 市川博士は自由刑の純化という概念こそ用いていないものの、基本的に自由刑純化論に基づく主張に位置付けられよう。しかし、その一方で、市川博士は、自由刑は受刑者の改善矯正、社会復帰を目的としており、改善矯正を目的とする作業（労働）を奨励するためにも賃金制を採るべきだとされている。先の仲里達雄氏や森本博士よりは遙かに自由刑純化論に軸足を置いてはいるものの、自由刑の純化（社会化というべきか）だけでなく、教育刑的観点をも賃金制の根拠とする点では共通していると言えよう。

これに対し、社会復帰理念から賃金制を根拠付けることに反対し、純粋な自由刑純化論の立場から賃金制を主張したのが吉岡一男博士である。即ち、吉岡博士は、「刑務作業を社会復帰手段として捉えることは、作業の刑罰性を否定する側面においては、刑務作業に対しても通常の賃金が支払われるべきだという主張に有利に働く」としながらも、「しかし社会復帰目的のよりよき実現を目指す考察が、現実の作業場面の構成に際して単純に外界と同じ作業体制を帰結するとは思われない」という。さらに「社会復帰手段、処遇の一環としての刑務作業という捉え方は、かえって、刑務作業の特殊性ということからそれに対する通常的な意味での報酬の支給が不要であるという結論を導き、賃金制の主張に敵対するものとなる」として、社会復帰理念に基づく賃金制を否定する。[38]そのうえで、労働は刑罰（拘禁刑）によっても奪うことはできず、刑務作業は外界における通常の労働と同じものと捉える必要があるとする。そして、懲役という作業を刑罰として義務付ける制度の下においても、「就業が強制によるかどうかと、その作業において就業者に対する報酬をどうするかとは別の問題であって、強制作業に対して通常の報酬を支給することも可能であ」り、「刑務作業が刑罰としての強制作業であることから、その作業に従事する囚人に対して通常の賃金支給を否定することはできない」とする。吉岡博士自身、刑罰制度の中で作業を捉える視点と刑罰制度の外で作業を捉える視点のうち、後者を支持しながら、やや両者を混在させて議論している点は整合性を欠くが、[39]いずれにしても、自由刑の下での労働の自由とそれに対する賃金請求権を正面から肯定する。[40]

しかし、吉岡博士は、労働は刑罰をもってして奪うことのできない自由（権利）であり、刑罰の枠外で労働を捉え、作業を外界の労働と同一視することから、その帰結として当然に賃金請求権が生じるため、なぜ賃金制を採用すべきなのか、その目的は何か、或いは、そこで得られた賃金をどのように使うかという観点には殆ど立ち入っていない。刑罰の本質論から労働はその枠外におくべしという吉岡博士の主張の趣旨からして、その必要もないということになるのであろう。僅かに、受刑者の「自己及びその家族の生活責任を自分で負う体制が実現される」としているに止まり、古くより賃金制の「目的」が議論されてきているにもかかわらず、被害者への賠償という発想は全く無い。[41]

菊田幸一博士は、受刑者が自由人と同じく労働の権利と義務を負うとする吉岡博士の主張に賛同しながらも、刑務作業が一般労働と同一に論じることができないことは当然であるとしている。吉岡博士の主張とはやや異なる立場にも見えるが、受刑者は強制作業においても労働者としての権利能力を放棄したことにはならず、労働には必ず賃金が伴うべきである、とする。[42]

また、石塚伸一博士は、マルクス主義に立った上で、自由刑において労働を強制する懲役刑は、労働力の格差を無視し、賃金を支払わないという2つの点で等価原則に反しているとし、受刑者に権利主体性を確立し、等価交換原則が矯正の場面にも妥当しなければならないとして賃金制を主張する。[43] 自由の剝奪のみが犯罪に対する責任の等価物として等価交換原則に適うのであって、自由刑の内容は拘禁に限定されなければならないとの立場に立つことから、自由刑純化論の主張にも繋がる。

## 4 社会的援助論からの主張

一方、社会的援助論の立場から賃金制を主張する見解もある。土井政和名誉教授は、全ての国民同様、受刑者にも自己発達権が保障されるべきであり、国は自由刑の執行に伴う自己発達権の制約という弊害を除去するため、社会復帰のため社会的援助を行う義務を負い、受刑者は社会復帰のための援助を受ける権利を有する、と主張される。[44] 自由刑の単なる純化に止まらず、国が積極的に受刑者を援助する義務があり、受刑者には社会復帰の権利があるとする。その一環として受刑者への就労支援とともに、更生資金を確保させるため、作業に対する賃金制の導入を要請し、賃金の使途としても、自弁物品購入費用や家族の扶養費のほか、被害者への賠償も念頭におく。[45]

## Ⅲ　賃金制導入と監獄法改正作業

以上のように、刑務作業に対し支給される作業報奨金（及びかつての作業賞与金）については、それが労働に対する対価でないことを前提としつつ[46]（一般に恩恵説と称される[47]）、個別予防（改善更生・社会復帰）や自由刑純化論、社会的援助論等を根拠に、将来の立法論或いは事実上の運用論として賃金制の導入を求める見解が主張されてきた。確かに、賃金制を導入すれば、受刑者は被害者に対して分割で損害賠償の支払いをすることができるし、被害者が民事訴訟や損害賠償命令で債務名義を得ていれば、受刑者がたとえ任意に支払いを行わない場合でも、強制執行により受刑者の賃金（給与）を差し押さえることができる。[48]

実際、我が国でも、戦後、民間の財団法人刑務協会（現在の矯正協会の前身）の下に組織された行刑改正委員会が１９４６年に公表した「監獄法改正に関する建議要綱」は、「14　作業賞與金を廢し、賃金制を採ること」としている。その理由として、「今日の刑務作業は、受刑者の教化の手段であり、社会適應性の助長方法であるから、勞働意慾と將來への希望を請求する權利を與えることである。そして又、刑務作業は、本人の意思に反して、又は處罰の脅威の下に強制せられるものではあるが、やはり奴隷勞働ではないのであるから、その勞働自体に對しては、適當にして公正な對價が與えられることが論理的に正しい。」とする。[49]

また、政府の監獄法改正作業においても、司法省が１９４７年に設置した監獄法改正調査委員会がとりまとめ、司法大臣に答申した「監獄法改正要綱」は作業の就業者に対し一定の報酬請求権を与えることとし、[50]翌年にまとめられた第四次行刑法草案は、作業収益は全て国庫の所得とするとしながら（57条）、「作業に就いた受刑者に対しては、労働の対価としての作業給与金を支払う」とするに至った（63条1項）。[51]

しかし、第四次行刑法草案を土台とした翌１９４９年の「監獄法を改正する法律案（矯正施設法案）」では、作業給与金について「労働の対価として」という文言が削除されている。[52]以後、１９５７年に法務省矯正局法規室によって作成された「監獄法改正要綱仮草案」[53]や「監獄法改正要綱仮草案に基づく構想案」[54]から監獄法改正準備会の手になる１９６４年の「刑務所法（仮称）仮要綱案」[55]まで、作業賞与金又は作業給与金を支給すると規定するに止まっており、労働の対価や賃金としての位置付けはなされていない。

その後、刑法改正作業を待つため監獄法改正の作業は一時中断されたが、１９６７年に監獄法改正準備会が再度設置され、その審議資料として矯正局が作成した「刑事施設法案構想―素案」が提出された。そこでは作業賞与金に加えて作業賃金の規定を設け、「生産作業に就いた収容者で作業成績が良好なものに対しては、前項の規定にかかわらず、賃金を支払うこと」（61条1項）として、作業賞与金と作業賃金の二本立ての制度としている。[56]

しかし、監獄法改正準備会がまとめた刑事施設法案は第二次案の時点で既に賃金の規定はなくなっており、報奨金だけの規定となっている。[57] その後は、１９７６年の「監獄法改正の構想」[58] から１９８１年の「監獄法改正の骨子となる要綱」[59] の答申へと草案の編纂が進んでいくわけであるが、そこでは、「報奨金の額は、作業の種類及び内容により同種作業に対する一般社会における賃金額等を考慮して法務省令で定める金額」としているものの、賃金制には様々な問題があり、刑務作業においては純然たる労働の対価としての報酬制が望ましくないことが明らかであるとして、「行刑上の政策的考慮に基づく公法的な配分として」の報奨金制度を設けることにしたとしている。[60]

なお、政府の監獄法改正作業と併行して、日本弁護士連合会でも１９６７年以降、監獄法改正に向けた検討を行い、１９７５年に「刑事拘禁法要綱」を作成している。そこでは、労働対価請求権は受刑者の権利であるとしながらも、刑務作業固有の特殊性に鑑み、受刑者に支給する報酬金は、賃金そのものではなく、一般労働者の相当する賃金額から受刑者の衣食の費用や医療その他日常の生活に要する経費相当分を控除して算定されるとしている。[61] １９９２年に公表した「刑事被拘禁者の処遇に関する法律案」（略称、日弁連・刑事処遇法案）においても、同様である。[62] これに対し、刑事収容施設法の制定過程や制定後において表明された意見では、刑務作業に対し労働の対価としての賃金を支給すべきとしている。[63]

海外でも戦前は賃金制に消極的であったが、戦後は賃金制を指向する傾向が強まり、１９５５年の国連犯罪防止・犯罪者処遇会議で採択された被拘禁者処遇最低基準規則が受刑者の作業に対する公平な報酬（remuneration）の制度を設けるものとし、[64] ２０１５年の国連総会で採択された改訂版のネルソン・マンデラ・ルールにおいても同様のルールを採択している。[65]

## Ⅳ　賃金制に対する批判的考察

### 1　従来の議論

このように、賃金制は国内の立法作業で俎上に上ったことがあるが、導入されていない。その理由として、①受刑者の労働意欲を喚起し、延いては改善更生・社会復帰に資する、②釈放後の更生資金となる、③受刑者家族の扶養費となり、家族関係の維持に寄与する、④受刑中の自己物品の購入により受刑生活をうるおいをもたせ、経済生活に対する自己責任と自尊心を涵養する、⑤被害者に対する損害賠償の機会となる、という利点がある一方、[66]（1）自由刑の純化をどこまで徹底できるか（懲役刑と禁錮刑の単一化を図り、作業のない自由刑を導入できるのか）、（2）懲役刑の下においても作業を自由労働と見なし得る可能性はあるのか、といった刑罰論上の問題があったからである。しかし、より現実的な問題として、（a）社会における労働と生産性に格差のある刑務作業間で同一労働・同一賃金の原則を維持できるか、（b）生産性の低い作業に従事する受刑者や、高齢者など作業効率の低い受刑者は低い賃金しか支給されない（却って作業報奨金よりも少なくなることもあり得る）、（c）職業訓練にも賃金が支給できるか、支給できないとすると職業訓練に就く者がいなくなる可能性がある、（d）受刑者が作業の種類を選ぶことができないことから、賃金の多寡による不公平や不満が生じる、（e）受刑者に生活費を負担させるべきか、負担させないと国民との間で不公平となる、（f）労働組合を組織することを認めるのか、（g）大幅な歳出増となり、自給自足の原則を実現することから更に遠ざかる、（h）国民感情として理解が得られるかといった、実務上の難点が大きかったからである。[67]

## 2　刑罰としての作業と労働の自由

しかし、本書では、生活費の問題を除き、これらの賃金制を巡る議論を繰り返すことはしない。というのも、個別予防論からにせよ、自由刑純化論からにせよ、従来の賃金制の議論は、刑罰の目的・機能や受刑者の労働の権利を巡る議論に終始するあまり、完全に欠落している重要な視点があるからである。それは、賃金とする以上（解釈論として刑務作業を労働と見なすにしても、立法論として刑罰による作業を廃止して労働の自由を認めるにしても）、自由労働に対する対価であるから、そこには雇用契約又は労働契約という契約関係と、契約及び労働の自由がなければならないという事実である。即ち、刑事施設内での作業が自由労働であるなら、そこには労働契約に基づく雇用関係が使用者と被雇用者の間に必ず存在していなければならないという、ある意味、当然の法理からの考察が従来の議論では欠けていたのである。賃金とするからには、労働契約があり、労働の自由もあることが前提となる。

まずは、現行法の懲役や改正刑法の拘禁刑を前提として、名目ではない、労働の対価としての賃金制を取り得るかであるが、その際考慮しなければならないのが労使の雇用関係である。即ち、受刑者が賃金を支給される労働者であるとするなら、誰が使用者となるかである。労働に対し賃金が支払われるということは、（有期）労働契約[68]に基づく労使関係が成立しているのであり、この場合の使用者が誰かということであるが、考えられるのは国と民間企業の二者である。[69]

まず、「国」であるが、国が使用者となることは法的に困難である。受刑者が従事する作業は、

2024年の現時点では懲役に基づいて科せられている刑罰の一部であって（刑法12条2項）、刑事収容施設法においても矯正処遇の一つとして受刑者に義務付けられているものである（刑事収容施設法84条1項）。また、2022年の刑法改正によって、懲役と禁錮に代わって、拘禁刑が導入され、2025年から施行される。拘禁刑において作業を行わせるか指導を行うかは、改善更生を図るため必要かどうかで判断されることとになり、必ずしも作業を行わせなければならないわけではないが、作業を行わせる場合は、やはり刑罰及び処遇の一部としてこれを強制することに変わりはない[70]。

作業を国と受刑者の労働契約に基づく労働と位置付けるならば、労働契約はあくまで使用者と労働者（受刑者）の合意によって成立するのであるから、受刑者は国と労働契約を締結するかどうか自由に決めることができることになる。しかし、懲役や拘禁刑で科される作業は国による義務的なものであって、受刑者に労働をするかどうかの自由があるわけではない。病者や高齢者など改善更生を図るために必要でないとされた場合、作業を課さないことは法的にはあり得ても、作業をするかどうかを受刑者側が自由に決めることはできない。もし労働契約に基づく労働であるなら、受刑者には労働をしない自由もあることになり、刑事施設の中で作業をしない自由が認められることになってしまうが、現行法上認められないばかりか、受刑者の改善更生や社会復帰の観点からも望ましいとは言えない。

また現在、受刑者が就業する作業の内容は、受刑者の能力や適性、刑期、本人の希望等を斟酌して施設側が決めており、受刑者に選択権はない。そもそも、施設における作業の内容も、発注企業との関係等で限りがある。しかし、労働契約や賃金制となれば、受刑者はより高い賃金が支払われる作業を希望するであろうから、国から指定された低賃金の作業を拒否することができることになる。しかし、それでは、刑務作業そのものが成り立たなくなる。労働ではあるが、受刑者の作業内容は国が強制してよいということになれば、国から高い賃金の作業を指定された受刑者とそうでない受刑者の間で不満が生じることは明らかである。刑事施設の運営において最も重要な考慮要素の一つが公平性であると言われるが、労働制や賃金制はこれを根本から害するおそれがある。

次に考えられるのが、提供作業（生産に用いる原材料の全部が契約の相手方から提供された物品である作業又は国が被収容者の労務のみを提供して行う作業）によって刑事施設に製品の製造を発注している民間企業又は外部通勤作業の協力企業が使用者になり、受刑者を雇用するとした場合である。企業と受刑者だけの関係を見れば単なる雇用契約に見えるが、企業が雇用契約に基づいて受刑者を雇用するという形を採る以上、やはり受刑者には契約をしない（労働をしない）自由がなければならないことになる。しかし、この場合でも、現行法上、懲役受刑者には作業をしないという選択肢はなく、懲役の受刑者が正当な理由なく作業を拒むことはできない。正当な理由なく作業を拒否すれば懲罰の対象となる。自由労働であるなら、労働をしない場合に懲罰を科せられることなどあり得ない。２０２２年の改正刑法が施行されて拘禁刑となったところで同じである。作業内容の選択の問題は、国が使用者となる場合と同じである。そもそも、民間企業が受刑者を雇用しているなら、民間企業が直接、受刑者に賃金を払うものであり、国が支給すべきものではない。

また、国と民間企業のいずれが使用者となるにせよ、仮に作業が「労働」であるとするなら、国は受刑者に対して労働を強制していることになり、国連が禁止している「強制労働」に当たりかねない。奇しくも、２０２２年の第２０８回国会において強制労働の廃止に関する条約（第１０５号）が承認されている。刑事施設における作業が強制労働には当たらないのは刑罰として科されているからである。市民的及び政治的権利に関する国際規約（B規約）では、「何人も、強制労働に服することを要求されない」（第8条3（a））とされているが、同規約は、また、「犯罪に対する刑罰として強制労働を伴う拘禁刑を科すことができる国において、権限のある裁判所による刑罰の言渡しにより強制労働をさせることを禁止するものと解してはならない」（同（b））と定めている。[71]自由刑純化論からすれば逆の論理ではあろうが、法律上、刑事施設での作業を強制しうる以上、これを労働と見なすことはできない。

以上のように、現行法上、刑罰として作業を科しておきながら、これを労働とすることは矛盾以外の何ものでもなく、従って、作業に対する対価として賃金を観念することはできない。作業の強制と報酬は別の問題であり、懲役は受刑者に作業を強制するだけであって、その作業に対し受刑者に賃金を払うことは可能であるとするかつての見解[72]は論理的に取り得ない。刑罰としての作業を維持したまま、賃金相応額を支給するという見解も主張されてきているが[73]、契約も自由もない以上、賃金に相応した額を支給するからと言って、それは名目だけの「賃金」であって、実体は高額化した報奨金に過ぎず、改善更生の意欲の喚起及び社会生活に適応する能力の育成を図るため政策的な観点から支給される公的配分以外の何物でもない。賃金というのは、やはり雇用契約に基づいて使用者から被雇用者に支払われるものである。刑罰による作業において雇用契約が成り立ち得ない以上、国が受刑者に支払う金銭を法律上の賃金と見なすことには無理がある。

## 3　刑罰としての作業制度の廃止と労働の自由

受刑者に対する賃金を認めるためには、やはり立法により刑罰及び処遇として作業を義務付ける制度を廃止して、受刑者に労働の自由を認めるほかない。しかし、そうなると、誰が使用者となるにせよ、受刑者は雇用契約を締結したうえで労働に従事することになるから、反対に労働をしない自由も認められることになる。その結果、労働を希望しない受刑者は、改善指導や教科指導以外、何もせずに刑事施設内で無為に過ごすことになる。そうなれば、犯罪者の改善更生や施設の規律秩序の維持といった政策的観点からは極めて不適切な事態を生じかねない。

高齢者や病者、稼働年齢以下の児童等を除く社会の構成員の殆どが様々な形で就労することで社会生活を維持しており、受刑者も、釈放後は就労により生活を支えていく必要がある以上、刑事施設の中でも作業に従事させることを通じて、勤労習慣の醸成や就労体験の蓄積、就労に必要な技術やルールの習得といった経験を積み重ねさせることは、受刑者の社会復帰のうえで重要である。しかし、労働の自由を認める以上、労働をしない選択をすることも認めざるを得なくなり、その結果、刑事施設の中で就労しようとしない受刑者が出る可能性がある。現在でも作業義務のない禁錮受刑者の多くが作業をしているし、賃金を出せば受刑者が進んで就労するであろうとも考えられるが、毎年1万人以上の怠役（正当な理由なく作業をしないこと）による懲罰人員の現実を見ると、[74]そうした保証は全くない。また、仮に拘禁刑に伴う作業の制度を廃止し、自由労働を認めたとしても、社会における賃金のような額を支給できるわけでもない。

そもそも、労働の自由がある社会の中でも就労をしようとしない者がおり、受刑者の中にも就労経験がない者が多い。就労せず、犯罪の収益によって楽な生活を送ろうとした者や、生活に困窮し、結果的に罪を犯さざるを得なくなった者が受刑者の中に沢山いることを忘れてはならない。作業の義務付けを完全に廃止してしまうと、刑事施設の中で労働に従事しない者が出てくることは十分に考えられる。その場合の対応は、困難を極める。

また、自由労働制を採用した場合、改善指導や教科指導まで任意化するのであろうか。その場合、刑事施設の中で何もせずに徒に時間を潰して過ごす受刑者が出てきても放置しておかざるを得ない。犯罪者の改善更生や社会復帰を図るためには、犯罪者のリスクやニーズを評価し、必要であれば、処遇を義務付けることは必要である。釈放後の就労の重要性を考えた場合、刑事施設内で作業をさせることは社会復帰の上で有用であるし、受刑者の問題性を改善し、社会復帰を図る上での本人の能力を高めるのに有効と考えられるその他の矯正処遇を行うことも必要である。全てを自由にすれば万事上手くいくというのは余りに楽観的過ぎる。

刑罰に個別予防の目的を認めることが広く承認されており、我が国においても、刑事収容施設法その他の刑罰関係法令において、作業やその他の処遇が改善更生や社会復帰（再犯防止）を目的とすることが規定されている（刑事収容施設法30条等）。さらに、２０２２年の刑法改正で導入された拘禁刑は、正に「改善更生を図るため、必要な作業を行わせ」ることができるとしている（12条3項）。労働の自由を認める主張は、こうした我が国の法政策とは完全に逆行するものである。

なお、社会復帰や改善更生のための処遇的観点から作業を義務付ける場合、作業の付加により改善更生が図られるというエビデンスが必要であり、それが証明されない以上、作業を改善更生や社会復帰理念から義務付けることは許されず、刑事施設内での作業は自由労働として認められるべきだとする主張がある。[75] 犯罪者の処遇にあたっては科学的検証が重要であるというのはその通りであるが、現実問題として、処遇による犯罪者の再犯防止効果を証明するのは容易ではない。もし科学的証明がない以上、処遇を行ってはいけないとなると、刑事施設において多くの処遇ができなくなる可能性がある。受刑者の釈放後の再犯率には、刑事施設における処遇以外に、釈放後の保護観察や社会での様々な要因が影響することは間違いなく、処遇の成否だけを検証することは非常に難しい。だからといって、証明がないものは一切行ってはならないとなると、改善更生の可能性すら否定することになる。再犯防止に資することが期待される処遇内容を改善していくことで、0が0・1や0・5になることはあっても、証明がない以上何もすべきでないとすると、永久にゼロのままである。特に、作業については、釈放後、殆どの元受刑者が就労しなければならないことを考えると、社会生活を送るに当たって本人に資すると思われる就労経験を積ませ、勤労習慣やマナーを修得させることは意味のあることであり、これは再犯防止以前の問題とも言えよう。より効果的な処遇の構築に向けて検証を行っていくことは重要であるが、処遇を全否定する方向にしか作用しない用い方は有益とは思えない。

## V　作業と労働の併用に向けて

刑務作業に対し賃金を支給する制度を導入することができれば、受刑者に資力ができ、被害者への賠償は非現実的なものではなくなる可能性がある。しかし、本章で検討したように、現在の懲役や今後の拘禁刑における作業を自由労働と見なして賃金を支給する制度も、刑罰や矯正処遇としての作業を廃止して自由労働と賃金支給を認める制度も、理論的な面だけでなく、実務的な面からも問題が大きく、採用し得ない。

そこで、第5章で提案したように、現在の刑務作業に対する報奨金を増額し、そこから被害者への賠償金を定期的に控除する制度が一つの解決策ではあるが、それだけでは十分でないことも確かである。そこで、次章では、刑務作業に加えて、それ以外の作業、しかも、刑罰でも矯正処遇でもない労働としての作業を刑事施設で導入する方策について検討を加えることにしたい。

07章

# 自己契約作業の活用

## Ⅰ　自己契約作業の再考

これまで我が国では、刑務作業に対して賃金の支給ができるかどうかや、刑務作業を自由労働に変えて賃金を支給すべきかどうかばかりが議論されてきたが、もう一つの可能性には全く触れられてこなかった。それは、刑務作業とは別に受刑者を労働に従事させるという方法である。即ち、懲役や拘禁刑に基づく作業は作業として行いながら、それ以外の時間において、受刑者を「労働」に就かせるというものである。懲役においては作業を必ず行わせなければならず、２０２５年から施行される拘禁刑についても、改善更生を図るために必要な場合は作業を行わせることができるが、それ以外に作業（労働）を行うことは禁止されていない。拘禁刑及び矯正処遇における作業とは別に受刑者が労働に従事することができれば、労働に対しては当然に対価としての賃金が支給されることになる。本章は、刑務作業とは別に、受刑者が労働に従事することで賃金又は報酬を得させ、そこから被害者への賠償を行っていく可能性について検討するものである。

刑務作業以外の労働を受刑者に行わせるというのは大きな改正を伴うもののように思われるかもしれないが、実は、日本では古くからこの制度を既に採用しており、現在は昭和の時代ほど活用されてはないが、現行法の刑事収容施設法でも正式な制度として認められている。それが自己契約作業である。自己契約作業とは、受刑者が余暇時間において刑事施設の外部の者との請負契約により行う物品の製作その他の作業である（刑事収容施設法39条1項）。これは、（1）受刑者が自らの意思で行う労働である点、（2）作業を含む矯正処遇や刑執行開始時又は釈放前の指導を行う時間帯（更には運動や入浴等の時間）以外の余暇時間帯において行う点、（3）受刑者が個別に刑事施設の外部の企業や団体等との間で締結する請負契約に基づいて行う点で、刑務作業とは異なる。

自己契約作業の前身となるのが、1934年の行刑累進処遇令によって導入された自己労作である。当初、「第二級ノ受刑者技能特ニ優秀ニシテ且作業成績優良ナルトキハ作業時間外ニ於テ自己ノ為ニスル労作ヲ許スコトヲ得此ノ場合ニオケル労作時間ハ二時間以内ナルコトヲ要ス」（行刑累進処遇令46条1項、51条）として、累進処遇の2級者及び1級者に対してのみ自己労作が認められ、その時間は1日2時間以内とされていた。自己労作制度の導入に尽力したのが正木亮博士であり、1929年のドイツ行刑累進処遇令が自己労作の制度を設けたことに触発されて、我が国で行刑累進処遇令を定める際、この制度を取り入れたとされる。その後、1974年の改正により、行刑累進処遇令上の自己労作の規定は廃止され、監獄法施行規則に基づく制度として、累進処遇の1級、2級者に限らず、作業成績優秀者であれば、これを認めるよう対象が拡大された。[2]

自己契約作業は懲役や拘禁刑による作業ではないので、刑罰による強制や制約を受けず、作業に伴う報奨金の対象にはならないが、反対に、作業に対する対価としての報酬を受け取ることができる。報酬の多寡は、作業を発注する企業との契約によることになり、作業の内容や成果によって大きく影響を受けるが、市場原理と成果主義が妥当するため、受刑者の努力次第では、報奨金より多くの報酬を受けることができる可能性はある。そこで自己契約作業を積極的に活用することにより、受刑者の報酬額を高め、そこから被害者への賠償を行うようにすることを提案したい。

但し、自己契約作業として支払われた報酬は受刑者の財産であるので、その処分権は受刑者自身にある。受刑者が希望すれば、被害者への損害賠償の弁済に使うことができるが、反対に被害者への支払いを拒否することもできる。古くからの賃金制の主張では、制度を導入すれば被害者への賠償に繋がることを当然としているような感があるが、受刑者の財産である以上、受刑者が賠償を拒否することも考えておかねばならない。しかし、強制執行として差押えができない報奨金と違って、受刑者の財産であれば、民事判決や公正証書、仮執行宣言付損害賠償命令といった債務名義がある場合、受刑者の報酬に対して強制執行をかけて差し押さえることが可能となる。自己契約作業は請負契約であり、支払われるのは給与ではないため、差押えの額に限度はない[3]。

前章では、賃金制に対しては受刑者が労働を希望しない場合があることを問題視したが、自己契約作業においても同じではないかとの批判があり得る。確かに、自己契約作業をするかしないかは受刑者の自由であるが、それを希望しない場合、正当な理由がある場合のほかは、拘禁刑に基づく作業をしなければならないのである。だとすれば、より高い報酬が支給される自己契約作業を選択する者が多くなることは十分に期待できる。ただ、それでも、自己契約作業を希望せず、刑務作業だけに従事するという受刑者がいないとも限らない。その場合は、第5章で提案した刑務作業に対する報奨金の大幅増額と控除制度で対応することになる。勿論、自己契約作業にしても、刑務作業にしても、また被害者に対する損害回復にしても、受刑者の動機付けに向けた適切な処遇を行っていくことが望ましいことは勿論である。

## Ⅱ　自己契約作業の活用方法

### 1　現状

かつて、監獄法の時代にあって、自己労作の就業人数はかなりの数に上っていた。犯罪白書によれば、1958年度の時点で、300人以上の者が自己労作に従事し、その平均月額は700円以上であったとされる。[4]以後、1980年頃まで自己労作の受持者数は800人前後で推移し、その報酬も作業賞与金より遙かに高額であった（表1）。当時、自己労作が積極的に活用されていたのは、作業賞与金が少額で、受刑者の収入を増加させるためであったとされる。[5]また、自己労作の報酬が作業賞与金より遙かに高額となっていたのは、自己労作の成果が直接受刑者本人の収入になるため作業意欲が刺激されていたからであるという。

しかし、その後、自己労作の実績は徐々に減少し、因果関係は不明であるが、阪神・淡路大震災や金融破綻が相次ぐ頃から、一層、就業人員は減ることとなった。自己労作による報酬額も、かつては、平均でも作業賞与金の2倍以上であったが、作業賞与金は不況の最中でも着実に増額が行われたことから、2000年以降は余り差がなくなっている。

現在、自己契約作業は、ごく一部の施設において僅かながら行われているに止まる。例えば、松山刑務所の大井造船作業場では、受刑者が刑務作業を発注している造船会社「新来島どっく」と請負契約を締結して、船舶の清掃作業を行っている。[6]

## 表1　自己労作の推移

| 年 | 自己労作就業人員（人） | 報酬平均月額（円） | 作業賞与金の平均月額（円） | 備　考 |
|---|---|---|---|---|
| 1962 | 653 | 1,451 | 日額 13.30 | |
| 1963 | 742 | 1,068 | 日額 16.88 | オリンピック景気（～ 1964） |
| 1964 | | | *1 450 | |
| 1965 | 705 | 836 | 497 | いざなぎ景気（～ 1970） |
| 1966 | | | | |
| 1967 | | | *2 637 | |
| 1968 | 735 | 1,559 | 698 | |
| 1969 | | | 754 | |
| 1970 | 844 | 2,010 | 837 | |
| 1971 | 795 | 2,285 | 929 | ニクソン・ショック |
| 1972 | 757 | 2,301 | 1,191 | 沖縄返還 |
| 1973 | 744 | 2,304 | | 刑務作業が週 48 時間から 44 時間に短縮。<br>第 1 次石油ショック |
| 1974 | 844 | 2,458 | 1,546 | 自己労作が監獄法施行規則に規定され、対象拡大 |
| 1975 | 873 | 2,927 | 1,715 | |
| 1976 | *3 849 | *3 5204 | 1,940 | |
| 1977 | 841 | 3,371 | 2,196 | |
| 1978 | | | 2,310 | |
| 1979 | 781 | 4,331 | 2,624 | 第 2 次石油ショック |
| 1980 | 777 | 4,684 | 2,716 | |
| 1981 | 535 | 5,877 | 2,837 | |
| 1982 | 487 | 6,002 | 2,894 | |
| 1983 | 470 | 4,896 | 2,952 | |
| 1984 | 593 | 3,903 | 3,012 | |
| 1985 | 556 | 4,450 | 3,073 | |
| 1986 | 502 | 4,793 | 3,133 | バブル経済（～ 1991） |
| 1987 | 498 | 4,529 | 3,042 | |
| 1988 | 475 | 4,223 | 3,102 | |
| 1989 | 470 | 3,993 | 3,132 | 平成改元，消費税導入 |
| 1990 | 466 | 4,487 | 3,172 | |
| 1991 | 441 | 4,447 | 3,204 | バブル経済崩壊 |
| 1992 | 355 | 4,843 | 3,379 | |
| 1993 | 438 | 6,274 | 3,417 | |
| 1994 | 344 | 4,490 | 3,501 | |
| 1995 | 322 | 4,367 | 3,627 | 阪神・淡路大震災，地下鉄サリン事件 |
| 1996 | 214 | 4,966 | 3,773 | |
| 1997 | 233 | 4,801 | 3,905 | 金融破綻が相次ぐ |
| 1998 | 204 | 4,479 | 3,984 | |
| 1999 | 149 | 4,235 | 4,082 | |
| 2000 | 150 | 5,561 | 4,149 | |
| 2001 | 111 | 4,532 | 4,215 | 中央省庁再編，アメリカ同時多発テロ |
| 2002 | 95 | 5,297 | 4,215 | |
| 2003 | 93 | 2,020 | 4,150 | |
| 2004 | 133 | 3,448 | 4,050 | |
| 2005 | 11 | 992 | 3,833 | |

資料　法務総合研究所『昭和 35 年～平成 17 年犯罪白書』から著者作成。
注　自己労作は，年度末又は年度の一定の日における就業人員と平均月額である。
*1　昭和 40 年犯罪白書では 1 日 19.38 円。
*2　昭和 43 年犯罪白書では 642 円。
*3　昭和 51 年犯罪白書には自己労作 869 人，平均月額 4,464 円とある。

## 2　作業時間

自己契約作業は、余暇時間帯等において許されるものであり、（被収容者全体ではなく）受刑者にあっては余暇に充てられるべき時間帯をいうとされている（刑事収容施設法39条1項）。受刑者の動作時限は、食事、就寝その他の起居動作をすべき時間帯と、矯正処遇等の時間帯及び余暇に充てられるべき時間帯があるので（同38条）、余暇時間は、1日の時間から食事、就寝、運動及び入浴の時間（刑事施設規則12条1項）と矯正処遇の時間を除いた時間ということになる。法令上、矯正処遇の時間帯は午前7時から午後7時までの間で定めるものとされているから（同2項1号）、実際の余暇時間は作業その他の矯正処遇及び夕食の時間が終わった後から就寝までの時間ということになる。法令上も、余暇に充てられるべき時間帯は、矯正処遇を行う日においては、2時間以上の時間帯を定めなければならないとされており（同2項2号）、この規定の趣旨を考えると、夕食以後の時間帯を長時間の自己契約作業に充てることは難しい。[7] 従って、考えられるのは、作業に充てられている時間を短縮し、その時間を自己契約作業に充てることである。

現在、懲役（今後は拘禁刑）に基づく作業時間は刑事施設の長が定めることになっており（刑事収容施設法95条1項）、矯正指導（刑執行開始時指導、釈放前指導、改善指導及び教科指導）と合算して1日につき8時間を超えない範囲内で定めるものとされている（刑事施設規則47条1項）。矯正指導を行う場所の確保、製造作業に係る製品の納期限その他の事情から必要があるときは、矯正指導及び作業を行う時間は、これらを合算して1日につき12時間を超えない範囲内で、同項の範囲を超えて定めることができる（同2

項）。一方、刑事収容施設法制定時には、作業以外の矯正処遇を充実させる目的から、１日の作業時間や作業を行わない日を刑事施設の長が定めることができる規定が追加され（刑事収容施設法95条１項）、作業を行わないで処遇を行う矯正指導日が月２回（法令上は４回以内）設けられている。[8]この規定の趣旨からして、毎日一定の時間必ず作業を行わなければならないわけではなく、他の矯正処遇との関連で作業の時間を定めることは十分に可能である。実際、刑事収容施設法になってからは、薬物依存離脱指導や性犯罪再犯防止指導といった改善指導が積極的に行われており、これらの時間に当たる分、作業は短縮されている。

さらに、２０２２年の刑法改正により懲役と禁錮を廃止して拘禁刑が導入され、２０２５年６月までに施行されることになっている。拘禁刑では、改善更生を図るため、必要な作業を行わせ、又は必要な指導を行うことができるとされており（改正刑法12条３項）、刑法改正に伴って改正された刑事収容施設法でも、「刑事施設の長は、法務省令で定める基準に従い、作業を行う日及び時間を定める。」（改正刑事収容施設法95条１項）とされていることから、作業時間をより弾力的に定めることができるようになる。この場合の改善更生は、受刑者の問題性の改善や社会生活に必要な能力や資質の養成だけを意味するものではなく、自らが犯した罪に対する贖罪まで含まれるものと考えられるし、そうあるべきである。２０２２年の刑事収容施設法改正においても、処遇要領の策定に当たっては、被害者等の被害に関する心情、被害者等の置かれている状況及び被害者から聴取した心情等を考慮するものとする、とされた。第四次犯罪被害者等基本計画でも、受刑者に犯罪被害者の「矯正施設の被収容者を対象に実施している『被害者の視点を取り入れた教育』について、犯罪被害者等や犯罪被害者支援団体の意向等に配慮し、犯罪被害者等の心情等への理解を深めさせ、謝罪や被害弁償等の具体的な行動を促すための指導を含めた改善指導・矯正教育等の一層の充実に努める」[9]とされていることから、拘禁刑受刑者の改善更生には被害者への損害回復も含まれると解するのが相当である。

そうであるとすれば、被害者への損害賠償の債務を負っている受刑者については、拘禁刑に伴う作業時間は短縮し、その分の時間を自己契約作業に充てるような動作時限を認めるべきである。例えば、午前中の時間を拘禁刑に伴う作業に充て、午後の時間を自己契約作業に充てることが考えられる。現在の刑事施設の中には午前中のみ刑務作業を行い、午後は全て処遇に充てているところもあることから[10]、これくらい既存の作業を減らすことは全く問題がない。

しかし、受刑者は、改善指導や教育指導など他の矯正処遇を受けなければならず、入浴や運動の時間も確保しなければならない。そうなると、1日に自己契約作業に充てられる時間は実質3時間から4時間程度になると思わる。ただ、午後を自己契約作業に充てた場合、夕刻に更に1～2時間、自己契約作業を継続して行うことは可能であろう。また、土曜日の午前中を自己契約作業に充てることも可能である。こうした時間を合算すると、1日4時間、週に20時間～25時間程度の時間を確保することができる。

刑務作業を全く行わず、自己契約作業だけを行う曜日を定めることも考えられる。現在、月2回設定されている矯正指導日には、テレビの視聴（教育的番組）や図書の購読（受刑者が各自好きな図書を読む）が行われているが、必ずしも充実した処遇が行われている訳ではないから、被害者への賠償債務を負っている受刑者については、矯正指導日に自己契約作業を行うことを認めるのもよい。

さらに大胆ながら、被害者への損害賠償債務を負う受刑者については、拘禁刑に伴う作業時間をなくし、改善指導や教科指導、運動や入浴時間以外の昼間の時間を全て自己契約作業に充てることも全く荒唐無稽という訳ではないであろう。しかし、その場合、刑務作業による報奨金は一切なくなることになる。そこで、自己契約作業による報酬を分割し、支払計画に基づいて被害者へ送金し、残りは自弁や自己の家族への送金に使えるようにすることが考えられる。むしろ、報酬の額によっては、こうした方が受刑者の動機付けにもなると思われる。現在の法令によれば、自己契約作業の許可基準に、「受刑者にあっては、法第92条（懲役受刑者の作業…著者注）又は第93条（禁錮受刑者の作業…著者注）に規定する作業を行っていること。」と「法第92条又は第93条に規定する作業の量の確保に支障を生じさせるおそれがないこと。」というものがある。[11] ２０２２年の刑法改正に伴う拘禁刑が施行される際に規定振りは改められると思われるが、その内容は、拘禁刑に伴う作業を行っていなければ自己契約作業を行うことができない、というものになる可能性が高い。従って、現在の基準では、一般の作業を全て止めて、自己契約作業だけを行うということができない。他の受刑者との公平性という刑務所運営における重要な要素は考慮しなければならないとしても、受刑者の改善更生や被害者への損害回復を考えた場合、この許可基準の見直しは十分に考えられる。

## 3　契約の相手方企業（協力企業）

受刑者は、刑事施設に拘禁されているため、自分で刑事施設外の企業を探し、契約を結ぶことはできない。しかし、刑事施設の長は、被収容者に対し、自己契約作業等の余暇時間帯における活動について援助を与えるものとされていることから（刑事収容施設法39条2項）、刑事施設長が外部の事業者から自己契約作業における契約の相手方を選定し、指定することになる。[12]

問題は、受刑者と自己契約作業の契約を締結する企業が見つかるかどうかである。現在、刑務作業（提供作業）を刑事施設に発注している企業が候補となるが、作業の一部を自己契約作業として受刑者と請負契約を結んでくれるかについては、やや心許ない。例えば、製品の製造コストを1個当たり何銭としていたものを、一部の作業については、受刑者が製造した分だけの出来高払いとすると、企業側の負担はさほど増えないであろう。しかし、受刑者への報酬は僅少なものとなる可能性があるし、自己契約作業を時間給的なものとすれば、受刑者への報酬は増えるが、企業側の支出も増えることになると思われる。

勝手に名前を挙げては迷惑かもしれないが、矯正協会が企業との間に入るか、協会自体が受刑者と契約を結ぶことは考えられないであろうか。矯正協会は、大日本監獄協会として1888年（明治21年）に設立され、数度に亘る組織改編を経て、1952年から現在の名称となり、2013年には公益財団法人に移行している。全国の矯正職員等が会員となって運営されており、矯正施設や被収容者の支援、矯正職員の支援のほか、出版、研究、国際交流、広報等の活動を行っている。1983年からは、それまでの製作収入作業に要した原材料費分に当たる予算の提供を国から受け、同協会の刑務作業協力事業部が刑事施設に原材料費を提供して製品を製造・加工するという第三セクター方式による作業（事業部作業）が行われ、刑務作業の安定実施に貢献している。事業部自体が製品を企画して刑事施設で加工・製造し、協会が販売する場合もあれば、民間企業から発注を受けて刑事施設に原材料を提供し、製品を企業に引き渡す場合もある。

そこで、被害者への損害賠償に同意した受刑者（の一部）については、こうした事業部作業の一部を自己契約作業として従事させ、時間給で報酬を支給するということが考えられる。[13] 矯正協会は、2005年度から、刑務所作業製品の売上額の一部を犯罪被害者支援団体に助成しており、被害者支援の実績もある。犯罪被害者への損害賠償の実現に向けて、矯正協会が一肌脱ぐことができないものであろうか。協会の定款には、協会の目的の一つとして「矯正活動に対する支援助成」とある。[14] 先に述べたように、受刑者の改善更生とは、ただ再犯を犯さなければよいということではなく、自身が惹起した犯罪とその被害を見つめ直し、被害者に生じた損害を補填することが当然に含まれるのであって、それは正に矯正の重要な課題である。

このほか、社会において元受刑者を雇用している協力雇用主や社会的企業（ソーシャル・ファーム）として元受刑者を雇用しているような企業に刑事施設内での受刑者と自己契約作業の契約を締結してもらう方法もあり得よう。刑事施設から出所した元受刑者（仮釈放者を含む）を積極的に雇用してくれている企業であれば、刑事施設に収容中の受刑者と契約することにも大きな抵抗はないと思われる。刑事施設で熱心に作業に取り組んだ受刑者を、釈放後、協力雇用主として雇用できれば、企業と受刑者双方にメリットがある。

しかし、大規模な設備投資が必要となるような業種や企業については、改めて刑事施設内での設備に費用が嵩むということはあり得る。ただ、近年、自治体では、ソーシャル・ファームに対する助成事業を始めているところもあるので、要件の制約はあるが、こうした助成を受けることも一案である。

さらに、刑事施設において自己契約作業において勤勉に働くなど一定の成果を上げた者を、外部通勤として当該契約先の企業で自己契約作業として就労させることも考えられる。そこで、勤勉に就労することで企業に認められれば、釈放後、正式に雇用してもらえる可能性もあろう。

## 4　刑事施設による援助

自己契約作業は、受刑者個人と企業との間の請負契約であるから、国が刑務作業のために用意した刑事施設内の工場の機械や器具を使用することは原則としてできないし、提供作業の民間企業が提供したものは尚更である。しかし、そうなると、居室で行う内職的な労働しかできなくなり、単価も低くなりがちとなる。既述の通り、刑事施設の長は、受刑者を含む被収容者に対し、自己契約作業、知的、教育的及び娯楽的活動、運動競技その他の余暇時間帯等における活動について援助を与えるものとされており（刑事収容施設法39条2項）、自己契約作業についても、相手方企業の選定・指定のほか、作業場所の提供、原材料、器具、製品等の保管及び保管場所の確保及び搬出入、必要に応じた作業実施上の指導又は機械若しくは器具類の貸与、必要に応じた作業実施上の連絡調整を刑事施設の長が行うものとされている。[15]そこで、可能な限り、自己契約作業に必要な刑事施設内の工場の機械や器具を貸与し、生産作業や組立作業を行うようにすべきである。社会内と同じ労働に従事することが受刑者の社会復帰訓練にもなり、また比較的高い報酬を得ることができるようにするためにも、自己契約作業に従事する受刑者が一定数いる施設においては、自己契約作業専用の工場や機器を整備することが考えられてよい。そこに国が予算を使うことが罷り成らぬということであれば、民間の団体等からの支援や寄付等を受けて労働環境を整備することも不可能ではないであろう。また、構外作業や外部通勤という形で請負作業をすることも検討に値する。

しかし、被害者への損害賠償を目的とした自己契約作業を充実させるとなると、これに止まらず、現場では実施に当たって配慮しなければならないことも多いであろう。昭和には多く行われていた自己労作が、次第に行われなくなっていったのには、市場の動向に加え、刑事施設における実務的な障害があった可能性もある。事業者の調査・募集・選定、契約書の作成支援、工場又は作業場所の確保、通常の刑務作業の生産性確保、領置金への繰り入れと管理、被害者への送金等、検討しなければならない実務的な課題は多い。現場に係る負担も大きいであろう。具体的な制度の検討に当たっては、矯正実務家や実業家の意見を待たなければならない。

## 5 損害賠償の必要のない受刑者による自己契約作業

刑事収容施設法上、自己契約作業は、刑事施設の規律及び秩序の維持その他管理運営上支障を生ずるおそれがない限り余暇時間に行うことを許すものとされているので（39条1項）、被害者への損害賠償責任のない受刑者から申出があった場合でも、これを許すことになろう。被害者への損害賠償の必要がなくとも、自分の家族に対し生活費を送金したいとか、自己更生資金をできるだけ蓄えたいというニーズがあるからである。但し、自己契約作業を希望する者が非常に多くなった場合、その作業量が確保できるかという問題に加え、一般の刑務作業の運営が困難になるおそれもあることから、制限せざるを得ない事態もあろう。当面は、被害者への損害賠償債務を有している受刑者を優先すべきである。

## Ⅲ　報酬額と生活費

### 1　報酬額

受刑者が自己契約作業に従事する場合、報酬は幾らくらいになるのであろうか。自己契約作業は請負契約によることになっている（刑事収容施設法39条1項）。時給や日給といった時間給ではなく、一定の作業成果の完成に対して報酬が支払われることになるため、製造や組立作業の場合、単価計算となり、請け負った作業分に対して報酬が決まることになろう。雇用契約と異なり、最低賃金法の適用を受けないので、請け負った作業の内容によっては最低賃金を下回ることもあり得る。かつて監獄法時代に自己労作が多く行われていたとき、靴の製造を自己労作で行っていたある施設では、靴1足の単価計算で作業を請け負わせ、月額5335円の報酬を得ていたという[16]。1970年当時の作業賞与金の平均月額は837円であるから（自己労作報酬の全国平均は1970年で2010円）[17]、3倍から6倍の報酬を得ていたことになる。また、自己契約作業の最高額は、当該施設でも全国でも、月1万1000円であったという。現在の所得水準からすると低額に見えるが、1970年の公務員初級の初任給が月額2万3000円程度なので[18]、その半分に当たる報酬を得ていたことになる。現在の大井造船作業場（新来島どっく）での自己契約作業では、1時間当たり519円の報酬が支給されているが[19]、刑務作業があるため、月1回土曜日4時間しか作業に従事しておらず、支給額は微々たるものである。

矯正局作業課長であった柳下竹治氏は、刑務作業に関する実際の会計数値（1966年）を用いて賃金制を採用する場合の金額を試算している。[20]それによると1日当たり２０７円又は２２４円になるとするが、これは日額であり、当時は週6日制であったから、月額では５０００円前後となる。同年の賞与金の平均が月５６２円であることを考えると、その10倍近い金額となるし、公務員初級の初任給の約３分の２に当たる。

現在の自己契約作業は請負契約に基づいているが、理屈からいって、必ず請負契約でなければいけないということにはならないであろう。流石に雇用契約は、受刑者を従業員とする企業があるかどうか疑問であることと、最低賃金法や労働法の適用があり、社会保険の加入などの負担があるため、この契約の形を企業が望むとは考えにくい。[21]従って、準委任契約という形をとり、一定の作業割合に対し報酬を払うという方法も採り得なくもないであろう。

請負契約にせよ、準委任契約にせよ、仮に1時間換算５００円の報酬であった場合、1日4時間で２０００円、1週間（土曜日3時間含む）1万１５００円、月4万６０００円という勘定となる。休日等もあり、税金が差し引かれるので、手取りは年間50万円程度であろう。刑期が20年の場合、合計１０００万円となる。自己契約作業を終日行うとした場合は、この約2倍となる。これでも重大事案の賠償額には遠く及ばないが、それでも何もないよりは遙かに良い。

因みに、雇用契約に基づく賃金であれば、作業内容や作業能力によって左右されるが、最低賃金は超えなければならないため、全国の最低賃金平均値の９３０円とすると、[22]前述の自己契約作業の単価の2倍近くなる。[23]しかし、これだけの所得となると、税金のほか、社会保険料の納付義務があり、賃金から税金や社会保険料が差し引かれることになる。

また、刑事施設内での生活費は必要ないものの、書籍や嗜好品等の自弁物品購入のための支出は念頭に置かなければならないし、扶養家族がいる場合は家族扶養費が必要な場合もあろう。また、釈放後、経済的に自立できるまでの自己更生資金も確保する必要がある。[24]受刑者が自己契約作業以外に刑務作業にも従事する場合、自弁物品の購入や家族扶養費は作業報奨金から支出又は確保し、仮に、終日、自己契約作業に従事する場合は、例えば4分の1は自弁物品の購入や更生資金に充てさせ、残りを被害者への賠償分に充てさせることが適当であろう。

## 2 生活費の問題

受刑者が自己契約作業で報酬を得ることができるとした場合、その金額は現在の報奨金額より遥かに高く、被害者に分割で損害賠償を支払うことも現実味を帯びてくる。ただ、問題は、受刑者が報酬を得る場合、受刑者がこれを総取りすることが許されるのか、である。前節で指摘した通り、受刑者が一定の所得を得る以上、税金や社会保険料徴収の対象になるのは当然として、問題となるのは刑事施設における受刑者の生活費である。賃金制の導入に関するこれまでの議論においても、受刑者の生活費の負担義務が問題とされている。そこでは「収容費」という用語が用いられてきたが、収容費に何が含まれるかまでは厳密に議論されてきていない。食費は含まれるとしても、被服費や光熱費も含まれるのか曖昧であるし、施設管理費や矯正職員の人件費まで含めれば、莫大な額となり、とても受刑者に負担させることは現実的ではない。ここでは、一応の概念として、受刑者の収容に掛かる人件費以外のあらゆる費用（の一人換算分）を収容費と呼び、そのうち受刑者の給養その他生活必需品に掛かる費用を生活費と称する。
１９６０年の国連犯罪防止・犯罪者処遇会議においても、賃金制を採用する場合、報酬から、生活費、家族の扶養費、釈放後の更生資金、納付義務のある税金とともに、被害者への賠償を控除することができることを提案している。[25] また、第５章で紹介したように、アメリカでは刑務作業に対して支給される賃金から収容費、罰金、損害賠償、税金、家族の扶養費等を控除する制度があるし、ドイツでも、刑務作業に対して支給される報酬から連邦や各州の刑事執行法に基づき収容分担金が徴収されている。[26]
これに対し、我が国の刑務作業は刑罰の一部として科せられ、賃金制も導入されていないことから、収容費や生活費を徴収する制度はない。[27] これは、近い将来施行される拘禁刑の執行においても同様である。しかし、もし受刑者が労働によって賃金や報酬を受けるとした場合、生活費等を全て国民の税金で賄いながら、刑事施設の中で働いた所得だけは丸取りすることが果たして適当かという問題が生じることになる。[28]
日本でも賃金制を主張する論者は、賃金から生活費や収容費を差し引くべきであるとする。[29] 特に、労働は刑罰をもってしても剥奪することができない権利であり、刑事施設内での作業は外界の労働と同じにすべきであるとする自由刑純化論の立場を採る論者の場合、支給される賃金は外部の労働者が得る賃金と全く同じ性質のものであり、労働に基づく生活責任の確保が必要とされるため、受刑者が得た賃金から生活費を控除することを認める。[30] 自由刑の純化という立場に立ち、社会の労働と同じ賃金を得させるべしと主張する以上、社会内と同様に、生活費は、当然、自分で負担すべきことになるのであろう。[31]
教育刑論を採る正木亮博士は、刑罰や矯正は「人間復活」のために必要な教育を行うものでなければならないとし、「彼等に賃金を与える代りに衣食住費をその賃金から差し引いてこそ人間復活への手引になるのだ」とされ、[32]「監獄内に於ける自己の生活費を支辨せしむることは、やがて彼等に自立自營の意識を昂揚せしめると同時に犯罪に対する贖罪的道徳観念を全うし得しめることになる」とする。[33]木村亀二博士も、「刑務作業は、まづ、これによって、受刑者を労働によって自立・自活し得る人間を作るものでなければならない。そして、次には、その労働の収益によって行刑の費用を賄うものでなければならない。」とすることから、生活費の徴収を認める立場であろう。[34]部分的に賃金制の導入を支持する森下忠博士も、「当然、給養費（衣食の費用）、訴訟費用および税金を支払わなければならら」ず、もし収容費の償却を前提としなければ「受刑者を自由な労働者より優遇することになる」とする。[35]

これに対し、生活費の徴収に反対する説は、国が作業に対し高額の報酬を与える場合でも、国家が受刑者を刑罰として拘禁する以上は収容に要する経費は国家が負担するのが当然である、被害者や被扶養者に対する義務の方が刑務所維持の義務より優先する、再犯防止による費用節約の方が作業収入の節約より大であるなどの説明がなされている。[36]また現実問題として、処遇の個別化や収容条件の向上により収容費が増加している反面、受刑者の短い刑期や仮釈放によって技能受刑者の確保が困難であるうえ、種々の作業運営上の問題から作業収入の増加が見込めないことから、賃金制を採用すべきであるとしても、収容費の償却を前提とすべきでないとする意見が示されている。[37]菊田幸一博士は、国が刑罰手段として強制的に刑務所収容をしたのであるから、受刑者に対し衣食を給することは当然の義務であり、受刑者がその費用を支払う必要はないとしながらも、国民の理解を得るため作業収益の半分を収容費に回す試算をされている。[38]

仮に刑罰の作用として作業を科す拘禁刑（や懲役）のような制度を廃止し、刑事施設における自由労働を認める制度とした場合、理論上、生活費として一定の費用を徴収する制度を導入することは不可能ではない。また、国民や被害者は、生活費を全て所得から負担しながら生活しているばかりか、受刑者の生活費まで税金という形で負担しているのに、当の受刑者は、一切、生活費を払わず、所得を全て丸取りすることができるという制度は、国民の法感情ないし正義感情からも容易に支持され得ないであろう。従って、本章で提案するような自己契約作業を、終日、しかも連日行うような場合には、生活費を徴収することも考えられなくはない。

しかし、国家の刑罰権の発動として身柄拘束をしている以上、その費用は国家が負担すべきものとすることは前提となり得るし、刑罰としての作業を科す場合、政策的観点から支給されている報奨金を更生資金や被害者への賠償という改善更生目的を果たすうえで確保することにも合理性が認められる。さらに、本章で提唱する自己契約作業の活用はあくまで被害者への損害賠償を実現するためのものであるから、生活費を控除してしまっては、その目的を果たすことができない。しかも、被害者への賠償のために自己契約作業を申し出た者だけ生活費を控除し、被害者への賠償責任がありながら自己契約作業を拒否した受刑者や、元々、損害賠償の必要がなく通常の刑務作業にだけ従事している受刑者は生活費を払わなくてよいとなれば、受刑者の不公平感は著しく、自己契約作業に従事する意欲も失われかねない。また、自己契約作業に従事する者から生活費を徴収したとしても、全体の収容費から見れば微々たるものに過ぎない。こうした実務的観点からも、自己契約作業に従事するしないにかかわらず、生活費の徴収はすべきでないであろう。

## Ⅳ　アメリカの受刑者金銭支払責任プログラム

### 1　プログラムの概要

我が国では、特別改善指導としての「被害者の視点を取り入れた教育」（R4）又は一般改善指導としての被害者感情理解指導を通じて、受刑者に対し被害者の受けた被害の実情や被害者の心情を適切に理解させる処遇は行われてきている。しかし、損害賠償の履行に関しては、入所時教育の一環として被害者への賠償に充当することを目的として作業報奨金を収容中に支給を受けることができるという程度のことは受刑者に指導しているが、具体的な賠償に向けた計画を立てさせ、履行に向けて指導することまでは行われていない[39]。

しかし、受刑者に損害賠償の債務を履行させていくには、被害者の心情を理解させるとともに、損害賠償に向けた動機付けを行い、在所中から具体的な損害賠償の計画を立てさせ、それに基づいて定期的に被害者に送金していくよう指導していくことが肝要である。それは、受刑者が自らの意思で作業報奨金や自己契約作業で得る報酬から賠償する場合だけでなく、第5章で検討したような報奨金からの控除を認める制度を導入する場合や自己契約作業の報酬に対して強制執行を行う場合でも同じである。第四次犯罪被害者等基本計画でも、受刑者を含む被収容者に「犯罪被害者等の心情等への理解を深めさせ、謝罪や被害弁償等の具体的な行動を促すための指導を含めた改善指導・矯正教育等の一層の充実に努める」[40]とされていることから、こうした被害者に対する損害賠償に向けて具体的な行動を促すための処遇計画の策定とそれに基づく指導が実施されなければならない。

この点につき、アメリカの連邦刑務所では、裁判所が受刑者に支払いを命じた損害賠償や罰金その他の債務について受刑者に支払計画を立てさせ、刑務作業の報酬から支払いを行わせる受刑者金銭支払責任プログラムが導入されている。[41] １９８５年に連邦矯正局が導入し、１９８７年から全米で実施されているものである。連邦刑務所での作業に対する報酬の性質は賃金であって、我が国の報奨金とは異なり、同プログラムによる支払いの対象となるのは、被害者との関連では損害賠償命令という刑事裁判で言い渡される刑罰である点でも異なる。しかし、債務の支払いに向けた具体的な計画の策定とその履行に向けた指導を行っていることから、日本の今後の実務にも資するところがあると思われるので、以下、その概要を紹介することにする。

## ２　目的と対象

プログラムの目的は、

・受刑者が債務弁済の法的義務を果たすよう矯正局が促し、
・入所時の分類手続として、受刑者が債務弁済の法的義務を果たすための金銭計画を策定するよう支援し、
・職員は債務を履行する受刑者の努力を個人の責任の受止めと責任の表象の程度と見なす

ことにある。[42] 連邦矯正局の規則によれば、プログラムへの参加を拒み、又は支払計画を遵守できなかっ

た受刑者が適切な結果を受け止めるようにすることも目的の一つとされている。[43]

プログラムの対象となるのは受刑者に限られ、有罪確定前の未決勾留者は除外されている。[44]

## 3 金銭支払責任（債務）の内容——支払対象

支払いの対象となるのは、裁判所が受刑者（被告人）に支払いを命じた特別賦課金（special assessment）、損害賠償命令（restitution）、罰金・訴訟費用、州又は地域の裁判所が命じた義務（養育費、扶養料等）、その他の連邦政府によって課せられた支払義務（拘禁費用、税、学生ローン等）であり、優先順位はこの順による。[45] 特別賦課金とは、有罪となった被告人に対し裁判所が被害者基金への金銭納付を命ずるものである。[46] 損害賠償命令は、言うまでもなく、被害者の被った損害に対する賠償金の支払いを被告人に命じるものである。[47]

連邦裁判所で有罪とされ、連邦刑務所に収監される連邦犯罪は、一般に、通貨に対する罪や入国管理に対する罪、税に関する罪といったものがイメージされるが、連邦管轄内で行われた犯罪や州間に亘って行われた犯罪、複数の州に被害者がいるような犯罪も連邦犯罪であり、殺人や強盗といった被害者がいるような犯罪も含まれている。[48] 従って、連邦の受刑者には被害者に賠償する必要があるような受刑者もいることから、[49] 受刑中の被害者への賠償を論じる余地も必要性もある。

損害賠償命令より特別賦課金が優先されているが、被害者に重大な傷害を与えたような事件や重大な財産の喪失・損壊を生じたような事案等において裁判所が特別賦課金と損害賠償命令を同時に言い渡した場合、損害賠償命令の支払いを優先する計画を立てることになっている。[50] 但し、特別賦課金は5年で時効となってしまうため、時効完成前に徴収するよう最善を尽くさなければならないとされている。[51]

民事訴訟に基づく被害者への損害賠償が支払いの対象に含まれるかについては明文の規定はない。受刑者金銭支払責任プログラムでは裁判所が命じた金銭債務が支払いの対象になるので、被害者が損害賠償請求訴訟で給付判決を受け債務名義を得ることになれば、本プログラムに基づく支払いの対象になることも考えられるが、定かでない。

## 4 手続――金銭支払責任（債務）の調査

受刑者が裁判所の命じた金銭債務を負っている場合、入所直後の時点から支払計画が立てられ、履行が促される。矯正局と各管区のほか、刑務所にもプログラム・コーディネータが任命されており、受刑者が入所し分類調査が行われる際、受刑者にプログラムの説明がなされる。また、施設の側でも受刑者の金銭債務の内容を調査する。情報源となるのは、判決前調査報告書、判決書、収容命令等とされる。その上で支払計画を立てさせ、受刑中、支払いを履行するよう促していく。

支払いに当たっては、刑務所内での作業による賃金と施設外からの資金を用いることができる。施設外からの資金とは、例えば、家族からの送金や受刑者の領置金である。しかし、実際には、受刑者が刑務所内で作業に従事することで支給される賃金によって支払いが行われる場合が殆どである。

受刑者に十分な資力がある場合は、支払義務のある金銭（例えば、特別賦課金や損害賠償）を一括で支払うことが推奨される。しかし、そうでない場合は、分割払いによることになる。UNICORと呼ばれる公営企業以外の作業かUNICORの5等工に従事している（賃金の低い）受刑者の場合、四半期毎に最低25ドルの支払いを行うものとされている。受刑者の債務の内容や資力を考慮して25ドルを超える支払いを行うことも可能である。UNICORの1等工から4等工の作業に従事している受刑者は、原則として1か月の報酬（加算も含む）の50％以上を支払いに回すことが奨励されている。これも、受刑者の資力に応じて、それ以下又はそれ以上の支払いをすることも認められている。支払いには、一括払い、月払い、四半期払いがあるが、その頻度は施設側で決定される。債務を完済するだけの外部資金がある場合や支払金額の合計が100ドル以下の場合は、一括払いが推奨される。それ以外は、月払い又は四半期払いとなるが、UNICOR以外の作業やUNICORの5等工に従事している受刑者を始め報酬が低い者は四半期毎の支払いが適当とされる。

支払計画は、過去6か月間の賃金（口座にある計算額増加分）から本プログラムで支払った額と電話料金450ドル（6か月分）を差し引いた残額を考慮して見直しが行われる。電話は、受刑者の外部交通を維持するため月75ドルを確保しておくものとされている。

プログラムに基づく支払いの履行状況は施設側がモニターしており、必要に応じて、分割による支払額や支払頻度等が見直される。

判決で監督付釈放[52]が言い渡されている者が、収監中に罰金を完納することができなかった場合、監督付釈放の間、罰金の残額を分割で払う計画を履行することが求められる。[53] また、損害賠償命令や罰金が完納できなかった場合は、監督付釈放の取消しや期間の延長、再判決等の対応が取られることになる。[54]

## 5　作業と賃金

連邦刑務所の受刑者は、健康上の問題がない限り、作業が義務付けられている。作業には、施設の管理・運営に必要な給食・配膳、洗濯、営繕その他の用務（時給12セントから40セント）に関する作業とUNICORに基づく作業がある。UNICORは、連邦刑務所産業の名称であり、連邦議会によって設立された公営企業である。[55] 経営的に完全に独立しており、議会からの補助金は一切用いられていない。目的は、職業訓練を通じた受刑者の社会復帰と再犯防止にある。作業の内容は、縫製、電子機器製造、車輌整備、金属加工、木材加工、コンピュータ・データ入力、事務等多岐に亘る。UNICORによる製品やサービスの大半は連邦政府によって購入されているが、民間企業の参入も図られている。年間の売り上げは、2021会計年度で4億400万ドルとされている。[56]

賃金は、UNICORの作業の場合、作業の内容等に応じて5等工から1等工までに分けられており、5等工は時給23セント、1等工は時給1ドル15セントとなっている。[57] このほかにも時間超過加算（2倍）や特別加算（時給20セント）等もあるため、これより高い時給を得る場合もある。これに対し、UNICORによる作業ではない、刑務所の作業に従事した場合は、最も低い5等工で月額5・25ドルまで、最も高い1等工で時給40セントと、より低い時給が設定されている。[58] UNICORの作業報酬の方が高額であることから、希望者は多いとされるが、全ての希望者がUNICORに就業している訳ではなく、就労能力のある受刑者の8%しかUNICORの作業に従事していないとされる。

## 6　不参加の場合

重要なことは、本プログラムは強制ではなく、受刑者の同意に基づくものであることである。しかし、受刑者が金銭債務を有しているにもかかわらず、本プログラムに参加しないか、遵守しない場合、以下の対応が取られることになっている。

（1）仮釈放の適用がある受刑者の場合[59]、仮釈放委員会にプログラムへの不参加や不遵守の事実が通知される。
（2）一時的な外出・外泊を認める帰休の対象にはならない（緊急又は医療のための帰休は除く）。
（3）作業に対し一般の給付水準を超える給付、ボーナス、休暇手当は受け取ることができない。
（4）構外作業には割り当てられない。
（5）原則としてUNICORの作業には割り当てられない（1000ドル以上の支払義務があり、且つ、外部の資力が限られている場合を除く）。
（6）自弁品の購入が通常より制限される（切手、電話代、宗教的な理由による保存食等はその例外とされる）。
（7）集団室や二段ベッドといった最も低い水準の舎房に収容する。
（8）社会内プログラムには参加できない。
（9）釈放時の金銭給付（release gratuity）は支給されない。
（10）宿泊型の薬物処遇プログラムへの参加の奨励（金）は受け取ることができない。

損害賠償命令等を受けているにもかかわらず、このプログラムに参加しない場合、受刑者には一定の不利益があるということであるが、私見によれば、仮釈放審理の際の考慮を除き、こうした制度は適当でない。

## 7 プログラムの限界と意義

アメリカの連邦刑務所では被害者に対する損害賠償命令や犯罪被害者基金に対する特別賦課金など受刑者に裁判所が課した金銭債務の履行について計画を立てさせ、履行させるプログラムが実施されている。しかし、このプログラムにも、制度的・実務的な制約や限界がある。

制度上、プログラムは、損害賠償命令だけでなく、罰金や訴訟費用、拘禁費用といった犯罪被害者とは関係のない法的義務の履行をも求めており、必ずしも犯罪被害者への賠償だけを目的にしているわけではない。罰金等より損害賠償命令が優先されている点は評価できるが、重大事案を除いて、損害賠償命令より特別賦課金の支払いが優先されているのも気に掛かる。特別賦課金も、犯罪被害者基金に組み入れられて被害者支援の財源となるが、受刑者自身の被害者の支援に用いられるわけではないことを考えると、被害者に対する「直接的」支援という点では悖ることになる。

実務上の限界は、受刑者が刑務所内で従事した作業に対する賃金の低さである。受刑者の賃金は、より時給の高いＵＮＩＣＯＲの1等工の場合でも時給1ドル15セントであり、これに特別加算が付いたとしても1ドル35セントである。仮に特別加算を認められている受刑者が1日5時間、週5日作業をし、更に超過時間が週に5時間あったとしても、1か月の報酬は１８５ドルであり、1ドル１５０円で計算しても約2万８０００円となって、我が国の作業報奨金の最高支給額とほぼ同じレベルに止まる。しかも、この作業報酬の全てを支払いに回すことはできず、外部交通のための電話代や自弁物品の購入等で用いる分があり、規定上、プログラムに基づく債務の支払額は月額の50％以上となっているとしても、実際には１００ドルにも満たないであろう。そうであれば、僅か１００ドルの特別賦課金の支払いはできるとしても、損害賠償命令に基づく高額の賠償を支払うには余りに少なすぎる。

更に、プログラムは受刑者の同意に基づくものであるので、もし受刑者がプログラムに同意しない場合、受刑者に支払いを強制することはできない。損害賠償命令や特別賦課金の判決を言い渡されているにもかかわらず、これに応じない場合は、刑務所内での待遇や処遇において一定の不利な取扱いがなされるが、これを意に介さない受刑者には何の効果もない。プログラムへの不参加や不遵守は仮釈放委員会にも報告されるというが、そもそも連邦管轄では１９８７年以降、仮釈放（パロール）が廃止されているので、プログラムへの参加の動機付けとしては極めて弱い。

しかし、受刑者による損害賠償は非現実的とばかりに端から何も対応しない日本と違い、受刑者に支払計画を立てさせ、その履行を促す仕組みは評価に値する。特に、受刑者が刑務所に収容され、入所時の分類調査の際に裁判所が受刑者に課した一定の金銭債務を調査する仕組みは参考になる。アメリカの場合、罰金はもとより、損害賠償命令は刑事裁判において言い渡され、刑務所側は判決書からその内容を知ることができるため、調査は容易である。しかし、それ以外の金銭債務は、刑事司法管轄外のものであるので、やはり一定の調査が必要であろう。対象となる金銭支払債務には連邦以外の州の裁判所に係るものも含まれており、中央集権国家である日本と違って、連邦国家で、しかも広大な領域を有するアメリカにおいて、この調査はかなりの負担になるものと思われる、にもかかわらず、調査によって受刑者の金銭債務の内容を明確にする体制を整えていることは大変示唆的である。損害賠償命令の情報さえ刑事施設がもっていない日本とは大違いである。

## V 損害賠償支払計画の策定とその履行

被害者が損害賠償の債務名義を取得している場合、賠償をするかどうか受刑者任せにするのではなく、受刑者による被害者への損害賠償が実現するよう刑事施設側が具体的な指導を行う必要がある。それは、本章で検討したように受刑者が自己契約作業を行い、支給された報酬から被害者に送金する場合だけでなく、受刑者本人の申出に基づき釈放前に報奨金を得て送金する場合においても、また第5章で検討したように、受刑者の意思によらず、報奨金から賠償額を定期控除する制度を導入する場合においても同様である。アメリカの受刑者金銭支払責任プログラムのように、受刑者の入所時調査に始まり、刑執行開始時の指導、刑務作業又は自己契約作業への従事、報奨金の支給（加算）又は報酬の領置金への繰入れ、釈放前の支給、被害者への送金という一連の過程に亘って刑事施設が指導・監督していくシステマティックなものでなければならない。

### 1 被害者の状況把握と情報収集（刑執行開始時調査及び再調査）

被害者に対する損害賠償の支払いに向けた指導に当たって、まずは被害者が損害賠償に係る債務名義を取得しているかどうか、取得していなければ損害賠償請求訴訟を提起しているか、或いは提起する予定があるか否かといった損害賠償の状況について刑事施設側が情報を収集する必要がある。

受刑者が入所すると刑執行開始時調査が行われる。これまでの調査においても被害者の状況が調査項目に含まれている。[60] 調査の情報源となるのは、受刑者の身分帳・少年簿、判決謄本及び受刑者への聞き取りである。処遇調査に当たっては刑事施設その他の矯正施設において処遇上作成した資料を活用することとされており、少年鑑別所において資質の鑑別を受けたことのある者であって、刑事施設において初めて刑の執行を受ける者の場合は、少年鑑別所に保管されている少年簿を収集するとされている。しかし、受刑者が刑の執行を言い渡されることになった事件の被害者に関する情報は身分帳や少年簿には記載されていないから、刑事施設が被害者の状況について得ることができるのは判決謄本に限られる。しかし、問題は、判決に被害者に対する損害賠償の状況が記載されているかどうかである。

犯罪事件の場合、被害者が債務名義を取得する場合としては、民事訴訟の確定判決又は仮執行宣言付の判決、仮執行宣言付の損害賠償命令、刑事和解、裁判外での和解（公正証書）がある。損害賠償命令は、2007年に導入されたもので、刑事裁判で有罪判決が出た場合、同じ裁判所が刑事裁判の記録を用いて犯罪（不法行為）によって生じた損害に対する損害賠償請求について4回以内の審理で損害賠償命令の決定を行うものである。しかし、損害賠償命令自体は、刑事裁判手続後の手続であるため、判決に記載がないことは勿論、刑事施設にも情報はもたらされない。[61] この点が、刑事裁判の一部であるアメリカの損害賠償命令と違うところである。

刑事和解は、被害者保護法によって導入され、公判段階で被害者と被告人とが損害等に関する民事上の請求等について和解が成立した場合、双方の申立てによって和解の事実を公判調書にしてもらうことができ、これによって裁判上の和解と同じ効力が与えられ、被告人側が和解の内容を履行しない場合、強制執行を行うこともできるものである。刑事和解が成立すると判決書の量刑の理由で言及されることが多いであろうから、[62]判決書を通じて刑事施設側は刑事和解の事実を把握することはできよう。但し、もし判決に記載がない場合、刑事被告事件の終結後、和解記録は当該被告事件の第一審裁判所において保管するものとされているから（被害者保護法20条3項）、刑事施設側が刑事収容施設法91条に基づいて照会することで和解記録を閲覧することはできよう。

民事訴訟については、刑事裁判とは全く別であるので、刑事裁判の判決言渡しまでに民事判決が出ていれば、量刑の理由に記載がなされる可能性はある。しかし、民事訴訟の方が時間がかかるため、裁判外の和解による支払いが行われた場合を除き、判決から情報が得られることはないであろう。裁判所に照会するといっても、どこの裁判所かわからなければ実際には難しい。アメリカは、日本よりはるかに広大な領域をもち、しかも連邦国家という複雑な体制を有しているにもかかわらず、受刑者の金銭債務を調査していることから（民事の損害賠償は不明）、どのような情報収集の仕組みがあるのか、その実務を調べてみることも意味があるであろう。

判決謄本以外の情報源は受刑者ということになる。しかし、刑執行開始時の調査において受刑者がきちんと損害賠償のことを申告すればよいが、時には弁護士に任せてあるといった類の供述に終わってしまって、状況を正しく捕捉できない場合が少なくない。[63]あと、刑事施設の長は、受刑者の資質及び環境の調査のため必要があるときは、公務所又は公私の団体に照会して必要な事項の報告を求めることができるとされているが（刑事収容施設法91条）、実際に刑事施設側が外部の機関に照会して受刑者の損害賠償債務を調査することは行われていない。

そうなると、最後の方法は被害者に確認する方法である。受刑者の全ての被害者に連絡を取ることは実務的に困難であろうから、一つの方法としては、被害者等通知制度を利用した者に対しては、損害賠償についての状況を問い合わせて確認し、債務名義を取得している者や賠償の支払いを望む者については、受刑者による損害賠償の支払計画について説明することが考えられよう。あるいは、殺人、傷害致死、強盗、放火、不同意性交、不同意わいせつ、重大な傷害、危険運転致死傷等一定の罪についてはは[64]、検察庁を通じて被害者に確認するといった方策を導入することも検討されてしかるべきである。また、２０２２年の刑事収容施設法改正により２０２３年12月から刑の執行段階における被害者の心情聴取・伝達制度が施行されたことから[65]、心情聴取の申出を行う被害者に対しては賠償の状況や意思について確認することができるし、そのようにすべきである。

なお、損害賠償命令制度は、民事とはいえ、刑事裁判に続いて行われるものであるから、今後は、損害賠償命令の情報を刑事裁判の記録と紐付け、刑事施設に情報を伝えるような仕組みも導入すべきである。

## 2　損害賠償支払計画とその履行

被害者への損害賠償について情報収集し、被害者が損害賠償に係る債務名義を取得するなど受刑者に損害賠償の支払いを求めていることが確認できた場合、受刑者に対し被害者への賠償に向けた適切な処遇を行い、損害回復の意欲を喚起・維持させる必要がある。

従来の刑執行開始時指導においては、作業報奨金の一部を被害者に対する損害賠償への充当のため釈放前に支給を受けることができる（刑事収容施設法98条4項）ことの説明はなされているが、それでは十分でない。[66] 被害者への賠償の義務と必要性を説くとともに、希望者は、刑務作業以外の自己契約作業に従事することができ、その作業に対しては報奨金ではない報酬が支払われ、そこから被害者に対し分割で賠償を送金することができる旨を説明する必要がある。そのうえで、受刑者には、具体的な損害賠償の支払いに向けた計画を立てさせることが望ましい。勿論、その前提として、受刑者による賠償と分割送金について被害者にも了解を得ておく必要がある。

入所時点で賠償の支払意思を示さない受刑者に対しては、被害者の視点を取り入れた教育を通じて賠償への動機付けを図っていくことが重要である。また、2022年の刑事収容施設法の改正により、刑の執行段階における被害者の心情聴取及び伝達制度が導入されたことから、こうした被害者の関与を通じて受刑者に贖罪意識の醸成を図ることも大切である。[67]

受刑者が自己契約作業に基づく報酬（の全部又は一部）を被害者に送金することに同意した場合、報酬が組み入れられた領置金[68]から交付の手続を経て、被害者に送金することになろう（刑事収容施設法50条）。もし受刑者が翻意した場合、被害者は損害賠償について債務名義を取得していることから、強制執行という形で報酬から賠償分を差し引いた上で、残りを領置金に組み込むこともできよう。自己契約作業は請負契約であり、そこから支払われる報酬は給与ではないから、給与の4分の1という民事執行法上の制限は受けないものと思われる。

受刑者が前刑の罪の被害者に対する損害賠償の支払いを履行していない場合もあろう。その場合は、前刑の罪の被害者に対する賠償支払計画を立てさせる必要がある。もし、今回の事案にも被害者がいて損害賠償債務がある場合は、前刑の罪の賠償と合わせた賠償計画を立てさせる必要がある。

### 3 支払い（分割）

自己契約作業による報酬は、拘禁刑に基づく作業に対する報奨金と違って、受刑者個人の財産であり、契約企業からの差入れという形で領置金に組み込まれるが、他の領置金とは別会計にする方が望ましい。[69]前述の通り、一定の限度で自弁物品の購入や自分の家族への送金も認め得るが、一定の割合は必ず被害者への賠償に充てさせる必要がある。遵守事項違反があったとしても、懲罰として領置金からの減額は当然に認められない。[70]支払計画に基づく賠償の分割払いをしても領置金の残額が貯まっていく場合、受刑者が任意で追加的に賠償への支払いに充てることは認められる。

受刑者が自己契約作業を途中で拒否したり、契約を破棄したりする場合、それ以後、自己契約作業の報酬から定期的な賠償の支払をすることはできなくなる。後は、被害者の視点を取り入れた教育等を通じて、受刑者に被害者の窮状を理解させ、損害回復の意思を喚起するよう指導するほかない。但し、もし領置金に残額がある場合で被害者が債務名義を取得しているのであれば、たとえ受刑者が支払いを拒否したとしても、強制執行を行うことはできる。[71]この点は、作業報奨金とは異なる。後は、通常の刑務作業による報奨金からの賠償が課題となろうが、自己契約作業を拒否するくらいであるから、これも難しい。やはり、報奨金の控除制度が必要である。

## 4 被害者の心情への配慮

受刑者による被害者への損害賠償に当たっては、被害者の心情に配慮することが不可欠である。まず、被害者が犯罪者に損害賠償を求めている場合、賠償の支払いは分割によることになるので、長期に亘って被害者への支払いが行われることになる。それは受刑者に自らが犯した罪を忘れさせないことにも繋がるので、被害者の思いに応えることにもなるであろう。しかし、一方で、送金の度に被害者は否が応でも事件の記憶を呼び起こされることになるので、被害者にとって精神的に負担がかかることも考えられる。特に、直接、受刑者の氏名で送金がなされるとすれば、尚更である。

そこで、こうした被害者の精神的負担を軽減するため、例えば、矯正に被害者基金を設けて、受刑者の作業報奨金や自己契約作業の報酬のうち被害者への送金分はこの基金に組み込み、被害者への支払いはこの基金から同額分を行うということが考えられる。被害者には、この基金から定期的に振込がある形となる。

このような方法をもってしても、損害賠償の受取りを望まない被害者に対しては、本章で提案するような対応を取ることはない。但し、被害者は受刑者からの賠償を拒否しているものの、受刑者が被害者への賠償を希望しているような場合はどうすべきか。そうした状況は極めて稀であろうが、受刑者の贖罪意識を無視してもいいというわけではない。保護観察において見られるように、被害者は賠償を受け取らないが、被害者が認めるという場合、菩提寺等へのお布施という形で納付するということはあり得るであろう。それさえも被害者が認めない場合は、被害者支援団体やその他の社会活動に対する寄付という形を取ることが考えられる。
いずれにしても、被害者の心情を尊重し、それに配慮した対応を取ることが重要である。

## 5　実効性と課題

以上、犯罪者による被害者への損害賠償を実現すべく、刑事施設における作業とは別に自己契約作業を活用し、受刑者が定期的に分割で被害者への損害賠償を支払っていく方策について検討を加えた。恐らく、本書で提案した受刑者による損害賠償の実効化に向けた運用に対しては、非現実的であり、被害者への現実的な賠償には繋がらないとする意見が寄せられるであろう。受刑者への動機付け、協力企業の確保、自己契約作業の拡大といった課題があることは確かである。

まず、自己契約作業は受刑者の意思に基づくものであることから、自己契約作業や被害者への賠償を拒否する受刑者には為す術がない。こうした受刑者には懲役や拘禁刑で科される刑務作業の報奨金から被害者への賠償分を控除するほかない。しかし、処遇を行う矯正側が当初から諦め気味では、受刑者の更生など覚束ないというべきである。「被害者の視点を取り入れた教育」を通じて、被害者が受けた痛みや苦しみを正しく理解させ、被害者への贖罪や賠償に向けた動機形成を図っていく方法を模索する必要がある。また、２０２２年の刑事収容施設法改正により刑の執行段階における被害者心情聴取及び伝達制度（第４章）が導入されたことから、こうした被害者の心情を考慮した被害者の視点を取り入れた教育を展開していく必要がある。

また、企業の選定や作業の配点、動作時限の工夫、被害者との連絡・調整等々、制度の実現には矯正の現場にも負担がかかる。しかし、これも偏に法務省矯正局の覚悟の問題であろう。１９８０年の犯給制度や１９９６年の被害者対策要綱以降、刑事司法機関は、多大な労力と熱意を掛けて犯罪被害者への支援を行ってきている。刑事司法の最後の砦である矯正も例外であってよいはずがない。犯罪者の改善更生と再犯防止に向けて莫大な予算と多大な労力と強い熱意をもって取り組んでいるのであるから、犯罪被害者への損害回復に向けても同様の予算と労力と熱意を傾けて欲しいものである。また、被害者支援は、被害者の損害回復だけの問題ではない。何度も強調したように、受刑者に被害者の損害回復に向けて努力させることは、正に改善更生の問題である。制度の成否は、被害者支援が矯正本来の業務であることを矯正が受けとめることができるかどうかにかかっている。

　なお、刑事施設の中だけで被害者への賠償が完結できるわけではない。受刑者が釈放された後も賠償を続けていく必要がある。そのためには、仮釈放後の保護観察においても被害者への贖罪や賠償に向けて指導を行っていかなければならない。そこで、第３部では、受刑者による賠償の履行と仮釈放の関係や保護観察における指導の在り方について検討することにしたい。

# 第3部

# 更生保護における損害賠償

08章

# 仮釈放と損害賠償

# Ⅰ　更生保護と損害賠償

犯罪者は自らの行為により被害者に与えた損害について賠償を行う責任がある。犯罪者に資力がない場合でも、就労によって所得を得て、分割で賠償をしていかなければならない。損害賠償は民事上の責任ではあるが、犯罪者が被害者に与えた損害を補填していくことは犯罪者の改善更生の一環であって、それに向けて国が指導することは犯罪者処遇の一部にほかならない。犯罪者に科される刑が全部執行猶予であれば犯罪者は直ちに社会に戻ることになるから、定職に就き、そこから得られる収入で損害賠償をしていくことになる。保護観察の付かない単純全部執行猶予の場合、被害者の自助努力によって犯罪者に賠償を求めていくほかないが、全部執行猶予に保護観察が付された場合、指導監督の一環として保護観察対象者に対し賠償に向けた指導を行うことができる。

これに対し、重大犯罪の場合、犯罪者には長期の拘禁刑が科されることになるため、直ちに社会の中で就労して、賠償を行うことはできない。そこで、第2部で検討したように、受刑者は刑事施設に収容中から刑務作業や自己契約作業により報奨金や報酬を得て被害者に分割で賠償するよう指導していく必要がある。しかし、現実問題として、刑期中に損害賠償を完済することは難しいため、刑事施設からの釈放後も継続して損害賠償を行わなければならない。仮釈放が認められれば保護観察が行われることから、保護観察対象者に対し損害賠償に向けた指導を行い、その履行を監督していく必要がある。

新たな動きとして、２０２２年に更生保護法が改正され、同法による措置（保護観察、仮釈放・仮退院、生活環境調整、恩赦等）は、被害者等の被害に関する心情、被害者等の置かれている状況等を十分に考慮して行うものとするという社会内処遇の運用基準に被害者への配慮義務が規定されるに至った（3条）。従来から、保護観察の指導監督において被害者への慰謝や賠償に向けた指導は行われてきているが、同改正により、「保護観察対象者が、当該保護観察対象者が刑又は保護処分を言い渡される理由となった犯罪又は刑罰法令に触れる行為に係る被害者等の被害の回復又は軽減に誠実に努めるよう、必要な指示その他の措置をとること」（57条1項5号）が指導監督の方法として明文化されるに至っている。

このように、被害者の心情等への配慮や損害回復に向けた措置が保護観察の役割の一つであることがより明確となったことは、犯罪者の更生という意味でも、被害者への支援という意味でも重要な意味をもつ。しかし、実際、保護観察対象者に賠償を履行させていくための具体的な指導の在り方については課題も多い。このうち、保護観察付の全部執行猶予は、犯情が比較的軽微な場合が多く、量刑に当たっても被害者への慰謝や賠償の有無が考慮されることが多いうえ、賠償額もさほど高額ではない。最も問題となるのは拘禁刑の実刑が科され、仮釈放が認められた後の保護観察においてである。そこで、第3部では、まず仮釈放における損害賠償の法的位置付けを検討したうえで、主に仮釈放後の保護観察（3号観察）を念頭に置きながら、保護観察における被害者への賠償に向けた指導について考察することにする。

## Ⅱ　仮釈放要件における損害賠償

### 1　仮釈放制度

裁判所により拘禁刑の実刑（刑の一部執行猶予を含む）[2]を宣告された受刑者は、裁判所が定めた刑期を満了するまで刑事施設に拘置される。しかし、刑法は、「拘禁刑（２０２５年までは懲役・禁錮）に処せられた者に改悛の状があるときは、有期刑についてはその刑期の三分の一を、無期刑については十年を経過した後、行政官庁の処分によって仮に釈放することができる。」（28条）として、刑の満了前に受刑者を仮に釈放することを認めている。これが仮釈放の制度である。

戦前は、海外のみならず日本においても、仮釈放は監獄での行状が良い受刑者に対する恩賞又は恩典として与えられるものであったが、そうした思想は完全に過去のものとなり、現代における仮釈放は犯罪者の社会復帰と再犯防止のための制度に位置付けられている。[3]即ち、裁判所が定めた刑の満了前に仮に釈放することで、一定期間、社会の中で受刑者（身分は受刑者のままである）を監督しながら、改善更生に必要な指導をし、社会生活に必要な援護や補導を行うことで再犯を防止し、社会復帰を確実なものとするためのものとされている。この指導・監督や補導・援護の作用が保護観察である。

仮釈放の制度がなく、刑の満了まで受刑者を刑事施設に拘置してから釈放した場合（満期釈放）、犯罪者に対する応報なり刑事責任の追及としては良いかもしれないが、元受刑者は「ほったらかし」状態となり、再犯を防ぎ、社会復帰を果たさせるための指導や監督、補導や援護ができなくなる。幾ら刑事施設で受刑者に改善更生のための処遇を行っても、仕事や人間関係において様々な困難や障害に直面する社会の中で、釈放者を見守り、適切な指導や支援を行う者がいないと、再び犯罪に手を染めることになりかねない。刑事施設での処遇の成果を見極めながら、釈放後も継続的に指導や監督、補導や援護を行う期間を設けることで、再犯に至るリスクを最小化するための制度が仮釈放である。決して、受刑者に対する恩情や恩典として早期に釈放しているわけではない。

従って、仮釈放は、再犯のリスクがない者だけを早期に釈放する制度ではなく、刑事施設から釈放後に社会内で処遇（保護観察）を行うことによって再犯のリスクを減らせる者に対して行う制度であり、そうでなければならない。逆説的に言えば、絶対に再犯の危険性がない受刑者がいたとしたら、その者を仮釈放にする必要はない。そのような者は満期釈放にしても再犯には至らないのであるから、裁判所が言い渡した刑期の間、刑事施設に収監して、刑事責任を全うさせれば良い。誤解を怖れずに言えば、仮釈放とは、再犯のリスクがある者に対して適用すべきものである（再犯の現実的な危険性が極めて高い者は除く）。仮釈放は再犯リスクが折り込み済みの制度であり、保護観察を行うことにより満期釈放にした場合より再犯のリスクを減少させることが目的である。社会に出す以上、再犯の危険性は常にあるわけであり、仮釈放を認められた者が再犯に至ったとしても、それは仮釈放「制度」の失敗を意味しない。そのことは、もし仮釈放にならなかったとすれば、そうした受刑者は満期釈放となって「ほったらかし」にされたままとなり、より再犯の危険性が高まったであろうことを考えれば明らかである。満期釈放ではなく、仮釈放を認められることによって再犯に至らずに済んでいる者が大勢いるという現実を見る必要がある。

しかし、被害者から見れば、裁判所が言い渡した刑期にさえ不満があるのに、更にそれより早い時点で刑事施設から受刑者を仮釈放するというのは納得がいかないであろう。被害者の心情を考えると、それも無理からぬことである。しかし、もし被害者が仮釈放に反対だからということで仮釈放を認めないとすれば、重大事件の受刑者は仮釈放が認められなくなり、満期釈放となって再犯を起こしかねない。被害者や遺族にとっても、事件の加害者が、更生することなく、再び罪を犯して、新たな被害者を生むことは決して良しとしないはずである。再犯の防止は、被害者の方々の意思にも適うことであると思われる。だからと言って、仮釈放において被害者の苦しい心情や状況を無視してよい訳では絶対になく、被害者の心情や意見は、刑事施設における矯正処遇だけでなく、仮釈放の審査においても適切に考慮すべきである。問題は、それをどのような基準に基づいて判断するかである。

現在、仮釈放は、有期刑の受刑者は刑期の３分の1、無期刑の受刑者は10年を経過することという形式的要件と、「改悛の状」があることという実質的要件を満たす場合に認められることになっている。形式的要件は、時間の経過によって全ての受刑者（死亡する以外）が満たすことができる要件であり、しかも、現在の実務では刑期の80％から90％以上を執行してから仮釈放するという運用が行われているため、実質的に意味が失われている。実際の仮釈放審査で最も重要な指標は、後者の「改悛の状」という実質的要件である。そこで、本章では、まず、仮釈放において、被害者の心情や状況が「改悛の状」という実質的要件においてどう評価されるべきかについて検討を加えることにする。特に、２０２３年12月から刑の執行段階における被害者の心情聴取・伝達制度が施行され、被害者の視点を取り入れた教育においても、（一般論ではない）事件の被害者の心情理解や被害者への具体的な賠償等の実現に向けた指導が今後行われていくことから、仮釈放の審査においても、被害者に対する賠償への取組みについてどのように評価すべきかがより重要な問題となる。

## 2　刑法改正作業に現れた仮釈放要件と賠償の位置付け

1907年（明治40年）に制定された現行刑法は、仮釈放の実質的要件を「改悛の状」と規定しているだけであり、その具体的な基準は、長年、下級法令によって定められてきている。過去の刑法改正作業において編纂された草案の中には、被害者の賠償を仮釈放の判断基準の一つとして直接規定していたものがある。まず、1927年（昭和2年）に刑法改正原案起草委員会が起草した刑法改正豫備草案（以下、「豫備草案」という）は、

第86條　懲治又ハ禁錮ノ執行ヲ受クル者行状善良ニシテ左ノ條件ヲ具備シ將來再ビ罪ヲ犯スノ虞ナキニ至リタルトキハ行政官廳ノ處分ヲ以テ假ニ釋放スルコトヲ得

一　有期刑ニ付テハ其ノ刑期ノ三分ノ一、無期刑ニ付テハ十年ヲ經過シタルトキ

二　居住及生計上ノ支障ナキトキ又ハ住居ヲ定メ正業ニ從事スルノ機會確實ナルトキ

としたうえで、

前項ノ處分ニ付テハ損害ノ賠償アリタルヤ否特ニ本人カ損害ノ賠償ヲ爲シタルヤ又ハ賠償ニ努ムルヤ否ヲ滲酌スヘシ

として、仮釈放に当たっては被害者への賠償や賠償に向けた努力の有無を考慮するとしていた。[4] 住居や生計に関する支障の有無並びに定住や正業の確実性は「將來再ビ罪ヲ犯スノ虞ナキ」という再犯の虞を判断するうえでの判断基準である。これに対し、損害賠償の有無は、再犯の虞の判断基準として説明できなくもないであろうが、むしろそれとは別の仮釈放基準であると考えられる。いずれにしても、豫備草案では、犯罪被害者に関する事項が仮釈放基準に初めて取り入れられたことが注目される。[5]

さらに、1931年（昭和6年）に刑法竝監獄法改正調査委員会総会が留保条項附で決議した総則案と1940年（昭和15年）の各則案から構成される改正刑法仮案（以下、「仮案」という）は、仮釈放の形式的要件たる法定期間を有期刑の4分の1とした進歩的な内容で知られるが、その仮案でも、考慮事項（判断基準）として、豫備草案同様、住居や生計に関する支障の有無並びに定住や正業の確実性とともに、被害者への賠償や賠償に向けた努力の有無を定めていた。[6]

第108条　①懲役又ハ禁錮ノ執行ヲ受クル者改悛ノ情顕著ナルトキハ無期刑ニ付テハ十年、有期刑ニ付テハ其ノ四分ノ一、不定期刑ニ付テハ其ノ短期ノ三分ノ一ヲ経過シタル後行政官庁ノ処分ヲ以テ仮ニ釈放スルコトヲ得

②前項ノ処分ヲ為スニ付テハ左ノ事項ヲ参酌スヘシ

一　損害ノ賠償アリタリヤ否特ニ本入カ損害ノ賠償ヲ為シタリヤ又ハ賠償ヲ為スニ努カシタリヤ否

二　居住及生計ニ支障ナキヤ又は住居ヲ定メ正業ニ従事スル見込アリヤ否

仮案のうち総則案が決議されたのと同じ1931年に制定された仮釈放審査規程[7]には、仮釈放に当

たって審査すべき事項のうち犯罪関係の一つとして犯罪後の情況を規定している（3条）。同規程を起草した司法省行刑局の書記官、東邦彦氏の著した『仮釈放審査規程釋義』（以下、釈義という）によると、犯罪後の情況の一つとして損害賠償及び損害賠償の努力について詳細調査するとあるほか、保護関係として審査すべき事項の一つにも被害者及び其の家庭と（受刑者）本人及び其家庭との感情を挙げている。[8]

また、財産犯については特に規定を設けて、「財産ニ関スル罪ヲ犯シタル者ニ対シテハ特ニ其ノ犯行ニ因リテ生シタル損害ヲ賠償シ又ハ実害ヲ軽減スル為努力シタルヤ否ヲ審査スヘシ　受刑者ノ親族故旧ニシテ損害ヲ賠償シタルトキハ本人ノ希望ニ基ヅキタルモノナリヤ否ヤを審査スヘシ」（12条）としている。東氏は、犯罪者がその犯行によって生じた損害を賠償し、又は実害を軽減する努力をしたことは、主観的意義においても、客観的意義においても、仮釈放審査において有利に評価すべきものとしている。[9]ここでいう主観的意義とは、犯罪者が被害者に対する自己の責任を自覚することを示すものであり、客観的意義とは、損害賠償等によって被害者の請求に対し満足を与え、犯罪により破られた社会の私法的秩序が現状に回復されるという利益を指しているとされる。規定上は財産犯の被害者を対象としているが、釈義では、財産に関する罪以外の殺人、傷害、その他の犯罪における慰謝料等も同一の精神を以て評価せられるべきものとしている。

このように、仮釈放の審査基準を示した仮釈放審査規程は、短い規定ながら、非常に先進的な内容を有しているだけでなく、被害者の感情や被害者への賠償を仮釈放審査において考慮すべきことを明確にしている。また、東氏は、釈義において、刑事司法制度において被害者への賠償を考慮すべきことを明確に述べている点で注目される。少し長いが、重要な視点であるので、全文を引用する。

「近世国家の法律制度に共通な特色であるところの、不法行為に対する刑事民事両責任の分化という事実に就き歴史的、理論的理解を持つ人々は、或いは第二の意義における損害賠償の問題を刑事制度に就ての考察から除外すべきことを主張されるかもしれない。しかしながら、犯罪に対する損害賠償の問題を専ら私法上の問題として、被害者に対し何等の考慮を払うことがなきが如きは、決して社会における衡平を保持し、社会の秩序を完うする所以ではない。」[10]

## 3　犯罪者予防更生法下での仮釈放許可基準と賠償の位置付け

仮釈放審査規程が仮釈放における詳細な審査事項を規定したためか、豫備草案や仮案で見られた被害者への賠償を含めた仮釈放基準は、以後に編纂された改正刑法準備草案やその後の改正刑法草案では姿を消し、専ら刑法上の包括的な仮釈放要件の議論が行われているに過ぎない。[11] しかし、その刑法全面改正すら結局実現することがなかったため、刑法上の仮釈放要件はそのまま据え置かれ、仮釈放許可基準についても刑法改正作業の枠組みでは議論されていない。

戦後となり、1949年に犯罪者予防更生法が制定されると、仮釈放の実質的要件である「改悛の状」の判断基準は、「仮釈放並びに在監又は在院中の者に対する不定期刑執行終了又は退院の審理決定等に関する手続について」（1952年）[12]（以下、依命通牒という）や「仮釈放及び保護観察等に関する規則」（1974年）[13]（以下、旧規則という）といった下級法令で定められることになったが、それは、ある意味、刑法上の仮釈放要件（実質的要件）の空洞化とともに、仮釈放要件と許可基準の乖離を意味する。

依命通牒は、仮釈放の許可基準を次のように定め、特に被害者に関する規定は見られない。

第1（6）　仮出獄は、本人の性格、行状、態度及び能力、施設内での成績、帰住後の環境等より判断して、左の各号に該当する者につき、保護観察に付することが、本人が善良な社会人として自立するに最も適当と認められる時期にこれを許すものとする。

1　刑法第28条又は少年法第58条の規定による期間を経過していること。

2　改悛の状があること。

3　仮出獄期間中再犯の虞がないこと。

4　社会の感情が仮出獄を是認すると認められること。

善良な社会人として自立することを期待することができない者であっても、前各号に該当し、且つ、刑期の大半を経過し、行刑成績良好な者で保護観察に付することが本人の改善に役立つと認められるときは、仮出獄を許すことができる。

旧規則も、

第32条　仮釈放は、次に掲げる事由を総合的に判断し、保護観察に付することが本人の改善更生のために相当であると認められるときに許すものとする。

1　悔悟の情が認められること。

2　更生の意欲が認められること。

3　再犯のおそれがないと認められること。

と定めるに止まる。但し、旧規則の細則を定めた法令は、犯罪又は非行関係として被害の弁償の状況、被害者の感情を審査事項としている。[14] さらに、生命、身体、財産等に関する犯罪又は非行により重大な損害を与えたものについては、被害者の感情及び被害弁償の状況を審査にあたって特に留意しなければならないとしていることから、仮釈放の審査に当たって被害者の感情や損害賠償の状況を考慮すべきとしている点は仮釈放審査規程とほぼ同様である。

但し、旧規則当時に法務省が作成した保護観察官向けの研修教材は、「社会の感情というのは、第一義的には犯行地及び本人の帰住地の地域社会の感情を指すことになろうが、社会の耳目をしょう動させたような事案にあっては、更に広い視野からの検討を加えることが必要である。いずれにしても、良識ある社会の正義感情に基づいて、これを認定すべきである。」としたうえで、「被害者の感情も社会感情の一要素として把握され、被害弁償・慰謝の措置、被害者（遺族）の感情もその判断事項に含まれる。」として、[15] 仮釈放の許可基準の一つである社会感情には被害者感情が含まれるとしている。また、被害者の感情や被害弁償・慰謝の措置は、悔悟の情の認定にも重要なかかわり合いをもつとしている。

## 4　更生保護法下での仮釈放許可基準と賠償の位置付け

### (1)　犯罪者処遇規則の特徴

２００７年に更生保護法が制定されると、旧規則は廃止され、新たに「犯罪をした者及び非行のある少年に対する社会内における処遇に関する規則」（以下、犯罪者処遇規則という）が制定され、以下のような仮釈放許可基準が定められた。

第28条　法第39条第1項に規定する仮釈放を許す処分は、懲役又は禁錮の刑の執行のため刑事施設又は少年院に収容されている者について、悔悟の情及び改善更生の意欲があり、再び犯罪をするおそれがなく、かつ、保護観察に付することが改善更生のために相当であると認めるときにするものとする。ただし、社会の感情がこれを是認すると認められないときは、この限りでない。

旧規則と似たような基準が規定されているが、旧規則と異なるのは、各許可基準に評価の順位を付け、各基準を順番に評価していき、ある許可基準を満たさない場合は、その時点で仮釈放を認めないことにしたものである。旧規則が総合評価方式であるのに対し、社会内処遇規則はフローチャート方式又は逐次評価方式となっている[16]。また、社会感情が依然として仮釈放許可基準の一つとして規定されているが、消極要件（許可基準）に変更されている。即ち、他の許可基準が全て充足されていても、社会感情が仮釈放を是認すると認められないときには、仮釈放を認めないというものである。しかし、改正後の実務では、こうした犯罪者処遇規則が定める審査方式に沿った運用にはなっておらず、この改正に意味があったのか疑問だが、少なくとも法令上、社会感情の位置付けが強化されたことは確かである。そもそも、「社会感情」という曖昧模糊とした評価が困難な基準を設けている点からして不適切である。

## （2）犯罪者処遇規則の仮釈放許可基準と賠償の位置付け

犯罪者処遇規則によれば、最初の評価基準である「悔悟の情及び改善更生の意欲」があるかどうかがまず審査され、それが認められる場合は、「再犯のおそれ」がないことが一応推定されるが、次の評価基準の「再犯のおそれがないこと」は、その推定を打ち破るだけの情況があるかどうかが判断される。「再犯のおそれがない」場合は、仮釈放にして社会の中で保護観察に付すことが相当であることが推認されるが、最後に、仮釈放を許すべきかどうかを総合的且つ最終的な判断基準として「保護観察に付することが改善更生のために相当である」かどうかが評価されることになっている。[17]

このうち被害者や賠償に関連した事項は、悔悟の情及び改善更生の意欲並びに社会感情という3つの許可基準において評価されるとしている。まず、刑を言い渡されることになった犯罪による被害の実情を正しく認識しているかどうかが悔悟の情の認定の前提とされている（通達第2－7（2）ア）。さらに、改善更生の意欲の認定にあたっても、「被害者等に対してどのように償うべきかを正しく認識し、かつ、その償いをする気持ちがあることを前提」としている（通達第2－7（2）エ）。もっとも、改善更生の意欲があると認められるためには、この前提だけではだめで、「その上で再び犯罪をしないためにどのような生活を送るべきかを正しく認識し、かつ、過去の生活を改め健全な生活を送る気持ちが認められることが必要である」としている。仮釈放が、改善更生のために保護観察に付すことが目的である以上、当然のことであろう。さらに、その評価において、ただ将来再び罪を犯さない意識があるかどうかだけでなく、犯した罪の被害者に対し償いの気持ちがあることを前提としている。但し、その気持ちは、単なる受刑者の心情の発露（要するに口先）だけであってはならず、被害者への償いの気持ちを含めた改善更生の意欲の認定にあたっては、一定の「客観的事実」を把握すべきこととしている（通達第2－7（2）カ）。その客観的事実の一つとして、通達は、被害者等に対する慰謝の措置の有無及び内容並びに当該措置の計画及び準備の有無及び内容を挙げている。従って、被害者に対する謝罪や慰霊のほか、被害者に対する損害賠償の支払いの有無や状況についても考慮すべきことになる。受刑者が刑務作業によって得た報奨金等から被害者に送金していることも、改善更生の意欲の評価に当たっては肯定的に評価されることになる。また、そうした措置の計画や準備の有無・内容も考慮事項であるから、未だ慰謝や賠償の措置は取っていないものの、現在、それに向けて具体的な計画を立てているとか、準備を進めていることも評価される。

また、改善更生の意欲の認定に当たって把握すべきとされている「客観的事実」には、刑事施設における矯正処遇への取り組みの状況も含まれている。刑事収容施設法が制定されてからは、矯正処遇における特別改善指導としての被害者の視点を取り入れた教育（R4）や一般改善指導としての被害者感情理解指導が行われているから、こうした被害者関連の改善指導における受講態度や成果も改善更生の意欲を判定するうえでの参考情報となる[18]。

次に、被害者の感情も社会感情の一要素とし、被害弁償・慰謝の措置、被害者（や遺族）の感情もその判断事項に含まれるとした旧規則同様、犯罪者処遇規則下の通達においても、社会感情の判断にあたっては被害者の感情に留意するとしている（通達第2－7（5）イ（ア））。しかし、その被害者の感情は重要な考慮要素となるものの、「社会の感情」とは、それらの感情そのものではなく、刑罰制度の原理・機能という観点から見た抽象的・観念的なものであることに留意して判断すべしとしている。刑罰制度の原理・機能という観点から見た抽象的・観念的な被害者感情とは何を指しているのか必ずしも明らかでないが、例えば、一定の刑罰が予定されている殺人罪の被害者はこうした心情であろうという一般的な被害者感情を指しているものと推測される。しかし、そうした説明の次の規定で、「次に掲げる事項その他の事項を考慮すべきである」として、その筆頭に「(ア)被害者等の感情」を挙げている。これが、直前の規定で留意事項とされた抽象的・観念的な被害者感情を指すのか、それとは異なる(生の)被害者感情を指すのか、曖昧であるし、法令の規定の仕方としては不適当である。

## 5　仮釈放要件と損害賠償の位置付け

### (1)　仮釈放要件の私案

刑法に規定されている仮釈放の実質的要件である「改悛の状」という表現は、仮釈放を恩典と捉えていた時代の遺物である。刑事政策的思潮の発展により、受刑者を社会内処遇につなげ、その改善更生を強固なものとし、再犯を防止することが仮釈放の目的であるとされるに至った現在の仮釈放制度において、「改悛の状」はただの器(空箱)に堕し、その実質的な内容は下級法令の許可基準によって定められている。

そこで、私見によれば、仮釈放の目的に見合った実質的要件は、基本法たる刑法に規定すべきである。結論から言えば、刑法28条に定める仮釈放の実質的要件は、

拘禁刑に処せられた者については、犯罪の情状、本人の性行、受刑中の行状、被害者及び事件に対する姿勢

並びに更生の計画を考慮し、改善更生及び再犯防止のため保護観察が必要且つ相当であるときは、有期刑についてはその刑期の3分の1を、無期刑については10年を経過した後、仮釈放決定機関の処分によって仮に釈放することができる。

のように改めるべきである。[19]

仮釈放の本質が施設内処遇に続いて社会内処遇を行うことで社会復帰と再犯防止の可能性を高めることであるとすれば、仮釈放の実質的要件は「改善更生及び再犯防止のため保護観察が必要且つ相当であること」とすべきである。判断基準（基底）は、まだ検討の余地があろうが、「犯罪の情状、本人の性行、受刑中の行状、被害者及び事件に対する姿勢並びに更生の計画」とする。仮釈放は、社会内処遇を行うことで再犯のリスクを最小化するためのものであるから、むしろ再犯のおそれを前提とするものであり、犯罪者処遇規則のような、「再犯のおそれがないこと」という判断基準は採用すべきでない。[20]

また、曖昧で把握も困難な社会感情も同様に判断基底とすべきではない。そして、社会感情の一要素とされてきた観念的・抽象的な「被害者感情」は勿論、「生の被害者感情」も判断基準とすべきではない。観念的・抽象的な被害者感情といった概念は曖昧で評価方法も判然としないし、被害者の生の感情といった、受刑者本人の状況とは切り離された、本人では如何ともし難い要素を、仮釈放という受刑者の再犯防止を図るための制度の判断に持ち込むことも不適当と言わざるを得ない。被害者感情を考慮すべきだとする主張はあろうが、被害者の意思だけで仮釈放を否定するとなれば、重大事件の受刑者について仮釈放は困難となり、満期釈放となって再犯のリスクが高まることになる。また、被害者の感情を一要素として考慮するといったところで、他の多くの判断基準がある以上、評価の重みは相対的に低くならざるを得ない。だからこそ、通達も、刑罰制度の原理・機能という観点から見た抽象的・観念的な被害者感情などという、おかしな概念を持ち出さざるを得なくなっているのである。被害者からすると納得がいかないであろうが、再犯防止という仮釈放の目的から被害者の理解を得るしかない。

### (2) 損害賠償と仮釈放

しかし、だからといって、被害者に関連した事情を一切考慮してはならない、ということではない。私案の仮釈放要件では、「被害者及び事件に対する姿勢並びに更生の計画」を判断基準に含めており、被害者に対する慰謝、慰霊、原状回復、損害賠償等、受刑者が被害者に対して取った措置や対応は仮釈放の許否を決めるに当たっての判断材料とすべきである。ここでの判断の基準となるのは、「仮釈放を認めるか、認めたくないか」といった被害者自身の感情ではなく、受刑者自身が被害者や事件をどのように考えているのか、また被害者に対して賠償等どのような対応を取ってきているか、という受刑者自身の更生の一局面としての被害者関連事項である。更生の計画にも、受刑者自身の釈放後の帰住先、就労又は就学計画だけでなく、被害者への贖罪や、被害者に対する損害賠償の債務がある場合は、賠償計画が含まれる。

このように、仮釈放本来の目的に即した形で仮釈放の実質的要件を再構成した場合、受刑者の被害や被害者に対する認識や損害回復に対する措置を判断基準とすべきである。従って、受刑者が被害者の視点を取り入れた教育（R4）に積極的に取り組んでいることや、損害賠償の債務がある者については、作業によって得た報奨金や自己契約作業に従事して得た報酬を被害者に送金しているという事実は、「被害者及び事件に対する姿勢」としてプラスに評価されることになる。更に被害者への損害賠償債務があり、保護観察中及びその後の現実的な賠償計画が立てられ、刑事施設収容中からも就職活動するなどの努力が見られることは、「改善更生及び再犯防止のため保護観察が必要且つ相当であること」に対して肯定的に評価されることになる。

しかし注意しなければならないことは、「被害者及び事件に対する姿勢並びに更生の計画」は、仮釈放の実質的要件を評価する上での判断基準の一つに過ぎず、それだけで仮釈放の許否の判断が決まる訳ではないことと、受刑者が損害賠償に充当するため報奨金や報酬を被害者に送金していなくても、そのことだけをもって直ちに「改善更生及び再犯防止のため保護観察が必要且つ相当であること」においてマイナスに評価すべきではないことである。[21] 仮釈放は、戦前のような刑務所での行状に対する恩典として認められるものではなく、あくまで社会内において保護観察を行うことで社会復帰や再犯防止をより確実なものとするためのものであり、私案の仮釈放要件もその適否を判断するためのものである。よって刑事施設において被害者への賠償に向けた努力が十分でなかったとしても、仮釈放とすることで保護観察における指導監督によって被害者への損害賠償に向け努力させることが適切な場合には、他の基準の充足を前提として、仮釈放を認めるべきなのである。

## Ⅲ　仮釈放意見聴取制度と損害賠償

### 1　被害者の心情・状況の調査

Ⅱで述べたように、仮釈放許可基準の一つである社会感情の一要素として被害者感情を考慮することは仮釈放の本質からして適当でなく、むしろ受刑者が被害者や事件に対しどのような態度を取っているか、被害者への慰謝や損害賠償に向けてどのように取り組んできており、また取り組もうとしているかを判断基準の一つとして評価すべきである。そのため、仮釈放審査に際して行われる仮釈放調査（更生法25条1項）においては、受刑者の態度や対応以前に、被害者の状況や慰謝・賠償に対する要求等を仮釈放の審査機関である地方更生保護委員会が把握しておく必要がある。これは、仮釈放手続の一環として、受刑者の住居、就業先その他の生活環境の調整を行う生活環境調整において調査を行う場合（同82条3項）や、刑事施設の長からの申出なしに地方更生保護委員会が仮釈放審査を開始するかどうかを判断するために行う、仮釈放職権審理開始前調査（いわゆる36条調査）（同36条1項）においても同様である。

さらに、受刑者が仮釈放となる場合、被害者が受刑者からの再被害や報復を恐れたり、加害者が接触してこないか不安に怯えたりしている場合があることから、保護観察における遵守事項の決定にあたって被害者の心情や意向を把握しておく必要がある。被害者が受刑者に対し損害賠償の支払いを求めている場合も、保護観察における指導監督において指導が必要となることから、債務名義や損害賠償の状況といった情報も必要となる。

しかし、判決書に記載がないと、地方更生保護委員会や保護観察所は被害者や賠償の状況についての情報を知り得ないし、刑事施設における入所時調査では受刑者からの聞き取りを中心に行い、外部機関への照会を行うことは実務上ないことから、刑事施設から情報が得られることも殆どないか、あっても不正確な場合がある。

そこで、仮釈放調査や生活環境調整における調査の一環として、被害者の心情や賠償の状況等について調査することがある。これが、かつての被害者感情調査であり、現在、被害者等調査と呼ばれているものである。損害賠償に関する被害者の意思や状況についても調査対象となるため、仮釈放後の保護観察における損害賠償の実現にも寄与し得るものである一方、いろいろ制度や実施上の問題が指摘されてきている。

そうしたなか、2004年に犯罪被害者等基本法が成立し、国は「犯罪被害者等がその被害に係る刑事に関する手続に適切に関与することができるようにするため、(中略)刑事に関する手続への参加の機会を拡充するための制度の整備等必要な施策を講ずるもの」とされた(18条)。これを受けて策定された2005年の第一次犯罪被害者等基本計画において、「仮釈放の審理をより一層犯罪被害者等の意見を踏まえたものとすることについて、犯罪被害者等による意見陳述の機会を設けることを含め検討し、2年以内を目途に必要な施策を実施する」[22]とされた。さらに、愛知県や青森県で保護観察対象者による重大事件が発生したことから、「更生保護のあり方を考える有識者会議」が設置され、その最終報告書は、「仮釈放審理の過程において被害者の意見を聴取する手続を明定すべきである」と結論付けた。[23]これを受け、2007年に更生保護法が制定された際、仮釈放(及び少年院からの仮退院)の審理において、被害者からの申出がある場合、被害者から仮釈放に関する意見や被害に関する心情を地方更生保護委員会が聴取する仮釈放意見聴取制度が導入されることとなった。[24] これによって、被害者が希望する場合は、損害賠償等に関する意見を仮釈放審理機関たる地方更生保護委員会に述べることもできる。

そこで、被害者の損害賠償との関連で、この制度がもつ意義と限界について素描することとしたい。ただ、それに先だって、旧法の犯罪者予防更生法当時から施行され、現在も適用のある被害者等調査の問題について言及しておくことにする。

## 2 被害者等調査

### (1) 調査の性格

被害者等調査は、生活環境調整（更生法82条3項）、仮釈放調査（同25条1項）及び仮釈放職権審理開始前調査（同36条1項）の一環として地方更生保護委員会が行う場合のほか、保護観察のための調査として行う場合（同64条1項）と生活環境調整（同82条1項）として保護観察所長が行う場合がある。その具体的方法は、保護局長通達に定められている。[25]

いずれも、仮釈放審理や保護観察のために行われるものであるから、実施の有無や対象は地方更生保護委員会や保護観察所長が決めることとなり、被害者側に決定権はない。そのため、被害者が仮釈放や保護観察に関して心情や意見を述べたくとも、その機会が認められるわけではなく、反対に、被害者が希望していない場合でも、調査や調整の対象となることはある。被害者は、調査や調整の「客体」であって、「主体」ではない。[26]

### (2) 調査対象と調査事項

調査対象となる受刑者については規定上特に定められておらず、地方更生保護委員会又は保護観察所毎に内規で定められている。例えば、中部地方更生保護委員会では、①被害者が死亡し、又は加療6月を超える被害を受けているとき、②被害額が1000万円以上のとき、③その他仮釈放の審理に必要と認められるときを調査対象事件とし、裁判所や身上調査書等の資料により示談成立、被害弁償、慰謝の措置等が明らかである場合、および性犯罪、暴力団の抗争事件等による被害で調査することが不要か不相当と認められる場合には調査を省略することができる、とされている。[27] 基本的に、重大事件を対象としていることが窺われるが、いずれにしても、被害者の意向とは関係なく調査が行われる。

被害者等調査で調査する事項は、慰謝の措置の有無及びその内容、被害者等の感情、地域住民の感情のほか、加害者処遇状況等通知希望の申出の有無、犯罪被害給付制度に基づく給付金や犯罪被害財産等による被害回復給付金の支給に関する法律に基づく被害回復給付金等の支給状況、損害賠償請求事件の有無や審理状況、仮釈放意見聴取制度の申出又はその意向の有無、被害者心情聴取制度の申出又はその意向の有無、賠償を含む慰謝の措置に関する被害者の意向等である。

### (3) 調査方法

被害者等調査は、刑事事件記録等の関係記録を調査することから始まるが、調査時における被害者の状況を調べる必要があることから、被害者への面接や電話、被害者からの書面の提出等の方法によって被害者から陳述を聴取することが必要となる。この聴取を担当するのは、保護観察官又は地方更生保護委員会の委員であるが、もし被害者が遠方に居住している場合などは、被害者の居住地を管轄する保護観察所の保護観察官が協力する。かつては、保護司が風評調査等の形で被害者等調査（当時は被害者感情調査）を行うこともあったが、方法が不適切であり、現在は行われていない。

いずれの方法においても、調査が被害者に精神的負担となり、時には二次被害を惹起しかねないことから、調査に先立って被害者に意思確認を行い、面接等においても被害者の身体的、精神的負担を軽減するよう努めなければならないとされている。

## (4) 調査の問題点

かつての被害者等調査（被害者感情調査）には、保護司による風評調査といった調査方法や調査の時期等、方法論上の問題があったが、[28] 現在、こうした問題はほぼ解消されている。しかし、被害者等調査は、仮釈放の審理や仮釈放後の保護観察において考慮すべき事項を調査するものであり、[29] 受刑者の帰住地や遵守事項等について被害者の意見を聴取することは被害者の意向や利益に適うとしても、裁判所が言い渡した刑期より早く受刑者を釈放する仮釈放に対し被害者は納得がいかないであろうし、報復や再会を怖れる被害者もいることから、被害者の関心は専ら仮釈放の可否に向かうことになる。重大事件の場合、被害者は仮釈放に否定的な意見を述べることが多い。

しかし、被害者等調査は、被害者感情を調査事項に含めているとはいえ、仮釈放の賛否を調査することが目的ではない。仮釈放に対する意見を聴取しても、仮釈放の許可基準としては、「生の被害者感情」は評価しないとしていることから、その扱いに困ることになる。たとえ被害者が仮釈放に対する

（否定的な）意見を述べたとしても、その感情は宙ぶらりんのまま放置されることになる。

そもそも、被害者等調査においての被害者は調査対象、つまり「客体」であるから、被害者が地方更生保護委員会や保護観察所等、事件の処理に関わる機関から連絡をとられたくない場合でも最初の連絡が来ることになる。反対に、仮釈放や保護観察に当たって意見を言いたい被害者も、調査対象に含まれていない場合は、調査を要請することはできないから、被害者に失望感を与えることになる。

## 3 仮釈放意見聴取制度

### (1) 制度の概要

そうした被害者等調査の限界や問題があったことに加え、Ⅲ1で紹介した被害者支援や事件の経緯から、2007年に仮釈放意見聴取制度が導入されることとなった。

同制度は、被害者から申出があったとき、地方更生保護委員会が、被害者から仮釈放審理対象者の仮釈放に関する意見及び被害に関する心情を聴取する、というものである（更生法38条1項）。これは被害者の権利ではないが、被害者が聴取の申出をするときは、「聴取するものとする」とされているので、相当でない場合を除き、基本的には聴取を行うことになる。被害者等調査では、被害者自身が調査を申し出ることはできなかったが、仮釈放意見聴取の導入によって、被害者は主体的に被害に関する心情や仮釈放に関する意見を述べることができるようになった。

但し、同法は、仮釈放意見聴取に相当性要件を定め、当該被害に係る事件の性質、審理の状況その他の事情を考慮して相当でないと認めるときは、この限りでないとして、意見聴取を認めないこととした

（同但書）。被害者が暴力団抗争事件の暴力団員であるなど、被害者が実質的に被害者とは言えない場合が想定されているが[30]、被害者の数が極めて多いなど全員からの聴取が著しく困難である場合や仮釈放審理を著しく遅延させるおそれがある場合等も考えられる。

仮釈放意見聴取を行うことができる被害者は、原則として、刑を言い渡される理由となった犯罪により害を被った者又はその法定代理人若しくは被害者が死亡している場合や被害者の心身に重大な故障がある場合におけるその配偶者、直系の親族若しくは兄弟姉妹である。

被害者から聴取する内容は、仮釈放に関する意見と被害に関する心情である。被害に関する心情とは、犯罪被害の影響並びに事件や加害者に対する被害者の思いであり、仮釈放に関する意見とは、仮釈放に関する意見のほか、仮釈放後の保護観察や生活環境調整に関する意見も含まれる。被害者等調査と異なり、仮釈放意見聴取制度では、仮釈放に賛成か反対かといった仮釈放自体に関する意見も聴取の対象となる（**表1**）。仮釈放にも保護観察にも関わる意見としては、受刑者の帰住先に関する意見（被害者の近隣に帰住させないで欲しい等）、保護観察中の指導監督に関する意見（被害者に謝罪や賠償をさせたい等）、遵守事項（被害者に近付かない等）に関わる意見がある。しかし、制定当時の規定では、「仮釈放に関する意見」としか規定されておらず、聴取の対象となる意見が仮釈放の許否に関するものだけのように読めたため、２０２２年の更生保護法改正により、仮釈放以外の保護観察や生活環境調整に関する意見が聴取対象として明示されるに至った。

表1　被害者等調査と仮釈放意見聴取の相違点[31]

| | 仮釈放意見聴取 | 被害者等調査 |
|---|---|---|
| 制度の意義・目的 | 仮釈放審理の適正化<br>被害者の心情充足・支援 | 仮釈放審理の適正化 |
| 対象者 | 申出を行った被害者 | 委員会が選定した被害者 |
| 被害者の位置付け | 主体 | 客体 |
| 内　容 | 仮釈放、保護観察、生活環境調整に関する意見、被害に関する心情 | 被害者の状況や心情（仮釈放に関する意見は除く） |
| 仮釈放への影響 | 極めて限定的 | 極めて限定的 |

### （2）仮釈放意見聴取制度の問題点と新制度

仮釈放意見聴取は、被害者が希望すれば聴取の対象になる点で、被害者の意向に沿うものである。特に、受刑者の帰住先や被害者の安全確保、贖罪に関する事項は、保護観察の遵守事項や生活行動指針を決定するうえで考慮すべき重要事項である。

問題は、仮釈放に関する意見の扱いである。著者は、制度の創設を提唱したときから、仮釈放の許否については聴取の内容に含めるべきでないと主張していたが[32]、結果的には仮釈放の許否についての意見をも聴取の対象とする制度となってしまった。実務でも、聴取を希望する被害者は仮釈放に反対であるとするものが大半となっているようであるが、被害者の心情や不安を考えれば、それも無理からぬことと思われる。

しかし、幾ら被害者が仮釈放に反対したとしても、前述したように、それが仮釈放の判断に影響するような要件や仕組みにはなっていない。被害者から仮釈放に関する意見の聴取を認めておきながら、仮釈放の許否に関する被害者の意見は、法令上、評価対象外となっているし、仮釈放審理において9割以上仮釈放が許可されていることを考えると（無期受刑者を除く）、実際上も被害者の意見は殆ど影響がないと言っても過言ではない。制度ができてしまった以上、最早仕方が無いことではあり、一度認めてしまったものを、やはり仮釈放の許否に関する意見は聴取の対象としないといったような法改正を行うことは、被害者支援を後退させるような印象を与えかねないため、到底できない。

そこで、本制度は、保護観察における被害者の安全確保や損害賠償といった贖罪の措置に関することを被害者から聴取することに重点を置いて運用すべきである。更生保護法下では、保護観察において「被害者への賠償に努めること」という特別遵守事項を設定することができなくなってしまっている。しかし、2022年の同法改正によって、保護観察対象者に対する指導監督の方法の一つとして、被害者への被害の回復又は軽減に誠実に努めるよう必要な指示その他の措置をとることが明示的に規定されたほか(57条1項5号)、一般遵守事項にも「被害者等の被害を回復し、又は軽減するためにとった行動の状況その他の行動の状況を示す事実であって指導監督を行うため把握すべきものを明らかにするよう求められたときは、これに応じ、その事実を申告し、又はこれに関する資料を提示すること」が含められ、仮釈放者を含め保護観察対象者が被害者に対する損害賠償に向けた対応をとっているかどうかを示すことが義務付けられた(50条1項2号ハ)。そこで、仮釈放意見聴取によって、被害者が損害賠償の債務名義を取得しているとか、損害賠償を求める意向があることがわかった場合、そうした情報を保護観察に活かしていくべきである。[33] そうした点で、仮釈放意見聴取制度は、被害者への損害賠償実現においても一定の意味を有する。

しかしながら、仮釈放は刑の大半が執行されてから行われるうえ、我が国は、刑期から仮釈放までに執行した期間を差し引いた残刑期間中しか保護観察を行わない残刑期間主義を採用しているため、仮釈放後の保護観察が極めて短い。[34] そのため、仮釈放意見聴取制度で賠償に関する被害者の意向等を確認できたとしても、数か月程度の短い保護観察の間しか、賠償に向けた指導を行うことができない。これは残刑期間主義自体の問題であるが、その一方で、刑の大半を執行してから行われる仮釈放審理において被害者から意見を聴取するという仮釈放意見聴取制度の限界でもある。そこで、刑の執行の早い段階から被害者の心情や意見を聴取する、刑の執行段階における被害者心情聴取・伝達制度が２０２２年の刑事収容施設法改正で導入されたのである（第４章参照）。

しかし、だからと言って、仮釈放審理の段階での仮釈放意見聴取制度が意味を失ったわけではない。なぜなら、刑の執行の早い段階から被害者の心情聴取を認め、その内容を踏まえた賠償計画を含む処遇要領を策定し、矯正処遇を通じて被害者への賠償等を促し、作業で得た報奨金や報酬から被害者に送金するよう刑事施設収容中から賠償を行わせたうえで、仮釈放審理の前には、被害者の意見聴取を通じて、改めて賠償の状況や被害者の意向を確認し、それを仮釈放の審理や仮釈放後の保護観察における指導監督に活かしていくことができるからである。

09章

# 保護観察における損害賠償

## I　保護観察と損害賠償

刑事施設から仮釈放になった場合、残った刑期の間、社会の中で受刑者に対し保護観察が行われる。保護観察は、受刑者（保護観察対象者）に対し守らなければならない遵守事項と生活行動指針を課したうえで、遵守事項を遵守しながら、生活行動指針に即して生活や行動をしているか、その行状を面接その他の適当な方法で対象者と接触を保ちながら把握し、必要な指示その他の措置を取り、更に特定の犯罪的傾向を改善するための専門的処遇を行うものであり、以上の作用を保護観察の指導監督という（更生法57条）。遵守事項には、全ての保護観察対象者に課される一般遵守事項と（同50条）、個々の対象者毎に設定される特別遵守事項がある（同51条等）。何れも、これに違反した場合、原処分、即ち仮釈放や執行猶予といった保護観察に付されることになった元の処分が取り消され、刑事施設に収監され、少年であれば少年院に収容される可能性がある。これに対し、生活行動指針は、２００７年の更生保護法で導入された制度であり、保護観察における指導監督を適切に行うために必要があると認めるときは、対象者毎に設定される改善更生に資する生活又は行動の指針である（同56条）。保護観察対象者はこの生活行動指針に即して生活や行動をしなければならないが、遵守事項との違いは、要件のほか、違反時の原処分の取消しが前提とはなっていないことである。

一方、保護観察を受けている対象者の中には、自助の努力だけでは自立した生活を送ることができない者がいることから、住居、医療、職業補導、教養訓練、生活環境の改善・調整、生活指導その他対象者が健全な社会生活を営むために必要な助言その他の措置を取るものとされており、保護観察におけるこの作用を補導援護と呼ぶ（同58条）。保護観察は、この指導監督と補導援護という2つの作用を通じて、対象者が再び犯罪や非行をすることを防ぎ、善良な社会の一員として自立し、改善更生することを助けるものである（同1条）。

保護観察は、仮釈放となった受刑者に対して行われるもの（3号観察）のほかに、刑事裁判で全部執行猶予や一部執行猶予を言い渡された者に対する保護観察（4号観察）や、非行少年に対する保護処分として言い渡される保護観察処分（1号観察）、少年院から仮退院した少年に対する保護観察（2号観察）がある。3号観察や4号観察は刑罰に付随し、又は刑罰の執行において行われるものであるのに対し、1号観察や2号観察は非行少年に対して家庭裁判所が課す保護処分として、又は保護処分の執行の過程において行われるものである。それぞれ法的性質や実施期間は異なるものの、保護観察における指導監督と補導援護の作用は同じである。そして、被害者がいる犯罪を行った保護観察対象者に対しては、従来、被害者への慰謝や賠償といった贖罪に向けた指導監督が行われている。

しかし、これまで保護観察において被害者の心情や状況に対し必ずしも十分な配慮がなされていなかったことから、保護観察対象者も被害者の心情を十分に理解しないまま、また被害者への損害賠償等の贖罪も果たさないまま、保護観察を終えることが少なくなかった。そこで、２００７年に制定された更生保護法によって、被害者の心情や状況、保護観察対象者の生活若しくは行動に関する意見を、希望する被害者から聴取して、保護観察対象者に伝達することができる被害者心情伝達制度が導入されることとなった。この制度により、被害者は、犯罪被害で受けた被害の現実や苦しい心情のみならず、損害賠償の要求についても、間接的ながら、また仮釈放の場合は、実施時期という点で遅ればせながらではあるが、犯罪者に伝えることが可能となった。

２０２３年12月1日からは、前年の刑事収容施設法の改正によって導入された、刑や保護処分の執行段階における被害者心情聴取・伝達制度が施行されたことから、[2] 仮釈放後の保護観察における被害者心情伝達制度に加え、刑事施設に収容中の受刑者に対しても被害者の心情や損害賠償の要求を施設側や受刑者に伝えることができるようになった。

しかし、これで問題が解決した訳ではない。たとえ刑事施設に収容中から受刑者が損害賠償を分割で支払ってきたとしても、重大事件の場合、多額の損害賠償の残債があることから、仮釈放となって社会に戻った後も損害賠償の支払いを続けていく必要がある。２つの心情聴取・伝達制度によって、処遇者側と受刑者側に損害賠償の要求が伝わったとしても、保護観察において対象者にどのように働き掛け、損害賠償を履行させていくかという問題が残されている。かつて更生保護法制定前の旧法（犯罪者予防更生法及び執行猶予者保護観察法）のときには、保護観察において対象者に被害者への損害賠償に努めるよう特別遵守事項で義務付けることもできたが、更生保護法になって、運用上、これができないものとされてしまっている。勿論、保護観察の指導監督において、対象者に被害者への賠償に向けた指導はできるが、義務付けることができなくなってしまったのである。

そうした折、少年法の適用年齢の引下げの是非が法制審議会で審議されることになったため、若年者を含めた受刑者や少年に対する刑罰制度と処遇制度についても併せて見直しが行われ、保護観察における被害者への賠償についても改めて議論されることとなった。その法制審議会の答申に基づいて、更生保護法が２０２２年に改正され、仮釈放や保護観察において被害者の心情や状況等に配慮すると共に、保護観察の指導監督において被害者の損害回復に向けた指示その他の措置を取ることとする規定が追加された。被害者に賠償努力を課す特別遵守事項の復活は認められなかったものの、被害者の被害回復のためにとった行動等の状況について申告したりすることを義務付ける一般遵守事項が新設された。

そこで、本章では、2007年から施行されている保護観察における被害者心情伝達制度に関する検討を行ったうえで、保護観察における被害者への損害賠償に向けた指導監督と遵守事項の在り方について考察を加えることにする。

## Ⅱ　保護観察における被害者心情聴取・伝達制度

### 1　制度の目的

2004年の犯罪被害者等基本法の制定や翌年の犯罪被害者等基本計画の策定に加え、幾つかの重大事件を契機として更生保護法が制定され、2007年、前章で検討した仮釈放意見聴取制度と共に保護観察における被害者心情伝達制度が導入された。[3] これは、保護観察対象者について、その被害者から申出があるとき、保護観察所長が、被害に関する心情、被害者の置かれている状況又は保護観察対象者の生活若しくは行動に関する意見を聴取し、保護観察対象者に伝達する制度である（更生法65条1項）。

この制度の第1の目的は、被害者の心情や被害者の置かれている状況、更には保護観察対象者の生活若しくは行動に関する被害者の意見を保護観察官が把握することで、保護観察対象者の指導監督にお いて被害者にも配慮した効果的な処遇を行うとともに、被害者の心情や状況等を保護観察対象者に伝えることで、対象者の改善更生と再犯防止をより確実なものとすることにある。

保護観察対象者のうち仮釈放者については、仮釈放審理において被害者への意見聴取を行っている場合があることから、仮釈放が許された場合、意見聴取の情報は保護観察を担当する保護観察所にも伝わることになる。[4] しかし、仮釈放審理の意見聴取において被害者が保護観察に関する全ての意見を述べているとは限らないし、意見聴取後の事情の変化もあり得る。そこで、改めて被害者の心情や意見を聞き、保護観察を行ううえでの参考とすることには意味がある。特に、2022年の更生保護法改正で、保護観察を含め更生保護の措置においては、被害者の心情や置かれている状況等を考慮するものとする総則規定が置かれ（3条）、保護観察の指導監督においても、心情聴取によって聴取した被害者の心情等を踏まえ、被害者の被害の回復や軽減に誠実に努めるよう必要な指示その他の措置をとることとされた（57条1項5号、6項）。このことから、心情聴取において被害者が損害賠償の意向を有していることが確認された場合、その履行に向けて保護観察対象者を指導していく必要がある。心情伝達制度は、被害者への損害賠償のうえでも、被害者の意向を保護観察所が確認し、指導監督に活かしていくうえで重要である。

なお、2022年の更生保護法改正前は、保護観察における心情伝達制度は、対象者に被害者の心情や状況、意見を伝達することを主眼とし、そのような規定振りとなっていたが、保護観察対象者に伝達するためには、その前段階として保護観察所（長）が聴取するという過程があるのであり、これによって、被害者の心情や状況、意見が保護観察所に伝わり、保護観察官は、それを踏まえて対象者の指導監督を行うことになる。心情伝達制度は、保護観察対象に対する伝達だけでなく、保護観察を行う保護観察官（保護観察所）に対する情報提供としての意味も有するのであるから、２０２２年の改正では、そのことを明確にするために、被害者心情伝達制度を聴取と伝達の項を分けて規定した。従って、改正後は、保護観察対象者への伝達を前提とせず、保護観察所（長）により聴取だけをしてもら（い、指導監督のうえでの参考にしてもら）うことも可能となっている。そこで、２０２２年の法改正以後の制度を、保護観察における被害者心情聴取・伝達制度という。

さらに、被害者心情聴取・伝達制度は、被害者の心情や意見を間接的に保護観察対象者に伝えることによって、対象者の認識を改め、更生に向けた足がかりにすることで改善更生に寄与することが期待されている。犯罪者は犯行当時の状況については知っているものの、被害者が受けた被害の大きさや影響、その後の被害者の状況については知らないことが多い[5]。犯罪者は、自らが起こした被害の現実を知らないまま受刑し、社会に戻っていくことになりかねない。社会復帰とは自己の犯した罪を忘れることではなく、それを正しく認識することから始まることであるとすれば、自分が犯した「被害の全体像」をきちんと理解させることが更生の出発点となる。心情聴取・伝達制度は、保護観察対象者に対する直接的な処遇としての意味合いもある。

第2に、被害者心情聴取・伝達制度は、被害者自身の立ち直りや損害回復に寄与することも目的としている。被害者は、犯罪によって人生が大きく狂わされ、生き地獄のような苦しみを負っているということを犯罪者はきちんと知るべきだと考えている。そうした被害者の苦悩や苦しみを理解することなくしては、たとえ重い刑に服したとしても、犯罪者には真の意味での更生や贖罪は難しいという思いと、そうした被害者の受けた被害の現実を知ることで、犯罪者が二度と同じ悲劇を繰り返さない楔となって欲しいという思いが被害者にあるからである。しかし、刑事手続において被害者の思いを犯罪者に伝える機会は殆どなく、公判での意見陳述や被害者参加制度の被告人質問も、制度の趣旨や時間的制約から、その目的を十分に果たすことはできない。公判が終わって刑が確定した後に被害者に生じた事情もある。

また、被害者が犯罪者に損害賠償を請求したくても、民事訴訟を提起したり、損害賠償命令の申立てをしていないと、そうした被害者の要求は犯罪者に伝わらない。受刑者や保護観察対象者の中には、被害者が賠償を望んでいるかどうかわからないとして、被害者への送金を躊躇する者がいる。それは単に賠償をしないことの言い訳に過ぎない場合もあろうが、被害者から損害賠償の要求について明確に意思表示されれば、こうした言い訳もできないから、被害者の意向をきちんと犯罪者に伝えることは、損害賠償を履行させていく上でも重要である。保護観察における心情聴取・伝達制度は、刑又は保護処分の執行段階における被害者の心情聴取・伝達制度と共に、被害者の心情や状況、意見を対象者に伝達することで、被害者自身の損害回復に資するものである。

心情聴取・伝達制度は、その前提となる聴取の過程そのものが被害者の心情の安定や整理に資することもある。被害者の事件や被害に対する思いは複雑であり、また時の経過によって変わるものでもある。被害者は心情聴取・伝達の申出をした時点でさえ気持ちの整理が付いているわけではなく、被害者担当の保護観察官（被害者担当官）[6]と様々な話をしながら、その思いを録取書にまとめていくことになるが、その作業を通じて自分の気持ちを見つめ直し、気持ちを整理していくことができるため、心情聴取の過程そのものが被害者の心情安定に資する効果があるとされる。[7]さらに、被害者から聴取した内容を保護観察対象者に伝達することになるが、被害者が希望する場合は、伝達した後の受刑者の反応や言動を被害者に伝えてもらうことができる。被害者が犯罪者に伝えたかった思いが相手に伝わったことが実感できることも、被害者の立ち直りにプラスに働く。

以上のように、保護観察における心情聴取・伝達制度は、保護観察対象者の改善更生と被害者への支援という2つの、相互に関連しながらも、異なる目的をもつことから、反対に、その運用において難しい問題を生ずることにも留意する必要がある。

## 2 制度の概要

心情聴取・伝達の対象となるのは、仮釈放の被害者意見聴取と同じ、刑又は保護処分を言い渡される理由となった犯罪又は刑罰法令に触れる行為に係る被害者又はその法定代理人若しくは被害者が死亡している場合や被害者の心身に重大な故障がある場合におけるその配偶者、直系の親族若しくは兄弟姉妹である（更生法65条）。犯罪者が刑又は保護処分を受け、現に保護観察を受けている場合に限られる。

心情伝達には、被害者から心情や意見を聴取する段階と、聴取した心情等を保護観察対象者に伝達する段階の2つの段階がある。２０２２年の法改正までは、保護観察対象者に心情等を伝達することを前提として聴取を行うものとされていたが、被害者の中には保護観察対象者には伝える必要はない、又は伝えてほしくないが、心情や意見を保護観察において考慮してほしいという場合もあることが考えられる。そこで、従来の心情伝達制度を、心情聴取と心情伝達という形で明確に分け、伝達を前提としない心情聴取も認めることとした（更生法65条の1項が心情聴取であり、2項が心情伝達である）。

心情聴取・伝達は、共に被害者の申出に基づく。保護観察対象者の保護観察を所管している保護観察所の長に対して申出を行うことが想定されているが、被害者が遠方に居住している場合もあるため、被害者の居住地の保護観察所に対し申出を行うことも認められている。その場合、保護観察を所管している保護観察所の長は、被害者の居住地の保護観察所の長に申出の受理のほか、心情等の聴取に関する事務を嘱託することができる（更生法65条3項）。その場合でも、心情等の伝達は、保護観察対象者の保護観察を所管している保護観察所の主任官が行う。

心情聴取は、心情等を被害者から保護観察官が録取をして録取書を作成する方法のほか、被害者が自ら作成した心情等記述書を提出することもできる（犯罪者処遇規則72条2項）。心情等録取書又は心情等記述書は、遅くとも1か月以内に、主任官が保護観察対象者に朗読することで伝達を行う（犯罪をした者及び非行のある少年に対する社会内における処遇に関する事務規程76条）。しかし、被害者が聴取や伝達を申し出たとしても、必ず行われるわけではなく、聴取自体の相当性と伝達の相当性の判断が行われ、不相当の場合は聴取や伝達が行われない。[8] その場合、被害者にその旨を通知しなければならない（犯罪者処遇規則73条2項、76条）。特に２０２２年の改正で、伝達を前提としない心情聴取が認められることになったために、規定上も聴取の相当性に関する規定が設けられるに至っている。聴取の相当性判断の基準となるのは「当該被害に係る事件の性質その他の事情」であるに対し（更生法65条1項）、伝達の場合は「当該被害に係る事件の性質、保護観察の実施状況その他の事情」として、保護観察の実施状況が加わっている。これは、聴取に当たっては、特に保護観察や保護観察対象者の状況を考慮する必要がないのに対し、伝達する場合は、保護観察対象者の心身の状態や被害者に対する態度を考慮する必要があるからである。聴取の相当性においても、例えば、暴力団同士の抗争事件のように被害者にも事件発生に寄与している部分があったりするなど、事件の性質によっては、聴取が相当とされない場合がある。

心情伝達を行った場合、被害者が希望する場合は、伝達時の対象者の言動について通知するものとされている。伝達した内容には保護観察対象者に対する問いかけが含まれていることもあることから、それに対する対象者の回答や反応も被害者にとっては重要な関心事である。また、再度の心情伝達を禁じる規定はないから、これも認められるし、実務でも実際に行われている。[9]

## 3 制度の限界と新制度

保護観察における心情聴取・伝達制度は、被害者の支援においても、また犯罪者の改善更生においても重要な意味をもつ。しかし、実務では、それほど実施件数が伸びておらず、その背景には、情報提供の不足、制度の利便性の低さ、限定された利用者の範囲、心理的負担の高さ等があるとされる。[10]また、制度を利用する被害者は、殺人等の重大事件は比較的少なく、過失運転致死傷罪や詐欺、横領といった財産犯で多くなっている。[11]財産犯の場合も、被害者が重大な損害を被っている場合、心情伝達において損害賠償請求の意思表示がなされることもある。それはそれで重要であるが、本来、被害者感情が厳しく、被害も重大なはずの身体犯の被害者による制度の利用が少ないことは課題の一つである。

また、更生保護法に基づく心情聴取・伝達制度は、犯罪者が保護観察を受ける場合に限られるので、刑期が3年以下に限られる全部執行猶予や一部執行猶予の場合は、事件から時間的に比較的近接した時点で行い得るが、[12]仮釈放対象者の場合、特に刑期が長いと、被害者は何十年にも亘ってこの制度を利用できないことになる。時には、受刑者が仮釈放になる前に遺族が他界する可能性もある。

さらに、心情聴取・伝達制度は、保護観察対象者の指導監督に活かすことで安定した改善更生につなげていくことが目的であり、その一環として、被害者が損害賠償を希望している場合には、対象者による賠償に向けた指導を行うことになる。しかし、仮釈放後の保護観察は極めて期間が短いため、仮釈放に限って言えば、保護観察が始まってから心情聴取・伝達をしても、被害者の心情や意見を踏まえた処遇を行うことは困難である。心情聴取にしても、録取書を作成するのはやや時間を要するので、心情伝達が行われる頃には殆ど保護観察が終わってしまっているということもあり得る。そのため、心情聴取や伝達を踏まえた処遇を行おうにも、殆ど何もできず、ある意味、保護観察対象者に伝えっぱなしで終わるということにもなりかねない。これが、仮釈放後の保護観察における心情伝達制度の限界である。

この問題を解決するには、2つの方法が考えられる。一つは、心情伝達を保護観察対象者に限らず、刑や保護処分の執行開始時から認める制度を設けることである。著者がかつて提案した制度も、仮釈放手続とは切り離し、刑の執行段階、即ち、受刑者が刑事施設に収容された時点から心情（意見）聴取や心情伝達を行うものであった。[13] 幸い、これについては、2022年の刑事収容施設法の改正により実現することとなり、2023年12月1日から施行された。

もう一つは、仮釈放後の保護観察期間を延ばす方法である。我が国の仮釈放が残刑期間主義を採用し、刑期の大半を執行してから仮釈放にする運用としていることから、仮釈放後の保護観察期間が極めて短い。これでは被害者心情聴取・伝達を踏まえた処遇を行うこともできず、仮釈放後の再犯リスクの高い期間、指導監督を行うことができない。たとえ保護観察対象者が就労して、被害者に分割で賠償していくことができるようになっても、あっという間に保護観察が終わってしまい、それとともに被害者への送金を止めてしまう保護観察対象者もいる。そこで、この仮釈放後の保護観察期間を対象者の処遇の必要性や再犯のリスクに応じて一定期間確保することができる考試期間主義を採用すべきである。そうすれば、現在よりはるかに長い期間に亘って保護観察を行うことができることから、被害者心情伝達を踏まえた処遇も、被害者への賠償に向けた指導も、現在よりも長い期間行うことが可能となる。この問題については、第10章において詳細に検討を行うこととする。

## Ⅲ 損害賠償の履行に関する遵守事項

### 1 犯罪者予防更生法から更生保護法へ

旧法である犯罪者予防更生法の時代は、「被害者への賠償に努めること」を保護観察の特別遵守事項として設定することができた。[14] 当時の特別遵守事項は、その内容から、①保護観察の基礎的な条件を作り上げるための事項、②更生を促し再犯を防ぐための事項、③本人の再犯防止に直接の関係はないが、社会ないし第三者の利益のための事項の3つに大別することができるとされ、被害者への慰謝や賠償は、このうち③の「本人の再犯防止に直接の関係はないが、社会ないし第三者の利益のための事項」に位置付けられていた。[15] 犯罪者予防更生法時代の特別遵守事項は、相当性、遵守可能性、自由制限の相当性と並んで、本人の改善更生に役立つと認められる具体的な事項であることという具体性の要件を充足するものでなければならなかった。この具体性の要件に改善更生という基準が用いられていることを考えると[16]、被害者への慰謝や賠償が、③のように再犯防止に関係ないとすることには抵抗を感じる。しかし、実際には特別遵守事項として設定されていたことから、それは改善更生に資する事項であると見なされていたからであり、本書の立場とも合致する、望ましい考え方である[17]。

しかし、その一方で、当時から、被害者への損害賠償を特別遵守事項として保護観察対象者に義務付けることに対しては否定的な見解が示されることもあった。その理由としては、①刑事司法機関が民事賠償に介入するのは民刑分離の原則に反する[18]、②仮釈放になったばかりの対象者は生活力に欠けることが多いため、損害賠償は対象者の生活を圧迫し、更生の妨げになる、③損害賠償が履行できないと遵守事項違反として仮釈放の取消しにつながりかねない、④たとえ対象者が賠償の努力をしても、被害者感情が厳しい被害者は賠償を受け取らないばかりか、交渉さえ拒否する被害者が少なくない[19]、⑤無期を除くと、我が国の仮釈放後の保護観察は一般的に期間が短く、賠償の履行に限度がある[20]、などが挙げられていた。

これらの根拠の合理性は後ほど検証するとして、犯罪者予防更生法と執行猶予者保護観察法が廃止され、更生保護法が制定されてからは、法令に明文規定こそないものの、「被害者への賠償に努めること」を特別遵守事項に設定することはできないとの実務慣行が定着するに至っている。賠償に努めることという特別遵守事項が設定できなくなった理由には、前述の特に①から③が考えられるが、更生保護法における特別遵守事項制度の改正点も影響しているものと考えられる。

まず、更生保護法における特別遵守事項は、違反した場合に少年院への戻し収容（72条1項）、特定少年に対する仮退院の取消し（73条の2第1項）、全部執行猶予の取消し（刑法26条の2）、一部執行猶予の取消し（同27条の5）、仮釈放の取消し（同29条1項）、保護観察処分対象少年の少年院等の決定（少年法26条の4第1項）、特定少年の保護観察処分対象者の少年院収容決定（同66条1項）の処分がされることがあることを踏まえるものという要件が付され（更生法51条2項）[21]、一般に特別遵守事項の規範性が強化されたとされている。即ち、特別遵守事項に違反することは刑事施設や少年院への収容又は再収容に繋がり、社会内処遇を維持することが認められなくなることから、特別遵守事項は、違反時に原処分を取り消し、社会内での更生を目指すことを（一旦）断念することが正当化できるだけの内容のものでなければならないことになったわけである。その点を踏まえた場合、被害者への賠償は、社会内処遇を断念して、刑事施設や少年院に収容することが妥当ではない事項に位置付けられ易くなったと言える。

さらに、更生保護法下の特別遵守事項は、改善更生にとって特に必要なことは勿論、その内容は具体的なものでなければならないという具体性の要件が定められている。この具体性要件は、犯罪者予防更生法時代の規則でも定められていたが（5条1項）、更生保護法では、前述したように、特別遵守事項の違反は不利益処分につながることを踏まえたうえで設定しなければならないため、違反の有無が判断しづらいような曖昧又は抽象的なものであってはならないことから、遵守事項の具体性がより求められることになった。従って、「後先を考えて行動すること」とか、「父親としての自覚をもって子に接すること」といったような内容は、どのように行動すればよいのか、またどのような場合に違反となるのかが判断しづらいため、保護観察対象者の行動基準としても、また違反の判断基準としても機能しない。具体性の要件は、いわば保護観察における罪刑法定主義の明確性の原則のような機能を果たしている。

そうした観点から見た場合、「被害者への賠償に努めること」という特別遵守事項は、「努めること」という文言が入っていることにより、被害者への賠償に向けてどのような行動を取ればよいのか、またどのような行動をとらないと違反とされるのかが曖昧であるとされた。仮釈放となった者が、かろうじて職を得たものの、収入が低いため、生活が安定するまで数か月間、被害者への送金をしなかったとしても、それは就労し、生活を安定させたうえで賠償をしようとする途上にあるからということで「努めている」ということになるのか。反対に、手取りで13万円もの収入があるのに、1万円すら送金しないのは「努めていない」ことになるのかという評価を巡る疑義が生じやすい。このように、不良措置を前提とする以上、特別遵守事項は具体性を具備するものでなければならないことから、更生保護法の下で賠償に努めることという特別遵守事項は設定されないことになったのである。[22]

しかし、保護観察対象者の安定した社会生活を維持し、結果として再犯を防ぐためには、やや抽象的ではあるが、対象者の生活上の指針として指定する意義のある内容もある。しかも、こうした事項の中には、対象者の社会内処遇を中断し、施設内処遇に戻す（再収容）ことをもって対応する必要がないものもある。適当な例を示すのは難しいが、例えば、「生計のやりくりをきちんとすること」などは、無計画な経済生活から窃盗に至った者にとっては、社会生活上重要な事項であるが、だからといって違反時に原処分を取り消して施設に再収容するまでもない内容である。そこで、更生保護法では、特別遵守事項の改正を踏まえ、特別遵守事項とは別に、生活行動指針として「保護観察対象者の改善更生に資する生活又は行動の指針」を設定する制度を導入したわけである（更生法56条1項）。生活行動指針を定めたとき、保護観察所長は保護観察対象者に対し生活行動指針の内容を記載した書面を交付しなければならず（同2項）、保護観察官は、遵守事項の遵守だけでなく、生活行動指針に即して生活し、及び行動するよう必要な指示その他の措置を指導監督をすることになる（同57条1項2号）。保護観察対象者は、生活行動指針に即して生活し、及び行動するよう努めなければならない（同56条3項）。しかし、たとえ生活行動指針に違反することがあったとしても、原処分の取消しにはつながらない。

## 2　法制審議会における議論の経緯

「被害者への賠償に努めること」という特別遵守事項を設定することができれば、指導監督の一環として保護観察対象者に賠償に向けた指導を行ううえで、対象者本人に、より強い心理規制が働くことは確かである。特別遵守事項に違反すれば、仮釈放や執行猶予といった原処分の取消しにつながることから、取消しを怖れる対象者が遵守事項を履行するよう努力することが、一応、期待できるからである。著者も、更生保護法制定後、被害者への賠償を改めて特別遵守事項に設定できるようにすべきであると考えていた[23]。

この問題は、期せずして、少年法の適用年齢の引き下げ及び犯罪者に対する処遇を一層充実させるための刑法の整備の在り方を検討する法制審議会の少年法・刑事法（少年年齢・犯罪者処遇関係）部会（以下、法制審部会という）において議論されることとなった。少年法の適用年齢を検討するだけでなく、若年者やひいては全ての犯罪者に対する刑罰や処遇の在り方を見直すこととなり、保護観察や社会復帰支援施策の充実、社会内処遇における新たな措置の導入並びに施設内処遇と社会内処遇との連携の在り方が検討されることになったからである。

その議論の過程では、著者を含め複数の委員から、被害者への賠償に努めることという特別遵守事項を設定できるようにすべき、との意見が示されている。被害者遺族である武るり子委員は、被害者が犯罪者に賠償を求め続けていくには大きなエネルギーが必要であると主張する。犯罪者に無視されたり、借金取り扱いされたり、邪険にされ、疲れ果てて、絶望し、諦めていく被害者が殆どであると、被害者自身が犯罪者に賠償を求めることの困難さを訴えている。[24] さらに、犯罪者は刑事裁判や民事裁判で「一生掛けて償う」と言っておきながら、それを守る者が極めて少なく、「逃げ得」になっているどころか、国が何もしないことで犯罪者に「逃げ得」を教えているとして、被害者への賠償を特別遵守事項に入れることを主張している。[25] 被害者は、必ずしも全額を直ちに賠償せよと言っているのではなく、犯罪者が賠償に向けた誠意を見せることを望んでいるのに、犯罪者は、仕事に就いていないとか何とか色々な理由をつけて逃げ回っている実態があることから、損害賠償を行う習慣を付けるためにも特別遵守事項として設定すべきだとされる。[26] 同志社大学（当時）の奥村正雄委員も、犯罪者は刑事施設に入ることで贖罪や義務は果たしたとして、賠償に向けた意識が希薄化しており、賠償については強い意識で臨むべきだとして、特別遵守事項の中に賠償を含めるべきだと主張している。[27]

著者も、法制審部会の最初の時点までは同様に考えていた。[28] しかし、もし現在の更生保護法下で賠償を特別遵守事項として設定することが難しいということであれば、次善策として、損害回復に努めることを生活行動指針に定めた上で、まずは就職活動をして就労し、自分の生活をきちんと立て直していくこと、そのうえで具体的な賠償計画を立てること、そして収入を得て定期的に被害者に送金することといったように、損害回復に向けた適切な指導監督を行うよう全国の保護観察所で統一した運用方針を定めるべきであるとの提案を行うことにした。[29] 賠償に努めることを生活行動指針とすることは更生保護法の下でも行われているが、対象者や実際の指導内容については徹底がされていなかったことから、統一的な基準や内容を定めて、賠償に向けて効果的な指導監督を行っていくべきであるとするものである。しかし、損害賠償を生活行動指針として設定していく案に対しては、武委員から、単なる生活行動指針としてでは足りず、違反時に何らかのペナルティがあるような強い方法（特別遵守事項）をもってすべきだと消極的な見解が示されている。[30]

他方、特別遵守事項として損害賠償を設定することに対する事実上の消極論も示された。その理由は、前述したような、保護観察期間の短さや対象者の置かれた環境や能力に鑑みると不可能を強いることにもなること、「努めること」という表現が抽象的であるため、違反の判定が困難であることと、本来民事の手続で解決されるべき債務の履行を不良措置の威嚇により強制することは適当でない、という従来の理由が繰り返されただけであった。[31][32]

こうした消極論に対しては、奥村委員が、その趣旨は理解できるとしながらも、民事執行法の違反に対して罰則が規定されたように、民事の請求について刑事の罰則によって実効性を担保することは問題ないことから、民事の損害賠償請求に応じない者に対しては、強制執行だけでなく、刑罰を科すことによって実効性を担保することは必要であり、民刑分離の原則に反することでもないと反論している。[33]

しかし、部会では、最終的に、賠償を特別遵守事項として設定することは見送られ、「被害者等の被害に関する心情、被害者等の置かれている状況その他の事情を理解し、その被害を回復すべき責任を自覚するための保護観察官又は保護司の指導に関する事実について、保護観察官又は保護司に申告し、又はこれに関する資料を提示することを保護観察における遵守事項の類型に加えるものとする。」ことが答申に盛り込まれた。保護観察対象者の収入状況や損害賠償の支払状況を確認することは、損害賠償に向けた指導監督において重要であるうえ、こうした確認作業自体に損害賠償の履行を促す一定の効果が期待できるのではないかということで、賠償に関連した事実を保護観察官や保護司に申告したり、資料提示させたりすることを遵守事項として義務付けることにしたものである。[34]

当初は、既存の一般遵守事項の中に「保護観察官又は保護司から、労働又は通学の状況、収入又は支出の状況、家庭環境、交友関係その他の生活の実態を示す事実であって指導監督を行うため把握すべきものを明らかにするよう求められたときは、これに応じ、その事実を申告し、又はこれに関する資料を提示すること。」（更生法50条1項2号ロ）とあるから、保護観察対象者の収入や賠償状況も、この一般遵守事項を根拠として対象者に申告や資料提示を義務付けることはできないかと考えた。[35] しかし、これは保護観察対象者の生活の実体を示す事実に関するものなので、指導監督に応じて対象者が取った損害賠償等の行動まで含めることはやや難しいことが指摘されたことから、[36] この一般遵守事項とは別に、新たな一般遵守事項として設けることにしたものである。

生活行動指針については、法律の改正が必要ないことから、下級法令の整備及び実務上の運用によるものとして、「具体的な賠償計画を立て、賠償に向けて就職活動を行うことや、就労により貯蓄した一定額を被害者に送金することを含め、被害者等に対して慰謝の措置を講ずることについて、生活行動指針に設定し、これに即して生活し、又は行動するよう指導を行うための運用に関する規律を規則等で設け、当該指導の充実を図る。」ことが答申に加えられた。[37]

## 3　一般遵守事項と生活行動指針による賠償の履行

確かに、保護観察対象者に被害者への損害賠償を促すような特別遵守事項を設定することができれば、賠償に向けたより強い動機付けとなり、心理規制を働かせることができることは確かであろう。

これに対し、そうした特別遵守事項を設定できるようにすることに対しては、前述の通り、①民刑分離の原則に反する、②対象者の生活を圧迫し、更生の妨げになる、③不履行が原処分の取消しにつながる、④被害者には賠償を拒否する者がいる、⑤3号観察は期間が短く賠償には限界がある、⑥努めることという曖昧な内容は判断が難しい、といった理由から消極論も示されている。

しかし、このうち②は、保護観察対象者の生活そのものが成り立たないような形で賠償するような指導をするわけがないので、理由にならない。賠償を望む被害者も、一度に全ての賠償をせよと言うのではなく、本人がなし得る限りの努力をすることを望んでいるのである。[38]保護観察対象者の所得は低いであろうが、犯罪者は一切の節約も倹約も必要ないという理屈は全く通用しないと言うべきである。

④のように、賠償を望まない被害者もいるかもしれない。しかし、賠償を望んでいる多くの被害者がいる場合の対応を問題視しているので、これも全く理由にならない。

⑤の仮釈放後の保護観察の期間が短いことは、単に被害者に対する賠償の実効性だけでなく、受刑者の更生を見守るうえでの共通の問題であり、これを見直す必要があることは著者も長年主張してきており、[39]本書でも第10章で検討する。しかし、たとえ保護観察期間が短くても、何もしなくていいわけがないし、何もできないわけではない。就労し、倹約することを指導し、被害者に対して分割払いで賠償を

していくよう指導することが重要である。しかも、仮釈放者の場合、ゼロからスタートするわけではない。２０２３年12月から施行された改正刑事収容施設法により、刑事施設に収容中から矯正処遇を通じて被害者への贖罪や賠償を行うよう指導することが求められているのであるから（第4章参照）、仮釈放の時点で、ある程度の期間、賠償のための送金を行っている受刑者が、今後はもっと多くなることが期待できる。それを仮釈放後も続けるべきであるし、続けさせる必要がある。

⑥の「努めること」という曖昧な表現であるから判断が難しいというのはその通りであろうが、他の遵守事項も、履行状況や違反の認定は自動的に判断できるものばかりではない。社会内処遇において更生に向けた努力を継続させることが相当かどうかという観点からの裁量的、弾力的な判断が常に付きまとう。「禁酒すること」又は「禁酒に努めること」という特別遵守事項が設定されている場合、現在の実務でも、対象者が仕事帰りに一杯のコップ酒を飲んだからといって、即、原処分取消しなどということには絶対にならない[40]。犯罪者予防更生法時代に「賠償に努めること」という特別遵守事項が設定されている場合にでも、これを行わなかったからといって原処分を取り消したケースはないとされる[41]。保護観察対象者が被害者への送金を行わなかった場合でも、正当な理由もないのに全く就職活動すらしようとしない場合や所得は得ているが酒やギャンブルに使っている場合と、就労し、所得は得ているが、まだ送金するだけの余裕がないという場合は区別できるはずである。

①の民刑分離論については、既に序章Ⅵで検討したように、刑事手続や刑の執行段階において民事賠償についての指導や処遇を行ってはいけないことの根拠にはならない。犯罪者の被害者に対する損害賠償を実現するうえで民事手続は一つの手段なのであって、それに尽きるものではない。損害賠償は犯罪

者による改善更生の一環であり、刑事司法の問題なのである。従って、特別遵守事項において「被害者の賠償に努めること」というのは民事の問題を解決するために指定しているのではなく、それとは別に、犯罪者の改善更生の一環として果たすべき責任（accountability）を履行させているのである。刑罰や不良措置の威嚇力で民事上の債務の履行を促しているのではない。刑罰の執行過程で、刑罰の目的の一つである改善更生の一環として被害者への損害回復の指導をしているのである。結論として、①のような民事の問題を刑罰において扱うことは許されないというのは理屈にならない。

以上のように、これまで損害賠償の特別遵守事項に対する消極論で示されたような理屈の殆どは説得力を欠く。

しかし、そのうえで、著者は、「被害者の賠償に努めること」という特別遵守事項を設定できるようにすることには最早拘ってはいない。保護観察において、対象者に被害者への賠償や損害回復に努めるよう指導監督することは、犯罪者の更生の一環として当然にできるのであり、これまでも不十分ながら行われきている。大切なことは、被害者への賠償の実効性を上げるために、具体的且つ現実的な賠償計画を作成し、それを確実且つ着実に履行するよう、保護観察官や保護司が対象者に対し最大限の指導力を発揮することである。

そうであるとすれば、被害者への賠償努力を特別遵守事項にするかしないかの違いは、原処分、即ち仮釈放や執行猶予を取り消し得るか否かである。特別遵守事項は、それを履行することが改善更生にとって必要でなければならず、反対に、その不履行が最早社会内処遇をもってしては対象者の改善更生に資すると言えない場合には原処分を取り消すことが相当なものでなければならない。そうした点に鑑みた場合、被害者への賠償は、保護観察対象者の改善更生にとって重要な一局面ではあるものの、その履行に向けて努力がなされなかったからといって、原処分を取り消して施設収容し、社会内での更生を断念すべきことは適当でなく、むしろ保護観察を継続して、対象者に対し賠償に向けた動機付けを図っていくことが望ましい。刑務所に再収容してしまっては、元も子もなくなる。

そうしたことから、改善更生の一環である被害者への慰謝や損害賠償の実現にとっては、特別遵守事項として設定するよりも、むしろ生活行動指針として被害者への賠償に向けた計画や行動について具体的に設定して、損害賠償に充当するための送金を定期的に被害者に行うよう指導していく方がはるかに建設的であり、望ましい。名を捨てて実を取る方法である。

## Ⅳ　保護観察における損害賠償の履行に向けた指導

### 1　2022年更生保護法の改正点

法制審の答申を受け、2022年の刑法等一部改正により更生保護法が改正され、2023年12月1日から施行されている。

改正点として、まず、犯罪者又は非行少年に対する同法の規定による措置は、「被害者等（略）の被害に関する心情、被害者等の置かれている状況等」を十分に考慮して行うものとする規定が追加された（3条）。更生保護による措置には、仮釈放や保護観察のほか、刑の執行のため刑事施設に収容されている者又は刑若しくは保護処分の執行のため少年院に収容されている者[42]の釈放後の住居や就業先その他の生活環境の調査と調整を行う生活環境調整や、刑や少年院送致の保護処分の執行が終わった者等に対し緊急に金品の給貸与や宿泊場所の供与等を行う更生緊急保護、それに恩赦の申出が含まれる。犯罪者に対する社会内処遇に当たって、被害者等の被害に関する心情、被害者等の置かれている状況等を十分に考慮するものとされたことは、犯罪者の更生にとって重要であるばかりか、被害者の支援や損害賠償の実現にとって大きな意味がある。しかし、社会内処遇によって犯罪者の再犯防止を図る必要もあることから、更生保護法に基づく措置において被害者等の心情や状況を十分に考慮しつつも、当該措置を受ける者に最も相応しい方法によらなければならないことと、改善更生に必要かつ相当な限度において行うものとするとされている（同条）。

こうした更生保護の運用基準を保護観察において実践していくため、指導監督の方法に、「保護観察対象者が、当該保護観察対象者が刑又は保護処分を言い渡される理由となった犯罪又は刑罰法令に触れる行為に係る被害者等の被害の回復又は軽減に誠実に努めるよう、必要な指示その他の措置をとること」が新たに追加された（57条1項5号）。これまでも、被害者に対する慰謝・慰霊や損害回復に向けての指導監督は行われてきているが、改めて保護観察の指導監督には被害者への損害回復に向けた指示やその他の措置を取るべきことが明文で規定されたことは特筆に値する。

議論があった損害賠償の履行に関係した遵守事項としては、一般遵守事項に「保護観察官又は保護司から、健全な生活態度を保持するために実行し、又は継続している行動の状況、特定の犯罪的傾向を改善するための専門的な援助を受けることに関してとった行動の状況、被害者等の被害を回復し、又は軽減するためにとった行動の状況その他の行動の状況を示す事実であって指導監督を行うため把握すべきものを明らかにするよう求められたときは、これに応じ、その事実を申告し、又はこれに関する資料を提示すること。」が追加された（50条1項2号ハ）。

保護観察官又は保護司に事実の申告や資料の提示が求められるのは、「被害者等の被害を回復し、又は軽減するためにとった行動の状況」だけでなく、「健全な生活態度を保持するために実行し、又は継続している行動の状況、特定の犯罪的傾向を改善するための専門的な援助を受けることに関してとった行動の状況」も含まれるなど、保護観察対象者のその他の行動の状況を示す事項は全て含まれることになった。これは、保護観察官又は保護司が、指導監督に当たって把握する必要がある事実は、被害者への損害回復のための行動だけではなく、対象者の改善更生に関連したあらゆる事実が含まれるべきだとされたからである。この遵守事項が、特別遵守事項ではなく、一般遵守事項として規定され、全ての保護観察対象者に遵守が義務付けられたのは、このためである。特に、損害賠償の義務がある対象者については、保護観察官や保護司からの求めに応じ、対象者が就労して収入を得ているかどうか、収入をきちんと管理しているかどうか、損害賠償として被害者に送金しているかどうかを示すような預金や振込記録等を提示することになる。

## 2 被害者等に対する慰謝の措置に関する生活行動指針

法制審の答申に盛り込まれた生活行動指針における賠償に向けた指導については、法律に規定する必要がないため、特に条文の改正は行われていない。改正法は２０２３年12月１日に施行されたが、生活行動指針における被害者への慰謝や賠償に向けた指導の新たな運用については、できるだけ早期に実施することが望ましく、改正法の施行を待つ必要もなかったことから、２０２３年３月に保護局長通達（以下、通達という）が発せられ、翌４月から施行されている。[43]

それによると、被害者のある犯罪又は非行をした保護観察対象者のうち、贖罪計画を立て、慰謝の措置を講ずるよう努めることを生活行動指針として設定する者は、以下の者である。

（１）民事裁判等により被害者等に支払う賠償金額が確定している者

（２）被害者等から意見等聴取制度又は心情等伝達制度を通じて、明確に謝罪、被害弁償等を求められた者

（３）その他、被害弁償の状況や被害者感情、保護観察対象者本人の心身の状況や生活状況等に鑑み、生活行動指針を設定することが必要と認められる者

（２）の被害者等からの意見等聴取制度又は心情等伝達制度は、更生保護法に基づく仮釈放意見聴取制度（38条）と保護観察心情聴取・伝達制度（65条）だけでなく、２０２２年に改正された刑事収容施設法によって導入された刑や保護処分の執行過程における意見聴取や心情伝達制度（第２部第４章参照）も含めて考えるべきであろう。この点につき、法律レベルにおいて刑や保護処分の執行過程における意見聴取や心情伝達の内容等を保護観察所に伝える旨の規定が置かれていないが、実務では、きちんと情報共有をすべきである。

これらの者について設定する生活行動指針としては、

（1）具体的な被害弁償の計画を立て、又は被害弁償の計画に基づき、その実行に努めること
（2）被害弁償として、毎月一定額を被害者に送金するよう努めること
（3）被害者に対する謝罪等に誠意を尽くすこと
（4）被害者に対する慰謝慰霊の措置を継続するよう努めること
（5）犯罪被害に関する講演等を聴講するなどして、被害者等の心情や置かれた状況等を十分に理解するよう努めること

が例示されている。これら以外の生活行動指針を定めることも可能であるが、保護観察対象者が理解可能であり、意味・内容が明確である必要がある。

設定された生活行動指針の内容に即した生活及び行動の具体的な方法や内容を定め、保護観察の開始に当たって作成する保護観察の実施計画に記載したうえで、保護観察官又は保護司は、対象者と接触した際に生活行動指針に即した生活、行動に努めているか否かの状況を確認するものとされている。

被害者への慰謝・慰霊や賠償に向けた指導監督を行うのは保護観察官と保護司であるが、被害者支援を担当する被害者担当官とも情報共有やケース会議を通じて緊密に連携を取るものとされている。

これに対し、保護観察を担当する保護司は、一方で保護観察対象者の指導監督や補導援護を担当し、その一方で、被害者への慰謝・慰霊や賠償に向けた指導監督を担当することになると、保護観察対象者の社会復帰と被害者への贖罪という、改善更生という目的こそ共通しているが、ベクトルが異なる役割

が負担になるおそれもある。こうした役割葛藤は主任官でも起こりうるが、保護司の場合、自身が居住する地域の保護区に、保護観察対象者だけでなく、事件の被害者も在住していることがあることから、心理的な負担が重くなることがあり得る。こうした役割葛藤を防ぎ、担当保護司の心理的負担を軽減するため、通達は、一人の保護観察対象者に複数の保護司を指名し、一人は専ら保護観察対象者の面接や連絡を担当し、もう一人は慰謝の措置に関連した指導を担当するといったように、複数担当制の活用を積極的に検討するものとしている。[44]

被害者に二次被害が及ぶようなことがあってはならないから、被害者の情報に関する守秘義務を徹底して遵守し、保護観察対象者が直接被害者と接触することにはリスクを伴うから、被害者の心情に配慮しながら、必要があれば被害者等調査を実施し、慰謝のための具体的な方法については慎重を要するともしている。

また、保護観察対象者も、損害賠償に関わる争訟が終わっていない場合、弁護士の支援が必要な場合には法テラスを利用することも検討すべきとされている。また、慰謝の措置に対する指導においては、対象者を過度に追い詰めることがないよう心身の状況に十分配慮しなければならない。

## 3　保護観察における贖罪指導プログラム

保護観察における被害者への慰謝・慰霊や損害賠償といった贖罪の在り方についての指導を充実させるため、贖罪指導プログラムも改訂され、２０２２年10月から施行されている。[45]

贖罪指導プログラムの対象となるのは、「被害者を死亡させ若しくはその身体に重大な傷害を負わせた事件又は被害者に重大な財産的損失を与えた事件による保護観察対象者」とされている。但し、２０２２年４月から施行されている改正少年法に基づく特定少年（18歳、19歳）に対する６か月の保護観察（少年法64条１項１号）に付された更生指導少年並びに短期保護観察及び交通短期保護観察を受けている少年は対象外とされている。これらの少年は、比較的軽微な非行を犯した者であり、非行性も進んでいないことから、贖罪指導プログラムの対象外とされたのであろう。

その他、精神障害がある者や日本語が理解できない外国人も対象外となっているが、やや問題なのが保護観察期間が３か月未満の者が贖罪指導プログラムの対象外とされていることである。贖罪指導プログラムは、おおむね４か月に亘って行うことが想定されていることから、保護観察期間がこれより短い者は原則として対象外ということになったものと思われる。規定上対象外とされる者であっても、被害の状況や被害者感情等を踏まえて指導プログラムを実施することが必要と判断された者については、実施対象者とすることができるとされていることから、保護観察期間が３か月未満の者でもプログラムが実施される場合はあり得る。

しかし、刑期の殆どを執行してから仮釈放にする実務と仮釈放後の残刑期間しか保護観察を行わない残刑期間主義を採用していることを考えた場合、重大事件を起こし被害者への賠償義務がある者でも保護観察期間が短い者がいないとは限らないため、期間の長短に拘わらず、必要性に応じて贖罪指導を実施することが望ましい。

贖罪指導プログラムは、毎月１回１課程を４課程、従って、原則として４か月に亘って行うことが想定されている。４課程の内容は、（１）自己の犯罪行為を振り返らせ、犯した罪の重さを認識させるとともに、加害者が負うべき責任について考えさせること、(2)被害者等の心情や置かれている状況等を理解させること、(3)被害者等に対する謝罪及び被害弁償に関する対応の状況や考えについて整理させること、(4)具体的な贖罪計画を作成させること、とされている。指導は、保護観察官又は保護司による個別指導により、グループワークの形は取らない。

しかし、全部執行猶予や保護観察処分少年とは異なり、仮釈放者や仮退院者、保護観察付一部執行猶予者は、施設内において被害者の視点を取り入れた教育を受けてきており、(1)から(3)は既に行われている。あまり同じ事を繰り返すと、却って保護観察対象者の不満を招き、感銘力を削ぎかねない。贖罪計画についても、刑事施設の処遇要領に基づいて作成したものがあったり、また仮釈放の申出に際し受刑者に作成させた更生計画に贖罪計画が含まれていたりする可能性があるため、そうした情報を矯正施設から引き継いだうえで、実際の保護観察における就労状況や被害者心情伝達の結果を踏まえながら修正していく必要がある。贖罪指導プログラムの実施要領に、「矯正施設において『被害者の視点を取り入れた教育』や『特殊詐欺非行防止指導』等を受講している場合は、矯正施設における処遇と指導プログラムの一貫性を保ち、指導プログラムの効果を上げるため、収容中から矯正施設との連携に努めること」とされているのは、そのためである。

# 10章
# 刑務所釈放後の保護観察

## I　仮釈放後の社会内処遇期間の確保

拘禁刑により刑事施設に収容された受刑者は、刑期を満了して刑事施設から釈放されるか、その前に仮釈放となって社会に戻れば、就労によって収入を得ることができるので、被害者に対し損害賠償（の残債）を払うことがより現実的となる。しかし、刑事施設の中で作業報奨金を得ても被害者に賠償をしようとしない受刑者が多いという現実に鑑みた場合、釈放後、（元）受刑者が自発的に被害者に賠償を行うとは考えにくい。受刑者が仮釈放になり保護観察の対象となれば、前章で検討したように、その過程で被害者に対して損害賠償を行うよう指導することができる。

しかし、我が国では、仮釈放後の保護観察期間が極めて短い。「改悛の状」がある受刑者に認められる仮釈放でも、釈放されてから5年の間に30％弱の者が再犯によって刑事施設に再収容されており、仮釈放後5年間は再犯リスクが高いことが分かっている。僅か数か月から6か月という短い保護観察では、再犯リスクが高い期間をカバーすることができない。被害者への賠償という点でも、短い保護観察が終わると、さっさと送金を止めてしまう者もいる。

このように仮釈放後の保護観察が短いのは、我が国の仮釈放が、刑期から仮釈放までの執行刑期を差し引いた残刑期間に限って保護観察を行う**残刑期間主義**を採用しているためである。これに対して、ヨーロッパの一部の国では、保護観察期間を残刑期間に限定せず、それを超える期間を仮釈放期間（考試期間）として保護観察を行うことを認める**考試期間主義**が採用されており、社会復帰に必要な一定の期間、社会内処遇を行うことができる。

我が国でも、考試期間主義は刑法全面改正作業の過程で議論の俎上に上ったものの、結局、改正刑法草案において採用されず、[2] 刑法改正作業そのものが頓挫してからは、完全に忘れ去られた存在となっていた。[3] 仮釈放者等の重大再犯を契機として設置された更生保護の有識者会議においても、仮釈放者の再犯率の高さが問題視され、十分な保護観察期間を確保すべきとの提言もなされているが、これは仮釈放時期の決定に当たって保護観察期間の確保に意を用いるべきとしているに過ぎない。[4]

15年程前、著者は、仮釈放後の保護観察期間があまりにも短く、現在の残刑期間主義の下では仮釈放者の再犯リスクが高い期間、保護観察を行うことが構造上できないことを指摘したうえで、考試期間主義の導入を改めて提案し、[5] 爾来、考試期間主義の実現に向けた検討を行ってきている。[6]

その後、考試期間主義は、被収容人員の適正化を図ると共に、犯罪者の再犯防止及び社会復帰を促進するための社会奉仕や社会内処遇の在り方を検討する法制審議会被収容人員適正化方策に関する部会（以下、被収容人員適正化方策部会とする）において取り上げられることとなったが、[7] 採用には至らず、代わりに刑の一部執行猶予と社会貢献活動が導入されている。[8] また、少年法の適用年齢引き下げの是非を検討するに当たって、若年者に対する処分や処遇のみならず刑罰制度や犯罪者処遇の在り方についても総合的に見直すことになったことから、法制審議会に先立って開催された２０１５年から「若年者に対する刑事法制の在り方に関する勉強会」において、改めて考試期間主義の提案を行ったところ、[9] ２０１７年に設置された法制審議会少年法・刑事法（少年年齢・犯罪者処遇関係）部会（以下、少年法・刑事法部会とする）において議題の一つとして取り上げられたが、[10] 結局、採用には至らなかった。しかし、残刑期間の短い仮釈放者について、釈放後の一定期間、保護観察に付すことができる制度については

「今後の課題」とされたことから、[11] 将来、改めて議論が行われることが期待される。

この15年の間に仮釈放の運用や方針が大きく変化したことに加え、一部執行猶予や拘禁刑の導入といった刑罰制度の改正、司法と福祉の連携の促進、犯罪被害者に対する支援の充実等、仮釈放を取り巻く様々な制度の改革が行われた。考試期間主義は、刑事施設から仮釈放された後、仮釈放者の社会復帰と再犯防止をより確実なものにするために有効な制度であるが、残刑期間主義の場合より長期の保護観察を行うことが可能になるため、犯罪被害者に対し損害賠償を行う必要がある対象者については長期に亘って指導を行うことができるという利点もある。そこで、本章では、将来再び考試期間主義が検討されることを見据え、改めて制度の意義を確認するとともに、被害者に対する贖罪や損害賠償にも資する考試期間主義の導入に向けた具体的制度設計について検討することにしたい。

しかし、更に大きな問題が満期釈放である。「改悛の状」があり、更生が期待できる受刑者は仮釈放になって保護観察を受けるのに、再犯のおそれが否定できない受刑者は、仮釈放にならない分、数か月から6か月ほど長く刑事施設に収容されるものの、満期釈放になるため、社会に出た後、何ら処遇は行われない。改善更生の見込みが高い受刑者（それでも3割は5年以内に再犯に至る）は社会の中で指導や監督を受けるのに、問題性が高い受刑者は釈放後、放置されたままである。これを著者は「仮釈放のジレンマ」と呼んで、満期釈放者の再犯防止に向けた対応を主張してきている。

考試期間主義は、仮釈放者に対し改善更生や再犯防止のための十分な保護観察期間を確保することができる優れた制度であるが、これを導入した場合、再犯のおそれの低い受刑者は長期に亘って社会の中で指導や監督を受けるのに、問題性が高く、再犯のおそれが高い受刑者は、僅かばかり刑事施設に長く収容されるものの、釈放されれば、何等の指導も監督も受けなくてよいという仮釈放のジレンマが一層深刻になる。その結果、釈放後、社会の中で長い保護観察を受けたくない受刑者が、わざと仮釈放にならないようにして（刑事施設内での規則にわざと違反すればよい）、満期釈放になるよう画策する者も出てきかねない。そこで、考試期間主義を採用するだけでなく、満期釈放となる者の再犯を防止し、併せて被害者に対しても損害賠償を行うよう、一定期間、社会の中で指導したり、監督したり、更には支援したりするため、満期釈放に対する社会内処遇制度も併せて検討する必要がある。

## Ⅱ　考試期間主義の意義と必要性

我が国の仮釈放は残刑期間主義を採用しており、仮釈放後の保護観察は残刑期間に限られる（更生法40条）。仮釈放は、有期刑の場合、（執行）刑期の3分の1が経過すれば行うことができるが、実務では、刑期の大半を執行してから仮釈放することが一般的であるため、[12]残刑期間は数か月（時には数週間）から6か月という場合が殆どであり、仮釈放後の保護観察も同様の期間で終了することになる。[13]

そのため、仮釈放者が保護観察期間中に再犯に至って仮釈放を取り消される率は低いものの、保護観察終了後の再犯率はかなりの割合に達している。仮釈放者の再犯による刑事施設再入率は、釈放年の翌年末までは約10％、3年目末では約18％、5年目末では約28％であり、仮釈放後5年間の再犯のリスクは非常に高い。[14]現在の残刑期間主義に基づく仮釈放制度ではこうした仮釈放後の再犯リスクが高い期間を保護観察でカバーすることができない。

仮釈放を早期化することで保護観察期間を確保すればよいとの意見もある。[15] しかし、幾ら仮釈放要件たる法定期間が刑期の3分の1であるからといって、仮釈放者全体の仮釈放時期を相当前倒しにしてよいということにはならない。また、刑期が短い場合、幾ら早期に仮釈放にしても、残刑期間は短く、再犯リスクの高い釈放後3年や5年もの保護観察期間を確保することは不可能である。近年、仮釈放までの刑の執行率がますます上昇しており、残刑期間、即ち保護観察期間は短縮する一方である。[16]

仮釈放は、再犯のおそれが低い者に認められることになっているとはいえ、受刑後の社会生活には様々な困難が伴う。引受人との関係が常に良好であるとは限らないし、社会復帰に十分な支援が受けられない場合もある。就労も容易ではなく、協力雇用主等の援助によって就労先を確保した場合でも、職場に定着できない場合も多い。支援者なくしては、福祉的な支援を受けることもままならない。こうした不安定な社会生活の中で再び犯行に手を染めていく場合が少なくない。

近年は、高齢受刑者や精神障害受刑者等、刑事施設から釈放後、福祉的支援や保健医療的対応を必要とし、地域生活への定着まで期間を要する出所者が大幅に増加している。これらの要保護犯罪者に対しては、地域の社会資源を活用しつつ社会復帰を図っていく必要があるが、社会生活が安定し、再犯のリスクが低下するまで、司法関係機関が福祉等の機関と併走しながら一定の働き掛けを行う必要がある。[17]

覚醒剤等の薬物依存を抱えた受刑者に対しては、刑事施設内での処遇に引き続き、社会においても、できるだけ長期間、薬物離脱のための認知行動療法を受けることが再乱用の防止には有効である。保護観察における薬物再乱用防止プログラムにも医療機関やダルク等の民間団体が参加し、保護観察終了後も地域の保健医療機関での治療や指導に繋げる取組みが行われている。しかし、薬物再乱用防止プログラムは仮釈放後の保護観察期間が6か月以上ある対象者に限定されており、一定の保護観察期間が必要となるうえ、地域医療や保健につなげるためには更に期間を要する。

そこで、仮釈放者が地域に定着し、安定した社会生活を送ることができるようになるまでの間、その生活や行状を見守ると同時に、必要な指導・監督を行い、時には必要な援護を行うことが社会復帰と再犯防止には不可欠となる。仮釈放後の再犯リスクに鑑みた場合、現在の残刑期間主義に基づく数か月から6か月の保護観察期間では余りに短いことは明らかである。そこで、仮釈放対象者の社会内処遇の必要性に応じて残刑期間よりも長い期間、保護観察を設定することができる仕組みが必要である。考試期間主義は、施設内処遇の成果を見極めつつ、社会の中で安定した生活を営むことができるよう必要な処遇を行うことができる期間を確保するための制度である。

近年は元受刑者の社会復帰や再犯防止を図るため、福祉や民間等の社会資源を活用する様々な試みも進められている[18]。釈放者の社会復帰と改善更生を図るうえで、福祉、雇用、教育、保健、医療等との連携は重要であり、大いに促進されるべきである。しかし、だからといって、こうした社会政策だけで事足れりとするのは楽観的過ぎる。社会での生き辛さから犯行に至った者に対し社会的援助を行うことで再犯を防ぐことができる場合がある一方、身勝手な理由や理不尽な動機から犯行に至った者の場合、本人の問題性に対する働き掛け無しに改善更生を図ることが困難な場合も非常に多い。更に、受刑者は長期間の施設収容によって更にハンディキャップを負うことになるのであるから、刑事施設から釈放後、完全に自由な社会生活に戻るまでの一定期間、指導や監督を行いつつ、必要に応じて援護を行うという中間的な処遇が必要な者が少なくないのである。

犯罪被害者への損害賠償の支払いに向けた指導にも一定の期間が必要である。受刑者は、刑事施設に収容中から被害者への損害賠償を行うことはできるが、資産（領置金）も少ないうえ、刑務作業による報奨金は極めて低額であるため、送金を行う者は殆どいない。仮釈放後に就労し被害者への送金を始める者もいるが、短い保護観察期間が終わると送金も止めてしまう者もいるという[19]。

被害者への損害賠償は民事の問題であり、犯罪者処遇においてその指導を行うことは許されないとする者もいるが、犯罪者が被害者に与えた損害の補填を行うことは正に改善更生の一環なのであって、これを民事の問題に押しやってしまうことは適切でない。社会復帰とは被害者のことを忘れることでは決してない[20]。だからこそ、第四次犯罪被害者等基本計画でも、「受刑者に被害者への損害賠償等の具体的な行動を促すための改善指導・矯正教育等の一層の充実に努める」[21]ものとされているのである。

２０２２年の刑法等一部改正により懲役・禁錮に代わって導入された拘禁刑における作業や指導は改善更生を図るためのものであることが明定され（刑法12条3項）、その執行段階での矯正処遇においては被害者の心情等を考慮するものとされた（刑事収容施設法84条の2第2項）。そのため、刑の執行段階において希望する被害者には心情を聴取する機会を認め、矯正処遇に活かすとともに、被害者が希望する場合は、受刑者に心情を伝達することができる制度が導入されている（同84条の2第3項、１０３条4項）[22]。同時に改正された更生保護法でも、当該法律による措置（保護観察、仮釈放・仮退院、生活環境調整、恩赦等全て）においては、被害者等の被害に関する心情、被害者等の置かれている状況等を十分に考慮して行うものという社会内処遇の原則に被害者への配慮を規定するに至った（3条）。被害者への損害回復が、犯罪者の改善更生の一環であり、処遇の目的の一つであることがより明確にされたと言えよう。

しかし、仮釈放になって受刑者がようやく就労できるようになっても、僅か数週間から6か月で保護観察が終わってしまうようでは、とても被害者への損害賠償に向けた道筋すら作ることができない。被害者への損害賠償のためだけに保護観察期間を確保するわけではないものの、仮釈放者の改善更生と社会復帰に向けた処遇を行う十分な期間を確保してこそ、被害者への損害回復に向けた働き掛けを行うことも可能になるのである。

## Ⅲ　仮釈放期間を確保する制度——考試期間主義と修正残刑期間主義

考試期間主義は、一般に、仮釈放時の残刑の執行を猶予し、残刑期間より長い仮釈放期間を定め、保護観察を行う制度である。最も純粋な考試期間主義は、仮釈放者の処遇の必要性や再犯リスクに応じて、仮釈放期間の長短を決定するものであり、著者はこれを相対的考試期間主義と呼んでいる（図1）。[23] ある意味、真正考試期間主義ともいうべきものであり、海外では、ドイツにおける残刑の執行猶予がこの方式を取っている。[24]

なお、以下では、仮釈放後に保護観察を行い、遵守事項違反や再犯があった場合に仮釈放を取り消しうる期間を、仮釈放期間と称することにする。[25] 残刑期間主義の下では、仮釈放後も拘禁刑の執行が続いているとされ、刑期が進行するため、残刑期間が仮釈放期間となり、保護観察を行う保護観察期間となるので、敢えて残刑期間と異なる概念を設ける意味はない。これに対し、考試期間主義の場合、残刑の執行を猶予し、残刑相当期間よりも長い期間、保護観察を行い、不良措置として仮釈放を取り消し得ることが可能な期間を設定することから、これを仮釈放期間と呼ぶこととするものである。[26]

従来、考試期間主義の一種とされているものとしては、このほか、原則として残刑を仮釈放期間としながら、残刑期間が最低期間である6か月（又は1年）に満たない場合は、仮釈放期間を6か月（又は1年）とするものがあり、従来、折衷主義と呼ばれていたものである（図1）。[27]しかし、折衷主義という概念では制度の性質がよくわからないことから、本書では修正残刑期間主義と呼ぶことにする。残刑期間が最低期間を超えていれば、残刑期間が仮釈放期間となるので、残刑期間主義を基礎としながら、これが法定されている最低期間に満たない場合には、当該最低期間を仮釈放期間とするものであるから、残刑期間主義の修正形式である。[28]海外では、スウェーデンがこの方式を採用しており、[29]かつての改正刑法準備草案も残刑期間を保護観察期間としながら、残刑期間が6か月に満たないときは6か月とする修正残刑期間主義を採っていた。[30]少年法・刑事法部会においても、相対的考試期間主義のほか、修正残刑期間主義の提案も見られた。[31]

このほか、仮釈放期間を、残刑期間に一定期間を付加して仮釈放期間とする制度もある。例えば、インドネシアでは、条件付釈放後の仮釈放期間を残刑期間プラス1年としている。[32]これなどは、固定した期間を残刑期間に加算するものであるから、残刑期間主義の修正形式とは最早呼べず、考試期間主義により近い制度であり、考試期間加算主義とでも称すべきものであろう（図1）。

以上の制度は、何れも残刑より長い仮釈放期間を設定し、保護観察を行うことができるので、仮釈放者の施設内処遇の成果を見極めつつ、社会の中で安定した生活を営むことができるよう必要な処遇を行うことができるという点では共通している。特に、相対的考試期間主義は、仮釈放者の問題性や処遇の

図１　仮釈放後の保護観察期間を巡る制度

・残刑期間主義
・修正残刑期間主義
・考試期間主義
　考試期間加算主義（修正残刑期間主義とともに：折衷主義）
　相対的考試期間主義（真正考試期間主義）

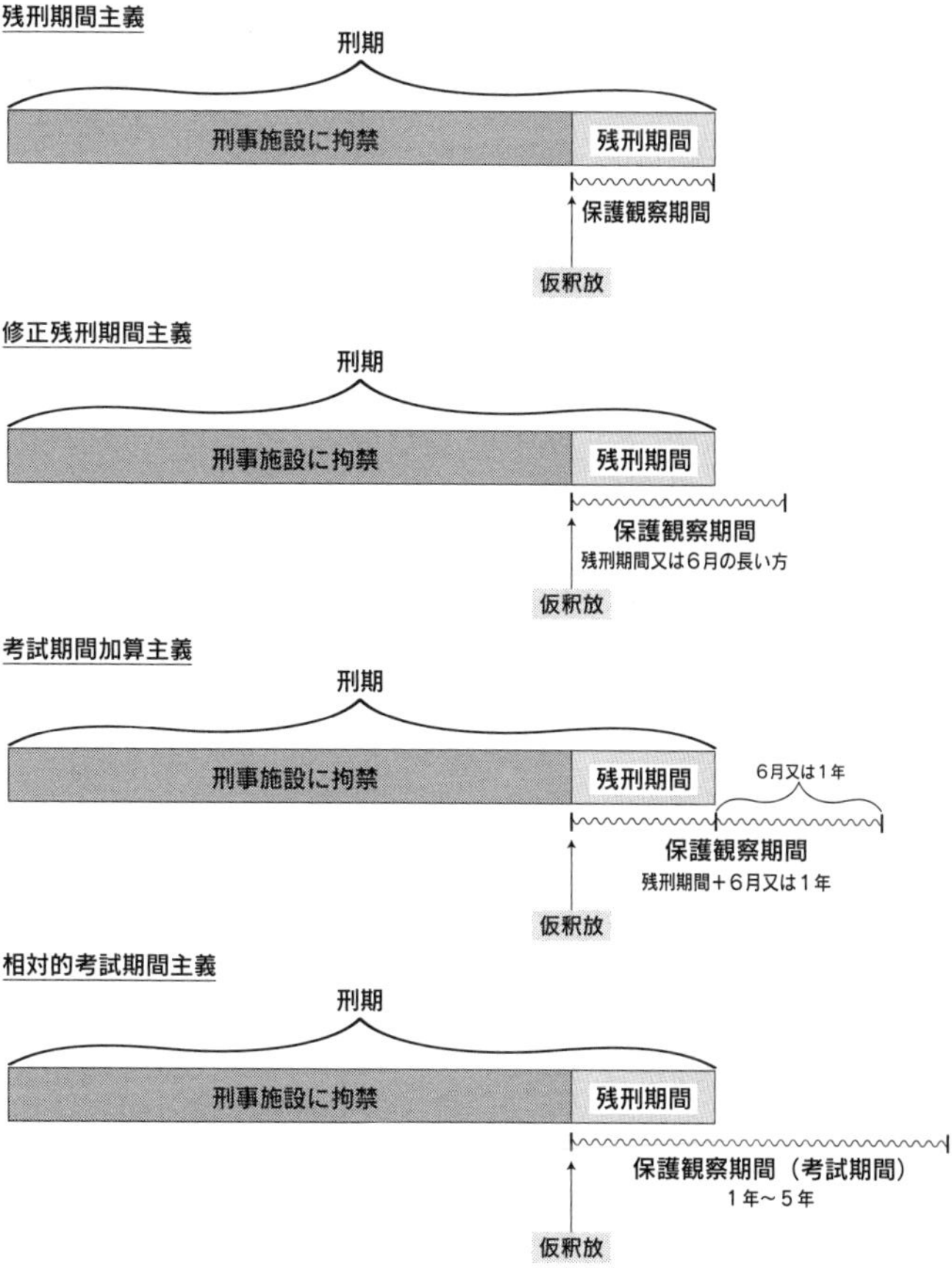

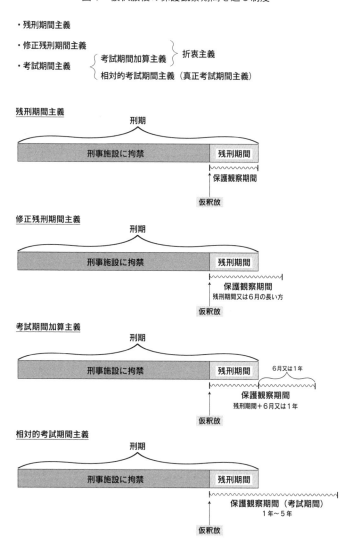

必要性に応じて仮釈放期間を設定できるという点で自由度が高い。しかし、残刑（相当）期間を超えて仮釈放期間が設定されるうえ、残刑期間に比して仮釈放期間が長すぎると、受刑者にとって著しい不利益になるとされる。[33] しかも、ドイツのように仮釈放期間（考試期間）の上限を長くすると、どのような基準で仮釈放期間を決定するか判断が難しいという問題がある。

これに対し、修正残刑期間主義は、最低期間を短くすれば仮釈放者の不利益を抑えることができるだけでなく、仮釈放の期間決定という難しい判断を回避しつつ、最低限の仮釈放期間を確保できるという利点がある。しかし、その反面、残刑期間を仮釈放期間とすることを原則とすることから、あまり長期の期間（例えば2年）を仮釈放期間に設定することには抵抗があり、仮釈放者の再犯リスクが高い保護観察期間を確保できず、安定した社会生活を送ることができるまで対象者を見守ることができないという制約がある。

考試期間加算主義は、残刑期間に加算する期間の分（6か月や1年等）は確実に保護観察期間を確保することができるほか、修正残刑期間主義同様、仮釈放の期間決定という難しい判断を回避できる。しかし、考試期間主義の一種とはいえ、どの程度の期間を加算することが認められるのか、刑期が短い受刑者に対してもプラス1年や2年といった加算が妥当であるのか、仮に長期の加算が可能であるとしても、果たして全ての受刑者に対しても一律にそうした保護観察期間が必要となるわけでなく、個別処遇の原則にそぐわないという問題がある。これに対しては、たとえどのような犯罪者でも、拘禁刑の執行を受けた以上、仮釈放後の社会復帰には最低限一定の期間の処遇や支援は必要であるという考え方も成り立ち得よう。

## Ⅳ　仮釈放期間と決定基準

修正残刑期間主義は、仮釈放が許可された時点で自動的に仮釈放期間が決まるため、仮釈放期間をどのような基準に基づいて決定するかという問題は生じない。従って、法律（刑法）で予め仮釈放期間の最低期間（6か月又は1年など）を定めておけば、あとは仮釈放日を決定するだけである。但し、いつ仮釈放にするかによって仮釈放期間が異なってくるため、仮釈放の申出や仮釈放日の決定においては仮釈放期間を含めた判断がなされることになろう。

しかし、修正残刑期間主義の場合、最低期間以上の期間を残して仮釈放とする場合には残刑期間が仮釈放期間となり、それ以後の仮釈放の場合は全て最低期間が仮釈放期間となる。仮釈放後に最低期間を超える保護観察が必要であるとしても、仮釈放期間だけを考慮して仮釈放日を決めることができるわけではなく、また従来の仮釈放における執行率の慣例を考えると、余程の長期の受刑者を除いて、6か月や1年を残して仮釈放にするということは少ないことから、結局、修正残刑期間主義の下での仮釈放期間は最低期間に固定されてしまう可能性が高くなる。そうでない長期の受刑者は、6か月や1年以上を残した仮釈放もあり得るが、その場合は、残刑期間が仮釈放期間となるため、残刑期間主義と変わらないことになってしまう。やはり、修正残刑期間主義は、最低期間を6か月や1年とすると、折角、残刑期間を超える保護観察期間を設定できる余地を認めながら、受刑者に対する不利益性を考慮する余り、十分な社会内処遇を行うことができない最も中途半端な制度とならざるを得ない。

考試期間加算主義も、法律で予め加算する分の仮釈放期間を定めておけば、仮釈放が決定された時点で自動的に仮釈放期間が決まるため、仮釈放期間をどのような基準で決定するかという問題はない。しかし、加算主義の場合、加算する期間が長く設定されていると、仮釈放が遅くとも、加算分の保護観察期間が確保できていることから、少なくとも仮釈放の時期という点からは仮釈放を遅くする方向に作用するおそれがある。こうした判断を予防するためには加算期間を短めに設定するほかないが、それでは十分な保護観察期間が確保できない。特に、刑期が長い受刑者や社会復帰に支障が予想される受刑者については、その問題が大きくなる可能性がある。[34]

以上のことを考えると、個々の受刑者の状況や刑の執行状況を踏まえて仮釈放期間を決定することができる相対的考試期間主義が最も優れていることは確かである。しかし、その反面、仮釈放を許可する場合、どのような基準に基づいて仮釈放期間を決めるかが最大の問題となる。一般に、考試期間主義に基づく仮釈放期間は、仮釈放者の社会内での処遇の必要性に応じて定めるものとされる。裏返せば、これは再犯のリスクということになるが、こうした表現を用いるだけで抵抗を感じる論者もいよう。

現実的な問題は、個々の受刑者毎に処遇の必要性や再犯リスクに応じて仮釈放期間を合理的に決定できるかどうかである。できると言えばできるようにも思われるし、難しいと言えば難しいようにも感じられる。実務的な方法としては、仮釈放期間の上限と下限を1年以上5年以下といったように定めておき、その間で、1年、1年半、2年、3年といった類型的な期間を設定しておくことである。そして、受刑者の処遇経過、犯歴、更生計画、引受状況、被害回復等の要因を考慮しながら、類型的な期間から相当なものを選択することになろう。近年、再犯予測の研究が改めて行われていることから、[35]その成果を仮釈放期間の決定において参考にすることも考えられる。[36]

仮釈放期間の下限は、現在の仮釈放後の保護観察期間を踏まえると、1年が妥当であろう。上限については、ドイツにおける残刑の執行猶予や日本の全部及び一部執行猶予のように5年とすることが一案である。仮釈放者の再入率で5年を経過した後は殆ど再犯（再入）がないことから、5年とすることには合理的な理由がある。しかし、余りに長期の仮釈放期間は受刑者の社会生活を不安定なものにするおそれもあること、仮釈放後3年を過ぎると再犯の可能性が低下すること、などから仮釈放期間の上限を3年とすることも検討に値する。また、刑期や前科に応じて社会復帰に要する期間も変わりうるであろうから、刑期と前科（入所回数）に応じて異なる仮釈放期間の上限を設定しておくことも考えられる。例えば、初入者の場合、仮釈放期間の上限は、刑期1年未満の者については1年、1年以上3年未満の場合は2年、3年以上10年未満の場合は3年、10年以上の場合は5年といったようにである。これに対し再入者の場合、刑期1年未満の者については2年、1年以上5年未満の場合は3年、3年以上の場合は5年とする。

一方、無期刑の場合、残刑期間主義を採る現在、仮釈放期間は無期となり、恩赦（刑の執行免除）とならない限り、終身で保護観察が行われる。無期刑を終身刑と見る通説的見解によれば、現在の制度が妥当ということになろう。これに対し、著者は無期刑を有期刑の上限を超えたところを短期とし、終身を長期とする不定期刑的な刑罰と見なし、無期受刑者も社会復帰の可能性をできる限り認めることを提唱していることを前提とすれば[37]、有期刑に対して考試期間主義を採用する以上、処遇の必要性や再犯のリスクに応じて仮釈放期間を設定するという趣旨を無期刑にも反映させることが妥当ということになる。

しかし、無期受刑者は、終身の身柄拘束が正当化できるほどの極めて重大な犯罪を行った者であり、実際の仮釈放までも30年以上かかることから、[38] 仮釈放後の社会復帰には相当な時間が必要となり、仮釈放期間も有期刑よりも長期の期間が必要となろう。その一方で、無期受刑者の再入率は極めて低いのが一般的である。[39] また、改正刑法準備草案や改正刑法草案では、無期刑の場合、仮釈放を取り消されることなく10年を経過したときは刑の執行終了とすることができるとしていた。[40] 以上のことを考え合わせて、以前は無期刑の仮釈放期間は10年に固定する方法も考えていたが、現時点では、考試期間主義の趣旨を徹底して、5年以上20年以下で仮釈放時に定めるとすることが妥当ではないかと考えている。

こうした制度を採用するとなると、無期受刑者のように極めて重大な罪を犯した者の保護観察を、一定の期間で終えることに抵抗や不安を感じる者もいよう。そうした不安は再犯のおそれからくる場合もあろうが、犯した罪の重大性からの躊躇である場合が少なくないであろう。しかし、それは仮釈放審理において考慮されており、[41] 仮釈放が相当であると判断される以上、仮釈放期間については処遇の必要性や再犯のリスクから決定されるべきである。

あと、少年のときに拘禁刑（全部実刑）の言渡しを受けた者については、定期刑の場合（少年法51条2項）、現在は部分的に[42]残刑期間主義を採っている（59条2項、51条2項。有期刑の刑期まで）。しかし、実務では殆どの刑を執行してから仮釈放にしていることから、保護観察期間が極めて短く、考試期間主義の導入が望ましい。一方、不定期刑が言い渡された少年については、長期の2分の1までに仮釈放になれば、仮釈放前に刑の執行を受けた期間と同一の期間が経過するまで仮釈放期間となり（59条2項。不定期刑の場合）、一定の保護観察期間が確保できるし、短期経過前後に仮釈放となれば、最大長期まで仮釈放期間となる（但し、更生法78条）。しかし、保護処分優先主義の下で、不定期刑は、基本的に非行事実が重大で、処遇の必要性が高い少年に言い渡されていることから、ここまで早期の仮釈放は難しい場合が多く、実務でも長期までの大半を執行してから仮釈放になる場合が多いため、保護観察期間が極めて短い。こうした実務を前提とすれば、仮釈放後に比較的長期の保護観察を確保できる制度を検討する必要を感じるが、考試期間主義が果たして不定期刑に適合するのかという問題以前に、こうした不定期刑の仮釈放の運用自体が不定期刑本来の趣旨を損ねていることに思いを致すべきである。もっとも、私見では、現在の不定期刑が長期説に整合的な法制度となった時点で、その存在意義は失われており、これを廃止して定期刑とし、仮釈放の法定期間は刑法より緩和したうえで、仮釈放期間については考試期間主義を導入すべきであると考える。[43]

# V　仮釈放期間の決定機関

## 1　司法機関

次の問題は、誰がこの仮釈放期間を決定するかである。現在、仮釈放の審理・決定機関は地方更生保護委員会であるから、同委員会が仮釈放の決定時に仮釈放期間も併せて決定するというのが最もシンプルな方法である。刑事施設からの情報に加え、種々の調査を行い、直接、受刑者にも面接を行っているという意味でも、地方更生保護委員が最も社会内処遇の必要性について判断し得る立場にあることは確かである。また、刑事施設からの申出に基づいて仮釈放審理を行うことが極めて一般的な実務の状況に鑑みると、受刑者の処遇を担ってきた刑事施設が、仮釈放の要件を満たしていると判断して申出を行うわけであるから、申出の理由や仮釈放日等と並んで仮釈放期間に関する意見を申し述べることになろう（犯罪者処遇規則15条）。

しかし、相対的考試期間主義は、司法機関が言渡した刑期を超えるような形で保護観察を行うものであるから、その期間を行政機関たる地方更生保護委員会が定めるのは問題であるとする見解がある。[44]そもそも仮釈放は、司法機関が定めた刑期よりも早い時点で刑事施設からの釈放を認めるものであるが、現在の我が国では行政機関である地方更生保護委員会がこれを決定しており、これを認める以上、仮釈放期間も同委員会が定めることも考えられるが、海外にはドイツのように裁判所が仮釈放の決定を行っているところもあり、こうした国では裁判所が仮釈放期間（考試期間）を定めている。[45]裁判所が関与しなければ考試期間主義が採用できないわけではなく、反対に裁判所であれば何でもできるという訳ではないが、もう一つの選択肢として裁判所が仮釈放や仮釈放期間を決定する仕組みもあり得なくはない。[46]しかし、受刑者の処遇に関わっていない裁判所が適正な仮釈放期間を決定することができるか問題なしとしない。結局、地方更生保護委員会の行った調査結果と申請に基づいて、裁判所が形式的に期間を決定するということにもなりかねない。

他方、裁判官が地方更生保護委員会の合議体に加わるという制度も考えられる。[47]それでは司法審査にならないとされるかもしれないが、形式より実質をとった選択肢である。

## 2 刑事裁判での宣告

相対的考試期間主義を採用する場合に考えられるもう一つの仕組みとしては、予め刑事裁判において拘禁刑を言渡す際に仮釈放期間を一定の範囲で定めることができるよう法律で定めておき、判決において仮釈放期間を宣告する方法である。但し、裁判の時点で改善更生や再犯防止の観点から受刑後に必要な仮釈放期間を決定することは困難であるから、判決で言い渡すのは仮釈放期間の上限と下限である。例えば、「被告人を拘禁刑5年に処する。仮釈放を認める場合、1年以上3年以下の範囲で保護観察に付す。」といった感じである。無期刑を言い渡す場合は、「被告人を無期拘禁刑に処する。仮釈放を認める場合、5年以上20年以下の範囲で保護観察に付す。」となろう。一部執行猶予が裁判の時点で釈放後の社会内処遇の実施と期間を確定させてしまうのに対し、この制度は仮釈放の許否と仮釈放期間は刑事施設での処遇の成果等を踏まえたうえで仮釈放決定機関が決める点で異なり、仮釈放になる場合の仮釈放期間の上下限だけを裁判で定めておくものである。

これに対しては、たとえ上下限とはいえ、裁判の時点で改善更生に必要な期間を特定することは難しいという問題が指摘されよう。また、裁判において仮釈放期間の上下限を定めるとすれば、そこでは行為責任をも考慮しなければならず[48]、その範囲内で個別予防的な事情を考慮してその上限を定めることになろう。もっとも、こうした仕組みは、予め法律において仮釈放にする際には1年以上5年以下の範囲で仮釈放期間を定めることができると規定しておき、仮釈放時に仮釈放期間を決定することでも殆ど同じではないかということも考えられる。勿論、裁判所が仮釈放期間の上下限を宣告する制度は、個々の被告人に応じて柔軟な対応ができるという利点はある。

仮に刑事裁判で仮釈放期間の幅を言い渡しておくとした場合、仮釈放決定時にどの機関が仮釈放期間を決定するかであるが[49]、判決による授権を前提として、地方更生保護委員会が決定することも考えられるし、仮釈放の決定と仮釈放期間も裁判所が決定する道もある。

なお、考試期間主義は、全部実刑の場合にだけ意味がある制度であり、刑の一部執行猶予の場合には、猶予期間と保護観察が設定されているので、仮釈放期間を別途定める必要は、絶対ないというわけではないが、殆どない。

あと、刑事裁判で仮釈放期間の上下限を宣告しておく場合、満期釈放となった場合にどうなるかということを考えておく必要がある。一つの方法として、仮釈放にならない場合は、罰金判決における労役場留置の言渡しのように単に適用がないだけとすることもできるが、満期釈放の場合の問題が他にあるので、この点はⅧで検討する。

## Ⅵ　考試期間主義と仮釈放要件

考試期間主義は、仮釈放者の処遇の必要性に応じて仮釈放期間を決定する制度であり、改善更生や再犯防止の観点から長い処遇が必要とされるほど仮釈放期間が長くなる。そこで湧く素朴な疑問は、仮釈放は更生の可能性が高い受刑者に認められるはずなのに、なぜ長期の社会内処遇が必要なのかということであろう。特に、現在の仮釈放の実質的要件である改悛の状は再犯のおそれを中心的な評価基準としていることから[50]、再犯のおそれが低く仮釈放相当としながら、仮釈放後、長期の保護観察が必要だとするのかは矛盾ではないかということである。

これは、仮釈放が再犯のおそれがない者に認められるものであるのに、必要的に保護観察を行うという、仮釈放そのものに内包されるジレンマである。実際には、実刑を言い渡されるような犯罪を行っている以上、刑事施設から仮釈放された後に再犯を犯す可能性がゼロであるということは、理論的にはあり得ても、実際にはあり得ない。刑事施設に収容されていた元受刑者は、社会生活を送る上で様々な障害が予想されることから、保護観察の補導援護や応急の救護といった支援も不可欠である。実際、仮釈放者も、最大5年（4年1日以上5年以下）で約30％弱の者が再犯に至って刑事施設に再入所していることも、そうした現実を裏付けていよう。しかし、それでも、考試期間主義の導入ということになると、こうした矛盾やジレンマが一層拡大することも確かである。

しかし、これは、現在の仮釈放の制度、特に仮釈放の要件と根拠から生じている問題である。即ち、現在の仮釈放は、改悛の状が実質的要件とされ、悔悟の情及び改善更生の意欲があること、再犯のおそれがないこと、保護観察が相当であること、そして社会の感情が仮釈放を是認すると認められないことがないことが判断基準とされているが、実質的には再犯のおそれがないことが許可基準の中心となっていると言っても過言ではない。即ち、悔悟の情及び改善更生の意欲がある者は、一般に再犯のおそれがないことが推定され、次の再犯のおそれがないことの基準ではこの推定を打ち破るだけの状況があるかどうかを客観的事情も含め考慮し、最後の保護観察相当性は最終的な総合判断とされている。しかし、こうした再犯のおそれを中心とした許可基準は、社会内処遇の期間を確保するという現代の仮釈放制度の意義とは相容れず、むしろ恩恵を中心とした戦前の仮釈放思想を引きずっているように感じられる。つまり、再犯のおそれがない、「安全な」受刑者を仮釈放にするという発想である。

仮釈放は、刑事施設の中での処遇の成果を見極めつつ、社会内において再犯を防ぐための指導監督や補導援護を行うことで再犯リスクを減らすためのものであるから、むしろ再犯のリスクがある者に対して行うべきものである。[51] もし絶対に再犯を犯さない受刑者がいるとすれば、仮釈放を行う必要はない。そうした者は、きっちり刑期の満了まで刑事施設で刑を受ければよい。しかし、現実には絶対再犯を犯さないと断言できる者がいるわけではないので、そうした者も再犯のリスクを最小化するために仮釈放にして保護観察を行うべきことになる。

このように、仮釈放は、満期釈放とするより、保護観察を行うことで改善更生の可能性を高め、再犯のリスクを低減することができる場合に行うものなのである。このように考えれば、仮釈放にする者の中にも、比較的長期の保護観察を行うことが適切な者がいることに不思議はなく、むしろ受刑者の処遇の必要性に応じて仮釈放期間を設定する考試期間主義が当然ということにもなる。

そうした仮釈放本来の意義に立ち返った場合、再犯のおそれを中心的な許可基準とし続けることは適当でない。[52] 更に言えば、現行刑法制定以来全く改正されていない改悛の状という仮釈放要件も、仮釈放を恩恵的なものと捉えていた古い時代の遺物そのものであり、その中味を自由に入れ替えられるブラックボックス的なものとなってきたことを考えると、改悛の状の許可基準を改めるというより、刑法に規定されている仮釈放要件そのものを、社会内処遇を行うことで社会復帰や再犯防止の可能性を高めるという現代の仮釈放制度の趣旨や目的に沿ったものに改めるべきである。

詳細は過去に論じたことがあるので、[53] ここでは繰り返さないが、結論を言えば、仮釈放の実質的要件は、保護観察が受刑者の改善更生及び再犯防止のために必要且つ相当かどうかという内容にすべきである。刑法28条の規定は、「拘禁刑に処せられた者については、犯罪の情状、本人の性行、受刑中の行状、被害者及び事件に対する姿勢並びに更生の計画を考慮し、改善更生及び再犯防止のため保護観察が必要且つ相当であるときは、有期刑についてはその刑期の3分の1を、無期刑については10年を経過した後[54]、仮釈放決定機関（地方更生保護委員会とするか裁判所とするか）の処分によって仮に釈放することができる。」のように改めるべきである。こうすることで、仮釈放本来の趣旨や目的に沿った要件となり、また考試期間主義とも整合性がとれるものと思われる。なお、現在、仮釈放期間に関する規定は刑法には置かれていないが、相対的考試期間主義についてだけでなく、修正残刑期間主義や考試期間加算主義の何れを採る場合においても、仮釈放期間に関する規定は必須となる。併せて、現行刑法には規定が置かれていない仮釈放中の保護観察についても規定を置く必要がある。

## Ⅶ　考試期間主義と保護観察

考試期間主義は、釈放後の処遇の必要性に応じて一定の仮釈放期間、即ち保護観察期間を確保するための制度であるから、現在と同様、仮釈放期間中に必ず保護観察を行う必要的保護観察制度が原則となる。しかし、極めて予後のよい受刑者もいるであろうから、一定の仮釈放期間を設定しても、保護観察を行わない可能性を認めることも全く考えられないわけではない。ただ、全部執行猶予と異なり、まがりなりに実刑を受けている以上、仮釈放後の社会復帰には指導監督や補導援護が必要となる場合が大半であろうから、保護観察を付さないのは極めて例外的な場合に限られよう。修正残刑期間主義（折衷主義）を採用した改正刑法準備草案でも、必要がないと認めるときは、保護観察を付さないことを認めていた（90条1項但書）。[55]

或いは、保護観察の仮解除の制度を設けることも考えられる。全部執行猶予や一部執行猶予と異なり、現在、仮釈放後の保護観察には良好措置としての保護観察の仮解除の制度がない。しかし、考試期間主義の採用によって保護観察期間が現状より長くなるため、対象者の社会生活が安定し、更生がほぼ確実な状況になって保護観察を続ける必要がない状況が生じることもあることから、保護観察の仮解除の制度を仮釈放後の保護観察にも導入することが考えられてよい。

これらの制度設計に加え、考試期間主義の導入に当たって課題となるのが保護観察体制の充実である。考試期間主義の採用によって、仮釈放期間がかなり長期化するから、保護観察官や保護司の負担が大幅に増えるとともに、マンパワーが不足することは確実であろう。Ⅷで述べる満期釈放後の社会内処遇を導入するとすれば尚更である。制度の効果的な実施に見合った保護観察体制の整備が不可欠である。

保護観察の長期化に伴い、保護観察の指導監督の方法にも工夫が必要となる。仮釈放対象者の特性や事情を踏まえ、期間の経過に伴う本人や環境の変化に応じて指導監督や補導援護の内容や密度を変えていく必要がある（段階的保護観察）。

## Ⅷ　満期釈放者に対する社会内処遇期間の確保

改悛の状が認められるような更生の可能性が高い者に対しては仮釈放後に保護観察が行われるのに対

し、改悛の状が認められない、再犯のおそれがある者や、引受人がいないなど更生に支障が予想される者は、僅かばかり刑事施設での収容期間が長くなるものの、却って社会内での処遇がないというジレンマがある（仮釈放のジレンマ）。これは仮釈放自体に内包される問題であるが、考試期間主義を採用した場合、更にこの問題が拡大されることになる。即ち、満期釈放者に比べ相対的に更生の可能性が高い仮釈放者には非常に長い仮釈放期間が設定されるため、再犯のおそれがより高度に認められるにもかかわらず、何ら社会内処遇が行われない満期釈放者との矛盾や不公平さが増すことになるからである。そのため、考試期間主義を導入した場合、仮釈放を拒否して、敢えて満期釈放を選ぶ受刑者が出てきかねない。そうなれば、仮釈放自体の機能が損なわれることになる。

このジレンマは、全ての受刑者を仮釈放にする必要的仮釈放のような制度を設けない限り、仮釈放制度の枠組みの中で解決することは不可能である。しかし、必要的仮釈放は、現在の仮釈放要件や保護観察制度のなかで導入することには極めて困難を伴う。[56]そこで考えられるのは、①一部執行猶予制度を長期刑を含む全ての有期拘禁刑に適用できるよう拡大する、②二分判決（split sentence）のような拘禁刑と社会内処遇を組み合わせた新たな刑罰を設ける、[57]③満期釈放の場合には必要的に社会内処遇を行う仕組みを設けるかの何れかの方法である（図2）。

現行の一部執行猶予制度は3年以下の拘禁刑（２０２５年までは懲役・禁錮）を科す場合に限られ、それを超えるような長期の刑には適用がない。これは、（１）刑期が長期に及ぶような刑責の重いものは、たとえ一部とは言え執行猶予にすることは適当でない、（２）長期の拘禁刑は仮釈放を早期化することで保護観察期間を確保できる可能性がある、（３）長期の拘禁刑となると、裁判所が量刑の時点で遠い将来の釈放を見越したうえで処遇の必要性を判断しなければならなくなるが、それは極めて困難であることが理由とされたからである。[58]しかし、一部執行猶予は、施設内処遇と社会内処遇の有機的連携を図る制度であるから、社会内処遇を行うことができない満期釈放を防ぐことができ、残刑期間主義の下でも仮釈放期間終了後に一定の保護観察期間を確保することができることから、3年を超えるような拘禁刑を言い渡す場合にも意味があるはずである。むしろ、長期の受刑者や刑事施設に入所歴がある者ほど有効な制度である。しかし、現行の一部執行猶予が「猶予」という概念を採ったことから、こうした制度設計は困難とされる。

著者は、それでも一部執行猶予をより長期の拘禁刑にも適用するよう改正すべきであると考えているが、将来的には、新しい世代の二分判決のような刑罰を導入することも検討に値する。[59]二分判決制度の検討は本書の守備範囲を遙かに超えるものであるし、過去に詳細に検討したことがあることから、[60]ここではこれ以上論じない。ただ、こうした制度を採用した場合、拘禁刑から釈放された後に長い猶予期間や保護観察期間が設定されているので、考試期間主義を採用する必要はない。[61]

満期釈放者に対し保護観察を行うもう一つの仕組みとしては、拘禁刑の執行満了により釈放する場合には一定期間の保護観察を付すよう法律で定めておくか、法律で上下限を定めたうえで刑事裁判において執行満了により釈放する場合の保護観察期間を言い渡すことが考えられる。[62]後者の場合、実質的には前述した二分判決や一部執行猶予を拡大する場合に近いものとなる。そのため、二分判決や前述の刑事裁判で仮釈放期間を言い渡す制度同様、拘禁刑の執行を経た上での保護観察期間を予め裁判において量定することには困難を伴う。そこで、仮釈放の考試期間主義同様、裁判で言い渡すのは保護観察期間の

図２　（満期）釈放後に保護観察期間を確保する方法

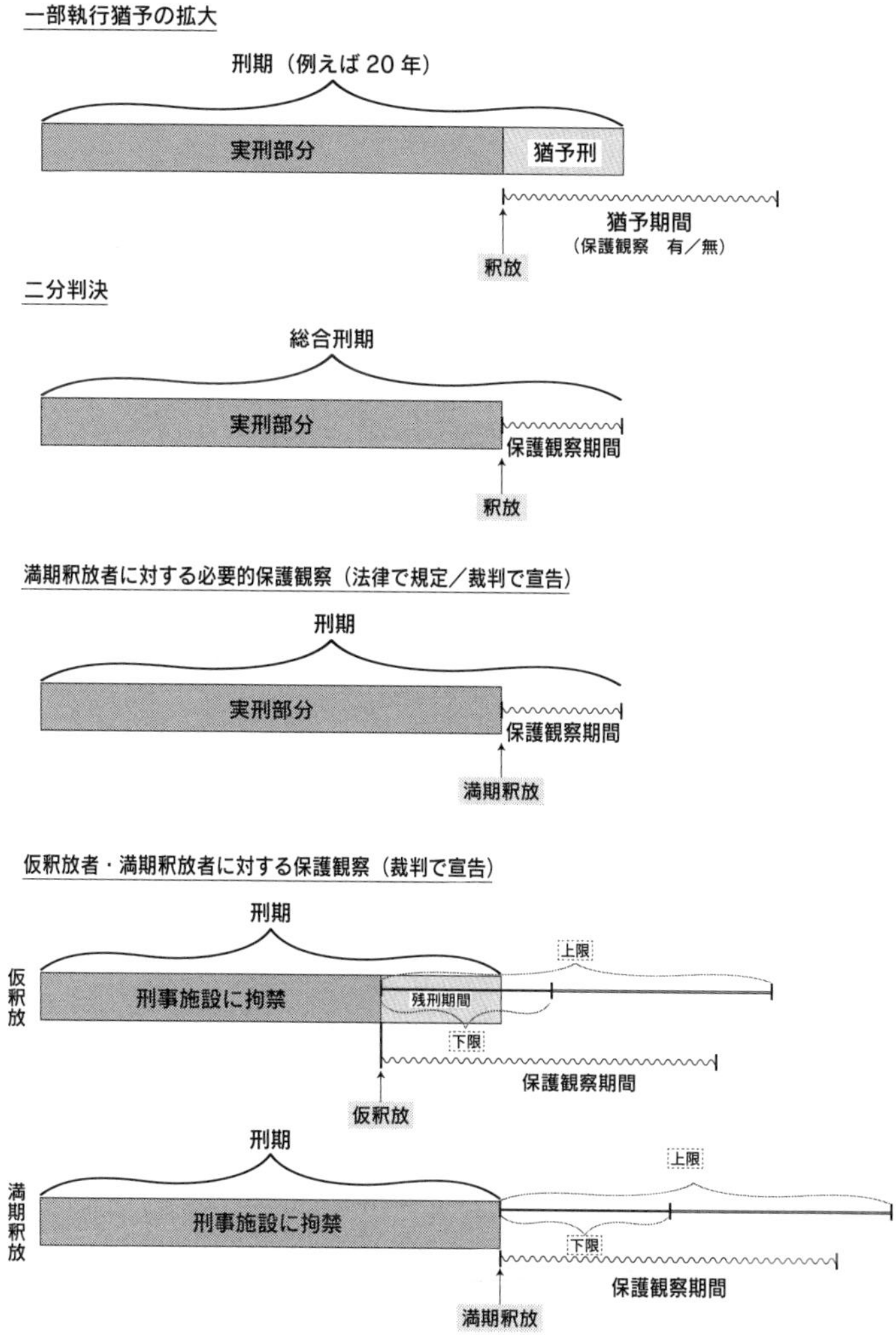

上限と下限になろう。この保護観察は刑の一部を構成するので（相対的不定期保護観察）、刑事裁判では行為責任の範囲内で刑期と保護観察期間の幅を量定することになる。後述するように、不良措置としての再収容期間を設けるのであれば、その期間も量刑に含まれる。

しかし、大きな問題が2つある。一つは、満期釈放者に付された保護観察における不良措置をどうするかである。一部執行猶予の場合は、猶予刑を執行すればよいし、二分判決も、全刑期から拘禁期間を除外した期間（実際には保護観察期間に相当）を限度とする期間を定めて拘禁することになる。[63]しかし、満期釈放に付された保護観察は、猶予されている拘禁刑の部分があるわけではないため、不良措置が取りづらい。保護観察期間の延長や遵守事項の変更・追加も確信犯には意味をなさない。考えられる方法は、当初の裁判において遵守事項違反の場合の再収容期間を言い渡しておくか、[64]保護観察の不履行或いは遵守事項違反に対して罰則を設けることである。[65]前者は、法的性質こそ異なるが、罰金を言い渡す際、不完納の場合の労役場留置を宣告しておくことに似ている。即ち、拘禁刑終了後の保護観察を言渡し、それを完遂できない場合には再拘禁という換刑処分を科すものである。[66]これに対し後者は国が言い渡した刑の作用（保護観察）を保護法益とする罪であり、逃走罪にも通ずるものである。しかし、余り重い罰則は科すことができないという制約があるほか、遵守事項違反に対する罪とみれば、現在の保護観察の一般及び特別遵守事項の中には性質の異なるものが混在していることから、違反に対して刑罰を科すことが適当でない場合もある。従って、制度化するにしても、保護観察の趣旨を没却し、社会内処遇の継続を困難にするような遵守事項違反に限って罰則を定めることになる。しかし、前者後者何れの制度も我が国には馴染みがないことから抵抗が予想される。

もう一つの大きな問題は、先の仮釈放期間を裁判で言い渡しておく制度との重複である。もし仮釈放期間とは別となると、判決で拘禁刑を言い渡す場合、仮釈放になる場合の仮釈放期間（の上下限）と満期釈放となる場合の保護観察期間（の上下限）の両方を定めなければならないことになる。煩雑なうえ、そもそも仮釈放期間と満期の保護観察期間がどういう関係に立つのか、定める基準も異なるのかが疑問として浮かぶ。

そのように考えると、結局、裁判において、仮釈放期間だけを定めるのでも、仮釈放期間と満期の保護観察期間の両方を定めるのでもなく、拘禁刑を言い渡す場合、受刑者（被告人）が刑事施設から釈放される場合の保護観察期間の上下限を言い渡しておき、刑の執行において仮釈放を認め、残刑の執行を猶予する場合は、上下限の間で仮釈放期間即ち保護観察期間を仮釈放決定機関が決定し、満期釈放とする場合は、釈放前にその幅の中で保護観察期間を決定し、保護観察を行う方法が最も合理的であろう。即ち、「被告人を拘禁刑5年に処する。刑事施設から釈放する場合、1年以上5年以下の範囲で保護観察に付す。」という判決内容となる。無期刑には満期釈放はないから、「被告人を無期拘禁刑に処する。仮釈放を認める場合、5年以上20年以下の範囲で保護観察に付す。」のままでよい。

実際、仮釈放を認める場合は、更生の可能性が高く、社会内での処遇期間が満期釈放者より短くていい場合が多いであろうから、一般的に言って、仮釈放の保護観察期間は満期の保護観察期間より短く設定されることが多くなるであろう（勿論、社会復帰のため比較的長い見守り期間が必要な対象者もいる）。これに対して満期釈放者に対しては、これより長い保護観察期間が設定されることになる。このようにすれば、仮釈放者より問題性が高い満期釈放者にも社会内処遇を行うことができ、仮釈放の方が却って社会内処遇期間が長くなるという矛盾も生じない。受刑者も、長い保護観察期間が設定されることを嫌がるあまり、わざと満期釈放になることもなくなろう。

以上が、仮釈放において考試期間主義を採用する場合の満期釈放者に対する保護観察期間を確保する制度の素案である。しかし、二分判決や拡大一部執行猶予同様、保護観察対象者数が現在の2倍近くなり、保護観察所の負担は確実に増えることになるため、保護観察体制の強化が必須となる。さらに、満期釈放者の中には精神障害者や暴力団員のような処遇困難者が含まれ、保護観察の実施が容易ならざるものになるという問題も生じる。ただ、暴力団は、これまでこの問題を根本的に解決してこなかった我が国の政治の問題であって、刑罰や保護観察の改革だけで解決できるものではない。しかし、処遇困難者がいるから何もしないというのは本末転倒であって、問題を放置しているに過ぎない。

恩師の故宮澤浩一博士が、刑事立法が全く進まなかった時代によく言っておられた。日本は「放置《ほうち》」国家だと。満期釈放者の再犯という深刻な問題をいつまでも放置しておくことは許されないと言うべきである。

# 補遺　特定の犯罪者による損害賠償

## I　少年犯罪者による損害賠償

### 1　未成年者の損害賠償責任

犯罪者が未成年者の場合でも、自己の行為の責任を弁識するに足りる知能を備えているときには損害賠償の責任を負う（民法712条）。未成年者が責任無能力の場合、本人に賠償責任はないものの、監督義務者たる親権者等が監督義務を怠っていた場合や、監督義務違反と損害の発生との間に因果関係がある場合には、親権者に監督者責任として賠償責任が認められる（同714条）。ただ、未成年者に責任能力がある場合でも、親権者に監督義務違反がある場合には一般不法行為責任（709条）が認められることがあり、未就労の未成年者には弁済能力がないことが多いこともあって、未成年者だけでなく、親権者に対しても損害賠償が請求されることが多い。

### 2　少年に対する保護処分

これに対し、刑事法上、罪を犯した20歳未満の者は少年とされ（少年法2条1項）、[*]家庭裁判所の審判において、保護観察、少年院送致、児童福祉施設への送致の保護処分が課される。[**] 保護処分は、罪を犯した少年等の非行少年に対する教育的処分であり、刑罰ではなく、従って、保護処分を課されても前科にはならない。但し、家庭裁判所から検察官に送致（逆走）された場合、少年は原則として起訴され、有罪となった場合は、刑罰が科される。

少年院は、非行少年の健全な育成に資する処遇を行うことにより、その改善更生及び円滑な社会復帰を図ることを目的として、原則として20歳を限度として矯正教育を行う矯正施設である（23歳又は26歳までの収容継続は可能）。そこでは、裁判所が行った処遇勧告に基づく期間や特定少年の場合に定めた期間、少年を在院させ、矯正教育を行うが、平均的な在院期間は、短期課程で１４５日、それ以外で３８３日となっている。刑罰としての拘禁刑（２０２５年までは懲役・禁錮）に比べ、少年院の在院期間は非常に短くなっている。しかも、少年院で行われるのは、生活指導、職業訓練、教科指導等の矯正教育であり、将来の職業に資するための知識や技能を習得させる職業訓練こそあるものの、懲役や拘禁刑のような作業はなく、従って、作業に対する報奨金もない。

家庭裁判所で保護処分として保護観察処分を言い渡された場合や少年院から仮退院した後には社会の中で保護観察官と保護司による保護観察が行われる。これも原則として少年が20歳になるまでであり（収容継続の場合はその期間まで）、特定少年（18歳・19歳）の場合も、法定期間又は裁判所が定めた期間の範囲内となる。いずれにしても、非行少年を社会の中で指導・監督することができる期間は短い。

### 3　少年と損害賠償

親権者が少年の犯罪について監督者責任を負うか、少年自身が不法行為責任を負うかの何れにせよ、親権者の収入や資産から賠償が行われる場合はよいが、そうでない場合、少年自身が被害者に賠償を弁済していかなければならない。

少年に対し拘禁刑が科せられる場合は、成人の受刑者と同様、刑事施設内で作業に従事し、報奨金も支給されるため、被害者に対し分割で賠償することも不可能ではない。これに対し、少年が少年院に送致された場合、在院期間は短く、作業も収入もないため、在院者（少年）自身の収入で被害者に賠償を行うことはできない。

しかし、２０２３年12月から少年院においても被害者の心情聴取・伝達制度が導入されたことから（少年院法23条の2第2項、24条5項）、被害者が心情の聴取や在院中の少年への心情伝達を申し出ることがあり得る。そのなかで、被害者が少年院に対し損害賠償に向けた指導を少年にして欲しい旨の要望を述べたり、在院者に対して損害賠償の弁済をするよう伝達したりした場合、少年院側としてどのような教育を行えばよいかが問題となる。第4章で述べたように、在院者に対しては、その問題性の改善に向けた指導や小児逆境体験に対する適切な対応をしつつ、犯した非行事実に対して正しい認識をもつことができるよう指導しなければならないが、損害賠償という現実から目を背けさせてばかりでもいけない。特に、成年である特定少年の場合、親権者には損害賠償責任がないことから、尚更である。そこで、在院者に対する矯正教育の進捗状況を見ながら、「被害者の視点を取り入れた教育」を行い、被害者への損害賠償の現実と計画を考えさせる必要がある。[2] また、退院後の安定した就労生活は、被害者への賠償だけでなく、本人の更生にとっても重要であることから、特定少年に限らず、在院者に対し適切な職業指導や就労支援を実施し、仮退院後の就労に繋げていく必要がある。

将来的には、退院後に就労意思のある特定少年については、少年院にいるときから協力雇用主等、外部企業の

---

＊　しかし、２０２１年に改正され、２０２２年4月から施行された少年法では、18歳、19歳の者は「特定少年」とされ、少年法の対象ではあるものの、18歳未満の少年とは異なる手続や処分が適用される。

＊＊　少年が犯罪を行っていない場合（非行事実なし）のほか、犯罪を行っていても、保護処分が必要ないとして要保護性なしと判断される場合は、不処分となる。

協力を得て、少年院内外で就労体験をさせ、多少の報酬を得させる施策も考えられなくもない。その報酬から被害者に送金することで損害回復の意識をきちんと持たせることにも繋がる。在院期間を考えると、そうした体験的就労期間も限られたものにならざるを得ないため、少年に対する動機付的な教育に止まる。

## Ⅱ　外国人犯罪者による損害賠償

### 1　外国人に対する刑事処罰と損害賠償

外国人の場合でも、日本国内（日本国外にある日本船舶又は日本航空機内も含む）で犯罪を行った場合や日本国外で日本国民に対し一定の犯罪を行った場合は、日本の法律（刑法等）に基づいて刑が科せられる。そして、日本の裁判所において拘禁刑が科せられた場合、日本の刑事施設に収容され、刑が執行される。

外国人でも、犯罪により他人の権利又は法律上保護される利益を侵害した場合は損害賠償の責任を負うことから、当該外国人犯罪者に対して損害賠償の請求をすることができ、刑事施設に収容されている場合は、日本人受刑者同様、損害賠償を弁済するよう求めることができる。

### 2　退去強制と国際受刑者移送

ただ、外国人の場合、犯罪や受刑によって退去強制事由に当たる場合が殆どであるため（入管法24条4号ト、リ等）、刑事施設から釈放又は仮釈放後、直ちに本国等に向け強制的に送還する退去強制の手続が取られる。外国人が不起訴となったり、全部執行猶予となったりした場合でも、退去強制事由に該当していると、やはり退去強制となる。そして、実際に退去強制が行われると、日本に上陸することが制限されるため（上陸拒否事由に該当）、たとえ債務名義を得ていても、日本国内で犯罪者に損害賠償を請求することは事実上不可能となる。

また、日本は、２００３年にヨーロッパやアメリカ、韓国（日本の後で加盟）等が加入する「刑を言い渡された者の移送に関する条約」（Convention on the Transfer of Sentenced Persons）に加入したほか、タイ、ブラジル、イラン、ベトナムと、国際受刑者移送の二国間条約を締結している。そのため、これらの国の受刑者を日本（送出国）の刑事施設から本国（執行国）の刑務所に移送して刑を執行し（送出移送）、或いは当該国で受刑している日本人を日本の刑事施設に移送して刑を執行することができる（受入移送）。これは、条約締結国間での刑の執行共助の制度であり、国際受刑者移送と呼ばれる。国際受刑者移送制度は、受刑者の社会復帰及び改善更生を目的とした制度であり[3]、送出移送には、受刑者本人の同意に加え、送出国と執行国双方の合意その他一定の要件を満たす必要があるほか、法務大臣が移送が相当であると認める場合でなければならない（国際移送法33条、34条1項但書）。

外国人受刑者の送出移送が行われると、本人の身柄が執行国（本国）に移されるため、受刑中でさえ損害賠償の支払いを求めることができなくなる。実務では、送出移送対象者の大半が被害者のいない違法薬物関係の犯罪者ではあるが、中には強盗殺人や強盗致傷の犯人も含まれていることから、被害者が損害賠償を請求したいケースがあるものと思われる。そのため、法務大臣の相当性判断においては、被害者の損害回復という観点も交えて行うことが望ましい[4]。

被害者も、外国人受刑者に対し損害賠償を求める意思がある場合、２０２３年12月から施行された刑の執行段階における被害者心情聴取・伝達制度により、受刑者に対する損害賠償の債務名義を有していることや国際受刑者移送を望まない旨を刑事施設側に聴取してもらい、受刑者に対しても刑事施設にいる間から損害賠償を（分割ででも）払うよう心情伝達することはできる。但し、日本語がわからない外国人受刑者に対し心情伝達をする場合、通訳や翻訳を誰が手配するのかや費用を誰が負担するのかという問題は全く検討されていない。しかし、国際受刑者移送は、あくまで受刑者本人の社会復帰のための制度であり、また被害者の同意は要件ではないから、たとえ送出移送に反対の意思表明をしておいたとしても、移送にならない保証はない。ただ、本書のように、受刑者の社会復帰とは、単に再犯防止を意味するだけでなく、被害者に対する損害回復も含まれるべきだとの立場に立てば、それも含めた移送の相当性判断でなければならないはずであるが、従来、国際受刑者移送において被害者への配慮は全くなされていないと言わざるを得ない。

## 3　外国人元受刑者の在留特別許可

外国人受刑者の殆どが、釈放後、退去強制の手続に付されている。しかし、退去強制令書が発付されても、当該外国人には異議申立て（口頭審理請求と法務大臣へ異議申立て）が認められている。法務大臣が異議申立ての理由がないとした場合でも、裁量により、当該外国人の在留を特別に認める場合があり、これが在留特別許可である。近年、罪を犯して退去強制事由に該当した者でも在留特別許可が下りる者がかなりいることから、[5] 外国人受刑者が刑事施設からの釈放後、出入国在留管理局に引き渡されても、そのまま日本に在留する場合がある。

これは、被害者への損害回復の必要性を考慮してくれているわけでは決してなく、一般に、日本人の子や配偶者であることや日本社会との関連性、在留期間等の要素を考慮して判断するものである。[6] いずれにしても、退去強制になったと思っていた犯罪者が実はそのまま日本に止まっているという場合が少なからずあり、この事実を被害者側が調査することは困難であるが、損害賠償を請求できる可能性があることに注意すべきである。

しかし、近年、退去強制にならなかった外国人元受刑者（F指標受刑者）* の中には日本で再犯に及んで再び刑を言い渡され、日本の刑事施設に再収容されている者が少なからずいることは由々しき問題である。[7] 中には、在留特別許可を認められ日本に引き続き在留することになった者が含まれているものと思われ、大変残念なことではあるが、刑事施設に再収容されることで、前刑のときの被害者が改めて受刑者に損害賠償を請求することは、債権が消滅時効になっていない限り、できる可能性がある。

## III　触法精神障害者による損害賠償

### 1　被害者心情聴取・伝達

犯罪者の中には精神病や知的障害といった精神障害を抱えている者がいる。それでも刑事裁判によって責任能力が認められれば拘禁刑が科せられ、刑事施設に収容される。その場合であれば、被害者は、刑の執行段階における被害者心情聴取・伝達制度を利用することができる。

但し、被害者が精神障害のある受刑者に対し心情伝達を希望する場合、施設側では一定の配慮が必要になる。刑事責任が認められたとはいえ、受刑中の精神障害の状態によっては、被害者が心情伝達を申し出ても、伝達が適わない場合もある。その場合、被害者に可能な範囲で事情を説明するとともに、後日、伝達が可能となった場合には、改めて被害者の意向を確認したうえで伝達を行うべきである。また、知的障害がある場合などは受刑者が伝達の内容を理解することが難しい場合もあることから、どのように心情伝達を行えばよいか、被害者担当官と被害者が協議を行い、受刑者が理解し易い心情録取書を作成することが望ましい。

＊　外国人受刑者のうち、日本語ができないなど日本人と異なる処遇を必要とする者に付される符号であり、F指標の符号が付された受刑者は、その指定がある刑事施設に収容される。

なお、現在は認められていないが、将来の検討課題としては、医療観察法[*]に基づき入院や通院の決定を受けた者に対する心情聴取・伝達の制度を導入すべきである。医療観察法の対象者の大半は責任無能力の者であるため（全部執行猶予者は限定責任能力）、被害者の心情を伝達しても、本人が理解できない場合も多い。病状によっては、精神障害者に自己の行った他害行為を振り返らせること自体が高すぎる目標であるとも言われる。

しかし、重大な被害を受けた被害者にとって、加害者が責任能力者であろうと、無能力者であろうと、被害の現実に変わりはない。[8]精神障害者も症状が安定し、自分の行った行為を考えることができるような状態になることがあるかもしれない。少なくとも、被害者の心情や置かれている状況、対象者に対する要求がある場合、それを対象者の治療を行っている医療機関や精神保健観察を担当している社会復帰調整官に聴取してもらうことで処遇上の参考にしてもらうことはできる。[9]特に、医療機関からの退院や審判による通院が決まった場合、被害者や遺族のいる社会に復帰することから、被害者の不安や要望をきちんと把握しておくことは、被害者に対する配慮という点だけでなく、対象者本人の安定した社会生活の確保という意味でも重要である。仮に、本人への心情伝達が可能な場合があるとしても、伝達の内容や方法等については、医療上の判断を含め、慎重な対応が求められることは勿論である。

## 2　触法精神障害者による損害賠償

精神上の障害により自己の行為の責任を弁識する能力を欠く状態にある間に他人に損害を加えた者は、その賠償の責任を負わないとされていることから（民法７１３条）、精神障害者による犯罪（不法行為）の場合、民事裁判でも、責任能力が否定され、賠償が認められない場合がある。

しかし、精神障害があっても、刑事裁判で責任能力が認められ刑罰を科された場合であれば、損害賠償責任が認められる場合はあるので、被害者が心情聴取・伝達等で損害賠償請求の意思表示をしている場合は、刑事施設の受刑者に対して作業報奨金等から被害者への賠償として送金させるなどの指導は行い得るであろう。

これに対し、心神喪失であるとして医療観察法の対象になったような者については、民事上も責任無能力として賠償責任が認められない場合が多いであろう。しかし、そうした場合でも、親権者等の法定監督義務者やそれに準ずべき者に賠償責任が認められることはある。

# Ⅳ　死刑確定者による損害賠償

## 1　被害者心情聴取・伝達

2023年12月から施行された刑の執行段階における被害者心情聴取・伝達制度は、刑事施設に収容されている拘禁刑（2025年までは懲役・禁錮）の受刑者に限られ、死刑が確定した者については適用がない。しかし、将来の立法論としては、死刑確定者についても被害者の心情聴取や伝達の道を開くべきである。死刑事件は特に重大事件であるから、犯罪者に心情を伝えたいとか、事件について問い質したいという被害者のニーズは一層強い場合が多いもの思われる。しかし、裁判によって、被告人が無期刑を言い渡されれば被害者には心情聴取や伝達の機会が認められるのに、死刑判決が出た途端、一切心情聴取や伝達が認められないという

＊　心神喪失者等医療観察制度とは、心神喪失や心神耗弱の状態で一定の罪種に当たる他害行為を行った精神障害者が、不起訴や無罪等になった場合、検察官の申立てにより、裁判所が専門の医療機関への入院や通院を決定し、病状の改善と同様の他害行為の再発の防止を図る仕組みである。通院の期間中、保護観察所の社会復帰調整官は、対象者が必要な医療を受けているかどうかやその生活の状況を見守り、継続的な医療を受けさせるために必要な指導その他の措置を行うものとされており、この作用を精神保健観察という。

のは不合理である。

死刑確定者は、死刑の執行がされれば、被害者が心情を伝えることも、損害賠償を請求することも永遠にできなくなってしまう。死刑が執行される前に、死刑確定者に被害者の辛い心情や死刑確定者がなすべきことを伝えたいという被害者の思いはより切実なものであろう。

しかし、死刑確定者は、死を前にして、精神的に不安定になったりしていることから、そうした状況で被害者の心情等をぶつけることで悪い事態を招くことも考えられるから、心情の伝達に当たっては慎重を期する必要がある。しかし、少なくとも被害者の心情や死刑確定者の生活や行動に関する意見を刑事施設側が聴取し、その処遇に活かすことはされてしかるべきであろう。

## 2　死刑確定者による損害賠償

犯罪者の死刑が確定しても、亡くなった者が生き返るわけでも、被害者の損害が回復されるわけでもない。たとえ判決が死刑であったとしても、犯罪者に損害賠償を請求したいという被害者の心情が無くなるわけでもない。

これまでも、ごく一部の死刑確定者が自伝や告解の書を出版し、その印税を遺族に渡す例はあったが（遺族が受取りを拒否する場合もある）、殆どの死刑確定者は被害者に損害賠償を行っていない。被害者も、果たして死刑確定者に賠償を請求してよいものか迷うことも多かったであろう。

しかし、死刑確定者にも損害賠償責任があることに変わりはない。命を差し出すのであるから損害賠償は全てチャラであるというのは、犯罪者側（及び国側）の都合である。死刑になるのだから、被害者遺族はそれで満足でしょうというのも第三者の勝手な理屈である。損害の全てを賠償することはできなくても、生きている限り、被害者に対し賠償の努力をすることは被害者にとって意味のあることである。

しかも、日本の場合、死刑が確定しても、執行まで相当長い期間、拘置所に拘置されている。最近公表されたデータによると、死刑の執行までの平均拘置期間は7年9か月となっている。[10][11] しかし、これは死刑執行が行われた者の平均拘置期間であるから、死刑が執行されていない者の中には20年や30年以上、執行が行われないで拘置されている者もいる。[12] その期間、被害者に賠償の努力もせず、何もしなくてよいという法は無いであろう。

死刑確定者は、拘禁刑や懲役ではないので作業の義務はなく、死刑執行まで、1日の大半を読書や信書その他の書き物、運動等で過ごすことになる。しかし、法律上、自己契約作業を行うことも認められている（刑事収容法39条1項）。日弁連の調査に拠れば、2010年で約13％、2021年で17・6％の死刑確定者が自己契約作業に従事している。[13] 収容の性質上、工場等で作業させることはできないから、その内容は、居室における袋貼りや紙折等の紙細工である。自己契約作業も請負契約に基づく労働であるから、契約の相手方の企業から報酬が支払われている。だとすれば、死刑確定者でも自己契約作業に従事している者については、被害者に僅かずつでも賠償を行うことができるし、またそうするよう死刑確定者に指導することくらいは許されよう。

死刑確定者もいつ執行が行われるかわからないという不安定な精神状態にあり作業が難しいという事態も想定できるが、反対に、自己契約作業に従事することで精神的な安定を図ることができる場合もあろう。実際に自己契約作業に従事している死刑確定者がいることがその証左であるかもしれない。また、被害者への賠償に務めることで贖罪意識を多少なりとも満たすこともできよう。

## 3　被害者感情と死刑存廃論

損害賠償からは少し話は逸れるが、死刑制度を存続させるか廃止するかという存廃論において、被害者感情を理由に死刑を正当化しようとする論調が少なからず見られる。確かに、極刑を望む被害者が多いことも事実であるが、被害者感情はそんなに単純なものではない。犯罪者が死刑になっても亡くなった者が返ってくるわけではないし、動機等を秘匿している死刑確定者は死刑の執行によって真実が永久に闇に葬られる。損害賠償の道も完全に閉ざされる。社会では死刑の執行によって正義が貫徹されたとばかり、安心し切って事件のことを忘れていく。被害者遺族にとって、死刑の確定や執行は通過点に過ぎない。犯罪者の死刑が執行されても、遺族はいつまでも遺族のままである。遺族であることを止めることはできない。死刑制度によって被害者が救われているかのような第三者の言説は、被害者の現実の一面しか捉えていない。

被害者支援の制度が整備されてきているとはいえ、被害者の損害回復は殆ど実現していないし、死刑にならない犯罪者の再犯率は依然として高い。こうした状況の中で死刑の存廃だけを議論することは余りに短絡的である。被害者の損害が回復され、社会生活に戻ることができるようにするための制度がきちんと整備されるとともに[14]、犯罪者の再犯を防ぐための法整備や改善更生に向けた処遇体制が構築されることがまずもって重要なのであり、死刑存廃の議論はその先にあるべきものである。

## Ⅴ　訴追されない犯罪者による損害賠償

### 1　起訴猶予と被害者

我が国の刑事訴訟法は、「犯人の性格、年齢及び境遇、犯罪の軽重及び情状並びに犯罪後の情況により訴追を必要としないときは、公訴を提起しないことができる。」（２４８条）として、起訴裁量主義を採用している。そのため、被疑者が精神障害のため心神喪失であるとか証拠不十分であるとして不起訴にする場合だけでなく、訴追に足るだけの証拠がある場合でも、上記の要因を考慮して、起訴猶予とすることができる。特に、我が国は、起訴猶予を多用する国であり、検察庁が処理した事件の半分以上を起訴猶予としている。[15]

起訴猶予となるのは比較的軽微な事件であり、被害者の損害は軽いものが多い。それでも、検察官は、被害者がいるような事件の被疑者を起訴するかどうかを判断するに当たっては、被害者に与えた被害の軽重や、「犯罪後の情況」の一つとして、被害者に対する損害賠償や慰謝の措置等を考慮することが一般的である。こうした実務により、被疑者には被害者に賠償をしようというインセンティブが働くことになる。しかし、起訴猶予事案の中にも被害者の損害が大きいものもあり、被害者に損害回復がなされていないものもある。そうなると、被害者は、加害者が処罰されないだけでなく、損害回復もなされていないという、踏んだり蹴ったりの情況に置かれる。

## 2　条件付起訴猶予の可能性

海外に目を転じてみると、ドイツ、オランダ、台湾、韓国等には、起訴猶予又は訴追の打切りに際して遵守事項を設定し、一定のプログラムを被疑者に受講させたり、一定の義務を履行させたりし、それが遵守されれば起訴猶予又は訴追の打切りを確定させ、もし重大な違反があった場合には条件の変更や事件の再起（起訴）を行うという条件付起訴猶予の制度がある。

本来、起訴猶予には、刑罰を科さないことで犯罪者に対する「受刑者」というマイナスの烙印付け（ラベリング）を回避するとともに、早期の社会復帰を可能にするという意義がある。このように、犯罪者を刑事手続から外して、刑罰等の終局処分を科さないことを刑事政策ではダイバージョンという。

しかし、ダイバージョンには、刑罰に伴う処遇が行われないことから再犯防止の効果が十分に発揮されないリスクがある。そこで、刑事手続から早期の段階で外すダイバージョンのメリットを活かしながら、犯罪者に対し更生や再犯防止に資する一定の処遇を行うなどの条件を設けるのが条件付起訴猶予制度である。

特に、被害者がいる事件をダイパージョンに付した場合、損害回復がなされていないと、犯罪者に対する処罰欲求が満たされないうえ、損害回復もなされていないと被害者の司法に対する不満や不信感が残ることもある。そこで、ドイツや台湾、韓国の条件付起訴猶予では、被害者への賠償や被害者団体への寄付を条件として設定することが法律上認められており、起訴猶予においても被害者への贖罪や賠償を促すことができる。[16]

このように、条件付起訴猶予制度は、犯罪者の更生や再犯防止を図りつつ、被害者への損害回復にも寄与することができる点で優れており、日本での導入も検討すべきである。しかし、同制度に対しては、適正手続違反、被疑者による同意の任意性の欠如、情状捜査による捜査の長期化・糾問化、被疑者のプライバシー侵害、行政機関たる検察官による事実上の不利益処分といった批判がなされている。[17]我が国でも、2017年から始まった少年法の適用年齢の引下げの是非と犯罪者処遇制度の見直しを検討する法制審議会の部会において、起訴猶予相当事案において必要があると認めるときは、被疑者が守るべき事項を検察官が設定し、一定の期間、指導や監督といった再犯防止の措置を取る制度の検討が行われたが、答申においては採用されなかった。

## 3 微罪処分と犯罪被害

我が国では、犯罪事実が極めて軽微であり、検察官から送致の手続をとる必要がないと予め指定された事件については、警察官は検察官に事件を送致しないことができる（刑訴246条但書、捜査規範198条）。これが微罪処分と言われるものであり、警察官は事件を検察官に送致せず、1か月ごとに一括して検察官に報告するだけでよく、犯罪事件の処理はそれで終了する。従って、被疑者は起訴されることもなく、処罰もされない。

微罪処分とすることのできる事件の基準は、都道府県毎に定められており、公表されていないが、罪種、犯情、被疑者の特性、手続等が考慮されている。[18]統計によれば、刑法犯の約28％が微罪処分となっており、そのうち窃盗が65％、暴行が24％、遺失物横領を含む横領が８％となっている。[19]

少年は、少年法上の全件送致主義[*]があるため、微罪処分の対象にはならないが、やはり非行事実が極めて軽微で、再犯のおそれがなく、刑罰や保護処分を必要としないと明らかに認められ、検察官と家庭裁判所から予め指定されたものについては、簡易送致という、書類を1か月ごとに一括して警察から検察官、家庭裁判所に送致する制度があり、一般に家庭裁判所で審判不開始決定が出て終局する（捜査規範２１４条）。[20]

微罪処分は、万引等の窃盗、軽微な暴行、放置自転車の乗り逃げ（遺失物横領）といった極めて軽微な事件に適用されるものであるから、窃盗や暴行等については被害者はいるが、万引については、通常、検挙に際して店舗で盗品の買取りをさせたりしているから、被害者の損害が回復されている場合も多い。たとえ、損害回復がなされていなくても、微罪処分や簡易送致に際しては、被疑者への訓戒や監督者への注意のほか、被害者への被害回復や謝罪等の説諭といった処置を取ることができるものとされている（捜査規範２００条、２１４条2項）。従って、ある程度の被害回復が行われている場合も多い。

しかし、微罪処分が主に適用されている万引については、近年、高齢者による事件が増えており、全体として被害店舗に多大な損害を与えている。[21]利益率の低い業種では「万引倒産」と呼ばれるような経営に重大な損害を与える場合もあるなど、摘発された個々の事案においてある程度の損害回復はなされていても、摘発されない事案（暗数という）を含めた損害は著しいものとなっており、被害店舗や被害者の損害回復が深刻な問題となっていることは指摘しておく必要があろう。

＊ 司法警察員又は検察官は、少年の事件において、犯罪の嫌疑があるものと思料するときは、家庭裁判所に送致しなければならなず（少年法41条、42条）、成人の事件のような微罪処分や起訴猶予は認められていない。また、犯罪の嫌疑がない場合でも、家庭裁判所の審判に付すべき事由がある場合は、家庭裁判所に送致しなければならない。

11　アメリカで2021年に死刑を執行された者の判決から執行までの経過期間は，平均19年5か月と非常に長い。近年で最も長かった年は2019年で，平均22年である。U.S. Department of Justice, Bureau of Justice Statistics, Capital Punishment, 2021- Statistical Tables 19 (2023).

12　第180回国会参議院法務委員会会議録第11号（2012年8月28日）5頁，その後の法務大臣記者会見及び著者の調査による。

13　日本弁護士連合会「死刑確定者に対する処遇状況に関するアンケート結果について」（2010）8頁，同「死刑確定者に対するアンケート調査の結果について」（2021）32頁。2021年の調査では，調査対象となった死刑確定者の14.7%が，自己契約作業を希望したが，作業ができなかったと回答している。

14　犯罪行為を被害者の利益侵害と捉え，刑事司法は，犯罪者と被害者間の紛争解決，犯罪者と社会間の紛争解決，そして最後に犯罪者と刑事司法間の解決（刑罰発動）を目指すものであり，まずは犯罪者による被害者の損害回復と，社会と司法制度による被害者の社会復帰や支援が図られなければならないとする高橋則夫『刑法における損害回復の思想』成文堂（1997）180-189頁は，そうした損害回復や支援を通じて被害者の応報感情は充足或いは削減することができ，死刑は，そうした紛争解決や損害回復の観点とは相容れないので廃止すべきとする。

15　法務総合研究所・前掲注（1）40頁。

16　詳細は，太田達也「条件付起訴猶予に関する一考察」井田良ほか編『椎橋隆幸先生古稀記念・新時代の刑事法学』信山社（2016）261頁，同「起訴猶予と再犯防止措置—積極的活用と条件付起訴猶予の導入に向けて—」法律時報89巻4号（2017）頁以下を参照されたい。

17　吉開多一「検察官の訴追判断に関する一考察—『入口支援』の試行を踏まえて—」国士舘法学48号（2015）113頁，116頁，日本刑法学会第94回大会ワークショップ「起訴猶予と再犯防止」における葛野尋之教授，森久智江教授の指摘（太田達也「ワークショップ『起訴猶予と再犯防止措置』」刑法雑誌56巻3号494頁以下），土井政和「刑事司法と福祉の連携をめぐる今日的課題」犯罪社会学研究39号（2014）74-76頁，葛野尋之『刑事司法改革と刑事弁護』現代人文社（2016）121-122頁。

18　荒川雅行「ディヴァージョンと刑法に関する一考察—警察における微罪処分を中心として」法と政治38巻3号（1987）421頁以下。

19　警察庁『令和4年の犯罪』（2023）252-253頁。

20　対象事件や手続の詳細は平成17年7月13日最高裁家二第000730家庭局長通達が定めている。

21　太田達也「高齢犯罪者に対する刑事法上の対応の在り方—軽微事犯に対する微罪処分と高齢者サポートセンター創設を中心に」法律時報92巻2号（2020）4頁以下。

が望ましいとする。

63　太田達也・前掲注（57）154頁。なお，アメリカの連邦管轄における監督付釈放の場合の不良措置については143頁参照。

64　平野博士も，累犯者等一定の受刑者に対してであれば，満期釈放者に対する保護観察と遵守事項違反の場合の再収容制度を，法律上当然の効果として，或いは裁判のときに言い渡すとすれば決して採用できない案ではないとする。平野龍一・前掲注（33）91頁。

65　自由刑終了後の保護観察における遵守事項違反の場合，拘禁，科料，保護観察期間の延長，遵守事項の付加等の制裁措置を提唱するものとして，野中忠夫「必要的仮釈放制度とその問題点」更生保護と犯罪予防3巻2号（1968）20-21頁。ドイツの場合，行状監督の指示違反は犯罪であり，刑罰が予定されている。§145a StGB.

66　再拘禁の処分を保護観察の換刑処分と見ることもできるが，保護観察の不遵守に対する制裁的なものであれば，後者の制度と同じことになる。

## 補遺注

1　法務総合研究所『令和5年版犯罪白書』（2023）155頁。

2　少年院における特定少年に対する指導ワークブックの「大人へのステップ」においても，被害者への損害賠償について考えさせる内容がある。

3　Convention on the Transfer of Sentenced Persons (ETS No. 112) Preamble. 日本が国際受刑者移送条約に基づいて移送を行うために制定した国際受刑者移送法も，目的規定において，「外国人について，国際的な協力の下に，その本国において当該確定裁判の執行の共助をすることにより，その改善更生及び円滑な社会復帰を促進することの重要性にかんがみ，（中略）確定裁判の執行の共助等について必要な事項を定めることを目的とする。」（1条）と規定している。

4　太田達也『仮釈放の理論』慶應義塾大学出版会（2017）342-344頁。

5　出入国在留管理庁『出入国在留管理』（2023）56-57頁。

6　法務省入国管理局「在留特別許可に係るガイドライン（改訂版）」（2009）。

7　太田達也「外国人犯罪者の再犯と出入国管理」法律のひろば67巻1号（2014）10頁以下。また，法務総合研究所『平成25年版犯罪白書』（2013）284頁。

8　但し，医療観察制度の対象者による他害行為の被害者には，対象者の親族が多い。安藤久美子ほか「（日工組社会安全研究財団2010年度一般研究助成最終報告書）医療観察法における通院処遇対象者の社会復帰の促進と再他害行為防止のためのクリニカルパスの開発に関する研究」（2011）10頁，12頁によれば，被害者の内訳は家族が47%，知人・友人12%，他人38%等であり，特に殺人（70%）や放火（74%）では特に親族が被害者である場合が高いという。

9　医療観察制度における被害者への配慮として，審判の傍聴（47条）や審判結果の通知（48条）がある。また，入院や通院決定後の情報提供についても，2018年から被害者等通知制度とは別に対象者の氏名や処遇段階等，一定の情報提供を行っており，2024年1月1日から情報提供の内容が僅かに拡大され，継続的な情報提供の仕組みが整えられているが，情報提供の内容に限りがあるなど課題も残る。

10　古川禎久法務大臣臨時記者会見2022年7月26日（火）による。

太田達也・前掲注（6）315 頁以下参照。

48　こうなると，仮釈放期間の上限については，純粋に個別予防の観点から社会内処遇の期間を定めるというものとは異なるものとなるが，これはやはり刑事裁判という性質による。ある意味，現在の一部執行猶予における猶予期間の設定と同様の仕組みとなろう。

49　刑事裁判で仮釈放期間の幅を定めておき，仮釈放時には期間を特定しないで，裁判で言い渡された期間の中で良好措置として仮釈放期間の終了（刑の執行終了）を決めるという方法もあろう。これは限りなく二分判決に近付くことになるが，この方法であれば仮釈放期間の終了を地方更生保護委員会が決めることも可能であろう。

50　太田達也・前掲注（6）71 頁以下。

51　太田達也・前掲注（6）17-18 頁以下。

52　太田達也・前掲注（6）99 頁。

53　太田達也・前掲注（6）118 頁以下。

54　仮釈放要件の法定期間も改める必要がある。太田達也・前掲注（6）23 頁以下を参照されたい。

55　刑法改正準備会・前掲注（2）23-24 頁，168 頁。

56　太田達也・前掲注（6）155 頁以下。必要的仮釈放の導入を唱える見解として，武内謙治「仮釈放制度の法律化と社会化―必要的仮釈放制度と任意的仮釈放制度の提唱」刑事立法研究会編『21 世紀の刑事施設―グローバル・スタンダードと市民参加』日本評論社（2003）228 頁以下。

57　太田達也『刑の一部執行猶予―犯罪者の改善更生と再犯防止（改訂増補版）』慶應義塾大学出版会（2018）115 頁以下参照。

58　太田達也・前掲注（57）19 頁。

59　太田達也・前掲注（46）440 頁。二分判決制度は，廃止されたアメリカの連邦管轄における二分判決のように短い実刑部分のショック効果を企図した古い制度のものと，パロール廃止と量刑忠実法制定の潮流の中で施設内処遇と社会内処遇を連携させることで再犯防止を図ろうとする新たなものがあるが，検討に値するのは後者の新しい世代の二分判決である。

60　太田達也・前掲注（57）115 頁以下。

61　二分判決には仮釈放の適用がない。というより，仮釈放が次第に縮小・廃止されていく中で，それに代わる制度として導入されたのが新しい世代の二分判決や監督付釈放制度（supervised release）であることから，仮釈放が不要というのは当然である。二分判決のように拘禁刑と社会内処遇を組み合わせた刑罰制度において敢えて仮釈放制度の適用を認めるのは，屋上屋を重ねることになるし，残刑期間主義を採らないと刑の執行構造が非常に複雑なことになってしまう。JOE FONTAINE, SENTENCING POLICY IN WISCONSIN: 1975-2005 (Wisconsin Sentencing Commission, 2005), Charles Doyle, *Supervised Research (Parole): An Overview of Federal Law, in* SUPERVISED RESEARCH FOR FEDERAL CRIMES: OVERVIEW AND U.S. COMMISSION ISSUES 1, 2 (Ross Hopkins ed., Nova Science Publishers, 2015).

62　太田達也「保護観察の実態と改善策」刑法雑誌 47 巻 3 号（2008）446-448 頁。満期釈放者を保護観察に付す制度は，法制審議会刑事法特別部会における刑法改正の議論においても見られる。長島敦「刑法改正作業の現況と問題点」法律時報 37 巻 1 号（1965）40 頁。高橋正己「戦後における累犯再入率の考察」植松正，団藤重光ほか編『〈犯罪学年報第 1 巻〉累犯の研究』有斐閣（1960）56 頁は，仮釈放者のみならず，全ての釈放者に対して釈放後一律に保護観察を 1 年間行い得ることとし，必要に応じてその期間を通算 5 年までは更新できるように法律を改正すること

34　考試期間加算主義を採った上で，刑期3年まで加算期間は6か月，刑期10年までは1年，それより長期は3年といったように刑期によって異なる加算期間を設定する方法はあるが，仮釈放を遅延させる可能性がある。

35　最近は矯正において受刑者用一般リスクアセスメントツールであるGツールが開発・活用されており，保護においてもアセスメントツールCFPが用いられている。法務省・前掲注（18）126-130頁。仮釈放における再犯予測の研究と言えば，西村克彦＝林知己夫『假釋放の研究』東京大学出版会（1955）が有名であるが，最近の再犯予測に関する研究として，羽間京子＝勝田聡「保護観察におけるアセスメントツールの再犯予測力の検証」千葉大学教育学部研究紀要69巻（2021）27頁以下，同「保護観察におけるアセスメントツールの動的要因の再犯予測力」千葉大学教育学部研究紀要70巻（2021）7頁以下がある。但し，前者では，仮釈放対象者が分析対象から除外されている。

36　再犯予測要因に関する分析は，仮釈放期間や保護観察における処遇の在り方を考えるうえでの資料となり得るが，再犯の可能性が高いから仮釈放を認めないとか，低いから認めるといったような再犯予測の用い方は，現在の仮釈放制度の趣旨に沿わないばかりか，却って社会内処遇の妨げになる危険性があり，使い方次第では諸刃の剣となり得ることに注意すべきである。

37　太田達也・前掲注（6）49頁以下。

38　法務省保護局「無期刑の執行状況及び無期刑受刑者に係る仮釈放の運用状況について」（2023）1頁。

39　法務省「矯正統計2022」e-Stat表22-00-57，表22-00-65。また，保木正和ほか「無期懲役受刑者に関する研究」中央研究所紀要12号（2002）32頁。但し，近年の無期受刑者に対する仮釈放までの長期化や釈放時の年齢といった事情は考慮する必要がある。

40　刑法改正準備会・前掲注（2）24頁，法務省・前掲注（26）27頁，155頁。5年にすべきとする見解として，前田俊郎・前掲注（33）216頁，森下忠『刑法改正と刑事政策』一粒社（1964）93-94頁。

41　但し，仮釈放審理における犯罪の重大性の評価方法については，太田達也・前掲注（6）116頁以下参照。

42　定期刑の場合でも，仮釈放の処分を取り消されないで仮釈放前に刑の執行を受けた期間と同一の期間が刑期より前に経過した場合，刑の執行終了となる。これは刑期の（3分1以降）2分の1までに仮釈放となった場合だけに限られる。これが適用されれば，一定の仮釈放期間が確保されるが，少年が逆送となり，無期刑をもって処断すべきときであるから，これほど早期に仮釈放が認められることはあり得ず，実務でもない。

43　太田達也「不定期刑廃止論―仮釈放の視点から」法学新報125巻11・12号（2019）26頁。

44　佐伯仁志・前掲注（33）71頁，金光旭「中間処遇及び刑執行終了者に対する処遇」ジュリスト1356号（2008）147-148頁，川出敏裕＝金光旭『刑事政策［第2版］』成文堂（2018）264頁。被収容人員適正化方策部会でも，裁判所ではなく，行政機関が考試期間主義に基づく仮釈放を決定することが問題視されている。被収容人員適正化方策部会会議議事録第12回20頁，第13回19頁，第14回14頁。

45　§57 Abs.3 StGB.

46　太田達也「刑罰論の回顧と展望」刑法雑誌62巻3号（2023）447頁。

47　地方更生保護委員会に法曹が委員として加わる案の検討や戦前の仮釈放審査協議会については，

24　§57 Abs.3 StGB. このほか，相対的考試期間主義を採る国として，オーストリア（原則として1年以上3年以下，一定の場合1年以上5年以下 §48 ÖStGB），デンマーク（3年以下，残刑期間が3年を超える場合5年以下。§39 Straffeloven）等がある。ベルギーは，修正残刑期間主義（2年）と考試期間主義（5年以上の自由刑の場合，5年以上10年以下）の混合型である。Kristel Beyens, *Belgian Release Policies, Rationales and Practices*, EUROPEAN JOURNAL OF PROBATION, 11 (3), at 181. オランダの条件付（必要的）釈放の規定は従来刑法に置かれていたが（§15-16 Wetboek van Strafrecht），2021年からは，制裁保護法（Wet straffen en beschermen）の下で，条件付釈放は検察官が決定し，釈放の期間も最大2年に制限されることとなったようである（それまでは10年が限度）。Dienst justitiële inrichtingen Ministerie van justitie en Veiligheid, Informatieblad Wet straffen en beschermen Voor gedetineerden (2021).

25　考試期間主義の用語を用いるのであれば，この期間を考試期間と呼ぶべきであろうが，修正残刑期間主義や考試期間加算主義など他の方式の場合も共通した概念を用いる必要があり，仮釈放の効力が継続している期間として仮釈放期間と呼ぶことにする。その場合，考試期間主義も，仮釈放期間主義とか相対的仮釈放期間主義と呼ぶ方が相応しいのかもしれないが，馴染みがないことから，本書では考試期間主義の語を用いる。

26　改正刑法草案は残刑期間主義を採用しているが，残刑期間中，保護観察を行わない場合を認めていることもあり，また実際にも「刑を執行していないのに刑期が進行するのは不自然であるので，執行猶予の場合に準じて仮釈放の期間という観念を採用することとした」としている。法務省『刑法改正資料—法制審議会改正刑法草案附同説明書』（1974）154頁。

27　森下忠『刑事政策大綱［新版］』成文堂（1993）297頁。

28　著者は，以前，折衷主義を考試期間主義の一種として紹介した（太田達也・前掲注（5）13頁，同・前掲注（6）136頁）。残刑期間を超える仮釈放期間を認める場合があることを評価すれば考試期間主義の一種とも言えるし，残刑期間が最低期間を超える場合は残刑期間が仮釈放期間となることから残刑期間主義の修正形式とも言え，両者の中間的な制度と言える（図1）。本書では，これを修正残刑期間主義と位置付ける。

29　Brottsbalken, SFS 1962:700, Ch.26, §10. このほか，スイスも考試期間は残刑期間を原則としたうえで，1年以上5年以下としている。§87 Abs.1 sStGB.

30　刑法改正準備会・前掲注（2）23-24頁，168-169頁。

31　少年法・刑事法部会第8回資料「分科会における検討結果（考えられる制度・施策の概要案）」11頁。

32　Kitab Undang-undang Hukum Pidana, §15 ayat 3. オランダ植民地時代から長らく使われてきた植民地立法の刑法典に代わり，2023年1月2日にインドネシア新刑法が制定・公布され，刑法の全面改正が実現した。公布の日から3年後に施行される。新刑法でも，考試期間加算主義（残刑期間プラス1年）が採られている。Undang-undang Rupblik Indonesia Nomor 1 Tahun 2023 tentang Kitab Undang-undang Hukum Pidana, §72 ayat 4.

33　法務省・前掲注（26）154頁，前野育三「第1編第11章仮釈放」法律時報47巻5号（1975）96頁，佐伯仁志『制裁論』有斐閣（2009）71頁。刑法全面改正作業当時の批判を紹介するものとして，平野龍一『犯罪者処遇法の諸問題［増補版］』有斐閣（1982）84頁，鈴木義男「刑法改正作業レポート（40）仮釈放」ジュリスト453号（1970）126頁，前田俊郎「仮釈放」森下忠編『刑事政策演習［増補版］』有信堂（1971）212頁。

義が優れているとしながらも，強い抵抗が予想されるため，現段階では折衷主義が妥当であるとしている。平場安治＝平野龍一編『刑法改正の研究 1 概論・総則―改正草案の批判的検討』東京大学出版会（1972）314-315 頁。

4　更生保護のあり方を考える有識者会議『更生保護制度改革の提言―安全・安心の国づくり，地域づくりを目指して―』（2006）19 頁。

5　太田達也「仮釈放と保護観察期間～残刑期間主義の見直しと考試期間主義の再検討」研修 705 号（2007）3 頁以下。

6　太田達也『仮釈放の理論―矯正・保護の連携と再犯防止』慶應義塾大学出版会（2017）127 頁以下。

7　被収容人員適正化方策部会議事録第 12 回 18-20 頁，第 13 回 19 頁，第 14 回 24 頁。

8　被収容人員適正化方策に関する諮問第 77 号に対する法制審議会答申・要綱（骨子）。

9　若年者に対する刑事法制の在り方に関する勉強会『「若年者に対する刑事法制の在り方に関する勉強会」取りまとめ報告書』（2016）11 頁。

10　少年法・刑事法部会議事録第 5 回 8-11 頁，第 6 回 4-6 頁，第 7 回第 3 頁，6-7 頁，第 8 回 24 頁，第 10 回 11-12 頁，第 1 分科会第 2 回 9 頁，16-19 頁，第 1 分科会第 3 回 18-23 頁，第 4 回 19-25 頁，第 6 回 11-13 頁，第 7 回 21-22 頁，第 8 回 2-4 頁。

11　法制審議会第 188 回諮問第 103 号に対する答申第 4（今後の課題）。

12　法務省「矯正統計 2022」e-Stat 表 22-00-70。

13　法務省「保護統計―保護観察所 2022」e-Stat 表 22-00-12。

14　法務総合研究所・前掲注（1）（2022）262 頁。

15　日本弁護士連合会『「更生保護のあり方を考える有識者会議」報告書に対する意見』（2006）2 頁。

16　法務省「平成元年矯正統計年報」～法務省・前掲注（12）及び法務省「平成元年保護統計年報」法務省・前掲注（13）の分析による。

17　釈放後，しばらくの間，司法が社会資源と「併走」しながら社会復帰に向けた支援を行い，徐々に司法が手を引いていって，最終的に地域での支援に移行していく，司法→司法と社会資源の併走→社会資源という段階的な支援が望ましい。太田達也「累犯障がい者の刑事政策的対応に向けた新たな取り組みと課題」総合法律支援論叢 3 号（2013）57 頁。

18　法務省『令和 5 年版再犯防止推進白書』（2023）に多くの取組みが紹介されている。

19　太田達也「第 4 次犯罪被害者等基本計画における被害者支援の課題―被害者支援条例・犯罪被害者等給付金制度・損害賠償の実効化」警察学論集 75 巻 9 号（2022）105 頁。

20　TATSUYA OTA ED., VICTIMS AND CRIMINAL JUSTICE: ASIAN PERSPECTIVE 113-114 (Keio University Press, 2003).

21　犯罪被害者等施策推進会議「第四次犯罪被害者等基本計画」（2021）V・第 3-1（24）。

22　太田達也「自由刑の執行過程における被害者の意見聴取及び伝達制度―修復的矯正・修復的保護観察への発展可能性を含めて」山口厚ほか編『髙橋則夫先生古稀祝賀論文集（下巻）』成文堂（2022）903 頁以下，同「矯正における被害者支援と犯罪者処遇の両立―刑及び保護処分の執行段階における心情聴取及び伝達制度と被害者の視点を取り入れた教育の課題」法学研究 95 巻 12 号（2022）148 頁以下。

23　太田達也・前掲注（5）13 頁，同・前掲注（6）136 頁。

35　法制審部会第23回議事録17頁。

36　法制審部会第25回議事録20頁。

37　法制審議会第188回会議・諮問103号に対する答申（2020年10月29日）。

38　法制審部会第25回議事録18頁。武るり子委員は，「被害弁償を義務付けるといっても，私たちはすごく大きなお金を1回で全部払えと言っているわけではありません。日々の暮らしの中で一生懸命仕事を頑張って，例えばパチンコやたばこや携帯代など，少し我慢をして，毎月3,000円ずつでも，きちんとお金を被害者に支払ってほしいのです。」と語っている。

39　太田達也「仮釈放と保護観察期間～残刑期間主義の見直しと考試期間主義の再検討」研修705号（2007）3頁以下，同「仮釈放及び満期釈放後における社会内処遇期間の確保─考試期間主義の制度設計と仮釈放要件の見直し─（上）（下）」研修897号（2023）3頁以下，898号（2023）3頁以下。

40　但し，遵守事項違反が犯罪等法令違反となる性質のものは，別である。例えば，「危険ドラッグを入手し，又は使用しないこと」や，ストーカーやDV加害者が保護命令や接近禁止命令が出ているのに「他人の身辺につきまとわないこと」（違反は犯罪行為となる）などである。

41　法制審部会第3分科会第3回議事録12頁。

42　少年院は，本来，家庭裁判所により保護処分として少年院送致を受けた非行少年を収容し，矯正教育を行う法務省所管の施設であるが，神戸の児童連続殺傷事件を契機として議員立法として行われた2000年の少年法改正により，懲役又は禁錮の言渡しを受けた16歳に満たない少年に対しては，16歳に達するまでの間，少年院において，その刑を執行することができるとの規定が設けられた（56条3項）。刑の執行のため少年院に収容されている者というのは，この規定に基づいて，懲役又は禁錮（2025年以降は拘禁刑）を受けた16歳未満の少年が少年院内に設置された区画に収容され，刑の執行を受けている者を指す。しかし，制度施行以来，この規定の適用を受けた少年は一人もいない。

43　「被害者等に対する慰謝の措置に関する生活行動指針の設定及び指導監督について（通達）」令和4.3.11保観45保護局長通達。通達では，「しょくざい」という平仮名が用いられているが，本書では「贖罪」という漢字に統一する。

44　後述する贖罪指導プログラムにおいても同様である。

45　「贖罪指導プログラムを活用した保護観察の実施について（通達）」令和4.7.4保観101保護局長通達（以下，実施要領という）。

## 10章注

1　法務総合研究所『令和5年版犯罪白書』（2023）262頁。

2　改正刑法準備草案から法制審議会刑事法特別部会小委員会参考案（いわゆる第一次案）までは仮釈放後の保護観察期間を原則残刑期間としながら，最低6か月又は1年の保護観察期間を確保する折衷主義（本章では修正残刑期間主義という）を採用していた。刑法改正準備会『改正刑法準備草案─附同理由書』（1961）168頁，法務省刑事局『法制審議会刑事法特別部会小委員会参考案』（1970）36頁。

3　その中にあって考試期間主義を唱えた数少ない研究者の一人である森下忠博士は，考試期間主

16　「仮釈放，仮出場及び仮退院並びに保護観察等に関する規則」昭和 49.4.1 法務省令 24 号。

17　被害者への慰謝や賠償を再犯防止には関係のない事項とすることが適切であるとも思えない。自らの罪を見つめ直し，贖罪に向けて努力するよう指導することが，再犯防止に結び付かないとするのは妥当でないからである。

18　北澤信次・前掲注（14）82-83 頁，佐藤繁實「被害者と更生保護」法律のひろば 53 巻 2 号（2000）43 頁。

19　法務総合研究所『平成 11 年版犯罪白書』（1999）285 頁では，被害者が民事裁判を提起しない理由として「これ以上相手と関わりたくない」からとする者が極めて多いことが示されている。

20　河原理子『犯罪被害者』平凡社新書（1999）56 頁に，保護観察が終了したため，突然，分割の賠償金（謝罪金）の送金が途絶えたケースが紹介されている。

21　このほか，特別遵守事項は，類型該当性（更生法 51 条 2 項各号に列挙されている類型に該当すること），必要性（保護観察対象者の改善更生のために特に必要と認められること），具体性（内容が具体的であること）の要件を充足する必要がある（更生法 51 条 2 項）。但し，類型該当性が必要とはいえ，類型の一つに包括条項が含まれているため，結局，同法 51 条 2 項 1 号から 6 号までの内容は例示列挙に過ぎず，実際にも特別遵守事項は，保護観察対象者の問題性や特性に応じて，無限の内容をもち得る。

22　法制審議会少年法・刑事法（少年年齢・犯罪者処遇関係）部会（以下，法制審部会という）第 3 分科会第 3 回議事録 12-13 頁。

23　太田達也「保護観察の実態と改善策」刑法雑誌 47 巻 3 号（2008）444-445 頁。

24　法制審部会第 25 回議事録 18 頁。

25　法制審部会第 6 回議事録 19 頁，第 19 回議事録 24-25 頁，第 23 回議事録 18-19 頁，第 25 回議事録 18 頁。

26　法制審部会第 18 回議事録 14 頁，第 25 回議事録 18 頁。

27　法制審部会第 25 回議事録 18-19 頁。

28　法制審部会第 5 回議事録 3 頁。

29　法制審部会第 5 回議事録 7-8 頁，第 3 分科会第 2 回議事録 10 頁，19-20 頁，第 18 回議事録 15 頁。

30　法制審部会第 17 回議事録 16 頁，第 18 回議事録 14 頁，第 23 回議事録 15 頁，第 25 回議事録 18 頁。

31　法制審部会第 3 分科会第 3 回議事録 12-13 頁，第 23 回議事録 16 頁，第 25 回議事録 19 頁。

32　このほか，弁護士の田鎖麻衣子委員は，加害者には資力がないことが多く，賠償が多額の場合，限られた保護観察期間では特別遵守事項として賠償させようにも限界があるから，日本弁護士連合会が 2017 年に採択した「犯罪被害者の誰もが等しく充実した支援を受けられる社会の実現を目指す決議」が提案している，国による強制執行の代行制度又は損害賠償請求権の買取り・求償制度を場を改めて別途検討すべきであるとしている。法制審部会第 27 回議事録 14 頁。

33　法制審部会第 27 回議事録 12-13 頁。

34　法制審部会第 23 回議事録 17 頁。規定内容からすれば，賠償そのものを特別遵守事項に設定するよりも賠償の実現に向けた効果は弱いことは確かであり，奥村委員からも，そうした指摘がなされている。法制審部会議事録第 27 回会議 13 頁。しかし，実際は，保護観察官や保護司が，どれだけ賠償に向けた指導を行うかのほうがはるかに損害賠償の履行には影響が大きいであろう。

中の保護観察の実施に必要な事項を通知するものとする規定が新設されている（38条1項）。仮釈放意見聴取において生活環境調整に関する意見を聴取した場合で，必要があると認めるときは，生活環境調整を行う保護観察所長に対し，当該意見その他の同項の規定による生活環境の調整の実施に必要な事項を通知するものとするとの規定も新設されている（同4項）。

5　但し，2023年から施行された刑又は保護処分の執行過程における被害者心情聴取・伝達制度により，刑事施設や少年院収容中に被害者から心情や状況を伝達されることはある。しかし，受刑中や少年院在所中に被害者の事情が変わることもあることから，保護観察における心情伝達にも意味がある。ただ，被害者が刑事施設や少年院において心情聴取・伝達を行った場合，再び保護観察において心情聴取・伝達を行う場合，その内容や方法については工夫が必要な場合もあろう。心情聴取・伝達を担当する保護観察官は，その点に留意する必要がある。

6　被害者心情伝達制度のほか，仮釈放の被害者意見聴取，被害者等通知制度など更生保護における被害者支援業務を担当する保護観察官として，2007年から，各保護観察所に被害者担当官が配置されている。被害者担当官は，保護観察官であるが，被害者担当官の業務のときは，保護観察を担当しない。これは，保護観察を担当する保護観察官（主任官）が，保護観察対象者（犯罪者）の指導監督と被害者の支援を同時に担当すると役割葛藤が生じ，双方の業務に悪い影響が出るおそれが指摘されたためである。また，保護観察所には，被害者担当官を補佐し，被害者支援業務を専従で行う保護司の被害者担当保護司も配置されている。

7　井坂朱実「犯罪被害者等施策における実践—名古屋保護観察所の取組—」更生保護と犯罪予防152号（2010）325頁。

8　実務では，心情聴取や伝達の内容について，刑又は保護処分を言い渡される理由となった犯罪又は刑罰法令に触れる行為に限定しているとされるが，適当でない。裁判では公訴事実に含められなかったが，被害者が保護観察対象者によりその他の犯罪被害を受けているような場合，そのことに言及してはいけないとすることは，余りに杓子定規で，被害者の心情を無視するものである。太田達也（2022法学研究）・前掲注（2）133頁。

9　西崎勝則「更生保護における犯罪被害者等施策について」伊藤冨士江編著『司法福祉入門—非行・犯罪への対応と被害者支援（第2版）』上智大学出版（2013）341頁。毎月のように聴取と伝達を繰り返したケースも報告されている。左近司彩子「更生保護における犯罪被害者」被害者学研究28号（2018）163-165頁。

10　更生保護の犯罪被害者等施策の在り方を考える検討会「『更生保護の犯罪被害者等施策の在り方を考える検討会』報告書」（2020）6-9頁。

11　伊藤冨士江＝中村秀郷「更生保護における犯罪被害者等施策の現状と課題—心情伝達制度の全国の実施状況の分析を中心に—」上智大学社会福祉研究39号（2015）5頁。

12　加害者が少年の場合も，保護観察処分や少年院仮退院者であるから，保護観察までの期間はそう長くない。

13　太田達也「更生保護における被害者支援（2）—釈放関連情報の提供と被害者の意見聴取を中心として」犯罪と非行125号（2000）58-66頁。

14　廣川洋一「3号観察と『被害者への措置』—仮釈放者の事例に見る被害者への措置—」更生保護と犯罪予防107号（1992）9頁以下，北澤信次「更生保護における被害者の視点」被害者学研究4号（1994）75頁。

15　法務総合研究所『研修教材平成15年版更生保護』（2003）46頁。

た刑の執行段階における被害者の心情聴取制度に近い。

33　2022年の更生保護法改正により，仮釈放意見聴取によって仮釈放中の保護観察に関する意見を聴取した場合において，仮釈放を許す処分をしたときは，当該審理対象者の仮釈放中の保護観察をつかさどることとなる保護観察所の長に対し，当該意見その他の仮釈放中の保護観察の実施に必要な事項を通知するものとする規定が追加された（38条3項）。生活環境調整に関する意見聴取をした場合でも，必要がある場合には，同様である（同4項）。

34　残刑期間主義の問題と考試期間主義の提案については，太田達也「仮釈放と保護観察期間〜残刑期間主義の見直しと考試期間主義の再検討」研修705号（2007）3頁以下，同「仮釈放及び満期釈放後における社会内処遇期間の確保―考試期間主義の制度設計と仮釈放要件の見直し―（上）（下）」研修897号（2023）3頁以下，898号（2023）3頁以下参照。

## 09章注

1　刑の一部執行猶予とは，2013年6月の刑法改正等により導入された新たな刑罰であり，裁判所が，3年以下の拘禁刑（2025年までは懲役又は禁錮）を言い渡す場合において，その刑の最後の一部の執行を1年以上5年以下の間の一定期間猶予し，必要に応じて猶予期間中，保護観察に付し，猶予を取り消されずに猶予期間が経過した場合に，猶予されなかった実刑部分を刑期とする刑に減軽するというものである。これは，刑事施設に収監される実刑部分における施設内処遇と，実刑部分終了後から始まる猶予期間の社会内処遇（保護観察）の有機的連携により犯罪者の再犯防止を防ぐことを目的としている。刑の一部執行猶予が導入されたことから，宣告した3年以下の刑を全て猶予する従来の執行猶予は全部執行猶予という名称になった。太田達也『刑の一部執行猶予―犯罪者の改善更生と再犯防止（改訂増補版）』慶應義塾大学出版会（2018）。

2　同制度については，阿部千寿子「矯正・更生保護における犯罪被害者―被害者施策及び加害者処遇両面からの考察」同志社法学72巻7号（2021）635頁以下，太田達也「自由刑の執行過程における被害者の意見聴取及び伝達制度―修復的矯正・修復的保護観察への発展可能性を含めて」山口厚ほか編『高橋則夫先生古稀祝賀論文集（下巻）』成文堂（2022）903頁以下，同「矯正における被害者支援と犯罪者処遇の両立―刑及び保護処分の執行段階における心情聴取及び伝達制度と被害者の視点を取り入れた教育の課題」法学研究95巻12号（2022）115頁以下，齋藤実「矯正における犯罪被害者等の支援―刑の執行段階における心情等聴取・伝達制度を中心として―」刑事法ジャーナル75号（2023）38頁以下参照，阿部千寿子「被害者学各論（第26回）加害者処遇における被害者施策の見直しと課題―第4次犯罪被害者等基本計画における施策を中心に」被害者学研究32号（2023）91頁以下参照。

3　吉田雅之「更生保護法の概要について」犯罪と非行154号（2007）40頁以下，河原誉子「更生保護法における犯罪被害者等施策」法律のひろば60巻8号（2007）38頁以下，保護局被害者等施策推進プロジェクトチーム「更生保護における犯罪被害者等施策の実施」更生保護58巻12号（2007）28頁以下，久保貴「更生保護における犯罪被害者等施策の取組」犯罪と非行164号（2010）79頁以下。

4　2022年の更生保護法の改正により，被害者意見聴取を行った場合で，仮釈放を許す処分をした場合，仮釈放中の保護観察を司ることとなる保護観察所の長に対し，当該意見その他の仮釈放

16　太田達也・前掲注（2）85 頁。

17　「犯罪をした者及び非行のある少年に対する社会内における処遇に関する事務の運用について（依命通達）」平成 20.5.9 保観 325 矯正局長・保護局長依命通達（以下，通達という）第 2-7（1)。

18　これは，再犯のおそれや保護観察に付すことの相当性の認定においても同様である。通達第 2-7（3）ウ（ウ)，第 2-7（4）ア。

19　太田達也・前掲注（3）118-122 頁，同「仮釈放及び満期釈放後における社会内処遇期間の確保—考試期間主義の制度設計と仮釈放要件の見直し—（下)」研修 898 号（2023）5-8 頁参照。

20　但し，再犯の具体的危険性があるような者まで仮釈放にすることは社会の安全という面から適当でないので，高度の再犯のおそれを消極的許可基準とすることは考えられる。更生保護のあり方を考える有識者会議は，そうした提言を行っている。更生保護のあり方を考える有識者会議『更生保護制度改革の提言—安全・安心の国づくり，地域づくりを目指して—』(2006）19 頁。

21　森本益之博士は，賃金制を支持しながら，受刑者の賠償意思を尊重する場合は，賠償を実効性あるものとするためには，善時制や仮釈放とも結びつけて運用せざるを得ないとする。また，社会内処遇を受ける受刑者による賠償との共同歩調も考えなければならないとして，保護観察の遵守事項に賠償を含めることを提案する。しかし，森本博士は，受刑者が直接，被害者に賠償を払うのではなく，賠償積立金に組み込んで被害者補償の財源とするのが妥当とする。これでは個々の被害者への賠償には繋がらないが，森本博士は，国家補償において求償権の行使を認めるべきとしているから，以上の見解を総合すると，被害者に国家補償をしたうえで受刑者に求償し，受刑者の刑務作業に対する賃金（又は増額した賞与金）から国家補償の財源たる基金に支払わせるという結論になろうか。森本益之「受刑者による犯罪被害の賠償—刑務作業賃金制導入の一側面—」団藤重光ほか編著『刑事政策の現代的課題—小川太郎博士古稀祝賀』有斐閣（1977）576 頁以下，特に 587 頁以下。

22　犯罪被害者等施策推進会議『犯罪被害者等基本計画』V- 第 3-1-（27)。

23　更生保護のあり方を考える有識者会議「更生保護制度改革の提言—安全・安心の国づくり，地域づくりを目指して」(2006）20-21 頁。

24　2007 年の更生保護法の附則に基づいて旧法の犯罪者予防更生法にも同様の規定が追加され，先行して施行された後，更生保護法に引き継がれたものである。

25　「被害者等調査の実施方法等について（通達)」平成 21.3.6 保観 136 保護局長通達。

26　太田達也・前掲注（3）236 頁。

27　松本勝「社会感情再考—被害者感情を中心として—」犯罪と非行 112 号（1997）59 頁。

28　太田達也「更生保護における被害者支援（2）—釈放関連情報の提供と被害者の意見聴取を中心として」犯罪と非行 125 号（2000）58-66 頁。

29　生活環境調整や 36 条調査として行われる被害者等調査も，最終的には仮釈放や保護観察に必要な情報を収集するものと言える。

30　河原誉子「更生保護法における犯罪被害者等施策」法律のひろば 60 巻 8 号（2007）40 頁，保護局被害者等施策推進プロジェクトチーム「更生保護における犯罪被害者等施策の実施」更生保護 58 巻 12 号（2007）31 頁。

31　太田達也・前掲注（3）252 頁。

32　太田達也・前掲注（28）62 頁。しかも，著者が提案したのは仮釈放手続とは切り離した上で，刑確定後の早い段階で意見聴取を認める制度であり，2022 年の刑事収容施設法の改正で実現し

68　自己契約作業によって受刑者（他の被収容者も）が得る報酬は，契約企業等から受刑者に差し入れさせて領置金に組み入れられる。「被収容者の余暇活動の援助等に関する訓令の運用について」平成 18.5.23 矯成 3326 矯正局長依命通達 3。

69　領置金の中でも自己契約作業で得た報酬の部分が分かるように細目を設けるべきであろう。

70　受刑者の広い意味での更生資金（被害者への賠償も含む）確保の為，報奨金についても，懲罰としての減額制度は廃止すべきである。

71　実務でも，国を第三債務者として受刑者の領置金を差し押さえることは行われている。

## 08 章注

1　同法の改正については，栗木傑＝中野浩一「刑法等の一部を改正する法律の概要について」警察学論集 76 巻 1 号（2023）2 頁以下，同「『刑法等の一部を改正する法律』について」刑事法ジャーナル 74 号（2022）110 頁以下等参照。

2　刑の一部執行猶予については，太田達也『刑の一部執行猶予―犯罪者の改善更生と再犯防止（改訂増補版）』慶應義塾大学出版会（2018）参照。

3　太田達也『仮釈放の理論―矯正・保護の連携と再犯防止』慶應義塾大学出版会（2017）13 頁以下。

4　深谷善三郎編『刑法改正豫備草案附刑法改正綱領・盗犯等防止及處分ニ關スル法律解説』巖松堂（1930）3 頁，25 頁。

5　太田達也・前掲注（3）76 頁。

6　我妻栄編集代表『旧法令集』有斐閣（1968）733 頁以下。

7　昭和 6 年 5 月 25 日司法省訓令行甲 1128 号。

8　東邦彦「假釋放審査規程釋義」鹽野季彦監修『最新行刑令釋義』巖翠堂書店（1934）159-163 頁。假釋放審査規程釋義は，重松一義編『東邦彦の行刑思想』プレス東京（1973）113 頁以下に再録されている。

9　東邦彦・前掲注（8）179-181 頁。

10　東邦彦・前掲注（8）181 頁。

11　改正刑法準備草案では，仮釈放の実質的要件として，「改心の情が明らかであり，刑の執行を中止してその更生を期することを相当とするとき」（88 条 1 項）としている。改心の情に加えて，「刑の執行を中止してその更生を期することを相当とするとき」という要件を加えたのは，「事実上は刑事施設外における刑の執行の一形態としてみようとする立場もとり入れたからである」と説明されている。刑法改正準備会『改正刑法準備草案』（1961）23 頁，167 頁。改正刑法草案でも，ほぼ同様である。法務省『法制審議会改正刑法草案附同説明書』（1974）81 頁，153 頁。

12　昭和 27 年 12 月 25 日保 1011 号依命通牒（法務省保護局『保護月報』14 号（1952）85 頁以下）。

13　昭和 49 年 4 月 1 日法務省令 24 号。省令名は，平成 18 年に「仮釈放，仮出場及び仮退院並びに保護観察等に関する規則」に改められている。

14　「仮釈放及び保護観察等に関する規則並びに仮釈放・保護観察等事件事務規程の運用について」昭和 59.3.24 保観 89 矯正局長・保護局長依命通達第 1-4（1）ウ。

15　法務総合研究所『研修教材平成 15 年版更生保護』（2003）200-201 頁。

UNICOR（https://www.unicor.gov/Index.aspx）の Web サイトによる。

56 Federal Prison Industries, Inc., Annual Management Report, Fiscal Year 2021 (2021).

57 U.S. Department of Justice, Federal Bureau of Prisons, Program Statement FPI/FMB, 8120.03, 2/23/2017, Work Program for Inmates - FPI.

58 U.S. Department of Justice, Federal Bureau of Prisons, Program Statement CPD/CPB, 5251.06, 10/1/2008, Inmate Work and Performance Pay. 時給単価については，The Federal Bureau of Prisons' Inmate Financial Responsibility Program, Report Number I-2000-023, Sep.2000 参照。

59 アメリカの連邦管轄では 1984 年の包括的犯罪統制法によって，1987 年 11 月 1 日以降に行われた犯罪の受刑者にはパロールが廃止され，代わりに監督付釈放制度が導入されている。Sentencing Reform Act of 1984, Pub. L. No. 98-473, Tit. II, § 218(a)(5). 太田達也・前掲注（52）133 頁以下。

60 受刑者の処遇調査について定めた法務大臣訓令「受刑者の処遇調査に関する訓令」平成 18.5.23 矯成訓 3308 法務大臣訓令 6 条 3 項には刑執行開始時の調査項目には特に被害者の事項は掲げられていないが，処遇調査に関する依命通達の別紙様式の処遇調査票には，「被害者等の状況」として，被害者本人の氏名，被害者等の住所・連絡先，本人との関係，心身の状況，生活状況，被害に関する心情，被害者等に対する謝罪・被害弁償の状況その他の参考事項が掲げられている。「受刑者の処遇調査に関する訓令の運用について（依命通達）」平成 18.5.23 矯成 3309 矯正局長依命通達別紙様式 7。

61 法制審議会少年法・刑事法（少年年齢・犯罪者処遇関係）部会議事録第 3 分科会第 5 回 7 頁，第 18 回 15 頁。

62 一例として，横浜地判令和 4.7.19（LEX/DB 文献番号 25593292）。

63 太田達也「矯正における修復的司法の展望と課題―『修復的矯正』の実現に向けて」矯正教育研究 49 巻（2004）12 頁，同「第 4 次犯罪被害者等基本計画における被害者支援の課題―被害者支援条例・犯罪被害者等給付金制度・損害賠償の実効化」警察学論集 75 巻 9 号（2022）106-107 頁。

64 被害額の大きな窃盗や詐欺といった財産犯をどうするかという問題がある。

65 法律制定前における検討として，阿部千寿子「矯正・更生保護における犯罪被害者―被害者施策及び加害者処遇両面からの考察」同志社法学 72 巻 7 号（2021）635 頁以下，法律制定後（施行前）の段階での課題の検討として，太田達也「矯正における被害者支援と犯罪者処遇の両立―刑及び保護処分の執行段階における心情聴取及び伝達制度と被害者の視点を取り入れた教育の課題」法学研究 95 巻 12 号（2022）148 頁以下，齋藤実「矯正における犯罪被害者等の支援―刑の執行段階における心情等聴取・伝達制度を中心として―」刑事法ジャーナル 75 号（2023）38 頁以下参照。

66 刑執行開始時の指導について定めた訓令や通達では，受刑の意義や作業報奨金の項目はあっても，特に被害者への損害賠償等についての事項は明記されていない。釈放前の指導についても同様である。「刑執行開始時及び釈放前の指導等に関する訓令」平成 18.5.23 矯成訓 3312 法務大臣訓令，「刑執行開始時及び釈放前の指導等に関する訓令の運用について（依命通達）」平成 18.5.23 矯成 3313 矯正局長依命通達。

67 太田達也・前掲注（65）143-144 頁。

働の価値を認め賃金を払わなければならないとしながら，受刑者の収容に費用がかかり，作業収入が期待できないから，収容費を徴収しないとしている。

38　菊田幸一「刑務作業における賃金制について」法律論叢〔明治大学〕58巻4・5号（1986）348-351頁。他方，正当な報酬を支払わず社会復帰の準備金を貯えさせることもないと徒に再犯を生み出すことになり社会的損失が大きいとする（349-350頁）。しかし，賃金の支払いが再犯防止に直結するわけではなく，釈放後の種々の支援もあることから（十分ではないが），論理の飛躍であろう。

39　従来は，それは民事の問題であり，そうした指導を行うことは民刑分離の原則に反するとさえされてきた。

40　第四次犯罪被害者等基本計画（2021）V-第2-2（15），V-第3-1（24）。

41　The Inmate Financial Responsibility Program: IFRP. 28 C.F.R. Subpart B (2022).

42　28 C.F.R. § 545.10 (2022).

43　U.S. Department of Justice, Federal Bureau of Prisons, Program Statement CPD/CPB, P5380.08, 8/15/2005, at 3 (hereinafter cited as Program Statement P5380.08).

44　28 C.F.R. § 545.10 (2022). 本来，プログラムの名称は，被収容者金銭支払責任プログラムであるが，実際には受刑者に限られるので，本稿では受刑者金銭支払責任プログラムと称する。

45　18 U.S.C. § 4001 (2022).

46　18 U.S.C. § 3013, § 3663, § 3663A (2022). 裁判所が有罪となった被告人に対して一定の金銭を納付することを命ずるもので，被害者基金に組み入れられ，州の犯罪被害者支援の財源として交付され，又は被害者支援に用いられる。連邦の場合，重罪で有罪となった自然人には100ドル，法人には400ドル，軽罪で有罪となった自然人には等級に応じて5ドルから25ドル，軽罪で有罪となった法人には25ドルから125ドル，違警罪（infraction）で有罪となった自然人は5ドル，法人は25ドルが科せられる。しかし，訴因の数だけ支払う義務がある。infractionをここでは違警罪と訳したが，5日以下の自由刑が法定されている罪又は自由刑が法定されていない罪を指し，具体的には道路交通法違反等である。

47　18 U.S.C. § 3556 (2022).

48　18 U.S.C. Part I (2022).

49　連邦刑務所の統計によると，罪種別で最も多いのは薬物犯罪（45%）であるが，武器・爆発物・放火（22%），性犯罪（12%），窃盗（5%），殺人・傷害・誘拐（3%），強盗（3%），等となっている。Federal Bureau of Prisons, Inmate Statistics (2022) (https://www.bop.gov/about/statistics/statistics_inmate_offenses.jsp).

50　Program Statement P5380.08, *supra* note 43, at 5.

51　Program Statement P5380.08, *supra* note 43, at 5. 1996年4月24日以降に有罪となった者に対する損害賠償命令も釈放から20年で効力が失われる。

52　連邦裁判所が1987年11月1日以降に行われた連邦犯罪に対して自由刑を科す場合，釈放後に5年以下の社会内処遇を併せて科すことができるという刑罰である。太田達也『刑の一部執行猶予—犯罪者の改善更生と再犯防止（改訂増補版）』慶應義塾大学出版会（2018）133頁以下。

53　18 U.S.C. § 3624(e).

54　18 U.S.C. § 3613A, § 3614.

55　以下，特に言及のない限り，UNICORの情報は，連邦矯正局（https://www.bop.gov/）及び

下)。

25　United Nations, Department of Economic and Social Affairs, Second United Nations Congress on the Prevention of Crime and Treatment of Offenders, London, Aug.8-19, 1960, Report Prepared by the Secretariat 64, U. N. Doc. A/ CONF.17/ 20 (1960).

26　堀田晶子「受刑者による金銭の利用―ドイツにおける矯正(3)」帝京法学34巻2号(2021)47頁以下。

27　生活用品は基本的には支給されているが,自弁物品(書籍を含む)の購入,信書の発受,外出・外泊に関する費用は受刑者個人の自己負担となっている。しかし,信書の発受,外出・外泊は受刑者の社会復帰にとっても重要な意味をもっているので,受刑者が負担できないときには国が負担することができるようになっている(外出・外泊は刑事収容施設法108条,信書は同131条)。外国語の書籍等の閲覧を禁止すべき事由の有無を確認するため自弁の書籍等の翻訳が必要であるときは,受刑者にその費用の負担をさせることができる(同70条2項)。面会や通信の相手方が国語に通じないときの内容確認のための通訳又は翻訳が必要であるときも,同様である(同148条)。

28　林眞琴=北村篤=名取俊也『逐条解説刑事収容施設法[第3版]』有斐閣(2017)483頁も,賃金制を採用した場合,生活費自己負担の問題が生ずるとする。

29　仲里達雄『刑務作業の本質についての研究』法務研修所(1958)324頁,青柳尚志・前掲注(23)414頁。日弁連も,一般の賃金水準から食費や住居費を差し引いた程度の額を賃金として支給すべきであるとする。日本弁護士連合会「死刑制度の廃止を含む刑罰制度全体の改革を求める宣言」(2016)9頁。

30　吉岡一男博士は,「自由刑執行費用は原則として国が負担すべきものであるとしながら,受刑中の生活責任を受刑者に負わすことは,給養費を自由刑執行費からは除外することになる」とし,受刑者が得た賃金の大部分は生活費として費消されるとしている。吉岡一男「自由刑(5)―刑務作業と賃金」宮澤浩一他編『刑事政策講座第2巻刑罰』成文堂(1972)155-156頁。同「刑務作業と賃金」ジュリスト497号(1972)33頁では,より明確に,「就労に対しては通常の賃金が支払われ,その賃金によって,受刑者も,自身で生活を支える体制が望ましい」としている。

31　自由刑純化論に立ちながら生活費の徴収に反対する見解として,津田博之「刑務作業―刑罰内容からの解放を目指して」刑事立法研究会編『21世紀の刑事施設―グローバル・スタンダードと市民参加』日本評論社(2003)162頁。

32　正木亮・前掲注(1)11頁。

33　正木亮『増訂改版刑事政策汎論』有斐閣(1949)397頁。

34　木村亀二「新憲法と行政の理念」刑政60巻(原本表記59巻)1号(1949)28頁。

35　森下忠『刑事政策大綱[新版]』成文堂(1993)235頁。ここでは,作業義務のない禁錮受刑者と拘留受刑者に対して賃金制は可能としている。但し,古く,森下博士は,収容費は国家負担とすべきとしていた。森下忠「賃金制」刑政68巻5号(1957)41頁。大谷實博士は,税金,社会保険料,食費を支払うことが賃金制の当然の前提とされているようである。大谷實『犯罪被害者と補償―“いわれなき犠牲者”の救済』日経新書(1975)70頁。同旨,宮原三男「賃金制」刑政68巻5号(1957)36頁。

36　柳下竹治・前掲注(5)18-19頁。

37　佐藤安俊「刑務作業の機能」小川太郎編集代表『矯正論集』矯正協会(1968)436-437頁。労

間以内とされていた。甘利博美「自己労作の実態と問題点」四国矯正24集（1970）9頁。

8　刑事施設規則46条2項，19条2項4号。矯正指導日における処遇の充実の一例を紹介するものとして，静岡刑務所処遇部企画部門教育担当「刑事施設における矯正指導の日の充実」刑政119巻6号（2008）110頁以下。

9　第四次犯罪被害者等基本計画（2021）V・第2-2（15），V・第3-1（24）。また，法務省矯正局の「刑事施設における『被害者の視点を取り入れた教育』検討会」においても，被害者の状況等を踏まえた処遇の充実が提案されている。刑事施設における「被害者の視点を取り入れた教育」検討会議事要旨第1回（2020年9月10日），第2回（2020年10月9日），第3回（2020年11月9日），大谷真吾「刑事施設における『被害者の視点を取り入れた教育』検討会について」刑政132巻6号（2021）34頁以下。

10　札幌刑務支所（女子依存症回復支援センター）では，刑務作業は午前中のみとし，午後は全て薬物依存からの回復のための処遇に充てている。札幌刑務支所パンフレット「女子依存症回復支援センター―回復への道しるべSince2020」，法務総合研究所『令和2年版犯罪白書』（2020）349-350頁。

11　「被収容者の余暇活動の援助等に関する訓令」平成18.5.23矯成訓3325法務大臣訓令4条2号，3号。

12　「被収容者の余暇活動の援助等に関する訓令」・前掲注（11）3条1項，5条。

13　作業内容によっては，単価契約も考えられなくもない。

14　公益財団法人矯正協会定款4条1項3号。

15　「被収容者の余暇活動の援助等に関する訓令」・前掲注（11）5条2項。

16　甘利博美・前掲注（7）9頁。

17　法務総合研究所『昭和47年版犯罪白書』（1972）168-169頁，同『昭和45年版犯罪白書』（1970）147頁。

18　国家公務員の初任給の変遷（行政職俸給表（一））人事院資料（https://www.jinji.go.jp/kyuuyo/index_pdf/starting_salary.pdf）。

19　2022年9月時点の現地での説明による。請負契約であれば，こうした時間給という方法は取りにくいはずであるため，準委任契約となっているのかもしれない。

20　柳下竹治・前掲注（5）20頁

21　しかし，元受刑者を雇用するソーシャル・ファーム（社会的企業）があることを考えると，受刑中の受刑者を雇用しようという企業が絶対にないとも言い切れない。

22　厚生労働省『令和4年版厚生労働白書―社会保障を支える人材の確保―』（2022）216頁。

23　青柳尚志氏は，報奨金の権利性を認めながら，最低賃金をベースとした報奨金は，刑務作業収入総額と現在の報奨金総額を遙かに上回ることから，国民の理解を得られないとして否定する。青柳氏は，刑務作業収入総額を就業人員で割った額を報奨金額とすべきとする。青柳尚志「刑務作業の報酬について」法学会雑誌（東京都立大学）56巻1号（2015）413-414頁。

24　正木亮博士は，更生資金確保という理由で被害者への賠償のための作業賞与金の釈放前支給額を制限することを問題視している。これは当時の作業賞与金が少額であることが前提となっており，釈放後における生活準備と被害者への賠償は楯の両面であるとして，その2つを実行できる作業所得を得させることが先決であるとして，賃金制を唱える。正木亮『刑政を考える』矯正協会（1969）100頁，104頁（初出「被害賠償の刑事政策的意義」刑政49巻10号（1936）5頁以

や釈放によって作業を行わなくなる状況を失業と捉え，失業保険の問題を指摘する者も見られた。

68　この場合，無期労働契約という形もあり得なくはないであろうが，受刑により施設収容中の雇用となればやはり有期労働契約（期間の定めのある労働契約）ということになろう。

69　吉岡一男博士は，労務提供（現在の提供作業。当時の賃金収入作業）の場合は企業主が賃金を，また国が企業主となる場合は国が賃金を払うとしている。そこでは，賃金の額の在り方を問題視しているだけなので，契約という視点には欠けるものの，誰が雇用するかということは僅かに意識されている。吉岡一男（1970）・前掲注（38）277 頁。

70　法制審議会少年法・刑事法（少年年齢・犯罪者処遇関係）部会議事録第 1 分科会第 5 回 11 頁，第 10 回 8-9 頁，第 18 回 3-4 頁，6 頁。

71　International Covenant on Civil and Political Rights, General Assembly Resolution 2200A (XXI) of 16 December 1966 entry into force 23 March 1976.

72　吉岡一男（1970）・前掲注（38）274 頁。

73　森本益之・前掲注（36）576 頁以下，墨谷葵・前掲注（36）292 頁。柳下竹治氏は，将来賃金制を導入すべきとするが，労働契約に基づく賃金でなくとも，行刑法規に報酬請求権を規定し，且つ労働の対価として相当額の給与を保障すれば賃金と呼んで差し支えないとする。柳下竹治・前掲注（34）17 頁。

74　法務省「矯正統計年報 2022」（e-Stat）表 22-00-95。

75　吉岡一男（1972）・前掲注（38）32-33 頁，金澤真理「自由刑受刑者への処遇の義務づけ—社会復帰は義務づけの根拠たりうるか」赤池一将ほか共編『土井政和先生・福島至先生古稀祝賀論文集—刑事司法と社会的援助の交錯』現代人文社（2022）59-60 頁。

## 07 章注

1　正木亮「監獄法改正における自己労作の効用」刑政 78 巻 9 号（1967）10-11 頁。正木博士は賃金制の主唱者であるが，もし賃金制が受け入れられない場合は，自己労作を活用しなければならないとしていた。但し，その場合でも，第 6 章で紹介したように，正木博士は矯正教育の前進という視点に立つ。

2　「懲役受刑者行状及ビ作業成績優良ニシテ且ツ其処遇上害ナシト認ムルトキハ余暇時間内ニ於テ自己ノ為ニスル労作ヲ許スルコトヲ得禁錮受刑者行状優良ニシテ且ツ其処遇上害ナシト認ムルトキ亦同ジ。②前項ノ労作ノ時間ハ 1 日ニ付キ 2 時間以内ナルコトヲ要ス」（監獄法施行規則 79 条の 2）。法務総合研究所『昭和 49 年版犯罪白書』（1974）249 頁。

3　民事執行法上，給与債権に対する差押えは原則として 4 分の 1 に制限されることになる（民事執行法 152 条 1 項）。

4　法務総合研究所『昭和 35 年版犯罪白書』（1960）。

5　柳下竹治「刑務作業と報酬」刑政 79 巻 5 号（1968）16 頁。

6　2022 年 9 月 7 日の視察に基づく。その他，大井造船作業場については，澤登文治「大井造船作業場（松山刑務所構外泊込作業場）50 年の歴史とその役割—わが国唯一の開放的処遇施設と社会的包摂」南山法学 38 巻 3・4 号（2015）453 頁以下等参照。

7　かつての自己労作の場合，ある施設では，毎夕点検終了後から午後 7 時 30 分までの間の 2 時

なお,「報奨金の額は,作業の種類及び内容により同種作業に対する一般社会における賃金額等を考慮して」とは,一般社会における賃金額から直ちに定まるものではなく,あくまでこれを参考とし,衣食その他基本的な生活が給与又は貸与によって保障されていることその他あらゆる要素を考慮して適正な報奨金の基準を定める趣旨であるとしている。同上 43 頁,法務省「法制審議会—監獄法改正の骨子となる要綱説明書」(1981) 35-36 頁。

61 日本弁護士連合会司法制度調査会『刑事拘禁法要綱説明書』(1976) 17-18 頁。

62 日本弁護士連合会拘禁二法案対策本部『解説・日弁連刑事処遇法案—施設管理法から人間的処遇法へ』(1994) 75-76 頁,162 頁。

63 日本弁護士連合会『「刑事施設及び受刑者の処遇等に関する法律案」についての日弁連の意見』(2005) 25-26 頁,同「刑事被収容者処遇法『5 年後見直し』に向けての改革提言」(2010) 17-18 頁,同「死刑制度の廃止を含む刑罰制度全体の改革を求める宣言」(2016) 2 頁,8-9 頁,同『(第 59 回人権擁護大会シンポジウム第 3 分科会) 死刑廃止と拘禁刑の改革を考える～寛容と共生の社会をめざして～基調報告書』(2016) 157-161 頁。しかし,日弁連も,社会一般水準の賃金を支給すべきとしているわけではなく,通常の賃金から食費と住居費を控除した程度の金額とし,月数万円程度のものを想定している。また,日弁連は,支給された賃金の中から,一定額を犯罪被害者のための基金として積み立て,犯罪被害者に対する支援施策のために支出する制度を導入すべきであるとしている。

64 § 76(1) Standard Minimum Rules for the Treatment of Prisoners Adopted by the First United Nations Congress on the Prevention of Crime and the Treatment of Offenders, held at Geneva in 1955, and approved by the Economic and Social Council by its resolutions 663 C (XXIV) of 31 July 1957 and 2076 (LXII) of 13 May 1977. 第 2 回のロンドン会議の提言でも,刑務作業に対する最低賃金の確立は一歩前進であり,最終的な目標は自由労働者と同じ報酬の支払いであるべきだとする。因みに,同会議には日本から小川太郎氏が出席している。United Nations, Department of Economic and Social Affairs, Second United Nations Congress on the Prevention of Crime and the Treatment of Offenders, London, Aug. 8-19, 1960, *Report Prepared by the Secretariat* 63-64, U.N.Doc. A/CONF.17/20 (1960).

65 Rule 103-1 70/175. United Nations Standard Minimum Rules for the Treatment of Prisoners (the Nelson Mandela Rules) Resolution adopted by the General Assembly on 17 December 2015. しかし,報酬の使途としては,収容中の物品の購入と家族への送金,釈放後の更生資金とされ,被害者への賠償は想定されていない。1955 年の被拘禁者処遇最低基準規則なら仕方がないが,被害者支援の理念が普及した 2000 年代の規則にしては,被害者の支援という点で問題意識がなさ過ぎる。

66 柳下竹治・前掲注 (34) 16 頁,菊田幸一『犯罪学 [第 9 版]』(2021) 431 頁。

67 長谷川永「賃金制愚考—賃金制確立のための悩み」刑政 70 巻 7 号 (1959) 32 頁以下,柳下竹治・前掲注 (34) 18-19 頁,法務省矯正局編『資料・監獄法改正』(1975) 302 頁,森下忠「受刑者の処遇をめぐる諸問題—監獄法改正の課題」法律のひろば 29 巻 7 号 (1976) 18 頁,同『刑事政策大綱 [新版]』成文堂 (1993) 234 頁,関力「刑務作業と作業報酬—刑務作業の収益はだれのものか」森下忠＝香川達夫編『刑事政策をまなぶ』有斐閣 (1978) 202-203 頁,鴨下守孝「作業賞与金の法的性質」矯正判例研究会編『増補改訂裁判例中心—行刑実務の基本問題』東京法令出版 (1981) 164-165 頁,辻本義男・前掲注 (46) 104-105 頁。刑事施設内で作業が行えない状況

や不利益の為の施策が必要となる」とする（327 頁）。

45　土井政和（1984）・前掲注（44）78 頁。

46　辻本義男「作業賞与金の法的性質—受刑者に対する作業賞与金の性格とその基準額決定に対する法務大臣の裁量権の範囲—」菊田幸一編『判例刑事政策演習—矯正処遇編（改訂増補版）』新有堂（1987）105 頁。なお，法解釈論として現在の報奨金や監獄法時代の賞与金が賃金としての性質をもったものであるとする主張はないと思われるが，刑事収容施設法によって導入された報奨金は，「権利性」が高められており，賃金制との根本的な対立はないとする見解は見られる。青柳尚志「刑務作業の報酬について」法学会雑誌（東京都立大学）56 巻 1 号（2015）411-412 頁。しかし，報奨金は，報酬性が高められ，釈放時に受刑者は国に対して報奨金に相当する金額を請求する権利を有するものとされたが，賃金でないことは明らかである。

47　しかし，犯罪者処遇思想や我が国における現在の法制度を踏まえると，作業報奨金を単なる恩恵とみるのは適当でない。賃金でなければ，恩恵になるわけではない。作業が，刑罰でありながらも，受刑者の改善更生，社会復帰を目的とした個別予防の機能を果たすものであり，作業に対して支給される報奨金もそうした個別予防の観点から位置付けられるべきである。2022 年の刑法等一部改正による改正は，その性質を一層明確なものとしている（改正刑法 12 条 3 項，改正刑事収容施設法 93 条）。

48　但し，差押えは給与（手取額）の 4 分の 1 に限られる。民事執行法 152 条 1 項 2 号。

49　綿引伸郎＝藤平英夫＝大川新作『全訂監獄法概論—逐条解説と改正の諸問題』有信堂（1955）356 頁。賞与金制度を採るか賃金制を採るかがこの委員会で最も争われた点であり，賃金制が果たして恩恵的な賞与金制度よりも優れた進歩的なものであるか，合理的，全目的的なものであるか疑問であるとする意見や，賃金制を採ると所謂監獄づれのした者が有利であることが教化目的に合致するか疑問であるとの意見も唱えられたが，多数意見は賃金制を採るべきだとした。

50　同上 362 頁，370 頁。但し，監獄法改正要綱は，「受刑者は，その労働によって，できるだけ行刑の費用を賄わなければならないものとする原則を掲げること」ともしている。

51　成人矯正局法規部『第 4 次行刑法草案』（1948）12-13 頁。但し，作業給与金の 1 か月当たりの最低額と最高額が定められていたほか（63 条 2 項），監獄法改正要綱同様，「受刑者は，その有する能力を最高度に発揮し，少なくとも収容に要する経費を償うことができる程度に作業に励まなければならない」（55 条）としていた。また，現在の刑事収容施設法同様，作業給与金は釈放の際に支給されるが，犯罪の被害者に対する賠償その他必要と認められる用途に充てるためであれば，釈放前でも支給することができるものとされていた（65 条）。

52　法務省矯正局『監獄法改正要綱仮草案関係資料（行刑の部）—その 2』（1957）21 の 40 頁。

53　法務省矯正法規室『監獄法改正要綱仮草案（行刑）局議資料』（1956）6 頁。

54　法務省矯正法規室『監獄法改正要綱仮草案に基づく構想案（行刑）局議資料』（1956）15 頁。

55　法務省監獄法改正準備会『刑務所法（仮称）仮要綱案』（1964）26 頁。

56　法務省矯正局監獄法改正準備会『刑事施設法案構想—素案』（1968）27-28 頁。

57　法務省矯正局『刑事施設法案（第 2 次案）［第 1 分冊］—第 1 章ないし第 12 章』（1971）38-39 頁。

58　法務省矯正局「監獄法改正の構想」（1976）7 頁，同「監獄法改正の構想細目」（1976）10 頁。

59　法務省「法制審議会—監獄法改正の骨子となる要綱」（1980）14 頁。

60　法務省「法制審議会監獄法改正部会—監獄法改正の骨子となる要綱案説明書」（1980）42-44 頁。

せて矯正局作業課において所管事項の改正における問題点を課員全員で検討し，作業報酬について課員の意見を中心にまとめたものだとしている。

35　平野龍一『矯正保護法』有斐閣（1963）73 頁。

36　森本益之「受刑者による犯罪被害の賠償―刑務作業賃金制導入の一側面―」団藤重光ほか編著『小川太郎博士古稀祝賀―刑事政策の現代的課題』有斐閣（1977）576 頁以下。但し，森本博士は，受刑者による賠償は，受刑者の社会復帰への効果の面を重視しなければならないとし，この点を欠落するならば，国家による受刑者への賠償強制が受刑者の社会復帰を阻害することにもなりかねないとする（590 頁）。墨谷葵博士も，自由労働としての刑務作業には反対であるが，刑務作業をあくまで矯正処遇の一環としつつ，国家に賃金を支払う義務がなくても，受刑者の改善更生・社会復帰のための処遇上の必要から賃金に相応した額を支給することを国家に義務付けることは可能であるとする。墨谷葵「自由刑（8）」大塚仁＝宮澤浩一編『演習刑事政策』青林書院（1972）292 頁。

37　市川秀雄『刑法における市民法思想と社会法思想』評論社（1963）353 頁以下［初出・刑政 68 巻 5 号（1957），70 巻 7 号（1959）］。但し，市川博士は，国が受刑者に多額の費用を用いており，国や社会一般の事情を考慮すると，受刑者の賃金は一般社会の賃金と同等なものにはできないとする（371 頁）。

38　吉岡一男「受刑者の作業報酬に関する賃金制の主張について」法学論叢 88 巻 1・2・3 合併号（1970）253 頁以下，同「刑務作業と賃金」ジュリスト 497 号（1972）30 頁以下。

39　別稿においても，作業を外界の労働と同じにすべきとしながら，従来の刑務作業が果たしてきた（とされる）目的に合致することを説いている点も同様である。吉岡一男「自由刑（5）―刑務作業と賃金」宮澤浩一他編『刑事政策講座第 2 巻刑罰』成文堂（1972）143 頁以下。

40　宮澤浩一博士は，吉岡博士の賃金制の主張について，実務の苦労をわきまえたものではなく，実現可能性を問題視する。宮澤浩一「刑事法学の動き―吉岡一男「受刑者の作業報酬に関する賃金制の主張について」法学論叢 88 巻 1・2・3 合併号」法律時報 44 巻 6 号（1972）155-157 頁。

41　その意味では，吉岡博士が否定する社会復帰理念に基づく賃金制の主張の方が，改善更生や社会復帰という「目的」を意識することから，被害者への賠償という発想が出やすい面はあろう。

42　菊田幸一「刑務作業における賃金制について」法律論叢〔明治大学〕58 巻 4・5 号（1986）336-338 頁，347 頁。矯正職員と思われる幸田明久氏は，強制労働でも労働に対する対価を支払うべきであるとし賃金制を主張するが，賃金制だけでなく被害者救済制度を刑法に規定すべきとする点でユニークである。幸田明久「被害者救済と賃金制採択を」刑政 83 巻 1 号（1972）52 頁。

43　石塚伸一「近代刑事法における刑罰と労働―刑務作業における賃金制の意義について」朝倉京一ほか編『刑事法学の現代的展開（下巻）刑事政策編―八木國之先生古稀祝賀論文集』法学書院（1992）106-109 頁。これは計画経済破綻直後の論文であることには注意する必要があるが，マルクス主義の立場を離れたとしても，受刑者の権利主体性の確立と等価交換原則の遵守の主張は成り立ち得よう。

44　土井政和「社会的援助としての行刑（序説）」法政研究 51 巻 1 号（1984）35 頁以下，同「受刑者の社会復帰の権利」横山晃一郎＝土井政和共編著『現代における刑事法学の課題（井上祐司先生退官記念論集）』櫂歌書房（1989）293 頁以下。後者では，「受刑者の人権保障を拡大していくには，被害者感情はいずれにせよ遮断されなければならない」とし，それが不可避である場合，「犯罪者と被害者の権利の均衡上」，被害者補償制度や賃金制による損害賠償など「被害者の不満

究第17巻）刑法内外の動き』（1960）177頁。被害者への賠償や経済的支援に関する牧野博士の主張を検討したものとして，齋藤実「犯罪被害者への経済的支援に関する牧野英一説の検証―『刑法における賠償問題』の検討」琉大法学106号（2022）5頁以下がある。

19　死刑の廃止を唱えた花井卓蔵博士は，死刑を無期刑に代えて受刑者に被害者の家族を救済させるべきだとする主張を早くから唱えていたと正木亮博士が紹介している。正木亮『増訂改版刑事政策汎論』有斐閣（1949）148頁。しかし，その根拠としている花井博士の著書に直接言及した部分は見当たらない。該当箇所として，花井卓蔵『刑法俗論』博文館（1912）183頁。また，花井博士は，無期刑でさえ残虐な刑罰として廃止すべきだと主張していたことは有名である。同上205-231頁。

20　正木亮『行刑上の諸問題』（1929）148頁［1970年の増補版も同じ］。正木博士の賃金制の主張については，齋藤実「犯罪被害者への経済的支援に関する正木亮説の検証―『刑法における賠償問題』の検討・その2」獨協法学120号（2023）38頁以下に検証がある。

21　正木亮・前掲注（19）391-392頁。

22　正木亮・前掲注（19）397頁。

23　正木亮『刑政を考える』矯正協会（1969）105頁（初出「被害賠償の刑事政策的意義」刑政49巻10号（1936）5頁以下）。

24　正木亮・前掲注（19）397頁。

25　木村亀二「新憲法と行政の理念」刑政60巻（原本表記59巻）1号（1949）27-29頁。

26　日本における被害者補償制度の創設を唱え，実現に尽力された大谷實博士は，賃金制は犯罪者に自己の手で損害を補填すべきであるという自覚を植え付ける点で合理的だとされる。大谷實・前掲注（12）68-70頁。しかし，大谷博士も，受刑者は一般に刑期が短く，賃金を得ても，税金，社会保険料，食費を払うことを考えると，現実的ではないとする。

27　正木亮「死刑」日本刑法学会編『刑事法講座第3巻［刑法（Ⅲ）］』有斐閣（1952）584-585頁。

28　正木亮『死刑』河出書房（1955）158頁。正木亮『死刑―消えゆく最後の野蛮』日本評論社（1964）133頁も同じ。

29　宮澤浩一「第24講―死刑（その2）」警察学論集44巻4号（1991）152頁。被害者遺族は犯罪者からの賠償を受ける取ることはよしとしないとする植松正博士の見解を批判し，実例を挙げながら，犯罪者が誠意をもって償いをする場合，それを受け取る被害者も少なくないとする。

30　宮澤浩一「第10講―受刑者の処遇」警察学論集42巻10号（1989）172頁。

31　仲里達雄『刑務作業の本質についての研究』法務研修所（1958）347-348頁。このほか，受刑者の改善更生という観点から賃金制を主張する者として，松岡正章「刑務作業と賃金」吉川経夫編『刑事政策講義』青林書院新社（1970）247頁。

32　仲里達雄・前掲注（31）353頁。

33　かなり被害者の立場に立った主張であるが，その一方で，受刑者が「真に悔悟し，被害者に対する賠償をなさしめることは教育的に価値の大なるものがある」として，正木亮博士のように，自由刑の改善更生の立場から被害者への賠償を捉える面もある。仲里達雄・前掲注（31）353頁。このほか，完全賃金制の実現は時期尚早としながら，教育と社会復帰の目的を果たすために作業賞与金を報償金として合理化すべきとするものとして，宮原三男「賃金制」刑政68巻5号（1957）35-38頁。

34　柳下竹治「刑務作業と報酬」刑政79巻5号（1968）22頁。この論文は，監獄法改正作業に併

8　Fourteenth United Nations Congress on Crime Prevention and Criminal Justice, Kyoto, Japan, Mar.7-12, 2021, Draft Kyoto Declaration on Advancing Crime Prevention, Criminal Justice and the Rule of Law: Towards the Achievement of the 2030 Agenda for Sustainable Development, ¶ 31, U.N. Doc. A/CONF.234/L.6 (Feb. 17, 2021).

9　第四次犯罪被害者等基本計画（2021）V- 第 2-2（15），V- 第 3-1（24）。

10　新全国犯罪被害者の会（新あすの会）「創立大会決議」(2022)。また，日本弁護士連合会は，2017 年，国が犯罪被害者の損害賠償の強制執行を代行する制度や国が犯罪者に代わって損害賠償を立替払いし，追って犯罪者に求償する制度の創設について議論すべきとしている。日本弁護士連合会「犯罪被害者の誰もが等しく充実した支援を受けられる社会の実現を目指す決議」(2017)。そのうえで，2023 年 3 月，日本弁護士連合会は，犯罪被害者等の損害賠償金の国による立替払制度及び加害者に対する債務名義を取得できない犯罪被害者等への補償制度の創設を求める意見書を策定・公表している。日本弁護士連合会「犯罪被害者等補償法制定を求める意見書」(2023)。このほか，犯罪の損害賠償の国による立替金制度の導入を提案するものとして，齋藤実「犯罪被害者支援条例と経済的支援」獨協法学 114 号（2021）346 頁がある。齋藤教授は，北欧の制度を参考にしながら，立替後の犯罪者への求償も積極的に行うべきとの立場に立つ。同「ノルウェーの犯罪被害者庁及び回収庁の現在（いま）」獨協法学 103 号（2017）126-127 頁。

11　法務省保護局「無期刑の執行状況及び無期刑受刑者に係る仮釈放の運用状況について」(2023) 1 頁。

12　犯給法の制定過程においても議論のあったところであり，結論として否定されている。大谷實『犯罪被害者と補償―“いわれなき犠牲者”の救済』日経新書（1975）120-121 頁。

13　犯罪者が不明である場合や責任無能力である場合，自殺した場合，死刑が確定した場合，求償はどうするのであろうか。新あすの会は，その場合でも国が損害賠償請求権を買い取る制度を設けるべきだとする。従って，当初から国による損害賠償の回収ということは念頭に置かれていない，実質的な国による被害者への損害賠償制度となる。この点を正面から認めない限り，即ち，国が犯罪被害に対し法的な賠償責任があるとしない限り，この制度は成り立ち得ない。しかし，そうした法的責任は擬制以外の何ものでもなく，法制度としては成り立ち得ない。この理屈を乗り越えるためには，国民による理解しかない。太田達也（2022）・前掲注（4）94 頁。

14　牧野英一博士がガロファロの見解を紹介している。牧野英一・前掲注（5）97-105 頁。

15　牧野英一・前掲注（5）105-106 頁。更に，重大事件の受刑者でなければ，刑の執行中，賠償の全部又は一部を賠償することを申し出るときには刑の執行を中止し，又は賠償の割合に応じて刑を軽減すべしとする。また，他の方法で賠償を得ることができない被害者には，罰金を財源として一部を補償する制度を提案している。

16　牧野英一・前掲注（5）96 頁。

17　牧野英一「民事責任ト刑事責任トノ差異ヲ論シテ刑法ノ基礎観念ニ及フ」法學志林 9 巻 10 号（1907）1 頁以下。

18　牧野英一「犯罪ノ被害者ニ對スル賠償問題」法學志林 9 巻 11 号（1907）176-177 頁。また，イタリアの E・フェリーを引きながら，「犯罪に因る民事刑事両面の責任は，両者を相関連せしめ，共にこれを適当に解決することに因って，社会的にその作用を全うするものとせねばならない」とする。牧野英一『刑法総論下巻』有斐閣（1959）932-933 頁。しかし，牧野博士は，最終的に，国には犯罪被害に対する無過失責任として救助（補償）責任があるとする。牧野英一『(刑法研

ろば54巻6号（2001）52-53頁，呉柏蒼「台湾における犯罪被害者補償制度の改革―その意義と課題」法学政治学論究97号（2013）145-149頁，同「台湾における犯罪被害者補償制度の特徴と近年の改革」被害者学研究25号（2015）26-27頁，36頁。

## 06章注

1　犯罪被害者等基本計画策定・推進専門委員等会議第6回会議資料（損害賠償命令制度による履行状況調査結果）（2010），日本弁護士連合会「損害賠償請求に係る債務名義の実効性に関するアンケート調査集計結果」（2015），同「損害賠償請求に係る債務名義の実効性に関するアンケート調査集計結果」（2018）。日弁連の調査では回収率が比較的高くなっているが，賠償額が低額な案件が相当含まれているからであり，高額の損害賠償や重大事案では回収率は極めて低くなっている。番敦子＝江藤里恵「損害賠償を得られない被害者の現状とその課題」被害者学研究31号（2022）77頁以下。

2　法務省矯正局「『受刑者に対する釈放時アンケート』について（令和3年度分）」（2021）5頁，66頁。

3　法務総合研究所『令和5年版犯罪白書』（2023）67頁。

4　日本的な民刑分離の解釈の問題を指摘したものとして，太田達也「更生保護における被害者支援（2）―釈放関連情報の提供と被害者の意見聴取を中心として」犯罪と非行125号（2000）71頁，同『仮釈放の理論―矯正・保護の連携と再犯防止』慶應義塾大学出版会（2017）216頁，同「第4次犯罪被害者等基本計画における被害者支援の課題―被害者支援条例・犯罪被害者等給付金制度・損害賠償の実効化」警察学論集75巻9号（2022）105頁。

5　牧野英一博士は，「犯人が被害者に對する賠償の責任をして有効に執行せしむるの方法如何は現代の刑事政策中（傍点著者）に於て最も重要な問題の一なり」とされている。牧野英一「犯罪被害者に對する賠償の實際的方法」法学協会雑誌22巻1号（1904）94頁。また，石川才顕博士は，刑事責任と民事責任の歴史的分化とも矛盾しない形で犯罪被害者に対する損害賠償実現のための刑事法的介入を模索すべきとする。石川才顕「犯罪被害者への損害賠償の必要性と刑事司法的介入の理論的基礎」日本法学31巻4号（1966）70頁以下。戦前の画期的な仮釈放審査基準を起草した司法省行刑局の書記官である東邦彦氏も，「近世国家の法律制度に共通な特色であるところの，不法行為に対する刑事民事両責任の分化という事実に就き歴史的，理論的理解を持つ人々は，或いは第二の意義における損害賠償の問題を刑事制度に就ての考察から除外すべきことを主張されるかもしれない。しかしながら，犯罪に対する損害賠償の問題を専ら私法上の問題として，被害者に対し何等の考慮を払うことがなきが如きは，決して社会における衡平を保持し，社会の秩序を完うする所以ではない。」と解説している。東邦彦「仮釈放審査規程繹義」重松一義編『東邦彦の行刑思想』プレス東京（1973）129頁。

6　だから賠償の必要はないと言うのである。事案の特定を避けるため刑期の記載は割愛する。

7　太田達也「仮釈放と保護観察期間～残刑期間主義の見直しと考試期間主義の再検討」研修705号（2007）3頁以下，同（2017）・前掲注（4）127頁以下，同「仮釈放及び満期釈放後における社会内処遇期間の確保―考試期間主義の制度設計と仮釈放要件の見直し―（上）（下）」研修897号（2023）3頁以下，同898号（2023）3頁以下。

父，母，妻もしくは子の扶助を先にし，あるいは，自己将来の生計の資を作らせるために賠償（のための釈放前の支給…著者注）金額に制限を付するごときは，犯罪人の真の責任観念を求める所以ではない」とし，「犯罪人には自己のなした被害に対して進んで責を負わせる……ことが犯人を改過遷善させる奥義である」とする。正木亮・前掲注（25）100頁，105頁。

65　ドイツ各州の刑事執行法は，再犯の防止と被害者の保護を処遇原則として定め，被害者への損害回復と安全確保に務めなければならないとしたうえで種々の具体的制度を設けているという。詳細な分析が，堀田晶子「刑の執行と被害者―ノルトライン・ヴェストファーレン州における被害者関与型行刑」獨協法学117号（2022）303頁以下にある。

66　ドイツの一州では，被害者に目を向けることは受刑者の再社会化に向けた処遇と相反するものではなく，むしろ融合するものであるとし，受刑者が社会復帰するためには，自身の行った行為を自覚し，その責任を引き受け，損害回復に務めることが前提になるとしているという。堀田晶子・同上316-318頁。著者には至極真っ当に感じられる。

67　そうした意味では，かつてのイタリア学派の主張にも傾聴に値するものがある。1885年にローマで開催された第1回国際犯罪人類学会議の席上，フェリー等の提案による決議に，「損害の私法的賠償を確保することは被害者の直接の利益の為のみならず，社会防衛及び犯罪防衛並にその抑圧の直接の利益においても重要である。」とする下りがあるという。常盤敏太「犯罪の被害者に對する損害賠償問題（1）」法学志林33巻3号（1931）83-84頁。用語の使い方は当時のもので余り適切でないが，要は，損害賠償というのは民事の問題だけでなく，犯罪者の更生の問題そのものでもあるということである。常盤博士も，損害賠償が教育刑を阻害することがないようすることが必要としながらも，基本的にこの考え方に賛同している。常盤敏太「犯罪の被害者に對する損害賠償問題（2）」法学志林33巻6号（1931）48頁。

68　鈴木義男「被害者補償の諸問題―英米での論議を顧みて」鴨良弼等編『植松博士還暦祝賀―刑法と科学（法律編）』有斐閣（1971）888頁。

69　土居政和「受刑者処遇法にみる行刑改革の到達点と課題」自由と正義56巻9号（2005）26-27頁，中村悠人「行刑・処遇における矯正と強制」犯罪と刑罰27号（2017）1頁以下，金澤真理「自由刑受刑者への処遇の義務づけ―社会復帰は義務づけの根拠たりうるか」赤池一将ほか共編『土井政和先生・福島至先生古稀祝賀論文集―刑事司法と社会的援助の交錯』現代人文社（2022）54頁以下，日本弁護士連合会「拘禁刑等に関する刑法等改正案に対する会長声明」(2022)，同・前掲注（49）153頁等。

70　「被害者等に対する加害者の処遇状況等に関する通知について（依命通達）」平成19.11.22刑総1576刑事局長・矯正局長・保護局長依命通達（最終改正令和4.3刑総213）別表1。

71　太田達也「［刑政時評］刑務作業の危機!? 刑務作業と矯正処遇」刑政119巻5号（2008）72-73頁。

72　太田達也『仮釈放の理論―矯正・保護の連携と再犯防止』慶應義塾大学出版会（2017）187頁以下。

73　法制審議会第188回会議・諮問103号に対する答申（2020年10月29日）別添3要綱（骨子）3。

74　太田達也「台湾における犯罪被害者保護法」捜査研究566号（1998）77頁，同「犯罪被害者補償制度に関する研究（二・完）―改正・犯罪被害者等給付金支給制度の課題」法学研究74巻6号（2001）79-80頁，同「台湾の犯罪被害者補償制度―犯罪被害者保護法の運用状況」法律のひ

(2019) 105 頁以下。

52　堀田晶子・前掲注（49）50-51 頁。

53　堀田晶子・前掲注（49）53-54 頁。

54　イタリア刑法 1921 年改正豫備草案 73 条，90 条乃至 99 条。司法省調査課『司法資料第 118 号刑法草案集―瑞西 1918 年案・墺 1922 年案・伊 1921 年案』(1927)。フェリー草案の賠償規定については，常盤敏太「犯罪の被害者に對する損害賠償問題（3）」法学志林 33 巻 7 号（1931）35 頁，同「同（4）」法学志林 33 巻 8 号（1931）69-88 頁に紹介がある。但し，常盤博士自身は，作業報酬から損害賠償を爲さしめることで行刑の目的を阻害してはならないとし，現実的にも作業報酬（賞与金）から払うことができる賠償は僅少であるから，フェリー草案にあるような罰金等を原資とする罰金金庫の制度を設け，そこから被害者に賠償（の一部）を支払うようにすべきであると主張する。この制度は，アメリカの連邦における犯罪被害者基金（Crime Victims Fund）とその補助を受けた各州がそれに基づき損失補填的な被害者補償を支払う仕組みに該当しよう。アメリカの犯罪被害者基金については，内閣府犯罪被害者等施策推進室『平成 23 年度諸外国における犯罪被害者等に対する経済的支援に関わる制度等に関する調査』(2012)［アメリカと韓国の調査担当太田達也］3 頁以下，103 頁以下。

55　1931 年刑法の同規定については，正木亮・前掲注（25）97 頁，104 頁に紹介がある。

56　§ 145(1) Codice Penale 2023 (R.D. 19 ottobre 1930, n. 1398) D.lgs. 10 ottobre 2022, n. 150.

57　内閣府犯罪被害者等施策推進室・前掲注（54）82 頁以下，140 頁以下。

58　保護監護処分とは，かつての社会保護法に基づいて裁判所が常習犯等に対して科していた保安処分の一つであり，保護監護所と呼ばれる施設に 7 年以下の期間，収容して処遇を行うものである。被収容者の同意を得て作業（勤労）を行わせることもでき，その場合，勤労報奨金を支給するものとしていた（被保護監護者勤労報償金管理規則）。刑罰との事実上の二重処罰に当たるとの批判を受け，保護監護処分の制度は 2005 年に廃止された。同処分については，法務省保護局（太田典子執筆）『諸外国の更生保護制度（6）大韓民国の更生保護』(2004) 106 頁以下参照。廃止後もしばらくは被収容者がいたが，なぜ現在まで犯罪被害者保護法に規定が残っているのか不思議である。

59　救助金を支給した場合，地方検察庁に置かれる犯罪被害者救助審議会（地区審議会）が求償権を行使するか否かを決定し，求償権行使の決定を行った場合，検事正が求償権の国家訴訟を提起するものとされている（犯罪被害者保護法施行令 18 条）。作業奨励金又は勤労報償金から控除を行うか否かと，控除する場合，作業奨励金又は勤労報償金 100 分の 50 の範囲内で控除する割合も，この地区審議会が決定する（同 19 条 1 項）。

60　刑務所特別会計運営指針（最終改正 2020 年 11 月 2 日法務部例規第 1265 号）73 条及び別表 7。但し，職業訓練に対する奨励金はもっと低額であり，1 日 900 ウォンである。

61　법무연수원『범죄백서 2022』(2023) 371 면 .

62　United Nations, Department of Economic and Social Affairs, Second United Nations Congress on the Prevention of Crime and the Treatment of Offenders, London, Aug. 8-19, 1960, *Report Prepared by the Secretariat* 64, U.N.Doc. A/CONF.17/20 (1960).

63　公正証書や和解調書等その他の債務名義の場合も，国が損害賠償債務の存在を認定し，強制的な徴収を認めていることに変わりはない。

64　正木亮博士も，「自己の行為に基づいて生じた被害者やその遺族に対する救済よりも，自己の

SCHOOL, GLOBAL HUMAN RIGHTS CLINIC, THE ACLU AND GHRC RESEARCH REPORT, CAPTIVE LABOR: EXPLOITATION OF INCARCERATED WORKERS 58-60 (ACLU, 2022).

39　但し，アメリカの刑務作業に対する「賃金」は，時給数十セントから1ドル台と極めて低いうえ，後述するように賃金から収容費や損害賠償命令による賠償等を控除する仕組みがあるため，手取りは更に低くなる。*Id.* at 55-58.

40　18 U.S.C. §3013. 1984年犯罪被害者法（The Victims of Crime Act of 1984, Pub. L. No. 98-473, title II, §1405(a), Oct. 12, 1984, 98 Stat. 2174）によって導入されたもので，連邦の場合，有罪となった被告人から罪種に応じて聴取する金銭で（重罪の場合は100ドル），犯罪被害者基金（Crime Victim Fund）に組み込まれ被害者支援に用いられる。

41　U.S. Department of Justice, Federal Bureau of Prisons, Program Statement CPD/CPB, P5380.08, 8/15/2005.

42　PIECPプログラムは，Justice System Improvement Act of 1979, Pub. L. No.96-157, 93 Stat.1215.によって設置されたものである。Bureau of Justice Assistance, Program Brief, Prison Industry Enhancement Certification Program (2018).

43　18 U.S.C. § 1761(c)(2).

44　18 U.S.C. § 1761(c)(2).

45　Prison Industry Enhancement Certification Program Guideline, 64 Fed. Reg. 66, 17000, 17007 (Apr. 7, 1999). 更に，刑務作業を利用しない民間企業との間の不公正な競争を防止することや受刑者の労働力を搾取することを防止することも目的とされている。

46　18 U.S.C. § 1761(c)(2). *Id.* at 17011, Bureau of Justice Assistance, *supra* note 42, at 3.

47　National Correctional Industries Association, Prison Industry Enhancement Certification Program Quarterly Report, Statistic for the Quarter Ending September 30, 2022.

48　但し，裁判所の損害賠償命令において刑務所の本プログラムからの控除を命ずる場合もあるようである。THOMAS W. PETERSIK ET AL., IDENTIFYING BENEFICIARIES OF PIE INMATE INCOMES: WHO BENEFITS FROM WAGE EARNINGS OF INMATES WORKING IN THE PRISON INDUSTRY ENHANCEMENT (PIE) PROGRAM? 23-24, 38 (The George Washington University, Center for Economic Research, 2003). 基本的には，被害者補償基金等どの被害者支援プログラムに控除分を組み入れるか決めるのはPIECPプログラムを企画・実施する各矯正機関であり，PIECPプログラムを認可するかどうか審査する際に連邦司法省司法援助局が判断する。U.S. DEPARTMENT OF JUSTICE, OFFICE OF JUSTICE PROGRAM, BUREAU OF JUSTICE ASSISTANCE, PRISON INDUSTRY ENHANCEMENT CERTIFICATION PROGRAM (PIECP) COMPLIANCE GUIDE 25 (BJA, 2021).

49　作業報酬からの控除については，堀田晶子「受刑者による金銭の利用―ドイツにおける矯正(3)」帝京法学34巻2号（2021）47頁以下に詳しい。また，日弁連の調査でも，オーストリアでは，一般労働者（未熟練工）の60%から90%の範囲で5段階の賃金のランクを定め，その75%を収容費として控除しているとされる。日本弁護士連合会『(第59回人権擁護大会シンポジウム第3分科会）死刑廃止と拘禁刑の改革を考える～寛容と共生の社会をめざして～基調報告書』（2016）158頁。

50　堀田晶子・前掲注（49）49頁。

51　堀田晶子「受刑者に対する作業報酬金の現状―ドイツにおける矯正（1)」帝京法学33巻1号

は「健康で文化的な最低限の生活を営む」に足る生活保護費に相当する作業報酬を受けることを要求できるとする。しかし，生活費を全て自己負担している生活保護対象者と，生活費を全て公費負担してもらっている受刑者とで同じ基準が適用されるはずがない。

27　細水令子ほか「性犯罪に関する書籍の審査について」日本矯正教育学会第41回大会発表論文集（2005）85頁以下。

28　しかし，刑執行開始時及び釈放前指導について定めた「刑執行開始時及び釈放前の指導等に関する訓令」平成18.5.23矯成訓3312法務大臣訓令（最終改正平成19.5矯総訓3361），「刑執行開始時及び釈放前の指導等に関する訓令の運用について（依命通達）」平成18.5.23日矯成3313矯正局長依命通達（最終改正平成28.5矯成1465）には，受刑の意義や作業報奨金の項目はあっても，特に被害者への損害賠償等についての事項は明記されていない。2023年の改正刑事収容施設法施行を契機に改正が行われるものと思われるが，法改正の趣旨を活かすために被害者への贖罪や賠償に向けた体系的な指導を企図する必要がある。

29　2022年において受刑者が被害者への賠償に充当する目的で作業報奨金の釈放前支給を受けたのは230件，計350万円に止まる。1件当たり平均1万5,000円の計算となり，賠償には程遠く，香典や見舞金程度の内容である。第40回犯罪被害者等基本計画策定・推進専門委員等会議（2023年2月17日）議事録。

30　法務総合研究所『令和5年版犯罪白書』（2023）67頁。

31　矯正局作業課長であった柳下竹治氏（及び当時の矯正局作業課員）も，賃金制を導入する場合，被害者に対する損害賠償額の控除制度を導入する必要があるとする。柳下竹治・前掲注（3）19頁。

32　大阪地判昭和54.2.2行集30巻2号158頁，東京高決平成4.10.2東高民時報43巻1～12号72頁，本章で紹介した最高裁決定の原々審である山口地決令和3.9.30公刊物未搭載（令和3年（ル）第116号）。

33　報奨金の釈放の際の支給や懲罰そのものを審査請求や訴訟で争うことはできる。

34　「作業報奨金に関する訓令の運用について（依命通達）」平成18.5.23矯成3344矯正局長依命通達（最終改正平成23.6矯成3407）。

35　法務省「矯正統計2022」e-Stat表22-00-95。

36　就業態度が悪い場合の減算がないのが不思議であるが，そもそも基準額が極めて低く設定されているので，加算がない場合は事実上のマイナス査定と言っても過言ではない。

37　監獄法時代の大阪地判昭和54.2.2行集30巻2号158頁は，本案前の判断として，「受刑者はこれ［作業賞与金…著者注］が現実に支給されるまでは，これを所有し又は請求する権利を有するものではない」としながら，「もっとも，作業賞与金は，作業の科程の了否を定めたときに計算すべきものとされ（同法［監獄法…著者注］施行規則69条），または就業者には毎月15日までに前月分の計算高を告知すべきものとも定められているから（同規則74条），少なくともこれらの手続を経て計算高が確定したときは（傍点著者），受刑者は，右計算高の支給を将来受け得るという期待権を有するに至るものということができる。従って，それ以降において，これを減額し，あるいは不支給とすることは，右の期待権を侵害することにほかならない」としている。なお，この判決には，期待権の侵害として，「作業賞与金計算高の一部又は全部の削減の懲罰処分がこれにあたる」かのように読める指摘があるが適当でない。

38　AMERICAN CIVIL LIBERTIES UNION AND THE UNIVERSITY OF CHICAGO, THE LAW

罪被害者支援の国際的動向と我が国の展望」法律のひろば 53 巻 2 号（2000）13 頁以下，同「刑事施設・受刑者処遇法下における矯正の課題―矯正処遇を中心として―」犯罪と非行 146 号（2005）18 頁。

17 犯罪被害者等施策推進会議「第四次犯罪被害者等基本計画」（2021）V-第 2-2（15）イ，V-第 3-1（24）ア。

18 太田達也「自由刑の執行過程における被害者の意見聴取及び伝達制度―修復的矯正・修復的保護観察への発展可能性を含めて」山口厚ほか編『高橋則夫先生古稀祝賀論文集（下巻）』成文堂（2022）903 頁以下，同「矯正における被害者支援と犯罪者処遇の両立―刑及び保護処分の執行段階における心情聴取及び伝達制度と被害者の視点を取り入れた教育の課題」法学研究 95 巻 12 号（2022）148 頁以下，齋藤実「矯正における犯罪被害者等の支援―刑の執行段階における心情等聴取・伝達制度を中心として―」刑事法ジャーナル 75 号（2023）38 頁以下参照。

19 齋藤実「犯罪被害者等への経済的支援に関する正木亮説の検証―『刑法における賠償問題』の検討・その 2―」獨協法学 120 号（2023）27 頁も，被害者への賠償を促すため報奨金の増額を提案する。

20 「作業報奨金に関する訓令」平成 18.5.23 矯成訓 3343 法務大臣訓令（最終改正令和 3.3 矯成訓 1）。

21 会計上，作業報奨金は収容費に計上されていて，作業諸費には含まれていない。平成 19 年の法務年鑑までは，作業に掛かった費用を作業収入でどの程度回収しているか，つまりどの程度純利益を上げているかという回収率と，受刑者の収容費と作業費を作業収入でどの程度補っているかという償却比という数値が毎年公表されていたが，翌年以降，公表されなくなっている（計算は可能）。因みに，平成 19 年度の回収率は 152%（即ち黒字）で，償却比は 10%であった。法務省『平成 19 年法務年鑑』（2008）271 頁。令和 4 年度の予算で回収率を計算すると 88%，即ち赤字である。

22 令和 4 年度の予算では，刑務作業収入が 28 億 2 千万円であるのに対し，作業諸費が 32 億 1 千万円となっており，収容費全体では 443 億 3 千万円にも達する。収容費には刑務官の人件費 1,677 億 6 千万円は含まれていない。刑務作業によって収容費をカバーするという発想自体がナンセンスである。同年度の作業報奨金の予算は 15 億 7 千万円である。法務省『令和 4 年法務年鑑』（2022）445-452 頁。被収容者の食料費だけでも 83 億 5 千万円が掛かっている。

23 中野憲一「刑務作業の生産性向上について」刑政 81 巻 9 号（1970）12 頁以下。

24 平野龍一博士は，刑務作業の賞与金は安すぎるので，少し上げて，その中から賠償させることも考えてよいとする。平野龍一ほか「犯罪による被害者の補償」ジュリスト 575 号（1974）26 頁。

25 正木亮博士は，より明快に，「自己の力によってその責任をも果たし得ないのみならず，自己の家庭の生活に対する負担をも救済できないような労働によってどうして真の人間生活を導入することができよう」として，低額な作業賞与金を批判し，最終的に賃金制の導入を主張する。正木亮『刑政を考える』矯正協会（1969）103 頁（初出「被害賠償の刑事政策的意義」刑政 49 巻 10 号（1936）5 頁以下）。

26 森下忠博士は，作業収入額に比して賞与金支出額の比率が低すぎること，受刑者の作業意欲の向上を期待しがたいこと，釈放後の更生資金として不十分であることから，作業報酬の額を現在の少なくとも 5 倍から 10 倍に引き上げるべきだとする。森下忠「受刑者の処遇をめぐる諸問題―監獄法改正の課題」法律のひろば 29 巻 7 号（1976）18 頁。また，森下博士は，最低賃金或い

との理由も成り立ちえるから，両者は同じ程度の説明力しかないであろう。

7　平成4年の東京高裁決定も，「釈放時までは単なる計算高に過ぎず，受刑者は将来支給を受けうる期待権を有するにとどまり，債権とはいえない」とし，「作業賞与金はあくまでも釈放の際の給与によって権利としての性質をもつことになるのであって」，釈放前には差押えの対象とはならないとしただけでなく，「作業賞与金制度の趣旨，目的に照らし，釈放時に差押えが許されると解すべきものでもない」として，権利として発生した賞与金（相当額）請求権も差押えの対象外であるとする。

8　大阪地判昭和54.3.23判タ392号。辻本義男「作業賞与金の法的性質―受刑者に対する作業賞与金の性格とその基準額決定に対する法務大臣の裁量権の範囲―」菊田幸一編『判例刑事政策演習―矯正処遇編（改訂増補版）』新有堂（1987）99頁以下は，刑務作業は刑罰内容であり，強制されているものであるから，受刑者の義務であって権利ではないとして判決を妥当とする。大阪地裁判決を含め，作業報奨金の性質に関する裁判例の紹介として，鴨下守孝・前掲注（3）162頁以下がある。傍論ではあるが，作業賞与金は受刑者の作業を奨励し，矯正教育の実をあげることを目的として刑務作業に対し支給される金員と解され，刑務作業に対する対価の性質を有するものとは解されないとした裁判例として，札幌地岩見沢支判昭和52.1.19判タ347号156頁。

9　小野清一郎＝朝倉京一・前掲注（3）225頁。また，矯正局作業課長（及び課員）の見解として，柳下竹治・前掲注（3）14頁。

10　林眞琴＝北村篤＝名執俊也・前掲注（3）482頁。

11　さらに法では，作業報奨金の支給に関する処分に不服がある者は，矯正管区の長に対し審査の申請をすることができるとされた（157条1項8号）。

12　判タ・前掲注（1）33頁は，現在の作業報奨金は僅かであるので，これを差し押さえても実効的な被害回復は期待し難いから，被害者保護の観点から差押えを認めるべきことはならないとしている。しかし，この理屈からすると，作業報奨金が比較的高額であれば差押えをすることも認められ得ることになり（他の理由から否定もできるが），適当でない。また，被害者の損害賠償請求債権の額によっては，現在の最高額月2万円台後半の作業報奨金でも賠償分に満つるまで賠償を行うものとして意味がある場合も出てきてしまう。いずれにしても，この理由は根拠とすべきでない。なお，高額の損害賠償債権を有している犯罪被害者でも，受刑者が誠意をもって僅かずつでも賠償をしてくことを望んでいることが少なくない。法制審議会少年法・刑事法（少年年齢・犯罪者処遇関係）部会議事録第25回18頁（被害者御遺族の武るり子委員の発言部分）。強制執行の可否とは関係が無いが，こうした犯罪被害者の思いはきちんと理解しておく必要がある。

13　林眞琴＝北村篤＝名執俊也・前掲注（3）488頁。

14　犯罪被害者等基本計画策定・推進専門委員等会議第6回会議資料（損害賠償命令制度による履行状況調査結果）（2010），日本弁護士連合会「損害賠償請求に係る債務名義の実効性に関するアンケート調査集計結果」（2015），同「損害賠償請求に係る債務名義の実効性に関するアンケート調査集計結果」（2018），番敦子＝江藤里恵「損害賠償を得られない被害者の現状とその課題」被害者学研究31号（2022）77頁以下。

15　太田達也「仮釈放及び満期釈放後における社会内処遇期間の確保―考試期間主義の制度設計と仮釈放要件の見直し―（上）（下）」研修897号（2023）3頁以下，898号（2023）1頁以下。

16　“Rehabilitation never means forgetting crime victims.” TATSUYA OTA ED., VICTIMS AND CRIMINAL JUSTICE: ASIAN PERSPECTIVE 113-114 (Keio University Press, 2003). 太田達也「犯

18 歳に満たない在院者に心情伝達をする場合，できる限り，保護者等に同席を求めるものとされている。この場合，事前に被害者の承諾を得る必要がある。また，18 歳以上の在院者についても，相当と認めるときは，在院者の配偶者（事実婚も含む）や親族の同席を認めることとして差し支えないとされている。通知・通達・前掲注（22)。

63　第 4 回警察庁・犯罪被害給付制度の抜本的強化に関する有識者検討会（2023 年 11 月 13 日）議事録。

64　太田達也・前掲注（18）3 頁以下。

65　被害者との関係修復でないことに注意されたい。

66　初期の段階ほど対象者が多く，段階が上がるに連れて対象者も自ら少なくなることから，図 1 の正三角錐のようなイメージとなる。正三角錐のもう一面は，受刑者の家族や帰住先の地域との関係であり，第 1 段階では，家族の状況や地域住民の状況を把握し，第 2 段階では，家族や地域の生活環境調整を行い，第 3 段階では，家族との対話や地域住民のうち受刑者の社会復帰に関係する雇用主等との対話を促進し，第 4 段階は，直接的な対話や対面（面接）を行うものである。

## 05 章注

1　最三小決令和 4 年 8 月 16 日民集 76 巻 6 号 1271 頁。本決定の判例評釈として，濵﨑録「判批」法学教室 510 号（2023）141 頁，匿名記事「判批」判タ 1504 号 30 頁（以下，判タとする）。

2　詐欺被害者である抗告人は加害者に対して当該詐欺行為による損害賠償請求訴訟を提起したが，加害者が不法行為の時効を主張したため，裁判所が予備的請求原因である貸金債権を認定したものである。

3　小河滋次郎博士は，「賞与金ニ対スル就業者ノ権利ヲ否定シ過囚又ハ行刑ニ関スル行政権発動行為ノ一ト認メル以上ハ之ニ対シテ私法的債務関係ノ拘束ヲ受ケシムルノ理アラサルハ疑ヒヲ容レサル」「在監者就業者カ之ニ対シテ何等ノ権利ヲモ有セサルト共ニ其債務ニ対スル抵当又ハ差押ト云ウカ如キ問題ノ当然，発生シ得ルノ場合アラサルヘキ」とされる。小河滋次郎『監獄法講義［小河文庫版］』法律研究社（1967）261-262 頁［原著は 1912 年刊］。このほか，柳下竹治「刑務作業と報酬」刑政 79 巻 5 号（1968）14 頁，小野清一郎＝朝倉京一『改訂監獄法［復刊新装版］』有斐閣（2000）230 頁［改訂版は 1970 年］，鴨下守孝「作業賞与金の法的性質」矯正判例研究会編『増補改訂裁判例中心—行刑実務の基本問題』東京法令出版（1980）163 頁，林眞琴＝北村篤＝名執俊也『逐条解説刑事収容施設法（第 3 版）』有斐閣（2017）484 頁。

4　東京高決平成 4.10.2 東高民時報 43 巻 1 ～ 12 号 72 頁。

5　濵﨑録・前掲注（1）141 頁は，本決定は作業報奨金の支給を受ける権利の財産的価値は否定することなく，一身専属的な性質を理由に，その譲渡可能性を否定し，差押えの対象となり得ないと判示したものと読むべきとする。

6　判タ・前掲注（1）32 頁は，法 100 条の手当金は災害補償に相当し，他の災害補償法の差押禁止規定と平仄を合わせるため規定が置かれたものとみることができるが，作業報奨金については，同種の受給権を定めた法令がないから，敢えて法制上の整合性を取る必要がないから差押禁止規定が置かれなかったと考えることも可能であるとする。確かにそうかもしれないが，反対に，他の法制がないからこそ，明文で明らかにしておくべき（なのに，しなかったのは，意味がある）

52　法務省「刑事施設における『被害者の視点を取り入れた教育』検討会」議事要旨第2回（2020年10月9日）2頁，5-6頁，第3回（2020年11月9日）4頁。あと，被害者の視点を取り入れた教育の対象者となっていない受刑者等の被害者が心情聴取や伝達を希望した場合のため，教育の対象拡大や個別処遇の在り方を検討すべきとするものとして，阿部千寿子・前掲注（43）662頁。保護観察の心情伝達では詐欺や横領といった財産犯の被害者等も多いことを考えると，そうした財産犯の被害者から心情聴取や伝達の申出があった場合の処遇への活用は課題であろう。

53　法務省矯正局成人矯正課「刑事施設における『被害者の視点を取り入れた教育』について」刑事施設における「被害者の視点を取り入れた教育」検討会第1回（2020年9月10日）資料。2012年の「被害者の視点を取り入れた教育」検討会でも段階的な指導が提案されている。矯正局成人矯正課＝少年矯正課・前掲注（12）57-58頁。

54　法務省矯正局の刑事施設における「被害者の視点を取り入れた教育」検討会を踏まえて，その方向で標準プログラムの改訂が進められている。大谷真吾・前掲注（19）37-40頁。

55　刑執行開始時調査は，刑の執行を開始した日からおおむね2月以内に終了するよう努めるものとされている。「受刑者の処遇調査に関する訓令」平成18.5.23矯成訓3308法務大臣訓令（最終改正平成21.3矯成訓1400，12矯成訓6473）6条4項。訓令上，刑執行開始時の調査項目には特に被害者の事項は掲げられていないが，処遇調査に関する依命通達の別紙様式の処遇調査票には，「被害者等の状況」として，被害者本人の氏名，被害者等の住所・連絡先，本人との関係，心身の状況，生活状況，被害に関する心情，被害者等に対する謝罪・被害弁償の状況その他参考事項が掲げられている。「受刑者の処遇調査に関する訓令の運用について（依命通達）」平成18.5.23矯成3309矯正局長依命通達（最終改正平成28.5矯成1423）別紙様式7。

56　「犯罪をした者及び非行のある少年に対する社会内における処遇に関する事務の運用について（依命通達）」平成20.5.9保観325矯正局長・保護局長依命通達（最終改正令和4.3保観24）第2-5（1）ア，同イ（ア），（イ），同オ（ア）。

57　同上第2-7（2）ア，同エ，第2-7（5）イ（ア）。しかし，留意事項として，被害者等の感情を含む社会の感情とは，それらの感情そのものではなく，刑罰制度の原理・機能という観点から見た抽象的・観念的なものであるとされている。刑罰制度の原理・機能という観点から見た抽象的・観念的なものとしての被害者等の感情という概念が不明であるばかりか，同じ第2-7（5）イでは，改めて被害者等の感情を考慮すべきとしていて，これには先の「社会の感情」としての被害者等の感情の説明が妥当するのか，それとも抽象的・観念的な被害者等の感情とは別に，具体的な被害者等の感情を考慮すべきとしているのか判然としない。

58　同上第2-5（3）ウ，エ，第2-9（3），（4），（12）。

59　「特定生活指導の実施について（通知）」令和4.3.30矯少51矯正局少年矯正課長通知　別紙1。

60　同上。

61　一般の生活指導として行われている被害者心情理解指導の内容は，「被害者の心情を理解させるための指導」と「自らの責任を自覚し，罪障感及び慰謝の気持ちを深めさせるための指導」とされている。「被害者心情理解指導の実施について（通知）」平成27.6.1矯少190矯正局少年矯正課長通知2（1）。少年が自覚することを求められている「責任」には，損害賠償責任も含まれるのであろうか。

62　2004年の「被害者の視点を取り入れた教育」研究会でも，少年の親に被害者についての理解を深める教育を行う必要性が指摘されている。矯正局教育課・前掲注（12）69頁。通達では，

は1升を超えるお酒を飲んで自動車を運転し，私の家族を轢いた後，逃げて多量に水を飲んでから出頭したと私は思っています。あなたは，危険運転致死の罪でもっと重い刑に服するべきだったのです。」と言うことは不相当であろうか。

37　「刑事施設における被害者等の心情等の聴取及び伝達に関する訓令」令和5.11.30矯成訓19法務大臣訓令9条2項，「少年院における被害者等の心情等の聴取及び伝達に関する訓令」令和5.11.30矯少訓5法務大臣訓令9条2項（以下，本章では訓令という）。

38　堤美香「保護観察所における『心情等伝達制度』の運用」更生保護72巻12号（2021）34頁以下，同「更生保護における犯罪被害者等施策の現状と課題―被害者等の声を加害者に届ける心情等伝達制度の運用事例―」家庭の法と裁判34号（2021）147頁以下に伝達後の対象者の発言や態度の実例（成功例）が紹介されている。

39　左近司彩子・前掲注（25）163頁以下。

40　訓令では，当該通知が被害者等の心身に及ぼす影響その他の事情を考慮して通知することが相当と認められない場合には通知しないとしている。訓令・前掲注(37)。最終的には個別判断であろうが，被害者の間では，たとえ酷い内容であろうと真実を伝えてほしいという声が強いことも考慮する必要がある。

41　齋藤実「矯正における犯罪被害者等の支援―刑の執行段階における心情等聴取・伝達制度を中心として―」刑事法ジャーナル75号（2023）42頁。

42　保護観察における心情伝達についても，そうしたニーズがあるとされる。更生保護の犯罪被害者等施策の在り方を考える検討会・前掲注（28）8頁。

43　阿部千寿子「矯正・更生保護における犯罪被害者―被害者施策及び加害者処遇両面からの考察」同志社法学72巻7号（2021）663頁。

44　「被害者等に対する加害者の処遇状況等に関する通知について（依命通達）」平成19.11.22刑総1576刑事局長・矯正局長・保護局長依命通達（最終改正令和4.3刑総213）別表第1。少年院に収容された在院者の処遇状況については，個人別矯正教育目標のほか，問題行動指導及び被害者心情理解指導の状況を通知することになっているが（同別表第4。「被害者等に対する加害者の処遇状況等に関する通知の運用について（通知）」令和4.3.30矯少15矯正局少年矯正課通知），どの程度，具体的な内容になっているかは実務家の指摘を待ちたい。

45　左近司彩子・前掲注（25）163-165頁。

46　阿部千寿子・前掲注（43）663-664頁，太田達也・前掲注（21）914頁。

47　「改善指導の標準プログラムについて（依命通達）」平成18.5.23矯成3350矯正局長依命通達（最終改正平成30.3矯成930）別紙4。

48　太田達也・前掲注（21）916頁。

49　大谷真吾・前掲注（19）37-38頁，42頁。

50　板垣尚孝「千葉刑務所における『被害者の視点を取り入れた教育』について」更生保護66巻10号（2015）24頁以下，大谷真吾・前掲注（19）39頁，宗田貴宏「山形刑務所における『被害者の視点を取り入れた教育』の現状と課題」刑政132巻6号（2021）49-50頁。

51　長い期間の経過によって，受刑者が自分の都合の良いように記憶を書き換えたりして正当化したりしている場合がある。山下嘉一「体験を重視した『被害者の視点を取り入れた教育』―LB指標受刑者グループ（R4）に対するVictim Impact Panelの実践」刑政122巻11号（2011）118頁。また，老化や認知症等が影響して，自分の事件の記憶を無くしてしまうという問題もあろう。

り刑事施設の規律及び秩序を害する結果を生じるおそれがあるとき（ウ）受刑者が重篤な疾患にかかっており，かつ，伝達により症状を悪化させるおそれがあるとき，（エ）その他処遇に関する事情を考慮して相当でないと認めるときとされている。（エ）の相当でない場合とは，ア）刑法222条の脅迫の罪その他の犯罪に該当する記述，イ）加害者である受刑者に対する人種，民族，信条，性別，社会的身分，門地，障害，疾病又は性的指向を理由としてする侮辱，嫌がらせに該当する記述，ウ）加害者である受刑者が刑を言い渡される理由となった犯罪とは関係のない被害に関する心情等の記述をいう。通知・通達・前掲注（22）。

24　プライバシー保護のため，事案の内容を多少修正している。少年対話会は，「少年対話会による立直り支援について」（警察庁丁少発第229号平成19年11月21日警察庁生活安全局少年課長）で導入されたが，実務では全く行われていない。検討の内容については，修復的カンファレンス（少年対話会）モデル・パイロット事業研究会『修復的カンファレンス（少年対話会）モデル・パイロット事業報告書』警察庁（2007），植木百合子「修復的カンファレンス（少年対話会）モデル・パイロット事業報告書の概要について」警察学論集61巻4号（2008）83頁以下，太田達也「警察における修復的司法としての家族集団協議（Family Group Conferencing）の理念と可能性―軽微事犯少年の再非行防止と被害者・地域の立ち直り・回復に向けて」警察政策7巻（2005）20頁以下，高橋則夫「『少年対話会』の意義と限界―修復的司法の可能性」早稲田大学社会安全政策研究所紀要2号（2009）33頁以下参照。

25　伊藤冨士江＝中村秀郷「更生保護における犯罪被害者等施策の現状と課題―心情伝達制度の全国の実施状況の分析を中心に―」上智大学社会福祉研究39号（2015）5頁，太田達也・前掲注（16）270頁，左近司彩子「更生保護における犯罪被害者」被害者学研究28号（2018）162頁。

26　検察庁『犯罪被害者の方々へ』（2022）48-49頁。

27　警察庁『令和5年版犯罪被害者白書』（2023）67-68頁。

28　更生保護の犯罪被害者等施策の在り方を考える検討会は，事前の情報提供の不足や在り方，対象者の範囲，制度利用に当たっての利便性の低さや心理的負担の高さ，被害者のニーズに対する対応の不十分さを課題に挙げている。更生保護の犯罪被害者等施策の在り方を考える検討会「『更生保護の犯罪被害者等施策の在り方を考える検討会』報告書」（2020）6-10頁。

29　「被害者等通知制度実施要領について（依命通達別紙）」平成11.2.9刑総163刑事局長通達（最終改正令和2.10刑総1022）第3（5）イ。

30　通知・通達・前掲注（22）。

31　佐藤繁實「被害者と更生保護」法律のひろば53巻2号（2000）45頁。

32　太田達也「被害者に対する情報提供の現状と課題」ジュリスト1163号（1999）27-28頁，同「犯罪被害者支援の国際的動向と我が国の展望」法律のひろば53巻2号（2000）12頁。但し，保護観察以外の業務を兼務する場合が多い。更生保護の犯罪被害者等施策の在り方を考える検討会・前掲注（28）11頁。

33　「刑事施設及び少年院における被害者担当官の指名について（通達）」令和5.11.30矯成2069矯正局長通達。

34　答申別紙2の4四。

35　井坂朱実「犯罪被害者等施策における実践―名古屋保護観察所の取組―」更生保護と犯罪予防152号（2010）325頁。

36　例えば，被害者が「裁判ではついに最後まで真実が明らかになりませんでしたが，あなたは実

害者への配慮を規定していることに比べれば（3条），トーンダウンした内容となっていることは否めない。

16　太田達也『仮釈放の理論―矯正・保護の連携と再犯防止』慶應義塾大学出版会（2017）233頁以下。

17　同上259頁以下。

18　太田達也「矯正における修復的司法の展望と課題―『修復的矯正』の実現に向けて」矯正教育研究49巻（2004）4頁。矯正局の検討会でも，被収容者に対しては一般的被害者像だけでなく，自身の事件の具体的被害者像について認識を深める必要が指摘されている。矯正局教育課・前掲注（12）69頁，矯正局成人矯正課＝少年矯正課・前掲注（12）69頁。

19　犯罪被害者等施策推進会議「第四次犯罪被害者等基本計画」（2021）Ⅴ-第2-2（15）イ，Ⅴ-第3-1（24）ア（以下，第四次基本計画という）。また，法務省矯正局の「刑事施設における『被害者の視点を取り入れた教育』検討会」においても，被害者の状況等を踏まえた処遇の充実が提案されている。法務省矯正局の刑事施設における「被害者の視点を取り入れた教育」検討会議事要旨第1回（2020年9月10日），第2回（2020年10月9日），第3回（2020年11月9日），大谷真吾「刑事施設における『被害者の視点を取り入れた教育』検討会について」刑政132巻6号（2021）34頁以下。

20　TATSUYA OTA ED., VICTIMS AND CRIMINAL JUSTICE: ASIAN PERSPECTIVE 113-114 (Keio University Press, 2003). 太田達也「犯罪被害者支援の国際的動向と我が国の展望」法律のひろば53巻2号（2000）13頁以下，同「刑事施設・受刑者処遇法下における矯正の課題―矯正処遇を中心として―」犯罪と非行146号（2005）18頁。

21　太田達也「自由刑の執行過程における被害者の意見聴取及び伝達制度―修復的矯正・修復的保護観察への発展可能性を含めて」山口厚ほか編『高橋則夫先生古稀祝賀論文集（下巻）』成文堂（2022）914頁。

22　制度の施行にあたって発出された下級法令によれば，聴取が相当でない場合とは，被害者等が暴力団抗争の相手方であり，受刑者への報復の意思を繰り返し明らかにしている場合，被害者等が反社会的な集団に所属しており，顕著な犯罪性があると認められる場合のほか，その他処遇上の観点及び被害者等への配慮という観点から聴取の必要性が認められない例外的な場合として，加害者である受刑者の収容期間に照らし，心情等を聴取することが不可能であると見込まれるときや，既にその心情等が加害者である受刑者に伝達されている被害者等から，不合理に短期間のうちに，再度，伝達することを希望して同趣旨の心情等を述べたい旨の申出を受けたときが示されている。「刑事施設における被害者等の心情等の聴取及び伝達に関する訓令の運用について（依命通達）」令和5.11.30矯成2067矯正局長依命通達，「少年院における被害者等の心情等の聴取及び伝達に関する訓令の運用について（依命通達）」令和5.11.30矯少202矯正局長依命通達，「『刑事施設における被害者等の心情等の聴取及び伝達に関する訓令の運用について（依命通達）』の実施について（通知）」令和5.11.30矯成2068矯正局成人矯正課通知，「『少年院における被害者等の心情等の聴取及び伝達に関する訓令の運用について（依命通達）』の実施について（通知）」令和5.11.30矯少203矯正局少年矯正課通知（以下，本章では通達・通知という）。

23　伝達が相当でない場合とは，（ア）心情等の伝達により，受刑者の精神の状況を著しく不安定にさせること，被害者等への逆恨みを生じさせることその他の理由によりその改善更生を著しく妨げるおそれがあるとき，（イ）他の受刑者を被害者等とする事件において，心情等の伝達によ

て―[2]」犯罪と非行 125 号（2000）37 頁以下，特に 54 頁以下。

2　まず犯罪者予防更生法の改正により規定が追加され，これが新法の更生保護法に引き継がれた。吉田雅之「更生保護法の概要について」犯罪と非行 154 号（2007）49-51 頁，河原誉子「更生保護法における犯罪被害者等施策」法律のひろば 60 巻 8 号（2007）38-40 頁，保護局被害者等施策推進プロジェクトチーム「更生保護における犯罪被害者等施策の実施」更生保護 58 巻 12 号（2007）28-32 頁，久保貴「更生保護における犯罪被害者等施策の取組」犯罪と非行 164 号（2010）85-89 頁。

3　太田達也・前掲注（1）58-59 頁，62-64 頁。

4　太田達也・前掲注（1）74 頁以下。

5　やはり，これも犯罪者予防更生法と執行猶予者保護観察法の改正により規定が追加され，これが新法の更生保護法に引き継がれた。

6　法制審部会第 3 分科会第 2 回会議議事録 21-23 頁，同第 3 回議事録 19 頁，同第 10 回議事録 22-24 頁。

7　法制審議会第 188 回諮問第 103 号に対する答申別添 2 の 4（以下，答申別添という）。

8　法務省矯正局「刑の執行段階等における被害者等の心情等の聴取・伝達制度に関する検討会報告書」（2023），同「『刑の執行段階等における被害者等の心情等の聴取・伝達制度に関する検討会』での議論を踏まえた制度運用の方向性」（2023）。

9　宮澤浩一「犯罪者処遇と被害者の視点」罪と罰 22 巻 2 号（1985）45 頁以下。月命日の供養や合同慰霊祭，被害者をテーマとした内観は行われていた。久我洋二「矯正と犯罪被害者―交通事犯受刑者の場合を中心に―」罪と罰 24 巻 1 号（1986）24 頁以下，同「犯罪被害者と矯正の現場」法律のひろば 40 巻 1 号（1987）53 頁以下。

10　土井政和「行刑における被害者の観点」法政研究 56 巻 3・4 合併号（1990）56 頁以下等。

11　法務総合研究所『平成 15 年版犯罪白書』（2003）406 頁，同『平成 16 年版犯罪白書』（2004）324 頁。

12　法務省でも 2004 年度に「被害者の視点を取り入れた教育」検討会を開催し，プログラムの充実を図っている。矯正局教育課「薬物事犯受刑者処遇研究会及び『被害者の視点を取り入れた教育』研究会の概要報告」刑政 116 巻 3 号（2005）60 頁以下，特に 67 頁以下，矯正局成人矯正課＝少年矯正課「薬物事犯受刑者処遇研究会及び『被害者の視点を取り入れた教育』研究会報告会の概要報告」刑政 117 巻 8 号（2006）62 頁以下，特に 69 頁以下。

13　犯罪被害者等施策推進会議「犯罪被害者等基本計画」（2005）V-第 2-2（12）ア，V-第 3-1（24）（25）。

14　刑事収容施設法施行後にも法務省で被害者の視点を取り入れた教育の有識者検討会が行われている。矯正局成人矯正課＝少年矯正課「『被害者の視点を取り入れた教育』検討会について」刑政 123 巻 2 号（2012）54 頁以下。

15　太田達也「刑罰論の回顧と展望」刑法雑誌 62 巻 3 号（2023）449-450 頁。そうした意味では，矯正処遇における被害者への配慮も，処遇要領の策定・変更や改善指導における被害者の心情等の配慮という形に止まらず，受刑者の処遇の原則（改正刑事収容施設法 30 条）に被害者の心情等の配慮を規定すべきあったと考える。更生保護法が，2022 年の改正により，当該法律による措置（保護観察，仮釈放・仮退院，生活環境調整，恩赦等全て）においては，被害者等に対する心情，被害者等の置かれている状況を十分に考慮して行うものという社会内処遇の原理原則に被

策部長北條英幸氏発言部分。

27　明石市議会会議録令和5年総務常任委員会（3月7日）44-45頁の石井宏法副委員長，47頁の梅田宏希委員，51頁の北川貴則委員の発言部分，48頁，51頁の大西洋紀委員の発言部分，令和5年第1回定例会（第6日3月24日）241頁の吉田秀夫委員の発言部分。これに対し，日本共産党の辻本達也委員からは，市が立替えすることにより，被害者に代わって市が加害者に請求することになるため，加害者にとってはこれまでになかった圧力をかけることになるとして，立替支援金を1,000万円に引き上げることに賛成している。令和5年第1回定例会（第6日3月24日）251頁。

28　フランスの被害者補償制度は，補償裁定額の不服申立てを裁判所に設置された犯罪被害者補償委員会に行い，同委員会が補償額の裁定を行う仕組みがある。内閣府犯罪被害者等施策推進室・前掲注（24）43-55頁。

29　齋藤実・前掲注（9）288-289頁。

30　「同国は損害賠償金の回収・補償制度についても先進的な制度を有しており，その知見は，日本のあるべき補償制度を考える上で極めて有用である。」としている。日本弁護士連合会・前掲注（2）9-10頁。

31　第1章注（63）の資料参照。

32　犯罪被害者等施策推進会議「犯罪被害者等施策の一層の推進について」（2023年6月6日決定）。

33　立替支援金制度を導入した明石市議会でも，犯罪者からの回収が困難ではないかとの疑問が呈されている。明石市議会会議録平成25年12月定例会（第3日12月6日）90-95頁の木下康子発言部分。

34　最三小決令和4年8月16日民集76巻6号1271頁。

35　もし国が時効の更新をせず，債権が消滅時効に掛かってしまうようなことになれば，犯罪者は，損害賠償を払わずにいれば，国は債権の回収を諦めてくれるとして，一層，損害賠償を払わないようになるであろう。そもそも，被害者に対してでさえ損害賠償を払わず，無視し続ける犯罪者が多いとすれば，被害者でもない，顔の見えない国となれば，この傾向が助長されることは間違いないであろう。

36　前田努編『債権管理法講義』大蔵財務協会（2020）135-136頁。

37　労働政策研究・研修機構『ユースフル労働統計2022―労働統計加工指標集』（2022）317頁。受刑者の90%近くは高卒以下である。矯正統計2022 e-Stat表22-00-34。

38　生活保護や年金は差押えが禁止されている（生活保護法58条，国民年金法24条等）。

39　明石市議会会議録平成25年12月定例会（第3日12月6日）90頁の木下康子委員の発言部分，平成25年総務常任委員会（12月13日）8頁の辻本委員の発言部分。

40　同じ疑問が明石市の立替支援金制度の改正の審議において被害者遺族の見解が紹介されている。明石市議会会議録令和5年総務常任委員会（3月7日）47頁。

## 04章注

1　太田達也「更生保護における被害者支援―釈放関連情報の提供と被害者の意見陳述を中心とし

権行使については実効性の担保が期待できず，給付制度と異ならないから，結局，本項の問題（損害賠償債務の国による立替払い及び求償等の是非…著者注）については1～5までで行った（犯罪被害…著者注）給付制度の検討に帰着するものと考えられる。」としているのも同旨である。内閣府・経済的支援に関する検討会「最終取りまとめ」(2007) 7頁。

11 しかし，弁護士の白井孝一氏は，これには否定的な見解を述べ，犯罪を許してしまった責任を国が代わってその責任を負い，被害者に補償すべきとする。内閣府・経済的支援に関する検討会第6回（2006年8月25日）議事録。

12 第1章注（8）から（10）の文献参照。

13 浅野信二郎「犯罪被害給付制度の基本的考え方」警察学論集33巻11号（1980）10頁。

14 第2章注（69）の明石市議会の会議録を参照の事。

15 犯給制度では不適当な場合として不支給としている（犯給等規則5条2号）。

16 新全国犯罪被害者の会（新あすの会）・前掲注（1）1頁。これに対し，日弁連は，犯罪者が死亡した場合，責任無能力の場合，未検挙の場合といった債務名義が取得できない場合は，国が，別途，損害の多寡に応じて補償金を支給する制度の創設を提案していることから，こうした場合は，国による立替払いは行われないことになろう。日本弁護士連合会・前掲注（2）9頁。

17 日本弁護士連合会・前掲注（2）8-9頁。

18 明石市犯罪被害者等の権利及び支援に関する条例14条，明石市犯罪被害者等立替支援金の支給等に関する規則（令和5年3月30日規則20号）6条乃至10条。

19 明石市政策部長北條英幸氏は「9月の委員会では，債権譲渡の対価として立替支援金というふうなことで，ご説明させていただいておりました。ただ，今回考えておりますのは，加害者から回収できるか否かを問わず支給するものなので，実質的には給付，寄附に当たるということで，むしろ対価や買い取りとか，そういうふうな売買には該当しないということで，国，県とも調整する中で，立替支援金という言葉に変更させていただいた次第でございます。」と説明している。明石市議会会議録平成25年12月定例会（第3日12月6日）96頁。また，明石市議会会議録平成25年総務常任委員会（12月13日）7頁，9頁の能登相談担当課長の発言部分参照。

20 明石市議会会議録平成25年12月定例会（第3日12月6日）92頁の政策部長北條英幸氏発言部分，明石市議会会議録平成25年総務常任委員会（12月13日）9-10頁の能登相談担当課長の発言部分。

21 能登相談担当課長は立替支援金が損害賠償債権の譲渡を条件とした寄付に当たるとしている。明石市議会会議録平成25年総務常任委員会（12月13日）19頁。

22 浅野信二郎・前掲注（13）10-11頁。

23 浅野信二郎・前掲注（13）11頁。

24 フランスの被害者補償制度は，国民の損害保険契約に含まれる分担金を主たる財源とし，重大な身体犯被害に加え，軽微な身体犯被害や財産犯被害も補償の対象になる。しかし，被害者の収入要件や支給額の上限がある。内閣府犯罪被害者等施策推進室『平成23年度諸外国における犯罪被害者等に対する経済的支援に関わる制度等に関する調査報告書』(2012) 43-55頁。

25 既述の通り，国を連帯債務者とする場合，国自身の賠償責任に基づく賠償額を幾らとし，犯罪者に幾ら求償するのかという問題もある。

26 明石市は被害者から受けた損害賠償債権の回収を被害者より優先的に行う可能性を示唆しているが，妥当でなかろう。明石市議会会議録平成25年12月定例会（第3日12月6日）99頁の政

日条例8号）7条の2，明石市犯罪被害者等特例給付金の支給等に関する規則（令和5年3月30日規則20号）。2023年の条例及び規則の改正で，特例給付金が20万円から60万円に引き上げられている。明石市では，市民や団体等からの寄付や予算からの積立額を原資とするあかし被害者基金を設置し（あかし被害者基金条例），支援事業に用いている。あかし被害者基金条例（令和2年条例1号）。

68　第40回基本計画策定・推進専門委員等会議（2023年2月17日）議事録12頁。2024年初頭の時点では，3件になっているという。

69　明石市議会会議録平成25年12月定例会（第3日12月6日）90頁の木下康子委員の発言部分，平成25年総務常任委員会（12月13日）8頁の辻本委員の発言部分。

70　新全国犯罪被害者の会（新あすの会）「新全国犯罪被害者の会創立大会決議（2022年3月26日）」（2022）1頁。

71　日本弁護士連合会「犯罪被害者等補償法制定を求める意見書（2023年3月16日）」（2023）8-9頁。齋藤実・前掲注（37）346-347頁も同趣旨である。

## 03 章注

1　新全国犯罪被害者の会（新あすの会）「新全国犯罪被害者の会創立大会決議（2022年3月26日）」（2022）1頁。2006年から翌年にかけて犯罪被害者に対する経済的支援の在り方に関する検討を行った内閣府の経済的支援に関する検討会においても，同様の意見・要望が犯罪被害者等から提出されている。内閣府・経済的支援に関する検討会資料4「各検討会における検討事項一覧の参考資料」。

2　日本弁護士連合会「犯罪被害者等補償法制定を求める意見書（2023年3月16日）」（2023）8-9頁。

3　少年犯罪被害当事者の会（武るり子代表）も，損害賠償を国が立替払いする制度の新設を求めている。少年犯罪被害当事者の会「第三次犯罪被害者等基本計画の見直しに関する意見書」（2019），同「法務大臣宛犯罪被害者支援の充実を訴える要望書」（2023）。

4　第3回警察庁・犯罪被害給付制度の抜本的強化に関する有識者検討会（2023年10月16日）資料2国土交通省物流・自動車局保障制度参事官室「自動車損害賠償責任保険制度について」。

5　第2回警察庁・犯罪被害給付制度の抜本的強化に関する有識者検討会（2023年9月19日）資料2-1厚生労働省「労働者災害補償保険制度について」。

6　自賠法における政府の自動車損害賠償保障事業は，被保険者の自賠責保険料のなかに賦課金が含まれており，これを原資として行われている。

7　村澤眞一郎「犯罪被害者等給付金支給法」警察学論集33巻12号（1980）28頁。

8　大谷實『犯罪被害者と補償—“いわれなき犠牲者”の救済』日本経済新聞社（1975）148頁。

9　齋藤実「犯罪被害者補償制度と北欧の犯罪被害者庁」獨協法学118号（2022）287頁。

10　2006年から翌年にかけて犯罪被害者に対する経済的支援の在り方に関する検討を行った政府の有識者会議でも，「そもそも加害者に資力がなく，犯罪被害者等が，事実上損害賠償を受けられず，何らの救済も受けられないでいる実情に鑑み，社会の連帯共助の精神から，国が給付金を支給する制度が創設されたものであり，実質的な面から見ても，従来の求償実績に照らし，求償

三重県四日市市，京都府京都市，大阪府大阪市・摂津市，兵庫県神戸市・明石市，高知県，長崎県長崎市等で行われている。

54　神奈川県や神奈川県川崎市等である。

55　高知県の犯罪被害者等支援条例は，「市町村は，国，県及び民間支援団体等との役割分担を踏まえて，地域の状況に応じた犯罪被害者等の支援に関する施策を策定し，及び実施する（中略）ものとする」（7条2項）と規定し，被害者支援における市町村の役割と県との役割分担を（総論的に）規定する。

56　東京都「東京都犯罪者等支援見舞金給付について」，中野区犯罪被害者等弔慰金等支給要綱（2020年4月1日要綱149号）3条5項（重傷病支援金のみ），中野区犯罪被害者緊急一時居住及び転居助成交付要綱（2020年4月1日要綱154号）。

57　尾崎万帆子「地方公共団体における被害者支援─基礎自治体を中心とした広域自治体及びその他関係機関との役割分担と連携」被害者学研究29号（2019）44-45頁。大分県のほか，新潟県にも市町村が支給する見舞金に対する補助事業がある（犯罪被害者等見舞金支給事業補助金実施要領）。

58　横須賀市犯罪被害者等基本条例（令和3年12月17日条例75号）15条，鹿児島県犯罪被害者等支援条例（令和3年12月24日条例47号）14条，広島県犯罪被害者等支援条例（令和4年3月22日条例1号）12条，長野県犯罪被害者等支援条例（令和4年3月24日条例10号）19条，島根県犯罪被害者等支援条例（令和4年12月23日条例46号）12条，山梨県犯罪被害者等支援条例（令和4年12月26日条例49号）12条，宮城県犯罪被害者等支援条例（令和5年10月11日条例44条）15条，京都府犯罪被害者等支援条例（令和5年3月17日条例8号）18条，愛媛県犯罪被害者等支援条例（令和5年3月24日条例7号）15条。

59　横須賀市「横須賀市犯罪被害者等基本条例逐条解説」10頁。

60　愛知県，大阪府，兵庫県明石市，香川県，愛媛県，高知県，福岡県等がある。

61　名古屋市犯罪被害者等支援事業（見舞金）。

62　名古屋市には，この見舞金以外に，死亡した被害者の遺族や受傷病を被った被害者に対する支援金の制度がある。名古屋市犯罪被害者等支援事業（支援金）。

63　明石市犯罪被害者等の支援に関する条例（平成23年3月29日条例2号）13条。同条例は，2023年3月30日の条例改正により，「明石市犯罪被害者等の権利及び支援に関する条例」と名称が改められている。立替支援金は14条に規定されている。

64　2023年の条例改正において，支給上限を1,000万円とする改正案が提出されたが，総務常任委員会で否決され，支給上限を改正しない修正案が可決されている。明石議会会議録令和5年第1回定例会（第6日3月24日）241-252頁。

65　2013年の立替支援金制度創設当時は，被害者が死亡した場合及びこれに準ずる場合とされていたが，2018年の条例改正で，犯罪等により療養に1か月以上の期間を要する負傷をし，又は疾病にかかった場合と，性犯罪により被害を受けた場合が追加された。

66　支給要件や手続は明石市犯罪被害者等立替支援金の支給等に関する規則（令和5年3月30日規則20号）6条乃至10条。

67　犯罪者が死亡した場合や心神喪失等で刑事責任を問われず，被害者が立替支援金の支給を受けられない場合は，2020年の条例改正により，明石市が特例給付金として遺族に対し60万円を支給する制度を設けている。明石市犯罪被害者等の権利及び支援に関する条例（令和5年3月30

40　支援金の支給に特化し，支援金の対象を犯給等法に基づく給付金の支給裁定を受けた者に限定した条例を制定した神奈川県寒川町はその典型であろう。寒川町犯罪被害者等支援条例（平成15年条例第6号）3条。石川県能登町，岐阜県（犯罪被害遺児激励金），愛知県（犯罪被害遺児支援金），和歌山県（生活資金の貸付）も同様である。

41　札幌市犯罪被害者等支援金及び日常生活等支援に関する要綱（令和2年市民文化局長決裁）。

42　配食サービスやその助成は，東京都中野区，神奈川県川崎市，愛知県名古屋市，大阪府大阪市，兵庫県神戸市・明石市等で，ハウスクリーニング費用等住居復旧関係の助成は新潟県，兵庫県神戸市・明石市（ともに住居復旧費及び防犯対策費），高知県で導入されている。

43　兵庫県明石市は，事件の被疑者の特定等に関する情報の提供を公衆に求める活動を行うために資料を作成する際に係る費用の補助を行っている。明石市犯罪被害者等の支援に関する条例（平成23年条例2号。改正平成25年条例50号，平成30年条例15号，令和2年条例18号）8条。このほか，同様の条例として，桑名市犯罪被害者等支援条例（令和2年9月30日条例45号）10条。

44　広島県二次被害防止・軽減支援金支給要綱，山梨県犯罪被害者等支援補助金の御案内。

45　このほか，京都府，兵庫県神戸市・明石市，高知市，千葉県四街道市等がある。高知県の犯罪被害者に対する生活資金の補助は，被害者の葬儀に要する費用，生活サービスに関する費用，住居関連費用，就労に要する費用のほか，負傷又は疾病の治療に要する費用（性犯罪被害者）のほか，警察・裁判所・検察庁等への出頭に要する交通費や宿泊費も対象となる。高知県犯罪被害者等支援事業費補助金交付要綱（令和3年）。

46　東京都，東京都中野区，京都府等がある。

47　愛知県，大阪府，兵庫県明石市，香川県，愛媛県，高知県，福岡県等がある。

48　富山市犯罪被害者等奨学資金給付要綱（令和2年）。入学経費のほか，学費について給付期間は原則1年間であるが，遺族の場合は，大学等の正規の修学年限を上限として給付期間を更新することができる。愛知県（愛知県犯罪被害遺児支援金給付要綱），岐阜県，岐阜県岐阜市（犯罪被害遺児激励金）にも義務教育及び高等学校在学中の遺児に対し犯罪被害遺児支援金を支給する制度がある。神戸市の犯罪被害者等奨学金返還支援金は，被害者本人やその子の大学等の教育ために受けた奨学金の返還に要する費用の一部を補助する（犯罪被害者等奨学金返還支援金交付要綱［令和元年危機管理監決定］）。このほかの例として，徳島県（犯罪被害遺児等未来応援金），神奈川県川崎市（家庭教師，通信教育，送迎等の教育関係助成）がある。

49　このほか，茨城県潮来市・陸奥大宮市，東京都多摩市，兵庫県明石市等で犯罪被害者に対する資金貸付制度がある。

50　山形県の犯罪被害者に対する貸付制度は，犯罪被害者等給付金により返済することを条件に30万円を限度として無利子で貸付けを行うものである。山形県犯罪被害者等生活資金貸付規則（平成20年山形県規則53号）。犯罪被害給付制度の仮給付的な機能を果たしているわけであるが，犯罪被害給付金が支給されなかった場合には被害者に負担になる可能性があるのと，犯罪被害給付制度の対象者しか支援できない。

51　一時保育費用の助成は，神奈川県川崎市・横浜市，三重県四日市市，京都府京都市，大阪府大阪市，兵庫県神戸市・明石市等で導入されている。

52　東京都杉並区提供の資料による。

53　一時住居費用や転居費用，家賃の助成は，東京都，東京都中野区，神奈川県川崎市・横浜市，

27　但し，見舞金や生活資金の貸付など給付型の支援に限られ，ホームヘルパーの派遣や給食サービス等については，転居後にまで支援を行うことは困難であろう。

28　以下の自治体は，犯罪被害時の住所にかかわらず，支援時に遺族や被害者が住民であることが要件となっている。北海道札幌市（家事介護サービス費用，配食サービス，一時保育，家賃，助成，精神医療費用，カウンセリング費用，犯罪被害からの回復などに向けた行為に要した費用），東京都（見舞金），東京都杉並区・中野区（カウンセリング費用，緊急一時居住及び転居助成，緊急生活サポート事業）・多摩市（配食サービス事業，弁護士費用助成，法律相談費用助成），神奈川県，神奈川県寒川町（傷害支援金），愛知県（犯罪被害遺児支援金，再提訴費用助成金），岐阜県（犯罪被害遺児激励金），大阪府（再提訴費用），和歌山県（生活資金貸付），香川県（見舞金，再提訴費用助成金），徳島県（犯罪被害遺児等未来応援金），高知県（再提訴費用），福岡県（再提訴費用），熊本県（見舞金）。富山県富山市では，支援金や奨学資金給付の申請時に住民であることを要件としつつ，支援金については，犯罪行為後，支援金の支給を受けることを目的に富山市に転入した場合は，支援金を支給しないとしている（富山市犯罪被害者等支援金支給要綱3条但書）。

29　東京都日野市の日野市被害者，遺族等支援条例（平成15年条例17号）では，「この条例において支援の対象となる者は，市民又は自らが遭遇した犯罪，不慮の事故，災害等が発生した当時市民であった者」（3条本文）として元住民も支援の対象としているほか，市長が適当と認める者も支援対象としている。もっとも，同市には経済的支援の制度は無い。

30　横浜市犯罪被害者等支援条例（平成30年条例62号）2条2項。

31　同様の条例として，東京都犯罪被害者等支援条例（令和2年条例17号），さいたま市犯罪被害者等支援条例（令和3年3月11日条例10号）14条，広島市犯罪被害者等支援条例（令和4年3月18日条例6号）15条，山梨県犯罪被害者等支援条例（令和4年12月26日条例49号）21条，相模原市犯罪被害者等支援条例（令和5年3月20日）9条，兵庫県犯罪被害者等の権利利益の保護等を図るための施策の推進に関する条例（令和5年3月22日条例15号）。

32　長崎市犯罪被害者等支援条例施行規則2条5項。神奈川県川崎市の各種被害者支援も，東日本大震災の避難住民，DV，ストーカー，児童虐待，高齢者虐待，障害者虐待等の者については，住民以外の者も支援の対象としている。川崎市犯罪被害者等見舞金支給要綱（令和4年3月31日3川市地1141号）2条4号，川崎市犯罪被害者等日常生活等支援実施要綱（令和4年3月31日3川市地1142号）2条4号等。

33　多摩市犯罪被害者等支援条例2条2項，犯罪被害者等支援資金の貸付けに関する規則2条第1項。

34　京都市犯罪被害者等支援条例15条。

35　杉並区犯罪等被害者支援専門家検討会・前掲注（16）25-26頁。

36　「見舞金」という名称は，目的がはっきりせず，支給額の妥当性も判然としないことから，適当ではなく，「支援金」等の方が望ましいと考えるが，本書では単に見舞金と称する。

37　地方公共団体による見舞金制度の意義を評価するものとして，齊藤実「犯罪被害者支援条例と経済的支援」獨協法学114号（2021）352頁。

38　「犯罪被害給付制度における仮給付の更なる推進について（通達）」令和5.7.24警察庁丁教厚発第666号。

39　太田達也・前掲注（4）781頁以下。

22　太田達也「犯罪被害者補償制度の研究（2・完）―改正・犯罪被害者等給付金支給制度の課題―」法学研究 74 巻 6 号（2001）69-70 頁。

23　見舞金や助成金において過失犯も対象とする自治体としては，北海道北斗市，東京都杉並区（資金貸付）・中野区（緊急生活サポート事業，配食サービス事業）・多摩市（支援資金の貸付），神奈川県横浜市（家事介護費用・一時保育費用・転居費用の助成，見舞金，緊急避難場所の提供），富山県富山市（奨学資金貸付。過失運転致死傷を除く過失犯も対象），大阪府高槻市（災害見舞金・弔慰金），愛知県名古屋市（支援金，見舞金，ホームヘルパーの派遣等），滋賀県高島市，大阪府高槻市（災害弔慰金），岡山県岡山市（見舞金はなし），山口県（転居費用助成金），高知県，長崎県大村市等がある。

24　事件直後の 2013 年には，まず潮来市国外犯罪被害者等見舞金の支給に関する条例（平成 25 年条例 43 号）を制定し，国外で行われた犯罪行為の被害者に対する見舞金の制度を設けたが，2016 年には同条例を廃止し，国外犯罪被害を含めた被害者に対する支援を規定した犯罪被害者等支援条例（平成 28 年条例 34 号）を制定している。但し，被害者が日本国外に長期滞在していた場合は見舞金を支給しないとしている（13 条 5 項）。群馬県大泉町（犯罪被害者等見舞金支給要綱），富山県富山市（犯罪被害者等支援金支給要綱），滋賀県高島市（犯罪被害者等支援条例），兵庫県明石市（犯罪被害者等支援金等の支給等に関する規則）でも，国外犯罪行為を含めることを明文で規定する。このほか，国外犯罪行為を含めるかどうか特に明文では規定していないが，特に排除もしていない自治体として，北海道北斗市，埼玉県さいたま市，東京都杉並区・中野区・多摩市，神奈川県・横浜市・川崎市，愛知県名古屋市，大阪府高槻市（災害弔慰金），長崎県大村市等がある。

25　規定上受給要件が曖昧な自治体も多いが，犯罪（被害）発生時に被害者本人又は遺族が住民であることを支援（支給）の要件としている自治体として，以下のところがある。北海道北斗市（見舞金）・札幌市（支援金，転居費用，ハウスクリーニング費用），秋田県秋田市，山形県（生活資金貸付），栃木県小山市，茨城県潮来市，埼玉県嵐山町・三芳町・さいたま市（見舞金，転居費，一時避難費），千葉県成田市・多古町・神崎町，東京都（転居費用，被害者参加弁護士費用。被害発生地も都内でなければならない），神奈川県川崎市（重傷病見舞金，性犯罪被害見舞金）・秦野市（災害弔慰金）・寒川町（遺族支援金），静岡県焼津市，石川県加賀市・能登町（遺族見舞金）・野々市市，愛知県，愛知県名古屋市（支援金，見舞金），三重県，三重県四日市市・鈴鹿市，滋賀県竜王町（遺族見舞金）・長浜市・大津市・彦根市・高島市（遺族見舞金），大阪府摂津市（見舞金）・高槻市（災害弔慰金），兵庫県神戸市・明石市（支援金），鳥取県岩美町，広島県広島市・呉市（遺族見舞金），山口県，山口県防府市，高知県（生活資金），福岡県宗像市，長崎県長崎市・佐世保市，熊本県長洲町等。

26　以下の自治体は，被害時だけでなく，支援時にも遺族や被害者が住民でなければならないとしている。茨城県陸奥大宮市（貸付），埼玉県さいたま市（家事・介護援助費，一時保育費，精神医療・カウンセリング費），山梨県韮崎市，新潟県（市町村の見舞金に対する補助事業），新潟県新潟市，石川県志賀町，福井県越前市，愛知県名古屋市（日常生活支援，配食サービス，市営住宅優先入居，市営住宅目的外使用），岐阜県岐阜市・多治見市・美濃加茂市，京都府宇治市・八幡市，大阪府摂津市（日常生活支援，家賃補助），奈良県奈良市，兵庫県明石市，広島県呉市（傷害見舞金），高知県（転居費用），福岡県大牟田市，佐賀県佐賀市，大分県大分市，宮崎県木城町。

条例（令和3年12月14日条例30号）を制定し，犯罪被害者に対する支援金の制度を導入したことから，災害見舞金の対象から犯罪被害者を除外している。

9　太田達也・前掲注（4）766-767頁。

10　埼玉県嵐山町・三芳町，千葉県多古町・大栄町［後に成田市に編入］・神崎町・成田市，神奈川県秦野市・寒川町，山梨県韮崎市，石川県能登町，滋賀県竜王町・長浜市・大津市・彦根市，福岡県宗像市，熊本県長洲町等がある。上記のうち犯罪被害者等基本法制定後の比較的最近になって制定された条例の中にも見舞金を支給するだけのものが見られる（韮崎市，能登町，長洲町）。

11　北海道日高町・中頓別町・喜茂別町・札幌市・函館市，岩手県，茨城県，石川県珠洲市・志賀町，富山県富山市，山梨県，静岡県静岡市，愛知県（2022年犯罪被害者等支援条例制定），滋賀県長浜市，京都府，兵庫県，鳥取県，島根県，愛媛県等がある。

12　滋賀県の長浜市は防犯の推進に関する条例（平成13年6月22日）を制定し，市や市民，事業者の防犯上の役割を明らかにし，防犯に係る環境の整備を行う諸規定の中に市長による犯罪被害者等への支援と速やかな被害回復を図る規定を盛り込み（10条），その施行規則によって犯罪被害者に見舞金を支給する制度を設けている（長浜市犯罪被害者等見舞金支給要綱平成18年2月13日告示29号）。

13　札幌市，志賀町，富山市，長浜市，京都府，兵庫県，鳥取県，島根県等である。

14　愛知県は，2022年3月25日に犯罪被害者支援条例（令和4年3月25日条例2号）を制定したことから，安全なまちづくり条例（平成16年3月26日条例4号）の犯罪被害者の支援に関する規定を削除している。茨城県でも，2003年に安全なまちづくり条例（平成15年3月26日条例16号）を制定し，被害者支援の規定を設けたが，2022年に犯罪被害者等支援条例（令和4年3月29日条例20号）を制定している。沖縄県のちゅらうちなー安全なまちづくり条例（平成15年12月25日条例47号）と犯罪被害者等支援条例（令和4年7月29日条例42号）もほぼ同様の経緯である。

15　もっとも，宮城県公安委員会が，本条例に基づき策定した『宮城県犯罪被害者支援推進計画』は，県警察本部や地方検察庁，民間被害者支援センターが既に行っていた既存の支援業務を内容とするものが殆どであり，条例や計画に基づいて新たに導入した制度は見られない。しかし，2023年10月，宮城県は，犯罪被害者等支援条例を全面改正し，総合的な犯罪被害者支援特化条例としている（令和5年10月11日条例44号）。

16　杉並区犯罪等被害者支援専門家検討会「杉並区による犯罪被害者等の支援に関する施策の推進課題『（仮称）杉並区犯罪被害者等支援条例』の制定に向けて」（2005）。

17　被害者支援の地域格差の解消を主張するものとして，川本哲郎「犯罪被害者支援の新たな動き—特化条例を中心にして」同志社法学73巻4号（2021）741-742頁。

18　滋賀県（広域自治体）と高島市は総合的な犯罪被害者支援条例となっている。

19　太田達也「被害者の自立支援—地方自治体の取組みと課題」被害者学研究19号（2009）119頁以下。

20　内閣府犯罪被害者等施策推進室『平成21年度地方公共団体における犯罪被害者等施策に関する調査報告書』（2010）。

21　内閣府「犯罪被害者等施策の手引き」（2008）。また，「被害者が創る条例研究会」が，市町村による犯罪被害者等基本条例案を公表している。

肩代わりの制度にすべきとしている。

73　鈴木義男・前掲注（8）134 頁。

74　衆議院連合審査会議録・前掲注（9）8 頁において，山田英雄政府委員は「判決の趣旨はつまるところ，国が犯罪防止の一般的義務はあるわけでございます，われわれ治安機関もそのために責務を果たしておるわけですが，犯罪が起きたときに，その犯罪を抑止できなかったことについて国に責任があるということにはならないということだと思います。それは自由国家におきましては，特にそういう結論が出ることはやむを得ないことだと思います。」と答弁している。

75　奥村正雄教授（当時）は，国家が犯罪を防止する法的義務を有するとするのは困難であるという理由から，国家賠償的な被害者補償制度に否定的な見解を示される。奥村正雄「犯罪被害者に対する経済的支援」現代刑事法 10 号（2000）49-51 頁。

76　理論的には，フランスのように裁判所が裁定機関となり，損害賠償額の算定を行ったうえで，補償の給付を決定することも考えられなくもない。内閣府犯罪被害者等施策推進室・前掲注（12）47-50 頁。

## 02 章注

1　Annex Part A 14-15, UN Declaration of Basic Principles of Justice for Victims of Crime and Abuse of Power (A/RES/40/34, 29 November 1985).

2　ヨーロッパ・フォーラムについては，宮澤浩一「被害者支援のためのヨーロッパ・フォーラム」罪と罰 35 巻 4 号（1998）37 頁以下参照。現在，ヨーロッパ・フォーラムは，Victim Support Europe となって活動を展開している。

3　European Forum for Victim Services, The Social Rights of Victims of Crime (1998).

4　著者は，2004 年に当時全国で制定されていた犯罪被害者支援に関わる条例を調査し，この 4 つのタイプに分けられることを指摘した。太田達也「地方公共団体による被害者支援の意義と課題―犯罪被害者支援条例の分析を中心として」法学新報（渥美東洋先生退職記念論文集）112 巻 1・2 号（2005）759 頁以下。

5　但し，この規定が当初の制定からあったものか，その後の 1974 年，75 年，77 年の改正によるものかは不明である。

6　摂津市の災害見舞金支給条例（昭和 46 年 6 月 28 日条例 28 号）は 1971 年に制定されたものであるが，1975 年の一部改正で対象に犯罪被害者が含められている。この改正がどのような経緯で行われたのか，著者が 2004 年に摂津市で調査を行った時点で既に市の方でもわからなくなっていた。しかし，摂津市では，2008 年に犯罪被害者等支援条例（平成 20 年条例 3 号）と犯罪被害者等見舞金の支給に関する条例（平成 20 年条例 4 号）を制定したことから，災害見舞金条例の対象から犯罪被害者を除外している。

7　1969 年の災害見舞金等支給条例（昭和 44 年 3 月 31 日条例 4 号）を 1981 年の改正で対象を犯罪行為の遺族にまで拡大している。

8　地下鉄サリン事件の発生を受け，1995 年に神奈川県の秦野市が従前の小災害見舞金等支給要綱（平成元年 6 月 23 日告示 29 号）を改訂し，自然災害や火災・爆発に加え，犯罪による死亡遺族と重症者に見舞金を支給することにしている。しかし，秦野市も，2021 年に犯罪被害者支援

65　奥村正雄「被害者支援の現状と問題点」宮澤浩一＝国末孝次監修『講座被害者支援 1 －犯罪被害者支援の基礎』東京法令出版（2000）227 頁も，犯罪者側の誠意・努力と結びついた賠償命令と犯罪被害者補償制度の可能性を示唆される。

66　太田達也（2001）・前掲注（12）50-52 頁。

67　そうした場合があり得るのかわからないが，重傷病給付金か極めて軽度な障害の場合の障害給付金で可能性があるかどうかくらいであろう。

68　大谷實博士は，「犯人に支払い能力がないのは歴然としているのに，国が求償権をきびしく行使すれば，いよいよ犯罪者の社会復帰を困難にするだけである。こうした点を考慮したうえで，やはり求償権は残しておくべきである。個人責任の原則を完全に否定してしまうのは妥当ではないし，支払い能力があるのに賠償を免れる者が皆無だというわけではないからである。」とされる。大谷實（1975）・前掲注（3）148 頁。

69　衆議院地方行政委員会議録・前掲注（9）2 頁の中平和水政府委員は，「この制度は要するに，故意の犯罪行為という他人の悪質な行為によりまして，不慮の死亡または重障害というような重大な被害を受けたにもかかわらず，被害者または遺族が事実上不法行為による損害賠償を受けられずに，何らの救済もない事例が多いという現状を社会全体として放置しておけない，こういう観点から，これら遺族等の精神的，経済的な安定に資するために国が一定の給付金の支給を行おうという制度でございます。したがいまして，この制度の性格というのは，一つは，国のそうした不法行為制度というものが十分に機能していない，やはりこれの実質化を図っていく必要がある，さらには，一種の広い意味での福祉政策という立場もございますし，もう一つは，やはり犯罪対策という面があるわけでございまして，そういうものを総合した施策としてこの問題を私どもはとらえ，提起しているわけでございます。」と答弁している。また，前田宏政府委員の「いわば民法的な意味で国の不法行為があって，その損害賠償というような意味での補償ということではないだろう……（中略）……狭い意味でといいますか民法的なあるいは国家賠償法的な意味での補償ということには直ちにはならないのではないかということを申した」との答弁も参照。同上 11 頁。浅野信二郎・前掲注（9）11-13 頁。

70　内閣府犯罪被害者等施策推進室・前掲注（12）8-12 頁，太田達也・前掲注（27）60 頁。これに対し，フランスの被害者補償制度は損失補塡的な内容を有しており，犯罪被害発生前の経済状態に回復させることを目的としているという。内閣府犯罪被害者等施策推進室・前掲注（12）43-47 頁

71　諸澤英道「犯罪被害者対策の現状と課題」法律のひろば 50 巻 3 号（1997）4-5 頁，髙橋則夫「被害者の財産的損害の回復」ジュリスト 1163 号（1999）173 頁。大谷實教授は，財産上の損失が深刻で幸福追求権の侵害を評価できる場合には損害賠償を国家が代わりに引き受ける制度も検討に値するとするが，その一方で附帯私訴の復活も考慮に値するとする。大谷實「犯罪被害者対策の理念」ジュリスト 1163 号（1999）12 頁。日本弁護士連合会は，憲法上の生存権を根拠として，国家に対し犯罪被害を賠償する法的責任を課し，被害者には賠償を請求する権利を認める。児玉公男「犯罪被害者の支援について—弁護士会の立場から」ジュリスト 1163 号（1999）66 頁。

72　鈴木義男・前掲注（8）134 頁，藤永幸治・前掲注（3）63-65 頁，大谷實（1975）・前掲注（3）120-121 頁，同（1977）・前掲注（3）104-116 頁，齋藤誠二・前掲注（3）16-21 頁。大谷實「被害者補償の諸問題」刑法雑誌 20 巻 2 号（1975）238-242 頁は，犯給制度成立前の時点では，国家による被害者補償の義務を否定しているにもかかわらず，被害者補償制度を国家による損害賠償の

第三者に対して有する損害賠償の請求権を政府や保険者等が取得する制度がある。

54　第156回国会参議院決算委員会会議録3号（2003年3月31日）11頁。しかし，議員立法として制定された「オウム真理教に係る破産手続における国の債権に関する特例に関する法律」により国の債権は被害者の有する損害賠償請求権に劣後化されている。高野磨央・前掲注（4）58-59頁。

55　第169回国会衆議院内閣委員会議録5号（2008年3月28日）10-11頁。

56　警察庁の調査による。

57　第13回内閣府・経済的支援に関する検討会（2007年3月19日）警察庁資料6-1，佐々木真郎「犯罪被害等給付金の支給等に関する法律の改正について」警察学論集61巻7号（2008）5-6頁。犯罪者の資力のほか，被疑者不明の場合があること，精神障害により責任無能力の者には損害賠償責任がないことが求償制度に実効性が無い原因とされている。

58　最小決令和4.8.16民集76巻6号1271頁。本書第5章参照。

59　第39回犯罪被害者等基本計画策定・推進専門委員等会議（2022年2月7日）議事録22-23頁。第3回警察庁・犯罪被害給付制度の抜本的強化に関する有識者検討会（2023年10月16日）国土交通省資料2「自動車損害賠償責任保険制度について」及び議事録も参照のこと。

60　太田達也（1998）・前掲注（12）74-75頁，呉柏蒼（2013）・前掲注（12）127-128頁，同（2015）・前掲注（12）24-25頁。

61　呉柏蒼（2013）・前掲注（12）142-143頁，法務部「犯罪被害補償事件統計分析」（2021）3，8-9頁，法務部統計處『中華民國版法務統計年報111年』（2023）314-315頁。

62　法務部保護司・前掲注（12）。

63　齋藤実「北欧における犯罪被害者対策―犯罪被害者庁を中心として」被害者学研究29号（2019）91-93頁によるとノルウェーの回収率は5～6%である。同「ノルウェーの犯罪被害者庁及び回収庁の現在（いま）」獨協法学103号（2017）125頁では16%とされている。また，スウェーデンでは約30%とされる。日本弁護士連合会犯罪被害者支援委員会『ノルウェー・スウェーデン・フィンランド犯罪被害者支援制度に関する調査報告書～2014・2017北欧調査結果～』（2017）22-24頁，56-57頁。最新の統計では，ノルウェーでは，毎年，50億円から60億円といった補償金が支給されているのに対し，求償により10億円以上が犯罪者から回収されているようである。それでも，毎年の未回収分が大幅に増加しており2022年では240億円以上に上っているという。Kontoret for Voldsoffererstatning, Årsrapport 2022, at 5-7, 16-18 (2023). スウェーデンの回収率は50%程度とされる。Brottsoffermyndigheten, Årsredovisning 2022, at 17 (2023).

64　大谷實・前掲注（24）48頁，同「犯罪被害補償制度立法化の論点（下）」犯罪と非行29号（1976）10-13頁。平野龍一博士は，国家補償制度において国が犯罪者に対し徹底的に求償することは，私人（被害者）による賠償請求よりも不利益になり得るので，犯罪者が貧困であるとか，社会復帰上適当でない場合は制限をして，犯罪者からは取らないようにする必要があるとする。平野龍一ほか「犯罪による被害者の補償」ジュリスト575号（1974）27頁。森本益之「受刑者による犯罪被害の賠償―刑務作業賃金制導入の一側面」団藤重光等編『小川太郎博士古稀祝賀―刑事政策の現代的課題』有斐閣（1977）590頁は，被害者補償との比較において，受刑者による被害者への損害賠償においては受刑者の社会復帰を重視すべきとしていることから，被害者補償においても犯罪者の社会復帰を重視すべきであるとする可能性はある。

42　公害補償法は，疫学的因果関係の証明が困難であるなど，公害の健康被害者が原因企業に対し損害賠償を請求することが困難であることから，原因者（原因企業等）による賦課金等を原資して支払う「補償」として設けられたものであり，被害者が個別に企業を提訴する必要はない。

43　R121 - Employment Injury Benefits Recommendation, 1964 (No. 121). 以下は，ILO 駐日事務所の日本語訳である。1964 年の業務災害給付勧告（第 121 号）。「14　遺族の全部に支払われる給付の合計について最大限を規定する場合には，その最大限は，永久的なものとなるおそれのある所得能力の全部喪失又は身体機能の相当喪失について支払われる給付額を下らないものとすべきである。」，「9　一時的若しくは初期的労働不能又は永久的なものとなるおそれのある所得能力の全部喪失若しくは身体機能の相当喪失についての現金給付の額は，次のとおりとすべきである。(a)　災害を受けた者の所得の三分の二を下らない額。ただし，給付の額又は給付の計算に当たって考慮される所得については，最大限を定めることができる。」。

44　その場合，1 人 2,280 倍，2 人 2,990 倍，3 人 3,320 倍，4 人以上 3,650 倍等となる（犯給等令 6 条 1 項 1 号イの新しい数値）。従って，同号ロの生計維持関係遺族の人数による倍数加算も，1 人 228，2 人 299，3 人 332，4 人 245 となる。

45　第 4 回警察庁・犯罪被害給付制度の抜本的強化に関する有識者検討会（2023 年 11 月 13 日）配付資料 1「前回までの議論を踏まえた論文の整理」。

46　砂田武俊・前掲注（17）29-36 頁。

47　第 1 回警察庁・犯罪被害給付制度の抜本的強化に関する有識者検討会（2023 年 8 月 7 日）配布資料 2「犯罪被害給付制度の概要」のモデルケース 1 による。

48　賞与を含めた年収から日額は 1 万 6,483 円となり，現在の 40 歳の給付基礎額の最高額は 10,800 円であるから，給付基礎額は同額となる。一方，倍数は遺族 4 人以上を 3,650 倍とすると，遺族 3 人は 3,330 倍とすることになろう。これに幼い遺族分の新しい倍数加算（300+300+228+228+228）を足して 4,614 となる。10,800 円× 4,614 で約 4,983 万円となる。給付基礎額の最高額を 13,000 円とすると，このモデルケース 1 はそれを超えているから 13,000 円で頭打ちとなり，13,000 円× 4,614 で約 5,998 万円となる。

49　警察庁・前掲注（40）の「令和 4 年の遺族給付基礎額の分布状況」。

50　調整の対象となる損害賠償は，慰謝料及び逸失利益という消極損害の分であり，積極損害たる医療費や交通費，物的損害は含まれない。参議院地方行政委員会会議録・前掲注（9）21 頁，村澤眞一郎・前掲注（9）28 頁。

51　犯給等法の規定からはわかりにくいが，給付金受給後に損害賠償を受けたときの給付金の返還に関する規定はないため，このような場合，被害者は事後に損害賠償を得ても当該損害賠償分の給付金を返還する義務はないと解される。

52　日本弁護士連合会は，「損害賠償として受けた金額と給付金の額が犯罪被害による損害を超過した場合，その限度において支給を制限するものとすべきである」としている。日本弁護士連合会「『犯罪被害給付制度に関する中間提言』に関する意見書」（2000）。但し，日弁連の「理由」にある事例において，給付金支給後に損害賠償を受けた場合に給付金を返還しなければいけなくなると説明しているが，実務でそうした実態はない。

53　犯給等法における求償制度のほか，第三者行為による傷病を生じた被害者が労災法（12 条の 4 第 1 項），自損法（76 条 1 項），国民健康保険法（64 条 1 項），健康保険法（57 条 1 項）による保険給付や損害塡補を受けたときは，その給付の価額の限度で，保険給付や損害塡補を受けた者が

頁。

32　犯罪被害給付制度の拡充及び新たな補償制度の創設に関する検討会「とりまとめ」(2014) 2-3頁，砂田武俊・前掲注 (7) 70頁。

33　大谷實・前掲注 (30) 53-54頁。

34　台湾でも，犯罪被害者に補償金（救助金）を支給する犯罪被害者保護法（当時）を2013年に改正し，台湾に戸籍を有し，国外転出登記（届）をしていない者であれば，国外で故意の犯罪行為により死亡した者の遺族に対し救助金とは性質の異なる扶助金を支給する制度を導入している。呉柏蒼 (2015)・前掲注 (12) 31-33頁。2023年の犯罪被害者権益保障法でも，同様の被害者遺族に域外補償金を支給するものとなっている（52条1項4号，54条)。

35　犯罪被害者等給付金支給法の一部を改正する法律（平成13年4月13日法律第30号）の改正により追加されたものである。

36　犯罪被害者等給付金の支給等に関する法律の一部を改正する法律（平成20年4月18日法律第15号）により追加されたものである。

37　生計維持関係遺族とは，犯罪行為が行われた当時，犯罪被害者の収入によって生計を維持していた者のうち，妻（事実婚も含む)，60歳以上の夫，18歳未満の子又は孫，18歳未満又は60歳以上の兄弟姉妹等に当たる者をいう（犯給等令6条2項)。被害当時，被害者に収入があればよく，遺族の収入の有無や多寡は関係が無い。

38　被害者が心理カウンセリングを受けた場合，かかった費用分を支給する制度が内閣府の有識者会議で検討された。当時はまだ公認心理師の制度がなかったことなどもあって，結局，犯給制度に盛り込むことは行われず，警察の内部資金による支援の制度が導入されている。内閣府・犯罪被害者等に対する心理療法の費用の公費負担に関する検討会「最終とりまとめ」(2013)，犯罪被害者の精神的被害の回復に資する施策に関する研究会「犯罪被害者の精神的被害の回復に資する施策に関する報告書」(2015)。他方，地方公共団体の中にも犯罪被害者に心理カウンセリングを無償で提供したり，その費用を負担したりする制度を設けるところが出てきている（第2章参照)。

39　1982年（昭和57年4月27日政令129号)，1987年（昭和62年5月21日政令157号)，1994年（平成6年6月24日政令174号)，以上の3回は給付基礎額の最高額の引き上げ，2001年（平成13年4月13日法律30号）は給付基礎額の最高額と最低額の引き上げ，2008年（平成20年5月2日政令170号）は給付基礎額の最高額と最低額及び倍数の引き上げ，2018年（平成30年3月30日政令94号）は遺族給付金の倍数引き上げ（加算)。谷口哲一「犯罪被害給付制度の拡充」警察学論集54巻7号 (2001) 30頁以下，石田晴彦「警察による犯罪被害者のための施策の経緯と犯罪被害者等給付金の支給等に関する法律の改正の背景」警察学論集61巻7号 (2008) 28-32頁，大野敬・前掲注 (11) 42-49頁，57-58頁，砂田武俊・前掲注 (17) 29-36頁。給付額の最低額と最高額の推移については，第3回警察庁・犯罪被害給付制度の抜本的強化に関する有識者検討会（2023年10月16日）資料3「今後の議論の参考となる事柄―現行の犯罪被害給付制度における給付水準についての考え方」のグラフがわかりやすい。

40　第2回警察庁・犯罪被害給付制度の抜本的強化に関する有識者検討会（2023年9月19日）資料5「構成員提出資料②犯罪被害給付制度の抜本的強化に関する意見」。但し，最終的には，国による損害賠償債権の買取制度を提案する。

41　環境省説明資料・前掲注 (13) 6頁。

弁護士会の立場から」ジュリスト 1163 号（1999）66 頁。

24　衆議院地方行政委員会議録・前掲注（9）2-3 頁，9-12 頁，16-19 頁，21 頁，衆議院連合審査会議録第 1 号・前掲注（9）14 頁，17-19 頁，参議院地方行政委員会議録・前掲注（9）6-8 頁，12 頁，18-20 頁，大谷實（1975）・前掲注（3）139-140 頁，同（1977）・前掲注（3）140-140 頁，同「被害者補償制度の基本問題」警察学論集 29 巻 6 号（1976）41 頁，村澤眞一郎・前掲注（9）12 頁，齋藤正治・前掲注（14）12 頁，小谷涉「犯罪被害給付制度の概要と運用状況―施行後 1 年半を顧みて―」警察公論 37 巻 11 号（1982）80-81 頁，大谷實＝齋藤正治・前掲注（14）48 頁，67 頁，宮城直樹・前掲注（14）423-424 頁，東川一「犯罪被害者等給付金支給法の改正について」警察学論集 54 巻 7 号（2001）4-5 頁。故意犯より過失犯の精神的被害が軽いかのような発言が法案審議の際の国会答弁でなされているが，こういった不適切な認識も立法の背景にあると思われる。2006 年から 2007 年にかけて開催された経済的支援に関する検討会「最終取りまとめ」（2007）6 頁においても過失犯を対象とすべきでなく，民間の浄財による基金による対応を検討すべきとする。

25　加害者が自作した畑の電気柵によって複数名が死亡する重過失致死傷の事案が起きたが，加害者は高齢であり，かつ事件後自殺したため不起訴となった。読売新聞 2015 年 12 月 2 日（東京朝刊）33 頁，同 12 月 26 日（東京朝刊）29 頁。

26　大谷實＝齋藤正治・前掲注（14）67-68 頁，齋藤正治・前掲注（14）12-14 頁，山田俊秀「犯罪被害給付制度の概要とその運用状況―「暖かい救済制度」へ向けて―」警察公論 39 巻 9 号（1984）51 頁。

27　*See e.g.*, Criminal Injury Compensation Act, § 2(2)(a), Schedule, R.S.B.C. 1996, c.85, Compensation for Victims of Crime Act, § 5(a), R.S.O. 1990, c.24., Attorney General of Texas, Crime Victim Services Annual Report 2022: Advocacy to Action, at 7, 13, 16(2023). テキサス州では 1995 年の改正で DUI と過失致死が補償の対象となっている。冨田信穂「アメリカ合衆国における犯罪被害者対策」被害者支援研究会編『平成 11 年度犯罪被害者対策に関する調査研究報告書』47-48 頁，太田達也「カナダの被害者補償制度―ブリティッシュ・コロンビア州を例として」同 59-60 頁，67-68 頁，内閣府犯罪被害者等施策推進室・前掲注（12）14 頁。

28　太田達也・前掲注（2）11-13 頁。

29　張甘妹「台湾における被害者学の研究」被害者学研究（日本被害者学会）5 号（1995）62-63 頁，太田達也（1998）・前掲注（12）77 頁，許啓義『犯罪被害人保護法之實用權益』永然文化（2000）77-78 頁，太田達也（2001）・前掲注（12）48-49 頁，呉柏蒼（2013）・前掲注（12）127 頁。2023 年の大改正後も，強制汽車責任保険法（日本の自動車損害賠償保障法に当たる）による給付又は補償を受けることができる者以外の過失犯の被害者は犯罪被害者補償金の対象となる。犯罪被害者權益保障法 3 条 1 号（1），50 条。

30　藤永幸治・前掲注（3）67 頁，大谷實「犯罪被害補償制度立法化の論点（中）」犯罪と非行 28 号（1976）50-52 頁，大谷實「刑事被害者補償をめぐる問題」大谷實＝宮澤浩一共編・前掲注（3）31 頁，大谷實（1975）・前掲注（3）139-140 頁，同・前掲注（24）41 頁，「特集（2）被害者学と被害者補償」刑法雑誌 20 巻 2 号（1975）248 頁の「討論の要約」における大谷實博士の発言，宮澤浩一「被害者学の立場からみた犯罪被害者補償制度」警察学論集 29 巻 6 号（1976）30 頁。

31　髙橋則夫「被害者の財産的損害の回復」ジュリスト 1163 号（1999）73 頁。但し，髙橋教授は，その前提として，被害者補償を被害者の権利とすべきだとされる。太田達也・前掲注（6）69-71

という「特別社会福祉的補助の給付という行政的性質」の制度に抜本的に改められた。法務部保護司「犯罪被害補償金新制保障被害人權益大躍進改採單筆定額給付更便民配合物價滾動式調整金額」法務部新聞稿 2023（中華民国歴 112）年 8 月 9 日。

13　制度設計としては，公害補償法に基づく遺族補償費が 10 年を限度として支給するものとしているのを参考にして，犯給制度でも 10 年分とされている。しかし，労災法の遺族補償年金を参考とした給付率が，扶養家族の人数に応じて，1 年当たり 153 日分（生計維持関係遺族 1 人）から 245 日分（4 人以上）とされているために，153 日 × 10 年分で 1,530 日分から，245 日 × 10 年分で 2,450 日分までとなっている。結果として，犯給制度の給付金はまるまる 10 年分（3,650 日分）の収入よりも低くなっている。第 1 回警察庁・犯罪被害給付制度の抜本的強化に関する有識者検討会（2023 年 8 月 7 日）資料 1「犯罪被害給付制度の概要」，第 2 回（2023 年 9 月 19 日）資料 2-1「厚生労働省説明資料—労働者災害補償保険制度について」，資料 2-2「環境省説明資料—公害健康被害補償制度」（以下，環境省説明資料という）。

14　大谷實（1977）・前掲注（3）147-148 頁，齋藤誠二・前掲注（3）67 頁，大谷實＝齋藤正治『犯罪被害給付制度』有斐閣（1982）88 頁，93-94 頁，宮本和夫・前掲注（9）29 頁，齋藤正治「犯罪被害給付制度施行後一年を振り返って」警察学論集 35 巻 4 号（1982）16 頁，澤井三郎＝松田健吾「犯罪被害給付制度並びに犯罪被害救援基金の運用・活動状況」警察学論集 44 巻 12 号（1991）111-112 頁，奥村正雄「被害者支援の現状と問題点」宮澤浩一＝国末孝次監修『講座被害者支援 1 —犯罪被害者支援の基礎』東京法令出版（2000）226 頁，宮城直樹「犯罪被害給付制度の概要と今後の課題」「警察行政の新たなる展開」編集委員会編『警察行政の新たなる展開上巻』東京法令出版（2001）428 頁。

15　廣田耕一「犯罪被害者等給付金の支給等に関する法律施行令及び施行規則の一部改正について」警察学論集 59 巻 6 号（2006）7-8 頁。

16　井上夏帆「犯罪被害者等給付金の支給等による犯罪被害者等の支援に関する法律施行規則の一部改正—親族間犯罪に係る減額・不支給事由の見直し」警察公論 70 巻 2 号（2015）12 頁以下。

17　砂田武俊「犯罪被害者等給付金の支給等による犯罪被害者等の支援に関する法律施行令及び同施行規則の一部改正について」71 巻 5 号（2018）45-55 頁。

18　Office for Victims of Crime, Helping Crime Survivors Find Their Justice: 2023 Report to the Nation Fiscal Years 2021-2022 (2023) (https://ovc.ojp.gov/2023-report-nation#0-0). 内閣府犯罪被害者等施策推進室・前掲注（12）3 頁以下。

19　2010 年に制定された犯罪被害者保護基金法（범죄피해자보호기금법）に基づく。内閣府犯罪被害者等施策推進室・前掲注（12）82 頁以下。

20　台湾の犯罪被害者権益保障法では，関係省庁の予算のほか，受刑者の刑務作業からの引当金のほか，犯罪者から没収した金銭，執行猶予や起訴猶予に付随した処分金，司法取引金等，犯罪者由来の金銭を犯罪被害補償金の財源としてしている（51 条）。監獄行刑法は，作業収入から経費を引いたうちの 10％を被害者補償の費用として基金に組み入れるとしている（37 条 1 項 2 号・2 項）。

21　内閣府犯罪被害者等施策推進室・前掲注（12）43 頁以下。

22　内閣府・経済的支援に関する検討会「最終取りまとめ」（2007）3 頁。

23　犯罪者から徴収した罰金や没収財産を犯給制度の財源にする提案として，髙橋則夫「被害者の財産的損害の回復」ジュリスト 1163 号（1999）73 頁，児玉公男「犯罪被害者の支援について—

捜査研究 58 巻 1 号（2009）56 頁以下。

5　内閣府『平成 22 年度犯罪被害者白書』（2010）30-32 頁。

6　太田達也「犯罪被害補償制度に関する研究（2・完）—改正・犯罪被害者等給付金支給制度の課題—」法学研究 74 巻 6 号（2001）76-77 頁。

7　砂田武俊「国外犯罪被害弔慰金等の支給に関する法律について」捜査研究 66 巻 1 号（2017）69 頁以下。

8　鈴木義男「被害者補償制度の諸問題—英米での論議を顧みて—」大谷實＝宮澤浩一共編・前掲注（3）134-137 頁，藤永幸治・前掲注（3）63-66 頁，大谷實（1975）・前掲注（3）117-13 頁，大谷實（1976）・前掲注（3）31-38 頁，大谷實（1977）・前掲注（3）104-116 頁，齋藤誠二・前掲注（3）16-21 頁。

9　第 91 回国会衆議院地方行政委員会議録 9 号（1980 年 3 月 25 日）（以下，衆議院地方行政委員会議録とする）2 頁，11 頁，16 頁，第 91 回国会衆議院地方行政委員会法務委員会連合審査会議録 1 号（1980 年 3 月 26 日）（以下，衆議院連合審査会議録とする）2-3 頁，6-8 頁，13-14 頁，16-17 頁，第 91 回国会参議院地方行政委員会会議録 7 号（1980 年 4 月 22 日）（以下，参議院地方行政委員会会議録とする）13 頁，21 頁。このほか，宮本和夫「犯罪被害者に対する給付制度の創設について—その趣旨・骨子等を解説—」警察公論 34 巻 11 号（1979）265 頁以下，浅野信二郎「犯罪被害給付制度の基本的考え方」警察学論集 33 巻 11 号（1980）11-14 頁，村澤眞一郎「犯罪被害者等給付金支給法」警察学論集 33 巻 12 号（1980）8 頁以下，斉藤正治「犯罪被害者に対する給付制度の開始を前にして」警察公論 35 巻 11 号（1980）14 頁以下，古川守夫「犯罪被害者に対する救済の現状と若干の問題点」警察学論集 36 巻 10 号（1983）46-47 頁，大谷實「被害者保護と犯罪被害給付制度」法律のひろば 40 巻 1 号（1987）48-50 頁も参照の事。

10　宮本和夫・前掲注（9）27 頁，浅野信二郎・前掲注（9）11-13 頁，村澤眞一郎・前掲注（9）9-10 頁。そのため損失を補填するという意味合いのある「補償」という用語を採用せず，「給付金」とした。

11　谷口哲一「犯罪被害給付制度の拡充」警察学論集 54 巻 7 号（2001）30 頁以下，大野敬「犯罪被害者等給付金の支給等に関する法律の一部を改正する法律の逐条解説」警察学論集 61 巻 7 号（2008）40-42 頁。

12　内閣府犯罪被害者等施策推進室『平成 23 年度諸外国における犯罪被害者等に対する経済的支援に関わる制度等に関する調査報告書』（2012）。*E.g.*, New York State, Office of Victim Services, 2021-2022 Annual Report. イギリスは障害等級に基づく給付と損失補塡的な給付がある。Ministry of Justice, The Criminal Injuries Compensation Scheme 2012（amended）（2019）. 太田達也「台湾における犯罪被害者保護法」捜査研究 566 号（1998）74 頁以下，同「台湾の犯罪被害者補償制度—犯罪被害者保護法の運用状況」法律のひろば 54 巻 6 号（2001）44-58 頁，呉柏蒼「台湾における犯罪被害者補償制度の改革—その意義と課題」法学政治学論究 97 号（2013）125 頁以下，同「台湾における犯罪被害者補償制度の改革」罪と罰 51 巻 2 号（2014）120 頁以下，同「台湾における犯罪被害者補償制度の特徴と近年の改革」被害者学研究 25 号（2015）22 頁以下。しかし，台湾は，2023 年，犯罪被害者保護法を全面改正して犯罪被害者権益保障法とし，犯罪被害者への補償金も，医療費，葬儀費用，扶養費喪失分，労働能力の喪失・低下分又は生活費増加分，慰謝料といった「民事賠償概念による代位請求」的な補償金から，遺族補償金（固定額），傷害の程度に応じる重傷補償金，性侵害補償金，台湾外で死亡した場合の海外補償金

巻4号（1965）98-99頁。しかし，石川博士の謂う改革された応報刑論は，相対的応報刑論であり，目的刑論，教育刑論であろう。そうした教育刑論には，被害者への損害回復の理論的合理性が認められるとするのであるから，本書の見解に近い。損害賠償は単なる被害者の利益のためだけではなく，犯罪に対する社会防衛や犯罪抑止ののうえでの意味をもつとするものとして，常盤敏太「犯罪の被害者に對する損害賠償問題（2）」法学志林33巻6号（1931）48頁。

53　損害回復は，刑罰が法や国家への忠誠心の醸成，法規範の確信と司法への信頼感，法的平和の回復にあるとする積極的一般予防とも親和的であるとされる。高橋則夫・前掲注（50）36-38頁。また，日本被害者学会第33回学術大会（2023年）における高橋則夫博士の基調講演資料。

54　第2部第6章の正木亮博士等教育刑論者の主張を参照されたい。

55　土井和重「刑法への損害回復導入を巡る国際的潮流と我が国の損害賠償命令制度」法学研究論集40号（2014）5-8頁。

56　重大事件の被害者の殆どが，犯罪者が再び罪を犯し，新たな被害者を出すことだけは絶対に避けたいと願っている。

57　だからといって，個別予防の範囲で被害者への損害回復を図ればよいわけではなく，刑や処分の執行過程においても被害者に対し最大限の配慮を要する。なお，ここでの損害回復とは，単に被害者に対する金銭的な損害賠償だけを意味するものではなく，被害者への立ち直りに向けた広義の意味での損害回復である。

58　19世紀後半のイタリアでは，実証学派の刑事法学者達が，民刑分離の下での民事司法における損害賠償の不合理性を指摘し，刑事司法における損害賠償の実現に向けた提案を行っている（第2部第6章参照）。

## 01 章注

1　Margery Fry, *Justice for Victims*, The Observer, Jul. 7, 1957. 傷害によって失明した被害者に対し1万1,500ポンドの損害賠償を週5シリングずつ分割で払うよう2人の犯罪者に命じた裁判の例を挙げ，賠償の支払いに442年もかかるこのような裁判は馬鹿げていると批判したうえで，暴力犯罪の被害者に対し国が公的な財源から補償金を払う被害者補償制度の創設を唱えた。

2　太田達也「犯罪被害者補償制度の研究（1）—香港における犯罪被害補償制度の概要と運用状況—」法学研究74巻5号（2001）1頁以下。

3　小川太郎＝佐藤勲平「ニュージーランドにおける被害者補償の新立法」罪と罰1巻3号（1964）13頁以下，黒川慧「カリフォルニア州における犯罪犠牲者の補償」レファレンス179号（1965）94頁以下，大谷實『犯罪被害者と補償—“いわれなき犠牲者”の救済』日本経済新聞社（1975），藤永幸治「犯罪被害者補償制度の問題点」警察学論集28巻6号（1975）52頁以下，井戸田侃「犯罪被害者補償制度をめぐる若干の基本問題」立命館法学121-124合併号（1975）385頁以下，大谷實「犯罪被害補償制度立法化の論点（上）」犯罪と非行27号（1976）23頁以下，大谷實＝宮澤浩一共編『犯罪被害者補償制度』成文堂（1976），「特集・犯罪被害者とその補償問題」警察学論集29巻6号（1976）1頁以下，大谷實『被害者の補償』学陽書房（1977），齋藤誠二『被害者補償制度の基本問題』風間書房（1977）等。

4　高野磨央「オウム真理教犯罪被害者等を救済するための給付金の支給に関する法律について」

うのが比較的自然ではないかと考えている。

46　アメリカでは，*E.g.*, FRANK SCHMALLEGER, CRIMINAL JUSTICE TODAY: AN INTRODUCTORY TEXT FOR THE 21ST CENTURY 351-354 (Pearson, 15th ed. 2019), GEORGE F. COLE, ET AL., THE AMERICAN SYSTEM OF CRIMINAL JUSTICE 513-520 (Cengage, 16th ed. 2019)，イギリスでは，*E.g.*, ANDREW ASHWORTH, SENTENCING AND CRIMINAL JUSTICE 74-100 (Cambridge University Press, 6th. ed. 2015), CATHERINE ELLIOTT & FRANCES QUINN, ENGLISH LEGAL SYSTEM 458-462 (Person, 13th ed. 2012).

47　Sentencing Act, 2020, pt.4, c.1, §57.

48　警察段階において非行少年に対し家族集団協議的な対話を行う少年対話会が全国で試験実施され，その後2007年から実務で導入されたが，全く行われていない。「少年対話会による立直り支援について」（警察庁丁少発第229号平成19年11月21日警察庁生活安全局少年課長）。導入の経緯とモデル事業については，修復的カンファレンス（少年対話会）モデル・パイロット事業研究会『修復的カンファレンス（少年対話会）モデル・パイロット事業報告書』警察庁（2007），植木百合子「修復的カンファレンス（少年対話会）モデル・パイロット事業報告書の概要について」警察学論集61巻4号（2008）83頁以下参照。また，太田達也「警察における修復的司法としての家族集団協議（Family Group Conferencing）の理念と可能性―軽微事犯少年の再非行防止と被害者・地域の立ち直り・回復に向けて」警察政策7巻（2005）20頁以下，高橋則夫「『少年対話会』の意義と限界―修復的司法の可能性」早稲田大学社会安全政策研究所紀要2号（2009）33頁以下も参照の事。

49　著者の提唱する修復的矯正や修復的保護観察について，太田達也「矯正における修復的司法の展望と課題―『修復的矯正』の実現に向けて」矯正教育研究49巻（2004）3頁以下及び本書第2部第4章参照。

50　高橋則夫博士は，損害回復の目標が，行為者と被害者の和解及び紛争解決にある以上，行為者の「任意性」が基本とされるべきであるから，損害回復を固有の刑罰目的とすることはできないとする。また，高橋博士は，損害回復は，刑罰，保安処分と並ぶ第3の制裁に位置付けることが望ましいとする。高橋則夫『刑法における損害回復の思想』成文堂（1997）7-9頁。しかし，損害回復は，何も犯罪者と被害者の和解という形でしか行えないものではなく（ここでは紛争解決のようにもっと広い意味かもしれないが），ましてや任意でしか行うことができないということであれば，損害回復の「実現」においては殆ど意味が無いであろう。

51　TATSUYA OTA ED., VICTIMS AND CRIMINAL JUSTICE: ASIAN PERSPECTIVE 113-114 (Keio University Press, 2003). 太田達也「犯罪被害者支援の国際的動向と我が国の展望」法律のひろば53巻2号（2000）13頁以下，同「刑事施設・受刑者処遇法下における矯正の課題―矯正処遇を中心として―」犯罪と非行146号（2005）18頁。

52　教育刑論の立場に立つ牧野英一博士は，「犯人が被害者に對する賠償の責任をして有効に執行せしむるの方法如何は現代の刑事政策中に於て最も重要な問題の一なり」とされている。牧野英一「犯罪被害者に對する賠償の實際的方法」法学協会雑誌22巻1号（1904）94頁。また，石川才顕博士は，犯罪者の改善更生と社会復帰という目的をもつ現代の応報刑論の下では，犯罪被害者のための損害塡補も，犯人の教化改善と被害者救済の必要性とのダイナミックな構成の結果であると理解しうる限り，応報刑論の立場からも理論的合理性と存在価値を認めるはずであるとする。石川才顕「犯罪被害者への損害賠償の必要性と刑事司法的介入の理論的基礎」日本法学31

計画では，「法務省において，法令上受刑中の者が作業報奨金を犯罪被害者等に対する損害賠償に充当することが可能である旨を引き続き受刑者に対し周知する。」とトーンダウンした内容となっている。第二次犯罪被害者等基本計画V・第1-1（6），第三次犯罪被害者等基本計画V・第1-1（5），第四次犯罪被害者等基本計画V・第1-1（5）。

37　第四次犯罪被害者等基本計画V・第3-1（24）ア。

38　法務省でも2004年度に「被害者の視点を取り入れた教育」検討会を開催し，プログラムの充実を図っている。矯正局教育課「薬物事犯受刑者処遇研究会及び『被害者の視点を取り入れた教育』研究会の概要報告」刑政116巻3号（2005）60頁以下，矯正局成人矯正課＝少年矯正課「薬物事犯受刑者処遇研究会及び『被害者の視点を取り入れた教育』研究会報告会の概要報告」刑政117巻8号（2006）62頁以下。

39　刑事収容施設法施行後にも法務省で被害者の視点を取り入れた教育の有識者検討会が行われている。矯正局成人矯正課＝少年矯正課「『被害者の視点を取り入れた教育』検討会について」刑政123巻2号（2012）54頁以下。また，法律及び法務省令で指定された特別改善指導以外にも，一般改善指導として被害者感情理解指導が多くの施設で実施されている。

40　法務総合研究所『平成15年版犯罪白書』（2003）408頁。役割交換書簡法とは，対象者に一定の役割に立って，実際には出さない手紙を書くことによって自分自身や他者との関係を考えさせる技法である。被害者を例にとると，少年にまず加害者としての自分の立場から被害者に手紙を書かせ，しかる後に，今度は，少年が被害者の立場に立って加害者に対する自分自身への手紙を書かせる（役割交換）。一定の処遇の後に，再び，加害者たる自分から被害者に対して手紙を書かせるといった処遇である。被害者の立場に立って自分に手紙を書くことで，被害者の心情に気付かせることが主たる目的である。

41　もっともその内容は論者により様々である。田中久智＝里見理都香＝田中希世子「積極的一般予防論の最近の動向（1）～（5）」比較法制研究（国士舘大学）20号～24号（1997～2001）各25頁以下，23頁以下，29頁以下，43頁以下，31頁以下，中村悠人「刑罰の正当化根拠に関する一考察―日本とドイツにおける刑罰論の展開（1）（2）」立命館法学341号，342号（2012）各244頁以下，208頁以下。

42　1870年にアメリカ・シンシナティで開かれた全米刑務所協会（現在のアメリカ矯正協会の前身）の設立大会において，刑罰（拘禁刑）の目的が犯罪者の改善更生と社会復帰にあることを宣言するシンシナティ宣言が採択されている。

43　Robert Martinson, *What Works? −Questions and Answers about Prison Reform,* 35 Public Interest 22 (1974).

44　ANDREW VON HIRSCH, PAST OR FUTURE CRIMES: DESERVEDNESS AND DANGEROUSNESS IN THE SENTENCING OF CRIMINALS ch.1 (Manchester University Press, 1986).

45　森下忠『刑事政策大綱（新版）』成文堂（1993）30-31頁。ただ，分配説でも刑事司法手続の各段階にどのような刑罰論が妥当するかという点については論者によって考え方が異なる。団藤重光『刑法綱要総論（第3版）』（1990）544-545頁は，裁判においては，法の定立（立法）と具体的法の現実化（刑の執行）の間にあって前後の両者の契機をともに包蔵するものでなければならず，法の確認と一般予防のほか，個別予防が強く織り込まれるとする。著者は，立法の段階では応報と一般予防，裁判の段階では応報と個別予防，刑の執行段階では個別予防を根拠とするとい

東京地判令和 5.1.27（LEX/DB 文献番号 25595445）がある。

20　しかし，犯罪者の身上や顔写真を暴いて晒し者にしたり，事件とは関係のない犯罪者のプライバシーを流布したり，とても表現の自由とは関係のない，興味本位や社会的制裁からのバッシングも多く，許されるものではない。

21　法務総合研究所『令和 4 年版犯罪白書』(2022) 371 頁。無職者の割合は，重大犯罪受刑者（殺人，傷害致死，強盗，放火）で 70.8%，粗暴犯受刑者（傷害，暴行，公務執行妨害，脅迫，恐喝，暴力行為等処罰法，銃刀法）で 70.7%，性犯罪受刑者（強制性行等，強制わいせつ，わいせつ物頒布等，公然わいせつ）で 62.9% である。

22　法務総合研究所『昭和 61 年版犯罪白書―犯罪被害の原因と対策―』(1986) 301-302 頁。「裁判所の処分に従うだけでよい」又は「施設収容によってすべて終わる」と回答した者は，殺人，傷害，強盗の受刑者は，それぞれ，12.7%，33.0%，16.4% となっている。

23　法務総合研究所『法務総合研究所研究部報告 8 ―犯罪被害に対する加害者の意識に関する研究』(2000) 53-54 頁，法務総合研究所『平成 11 年版犯罪白書―犯罪被害者と刑事司法』(1999) 361-362 頁。この調査は，仮釈放や満期釈放で出所を予定していた受刑者のみを対象としたものであることは，調査結果を評価するうえで注意する必要がある。

24　法務総合研究所『令和 5 年版犯罪白書―非行少年と生育環境―』(2023) 67 頁。

25　鴨下守孝「受刑者処遇における犯罪被害者対策の現状と課題」宮澤浩一＝國松孝次監修『講座被害者支援 2 犯罪被害者対策の現状』東京法令出版 (2000) 304-305 頁。

26　法務省保護局「無期刑の執行状況及び無期刑受刑者に係る仮釈放の運用状況について」(2023) 1 頁。2022 年に仮釈放となった無期受刑者の在所期間は 45 年 3 月と，これまでの最長となった。

27　毎年，20 名から 40 名の無期受刑者が刑事施設内で死亡している。法務省保護局・前掲注 (26) 1 頁。

28　久我洋二「矯正と犯罪被害者―交通事犯受刑者の場合を中心に―」罪と罰 24 巻 1 号 (1986) 24 頁以下，同「犯罪被害者と矯正の現場」法律のひろば 40 巻 1 号 (1987) 53 頁以下。

29　土井政和「行刑における被害者の観点」法政研究 56 巻 3・4 合併号 (1990) 56 頁以下等。

30　太田達也「更生保護における被害者支援 (2) ―釈放関連情報の提供と被害者の意見聴取を中心として」犯罪と非行 125 号 (2000) 71 頁。

31　織田純一郎『刑法附則注釈』(1882) 158-160 頁。附帯私訴の制度は，その後の旧刑事訴訟法でも維持され，戦後，現行刑事訴訟法が制定されるまで存続していた。

32　第一次犯罪被害者等基本計画Ⅴ-第 1-1 (1)。

33　法務総合研究所『平成 13 年版犯罪白書』101 頁。

34　第一次犯罪被害者等基本計画Ⅴ-第 2-2 (12) ウ，Ⅴ-第 3-1 (24) ウ。

35　第一次犯罪被害者等基本計画Ⅴ-第 1-1 (9)。

36　保護観察におけるしょく罪指導の実施については，第一次計画では「しょく罪教育を徹底していく」とされていたのが，第二次基本計画以降，ある規定では「しょく罪指導を徹底する」とされる一方，他の規定では，「しょく罪のための指導を適切に実施する」とされている。これは，保護観察対象者の社会復帰へ配慮したものと思われる。第二次犯罪被害者等基本計画Ⅴ-第 2-2 (12) ウ，Ⅴ-第 3-1 (24) ウ，第三次犯罪被害者等基本計画Ⅴ-第 2-2 (12) ウ，Ⅴ-第 3-1 (24) ウ，第四次犯罪被害者等基本計画Ⅴ-第 2-2 (16) ウ，Ⅴ-第 3-1 (24) エ。作業報奨金の損害賠償への充当については，第二次基本計画でも維持されているが，第三次基本計画や第四次基本

齋藤実・前掲注（7）356-359頁，番敦子＝江藤里恵「損害賠償を得られない被害者の現状とその課題」被害者学研究31号（2022）77頁以下。

9　宮澤浩一＝田口守一＝高橋則夫編『犯罪被害者の研究』成文堂（1996）214-216頁。

10　安東美和子ほか『法務総合研究所研究部報告7―犯罪被害の実態に関する調査』（2000）38-43頁。

11　社団法人被害者支援都民センター『平成18年度被害者支援調査研究事業―今後の被害者支援を考えるための調査報告書―犯罪被害者遺族へのアンケート調査結果から』（2007）22頁。しかし，この質問に対する無回答が39.5%もあることから，これを除くと，損害賠償が履行されていない割合はもっと高くなる。

12　郷原信郎ほか『法務総合研究所研究部報告8―犯罪被害の回復状況等に関する調査』（2000）156-165頁。この調査結果の一部は，法務総合研究所『平成11年版犯罪白書』（1999）309頁以下にも掲載されている。

13　田村太郎ほか『法務総合研究所研究部報告64―特殊詐欺事犯者に関する研究』（2023）」51頁。法務総合研究所『令和3年版犯罪白書』（2021）404頁では，詐欺事犯全体の被害回復の状況しか記載されていないが，詐欺事犯全体の35.4%において被害が一切回復されていないとしている。

14　少年犯罪被害当事者の会「損害賠償と謝罪に関するアンケート」（2023）。同会の遺族の方々の手記集には，少年による重大犯罪の被害の不合理な現実が紹介されている。少年犯罪被害当事者の会編『話を，聞いてください』サンマーク出版（2002）。

15　犯罪被害者等基本計画策定・推進専門委員等会議第6回会議資料「損害賠償命令制度による履行状況調査結果」（2010）。法務省が行った調査でも，同様の結果が出ている。法務省「犯罪被害者の方々へのアンケート調査」（2013）29頁。伊藤冨士江ほか『「被害からの回復」に関する犯罪被害者調査―オンライン調査の結果報告書』（2023）では，損害賠償命令に「満足しなかった」と「どちらでもない」被害者が約3分の2を占めている。

16　日本弁護士連合会・前掲注（8）。調査対象は，損害賠償命令の対象となり得る事案であるが，実際に債務名義を得たのは，損害賠償命令（38.5%，前回調査42.6%）のほか，示談書・和解書（30.8%，前回調査24.4%），民事訴訟（15.9%，前回調査14.2%）が多くなっている。

17　受刑者への面会が認められるのは，受刑者の親族，婚姻関係の調整，訴訟の遂行，事業の維持その他の受刑者の身分上，法律上又は業務上の重大な利害に係る用務の処理のため面会することが必要な者，受刑者の更生保護に関係のある者，受刑者の釈放後にこれを雇用しようとする者その他の面会により受刑者の改善更生に資すると認められる者が原則である（刑事収容施設法111条1項）。それ以外の者でも，「その他面会することを必要とする事情があり，かつ，面会により，刑事施設の規律及び秩序を害する結果を生じ，又は受刑者の矯正処遇の適切な実施に支障を生ずるおそれがない」（同2項）と刑事施設の長が認める場合には面会を認めることができ，被害者の面会が認められるかどうかは刑事施設の長の裁量に委ねられている。しかし，被害者が受刑者に損害賠償の支払いを求めるための面会は，基本的に認められるべきものであろう。林眞琴＝北村篤＝名取俊也『逐条解説刑事収容施設法（第3版）』有斐閣（2017）563頁。

18　犯罪者が怖いとか，犯罪者と接触したくないという理由から，被害者が犯罪者との損害賠償交渉を避ける傾向があるとされる。平野龍一ほか・前掲注（6）19-20頁。

19　ネット上で被害者を揶揄するような発言を載せた裁判官に対する損害賠償請求訴訟の判決に，

## 序章注

1　法律上は，民事上の争いについての刑事訴訟手続における和解という。海外で広く行われている刑事手続の段階で第三者が仲介して犯罪者と被害者が話し合いを行い，そこで合意が成立した場合，その結果を刑事手続に反映させる（検察官への不送致，不起訴，量刑上考慮等）制度として victim-offender reconciliation program（VORP）や victim-offender mediation program（VOM）等の制度が行われており，従前，日本の学界においては，これらの制度を刑事和解とか刑事調停と称していたが，被害者保護法に基づく刑事和解と呼ばれる制度は，海外の刑事和解や刑事調停とは全く異なる制度である。

2　最高裁判所「犯罪被害者保護関連法に基づく諸制度の実施状況（高・地・簡裁総数）平成 12 年～平成 24 年」（2013），「同平成 25 年～令和 4 年」（2023）に拠る。

3　白取祐司「フランスの刑事手続における犯罪被害者の保護」刑法雑誌 29 巻 2 号（1988）316 頁以下，小木曽綾「犯罪被害者と刑事手続―フランスの附帯私訴」法学新報 98 巻 3・4 号（1991）217 頁以下，太田達也「被害者支援を巡るアジアの最新事情」宮澤浩一先生古稀祝賀論文集第 1 巻犯罪被害者論の新動向（2000）成文堂 359 頁以下，滝沢誠「付帯私訴による被害者の損害回復」法学新報 107 巻 9・10 号（2000）141 頁以下，川出敏裕「附帯私訴制度について」廣瀬健二＝多田辰也編『田宮裕博士追悼論文集下巻』信山社（2003）287 頁以下，樫見由美子「『附帯私訴』について」金沢法学 45 巻 2 号（2003）133 頁以下，劉芳伶（内海朋子）「中華民国（台湾）における附帯民事訴訟制度」亜細亜法学 41 巻 2 号（2007）185 頁以下，エマニュエル・ジュラン（加藤雅之訳）「フランスにおける私訴権（附帯私訴）」慶應法学 10 号（2008）329 頁以下等参照。

4　奥村正雄「刑事制裁としての損害賠償命令―イギリスの損害賠償命令の現状と課題」同志社女子大学社会システム学会現代社会フォーラム 1 号（2005）69 頁以下，佐伯仁志『制裁論』有斐閣（2009）163 頁以下。

5　アメリカの連邦管轄の場合，刑務所や釈放後の監督においても徴収が行われる。

6　被害者が賠償を取りたいからと起訴を望むので起訴猶予の基準が違ってくるおそれがあるということも附帯私訴廃止の理由の一つであったとされる。平野龍一ほか「犯罪による被害者の補償」ジュリスト 575 号（1974）27 頁。

7　奥村正雄「犯罪被害者等の損害回復と損害賠償命令制度」ジュリスト 1338 号（2007）63 頁以下，岡村勲監修『犯罪被害者のための新しい刑事司法（第 2 版）―解説被害者参加・損害賠償命令・被害者参加弁護士・犯給法』明石書店（2009），和田真「刑事損害賠償命令の概要と大阪地方裁判所（本庁）における運用状況について」判例タイムズ 1344 号（2011）4 頁以下，武内大徳＝山崎勇人「被害者参加制度・損害賠償命令の現状と課題」自由と正義 64 巻 12 号（2013）12 頁以下，土井和重「刑法への損害回復導入を巡る国際的潮流と我が国の損害賠償命令制度」法学研究論集 40 号（2014）1 頁以下，長谷川貞之「損害賠償命令制度の意義と機能―刑事司法のパラダイム転換による損害賠償制度の再構築の可能性」日本法学 82 巻 2 号（2016）571 頁以下，犯罪被害者支援弁護士フォーラム編著『ケーススタディ被害者参加制度・損害賠償命令制度―被害者に寄り添った活動の実践のために（2 訂版）』東京法令出版（2017），齋藤実「刑事手続における損害賠償命令制度の現状と課題」獨協法学 106 号（2018）351 頁以下。

8　日本弁護士連合会「損害賠償請求に係る債務名義の実効性に関するアンケート調査集計結果」（2015），同「損害賠償請求に係る債務名義の実効性に関するアンケート調査集計結果」（2018），

**06章　刑務作業と賃金制**

「受刑者による被害者への損害賠償実効化に向けた改革―刑務作業に対する賃金制と自己契約作業の検討」法学研究96巻8号（2023）66-136頁の一部に加筆・修正

**07章　自己契約作業の活用**

「受刑者による被害者への損害賠償実効化に向けた改革―刑務作業に対する賃金制と自己契約作業の検討」法学研究96巻8号（2023）66-136頁の一部に加筆・修正

## 第3部　更生保護における損害賠償

**08章　仮釈放と損害賠償**

書き下ろし

**09章　保護観察における損害賠償**

書き下ろし

**10章　刑務所釈放後の保護観察**

「仮釈放及び満期釈放後における社会内処遇期間の確保―考試期間主義の制度設計と仮釈放要件の見直し（上）（下）」研修897号（2023）3-20頁，898号（2023）3-16頁

**補遺　特定の犯罪者による損害賠償**

「矯正における被害者支援と犯罪者処遇の両立―刑及び保護処分の執行段階における心情聴取及び伝達制度と被害者の視点を取り入れた教育の課題」法学研究95巻12号（2022）115-148頁の一部，「受刑者による被害者への損害賠償実効化に向けた改革―刑務作業に対する賃金制と自己契約作業の検討」法学研究96巻8号（2023）66-136頁の一部を元に書き下ろし

# 初出一覧

### 序　章　犯罪被害と損害賠償の現実

書き下ろし

## 第 1 部　犯罪被害者への経済的支援と損害賠償

### 01 章　犯罪被害給付制度と損害賠償

「犯罪被害者補償制度の研究（2・完）―改正・犯罪被害者等給付金支給制度の課題」法学研究 74 巻 6 号（2001）63-92 頁の一部,「第 4 次犯罪被害者等基本計画における被害者支援の課題―被害者支援条例・犯罪被害者等給付金制度・損害賠償の実効化」警察学論集 75 巻 9 号（2022）83-115 頁の一部を元に書き下ろし

### 02 章　犯罪被害者支援条例と損害賠償

「地方公共団体による被害者支援の意義と課題―犯罪被害者支援条例の分析を中心として」法学新報（渥美東洋先生退職記念論文集）112 巻 1・2 号（2005）759-792 頁の一部,「第 4 次犯罪被害者等基本計画における被害者支援の課題―被害者支援条例・犯罪被害者等給付金制度・損害賠償の実効化」警察学論集 75 巻 9 号（2022）83-115 頁の一部を元に書き下ろし

### 03 章　国による損害賠償の買取り・立替払い

書き下ろし

## 第 2 部　刑務所における損害賠償

### 04 章　被害者の心情聴取と受刑者への伝達

「自由刑の執行過程における被害者の意見聴取及び伝達制度―修復的矯正・修復的保護観察への発展可能性を含めて」山口厚ほか編『高橋則夫先生古稀祝賀論文集（下巻）』成文堂（2022）903-921 頁の一部,「矯正における被害者支援と犯罪者処遇の両立―刑及び保護処分の執行段階における心情聴取及び伝達制度と被害者の視点を取り入れた教育の課題」法学研究 95 巻 12 号（2022）115-148 頁に加筆・修正

### 05 章　刑務作業報奨金と損害賠償

「受刑者の作業報奨金に対する強制執行の可否と控除制度の導入可能性―最高裁令和 4 年 8 月 16 日第三小法廷決定を契機として」法学研究 96 巻 7 号 68-106 頁に加筆・修正

## た行



## な・は行



## ま行



## ら・わ行

# 索　引

## 欧　文



## あ行



## か行



## さ行

**太田 達也**（おおた たつや）
1964年生まれ。慶應義塾大学法学部教授。博士（法学）。
日本被害者学会理事長，日本刑法学会理事，犯罪被害者等施策推進会議委員，最高検察庁刑事政策専門委員会参与，法務省法務総合研究所研究評価検討委員会委員，同犯罪白書研究会委員，一般財団法人日本刑事政策研究会理事，公益財団法人アジア刑政財団理事，公益社団法人被害者支援都民センター理事などを務める。
編著書として，『Victims and Criminal Justice: Asian Perspective（被害者と刑事司法―アジアの展望）』（編著，慶應義塾大学法学研究会，2003），『いま死刑制度を考える』（共編著，慶應義塾大学出版会，2014），『リーディングス刑事政策』（共編著，法律文化社，2016），『仮釈放の理論―矯正・保護の連携と再犯防止』（慶應義塾大学出版会，2017），『刑の一部執行猶予―犯罪者の改善更生と再犯防止〔改訂増補版〕』（慶應義塾大学出版会，2018）ほか。

犯罪被害者への賠償をどう実現するか
――刑事司法と損害回復

2024年4月25日　初版第1刷発行

著　者――――太田達也
発行者――――大野友寛
発行所――――慶應義塾大学出版会株式会社
〒108-8346　東京都港区三田2-19-30
ＴＥＬ〔編集部〕03-3451-0931
〔営業部〕03-3451-3584〈ご注文〉
〔　〃　〕03-3451-6926
ＦＡＸ〔営業部〕03-3451-3122
振替 00190-8-155497
https://www.keio-up.co.jp/
装　丁――――鈴木　衛
印刷・製本――中央精版印刷株式会社
カバー印刷――株式会社太平印刷社


Printed in Japan ISBN 978-4-7664-2951-0